novum pro

Andrä Christ

WAHRHEITEN für NACHDENKER

Das Leid der Menschen
aus der Wahrheit Gottes

novum pro

Bibliografische Information
der Deutschen Nationalbibliothek:

Die Deutsche Nationalbibliothek
verzeichnet diese Publikation in
der Deutschen Nationalbibliografie.
Detaillierte bibliografische Daten
sind im Internet über
http://www.d-nb.de abrufbar.

ISBN 978-3-99048-655-9
Lektorat: Christine Schranz
Umschlagfotos: Oleksandr Melnyk,
Vladyslav Makarov | Dreamstime.com
Umschlaggestaltung, Layout & Satz:
novum Verlag
Innenabbildungen: Andrä Christ (13)

Gedruckt in der Europäischen Union
auf umweltfreundlichem, chlor- und
säurefrei gebleichtem Papier.

www.novumverlag.com

INHALTSVERZEICHNIS

VORWORT

Seit dem Erscheinen meiner beiden letzten Bücher sind meine Erkenntnisse gewachsen und vermehrten sich in einem Ausmaß, das ich damals noch nicht erahnen konnte – Bildlich gesprochen wie eine riesige überdimensionale geistige Lok, die an einige irdene kleine Waggons angekoppelt wird. Mein weiteres Schreiben wurde mir oftmals „geschrieben" sowie durch mein anderes „Belichten" mit jeweils neuen Erkenntnissen vorangetrieben. Dieses System der Erkenntnis zieht sich durch das ganze menschliche körperliche Leben hindurch, weiter nach dem Tod durch die Zone des geistigen Ich-Erlebens bis hin zur Wiedergeburt unter der Mitnahme aller karmischen Werte. Davon betroffen ist jeder Mensch, immer wieder in Folge als unabänderliche Erlebenstatsache im Diesseits und im Jenseits. Diese Wahrheit wird im Weltengeschehen so lange als Tatsache vorhanden bleiben, solange das Leid des Herrn, verursacht durch die Menschheit, anhält.

**Die Art seiner Wahrheit prägt den Menschen.
Das Wertgefühl eines Menschen begründet sich
aus der Logik in seinem Verhältnis zu Gott.**

EINLEITUNG

Der Inhalt dieses Buches beschäftigt sich mit der Gegenüberstellung des göttlichen Menschen mit seinem geistigen Maß aller Dinge auf Erden bis zum ungeistig gewordenen endlich denkenden Menschen von heute. Es ist die Bekanntmachung des göttlich paradiesischen Menschen, der durch seine Abtrünnigkeit von seiner göttlich kosmischen Aufgabe sich selbst zum nachparadiesischen Unmenschen mutierte.

Es ist der Mensch, der seinen endlichen materiellen Begierden wegen das Göttliche in ihm verdrängte und dafür die unendliche Energie des Geistes verlor. Aus dieser sehr langen, niedrigen, geistlosen und materialintensiven Evolution erwuchs der heutige Mensch als Maß aller Begierden. Es stellt sich aus der Mystik von Adam und Eva dar. Die Erklärungen, die Sie hier vorfinden werden, sind keine fiktiven Annahmen. Es sind Wahrheiten, gewonnen aus der geistigen Forschung über die Verbindung des Verfassers zur höchsten Stelle des geistigen Jenseits. Das bedeutet, dass über weite Gebiete anfangs Texte dem Verfasser in die Hand „geschrieben wurden". Viele Menschen wissen, was hier gemeint ist.

Das hier Niedergeschriebene erforderte eine sehr lange „Lehrzeit", verbunden mit Forschung, Studium, Prüfungen aller Höhen und Tiefen bis hin zum „eigenen Gestorben-Sein". Das Geistige, mit viel Leid erworbene Erkennen führte in die schreckliche menschliche Wahrheitsfindung, hinauf bis zum Herrn. Es wird für den Leser schwer werden, die bisherige Welt als die Welt des „Falschen" erkennen zu müssen. Die konsequente Hinterfragung aller bekannten Fakten könnte das bisherige Menschheitsbild in Frage stellen, all das ins Wanken bringen, was durch Lügen in langen Zeiträumen aufgestapelt wurde. Die Evolution der Menschheit, auf der unser ganzer Stolz aufgebaut ist, erhält dadurch starke Risse. Sollte es Ihnen gelingen, diesen riesigen geistigen Theatervorhang, der bisher die Wahrheit abschirmte, langsam aufzutun, so wäre die Wahrheit aus der Vergangenheit der Seins-Bildung des Menschseins erkennbar. Dieser Vorhang begann sich vor achtzigtausend Jahren langsam zuzuziehen, und das Geschehen *vor* diesem Vorhang wurde als richtig real, evolutionsartig und dann traditionell aufgenommen und hat sich bis heute als falsche Wahrheit verstärkt erhalten. Nur für sehr Wenige wurde in diesem Zeitraum dieser Vorhang geöffnet. Weise berichteten zu allen Zeiten darüber, aber Wahrheit wurde nie für wahr gehalten.

Dieses Buch zeigt den Unsinn des heutigen menschlichen Lebens auf, zeigt die Begierden, die vor nichts Halt machen, auch nicht vor der Vernichtung der eigenen Spezies. „Kinder und Narren sagen die Wahrheit", ein weiser Spruch, der alle anderen als Lügner entlarven würde, doch die Lüge weist alle Anschuldigungen entschieden im Namen ihrer gelogenen Wahrheit zurück. Viele einzelne Betrachtungsweisen habe ich in diesem Buch darüber geschrieben und hoffe, dass jeder interessierte Leser etwas davon für sich herausfiltern kann. Ich empfinde es als notwendig, eine Danksagung an die Menschen auszusprechen, die den wahren Geist der injizierten Schriften von meinem obersten „Chef" annehmen, den Mut aufbringen, mit mir gegen den Strom des Ungeistes zu schwimmen.

Einen Dank an meine Familie, im Besonderen an meine Frau für ihre Mitwirkung und die dafür notwendige Lebensstärke, die oft hart an ihre Grenzen kam, sowie das kleine Umfeld von Menschen, die aus reinem Empfinden das Geistige als Wahrheit fühlen lernten, die sich nicht scheuten, meinem Schreiben den Gehalt einer neuen Wahrheit beizumessen.

Dass es nicht von vornherein leicht erscheint, das hier Ausgesagte als Wahrheit im intellektuellen Sinn anzuerkennen, ist verständlich. Die Wahrheit in diesen Sätzen müssen Sie mit den fühlenden Gedanken Ihres staunenden Empfindens wie dem einen Kind, das noch an den lieben Gott glaubt, suchen. Eine Hilfe haben Sie sicher, die Ihrer göttlichen Seele. Im Laufe Ihres

Studiums über dieses vorliegende Thema gebärt sich eine gewisse Logik über die anzutreffenden Aussagen.

Noch ein abschließender Dank an die Mitarbeiter des Verlages, die sich mit diesen Themen auseinandersetzen müssen, um dieses Buch gut auf den Weg zu bringen.

Der Verfasser

Das geistige Erleben (1)

Bei neuen geistigen Eröffnungen, deren ich teilhaftig werde, erfolgt dieses:

Einfließen der geistigen Eröffnung in meine Denkenergie, als ein denkender Erfahrungsprozess aus der Logik meiner Fantasie. Die daraus entstehende „Überenergie" breitet sich in der Körperlichkeit als Krankheits-Syndrom aus. Körperliche Beschwerden einer bestimmten Intensität im Kreislauf, Magen, Herz sowie verschiedene Entzündungen, erlebbar als allgemeines Krankheitsbild. Diese Symptome zeichnen sich dadurch aus, dass einem ein ärztliches Aufsuchen ratsam erscheint, aber knapp vor einer solchen Konsultation sind diese Schmerzen wieder verschwunden. Ein Ich-Geist duldet keinerlei äußere Eingriffe in Prozesse, in denen Angriffe auf Körperlichkeit unvermeidlich sind, deren Leiden aber ohnehin *nicht* diagnostizierbar wären. Hier ist vertrauensvolle Disziplin dem Herrn gegenüber unverzichtbar. Leidensfähigkeit ist der menschliche Tribut für das Leid Gottes, für welches der Mensch verantwortlich zeichnet. Jede neuerliche Offenbarung aus der Welt des Jenseitigen, die die Menschheit betrifft, ist mit Leid zu bezahlen. Das hohe Wissen über den Zustand der Menschheit rechtfertigt diesen Preis. Als Mensch der Sterblichkeit muss man die Kraft erhalten, diese gewaltigen Spannungen zwischen hüben und drüben zu überstehen, aber nur diese Spannungsfelder geben die Wahrheit frei. Es ergibt sich eine eigene Gefühlswelt, in welcher Turbulenzen angesagt sind. Ich verurteile als Wissender die Menschheit in meinen Schriften, nehme mich selbst dabei aber nicht aus. Auch ich stand mit meiner Schuld vor dem Geist des Herrn, mit meinem „Ich" vor meiner göttlichen Seele. Mein „Ich-Geist" erfährt sich durch sein Wissen in der Geistigkeit des göttlichen Hasses an die Menschheit. Mein „Ich-Ungeist“ mit meiner Körperlichkeit erfährt sich in einer ungeistigen, sterblichen Denkenergie. Letzteren trifft aus diesem Grunde auch die volle Wucht der von Gott ausgesetzten Leidensformen an die Menschheit. Beide können sich derzeit noch nicht wirklich abgrenzen. Im Schreiben merke ich plötzlich die Horizonterweiterung, dann im Nachhinein das „Aha-Erleben“. Als aufmerksamer Leser müssten Sie meine immer größer werdende Öffnung dem Göttlichen gegenüber empfinden, sozusagen aus erster Hand. Diese Schriften belegen fast tagebuchartig den geistigen Umbruch in meinem irdenen Dasein.

Das Arbeiten (2)

Den täglichen Arbeiten, die den Ablauf zu einem sinnvollen Miteinander garantieren, ist größte Beachtung einzuräumen. Die bestehenden Gesellschaften, mögen diese noch so gewaltige Unterschiede aufweisen, und vor allem die Anteile, welche sie ihren Begierden widmen und dabei Unrecht schaffen, diese Anteile können sich nur langsam bis gar nicht nach „oben“ verändern. Unten sind sie ja schon angelangt. Diese „Hochtraber“ von Menschen wähnen sich tatsächlich oben, ihre Begierden haben ihnen den Sinn für die Wahrheit vernebelt. Egal wie lange die Umorientierung der Menschheit nach dem „Oben“ andauert, es ist das Ermessen jedes Einzelnen. Ohne Arbeit, ohne Anstrengung in reeller Art ist nichts zu bewirken. Eine ehrlich durchzuführende Arbeit in sinnvoller Hinsicht gibt Befriedigung und ist absolut im Sinne des Herrn. „Hilf dir selbst, dann hilft dir Gott“, in diesen Worten steckt Wahrheit. Der Mensch kann seine irdene Energie weit nach „oben“ arbeiten. Wenn das richtig umgesetzt geschieht, kommt das Geistige entgegen und hilft. Zuerst aber muss der Mensch die Arbeit, zu welcher er fähig ist, leisten, und mit dieser Leistung sich nach

„oben" tragen. Die Körperlichkeit verbunden mit seiner Denkenergie stellt ein Symbol für die ehrliche Arbeit dar und bildet die Voraussetzung, an das Geistige zu gelangen. „Ehrliche Arbeit macht frei", der Sinn in diesem Spruch ist trotzdem Wahrheit, auch wenn Mörder diesen missbrauchten und als Hohn für das Leiden verwendeten.

Das Nichts (3)

Die unwahrscheinlichste Art zur Welten-Formulierung: Das Nichts ist nichts, es ist statisch in vollkommener Ruhe. Der gesamte unendlich kosmische Nicht-Raum erlebte sich im Nichts. Das Nichts am Beginn erlebte sich aus einer sich immer wiederholenden Mystik aus der Ewigkeit – in die Ewigkeit, dem Nichts.

Ein Nichts bewegte sich und brachte das unendliche Kosmische in Bewegung. Dieses Nichts ist aus einem sehr weiten Tiefschlaf erwacht und brachte Bewegung und damit Energie in die kosmische Welt.

Dieses Nichts gestaltete sich in Energie und ward das Göttliche. Dieses Nichts nur dem wirklichen Nichts gegenüber als Nichts erkennt nicht das große NICHTS, es ist dazu ein viel zu kleines Nichts.

Das Kind (4)

Ein Kind sein dürfen – ein Leben lang, ein ehrliches offenes Staunen, ein kindliches Staunen über Dinge und Empfindungen, die jeweils höher angesiedelt sind als dort, wo man selbst sich befindet. Ein Staunen haben dürfen – ein Leben lang.

Alles gläubig ohne Angst erforschen dürfen und so das Schöne, Edle erkennen können. Bei Rückschlägen das Grausige vergessen mögen, wieder das Vertrauen zum Guten gewinnen.

Irrwegen folgen, doch die Fehler fühlen und sehen wollen, immer wieder zur Umkehr bereit – hin zum Staunen, weil die Gefühlswelt neue Höhen erkennen lässt. Über das Kreuz, über die wunderbare Natur sprechen und fragen lernen wie das Kind zum gütigen Vater, ihm vertrauend und geborgen sein, hingeführt zu ihm durch die Liebe der Menschen.

Immer wieder fragen, um so die wahre Welt zu erkennen, Gut von Böse zu trennen. Vom großen Vater geführt, hinauswachsend in die Welt, ein ganzes Leben lang. Bereit sein, mit all seinem Fühlen und Denken ankommen wollen, dort wo gute Energie der Fantasie einen hinführt. Ankommen wollen bei Gott, dem großen Vater, und so eingehen in den Wunsch „dass es so werde".

Kinderseele (5)

Baby – ein Lächeln. Ein Trauminhalt? Ein seliges Lächeln mit geschlossenen Augen – ein Engelslächeln, woher nimmt so ein Neugeborenes einen so schönen Trauminhalt? Spielt hier bereits das Unbewusste hinein, jetzt schon? Vielleicht aus einem Wohlbefinden, oder ist doch die kleine Seele schon tätig? Ein Schutzengel am Werk? Wenn man versucht, in dieses seelenhafte Lächeln mit einer noch so unschuldigen Ausstrahlung aus diesem lieblichen Gesicht Gefühl hineinzulegen, hätte intuitiv das Wort Seele doch mehr Berechtigung als das wissenschaftliche Wort „das Unbewusste", welches ja auch eigentlich niemand so wirklich kennt und auch gar nicht verstehen will. Die Frage ist damit nicht beantwortet, woher soll eine Seele, oder meinetwegen auch das Unbewusste, bei so einem Neuankömmling im menschlichen Leben nun plötzlich herkommen? Gehen wir doch von einer angenommenen Tatsache bei diesem neuen Erdenbürgerlein aus. Kommt es schon von einem früheren Erdenleben? Nein, nicht der liebe kleine Körper, der ist schon „neu gemacht". Aber die göttliche Seele mit seinem Partner, dem „Ich". Dieses „Ich" ist das, womit das Kind, wenn es sprechen kann, sagt: „Ich will"! Dieses „Ich" ist nur für dieses eine Wesen, und nur dieses eine Wesen kann zu sich immer nur „Ich" sagen. Dieses „Ich" ist das Bewusste – das Äußere. Das Unbewusste – ist das Innere, ist die göttliche Seele. Noch eine Seele ist hier im Spiel, eine, die Geborgenheit und Liebe ausströmt, hinein in dieses kleine Wesen, die Seele einer guten Mutter. Diese große empfindende Liebe und Geborgenheit hilft dem Engelslächeln.

Erziehungskunst bedeutet, den Inhalt einer Aussage richtig zu formulieren.

Beachtung (6)

Das nun vor Ihnen liegende Buch behandelt weiter das Thema Sinn oder Unsinn des menschlichen Lebens, nur etwas präziser, tief greifender formuliert. Das erste Buch „Gott-Engel-Mensch-Teufel-Wahrheit" scheint als Einführungsliteratur bestens geeignet und sollte unbedingt vor dem zweiten Buch „Gott-Mensch-Wahrheit" gelesen werden. Damit Sie nicht wie in ein eiskaltes Wasser springen, überfliegen Sie Texte, die Ihnen Unverständnis bereiten, oder unterbrechen Sie Ihr Lesen. Das Denkvermögen soll gymnastiziert werden. Der heutige Mensch steht der jenseitigen Thematik ungewohnt hilflos gegenüber, deshalb machen Sie sich langsam vertraut, denn ein inneres Erleben lässt sicher den wahren Geist aufblitzen. Gehen Sie diesem Licht behutsam nach und ziehen Sie dabei Ihre Verdunkelung auf. Beachten Sie, dieses Licht tankt Ihre Energiereserve auf und Sie können empfindend den neuen Weg gehen. Ein Weg mit „haben wollen", das aber nicht in Begierden ausartet. Als

Faustregel sollte man darauf achten, dass die Stärke einer Begierde das Harmonieempfinden Ihres Gewissens nicht schädigt. Das Gewissen in Ihnen zeigt einen hohen Verwandtschaftsgrad zu Ihrer göttlichen Seele im Unbewussten auf. Sie kennen doch auch den Spruch: „Ein gutes Gewissen bildet ein gutes Ruhekissen". Dieser Spruch beinhaltet viel Wahrheit. Leider haben viele Menschen auch dieses Gewissen in Ihre Unbewusstheit verbannt. Es wartet auf Befreiung, spätestens der Tod wird dieser Befreier sein, aber auch der Bestrafer für den Verursacher.

Privates (7)

Die Wahrheitsverbreitung an die Menschheit duldet keinen Ausfall, so der Herr. Körperliche Unpässlichkeiten sind normal und stellen in keiner Phase eine Lebensgefahr dar. Dieser Aufbau zwischen den beiden Energien mit dem Körper erfordert eine neue Einheit, verbunden mit inneren Umwälzungen, und diese können sich schmerzhaft mitteilen. Über all dieser Zeremonie schwebt die große Liebe des Herrn, und „Er" ersucht um Verständnis im Namen seiner Offenbarung. Diese Zeilen betrachtete ich als meine reine Privatsphäre, jedoch mein „Chef" wollte, dass ich das niederschreibe.

Ich habe Verständnis für Menschen, die des Geistigen unfähig sind und hier nur ein unsinniges Kauderwelsch diagnostizieren können. Für die Wenigen, die diese Geistigkeit begreifen, habe ich mein Privates frei gegeben (müssen).

Aufgrund meiner sehr vielen, fast täglich geführten Protokolle mit dem Herrn ist mein relativ rascher Aufstieg in die geistige „Höhe" nachvollziehbar. Für mich selbst oft schwindelerregend, teils auch ablehnend, da ich diese als einfaches Menschenwesen selbst nicht fassen kann. Ein Wechsel zwischen Hoch und Tief, aber immer das Gefühl doch geführt zu werden (manchmal auch nicht). Nicht Mut und Härte ist gefragt, nein, Mut und

Zähigkeit ist das Wesentlichste. Härte zerbricht sich selbst bei entsprechender Beanspruchung. Gott hat mich zum Berichterstatter für die reine Wahrheit des Menschseins auserkoren, daher sollte ich diese Schriften verfassen. Dieses Vertrauen, diese Verantwortung mit meiner geistigen Umwälzung, das alles tobt sich nun in meiner Körperlichkeit und meiner Denkenergie aus. Was sich in so einem menschlichen Lebewesen alles abspielen kann, wissen wir aus vielen Geschehnissen unterschiedlichster Art. Es sind karmische Geschehen, die Menschheit nennt sie Schicksal. Der Mensch hat das Leid selbst in die Welt gesetzt, und so ist jedes menschliche Wesen auch davon betroffen. Dies seit achtzigtausend Jahren, und wie lange noch? Auch diese Entscheidung liegt bei den Menschen. Sie entscheiden, wie lange das Leiden sie immer wieder treffen wird. Daher werde ich meine ganzen Kräfte aufbieten, um dem Auftrag des Herrn gerecht zu werden, helfen, das Leid der Menschen abzuarbeiten, bis hin zur Wahrheit, denn nur das Wissen über die Wahrheit beendet alles Leid, auch das meinige und das des Herrn.

Auch darauf möchte ich aufmerksam machen, dass auf Grund meiner in der Zwischenzeit erweiterten Erkenntnisse in den nächsten Schriften eine gewisse Erkenntniskorrektur stattfindet, dadurch aber nicht der Sinn der Wahrheit verändert wird. Es erscheint mir ebenso erwähnenswert, dass das, womit ich mich hier auseinandersetze, keine Wissenschaft im engen Korsett der materiellen Beweiskraft ist, sondern der forschenden Dehnbarkeit des unendlichen Geistigen entspricht. Ich versuche, alles so umzusetzen, wie es das „wahre jenseitige Wissen“ mir zulässt. Das Umsetzen in das endliche Denken erfordert Zeit, und so ist es möglich, dass die neue größere Erkenntnis die vorangegangene einfach überstülpt. Meine Aussagen bilden keine Fiktion. Die reine Denkenergie in einer noch so hohen Kompression würde niemals in der Lage sein, solche Zusammenhänge aus der Fantasie ohne Logik zu gestalten. Man sollte nicht glauben, dass die geistigen Strömungen einem von selbst eingegeben werden.

Die Konstellation meines Daseins zwischen dem Diesseitigen und dem Jenseitigen folgt einem Empfinden aus der Liebe und der Gewalt Gottes.

7 Fragen an Menschen (8)

1. Woher kommst Du?
2. Warum bist Du hier?
3. Was ist Deine Aufgabe?
4. Warum hast Du Angst?
5. Warum leidest Du?
6. Wer ist der Tod?
7. Wer ist Gott?

Die Antworten darauf von einem Großteil der heute lebenden Menschen ergeben eigentlich eine Katastrophe für das normale menschliche Denkvermögen. Man kann davon ausgehen, dass diese Fragen nicht schlüssig beantwortbar sind.

Ein von einem Menschen gestaltetes technisches Produkt, nehmen wir das Auto, ist im Besitz eines Typenscheines. Welche Antwort träfe nun auf das Auto mit denselben Fragen zu?

1. Ich bin eine Idee der Menschen.
2. Ich wurde für eine Aufgabe konstruiert.
3. Dem Menschen zu dessen Bequemlichkeit dienen.
4. Angst kenne ich nicht.
5. Ich spüre kein Leid (auch wenn man mich schlecht behandelt).
6. Kenne ich nicht.
7. Kenne ich auch nicht.

Für ein vom Menschen konstruiertes seelenloses Wesen diese Kernfragen so treffend beantworten zu können, ist doch sehr beachtlich.

Jetzt fehlen noch die Antworten der Menschen, aber vor achtzigtausend Jahren noch im Paradies lebend (es waren ja dieselben Ich-Geiste), sie würden folgendermaßen antworten:

1. Ich bin eine Idee Gottes.
2. Ich bin eine Konstruktion aus Körper, Geist und Seele, und diene einer Aufgabe.

3. Meine Aufgabe ist es, durch Zusammenwirken zwischen gegensätzlich endlicher Materie und der geistig unendlichen Harmonie es zu einem bewegenden Ergebnis zu bringen, als Erfordernis für die geistig kosmische Welt.
4. Angst kenne ich nicht.
5. Leid kenne ich auch nicht.
6. Der Tod ist für mich lediglich das Übergangszenario zwischen Diesseits und Jenseits und trennt lediglich meinen Körper vom Geist meines Ichs.
7. Mein Schöpfer.

Das klingt professionell.
Die Antworten der extremen Mehrheit der heutigen Menschen:

1. Eine Schöpfung des Menschen könnte vielleicht einmal stattgefunden haben.
2. Damit es mir gut ergeht.
3. Meine Interessen wahren.
4. Das weiß ich nicht.
5. Ich denke, mein Schicksal hat das so bestimmt.
6. Weiß ich nicht, aber er „killt" uns alle.
7. Weiß ich nicht.

Sind das befriedigende Antworten? Über sich selbst? Über das eigene Dasein? Die Beantwortung bedingt die Zulassung von zwei Betrachtungsweisen.

Die eine „untere", diesseitig animalische, menschlich endliche Betrachtung als ungeistige erhöhte Denkenergie stellt den einen Betrachter dar. Es ist die Betrachtungsweise des heutigen Menschen. Diese allerdings entspringt meist einem Konglomerat aus den Begierden, vermischt mit wollendem, nur gedachtem geistigen Größenwahn. Das sind die Hauptmerkmale, mit dem die heutige Menschheit und ihren Gesellschaftsformen sich selbst darstellen. Aus diesem Chaos heraus scheint ja gar keine einheitlich ehrliche Bewertung über sich selbst möglich zu sein. Die heutige Menschheit besitzt also gar keine echte Meinung über sich selbst, welche die Kraft in sich trägt, der zweiten „oberen", jenseitigen Meinung Paroli zu bieten. Meinungen gibt es an die 7 Milliarden, jeder für sich – SEINE. Koordinationsversuche zu allen Zeiten von Religionen, Menschenführern und Verführer, Aufklärende, Wissenschaftler und Politiker, niemals konnten und werden sie das können, eine echte einheitliche Bewertung zu gestalten. Die andere „obere", es war die von der göttlichen Idee erschaffene geistige Menschheit, die „paradiesische", die Ur-Ur-Ahnen der Heutigen. Diese lebten vor Adam und Eva. Diese sich abwärts bewegende Nachfolgemenschheit, eine abartig sich selbst verherrlichende Masse, was soll die in den Kosmos hineintragen? Gott hatte den Menschen nach seiner geistigen Idee werden lassen. Der Mensch, das Maß aller Dinge, nicht der heute Mensch, der Zerstörer aller Dinge dieser Welt.

Die Warnung (9)

Die bisher geschriebenen Wahrheiten erfahren Veränderungen, Erweiterungen, erfahren eine Konzentration hin zu einer einzigen Wahrheit, der Mensch ist die erschaffene Idee Gottes. So wie mir geistige Offenbarungen einverwoben wurden und noch immer werden, immer öfter, klarer und weiter zum Ausdruck kommen, so gab ich diese in meinen bisherigen Schriften wieder. Wenn Geistiges in Denkenergie eindringt, ergeben sich gewaltige Spannungen in der gesamten Körperlichkeit. Wenn man auch die höchste Stufe der Wahrheit (erdengesehen) erklommen hat, sind große körperliche Leiden nicht zu vermeiden. Bei noch so großer kombinierbarer Denkenergie und einer gedrosselten Spannung des Geistigen kommt die Koppelung trotz alledem für das menschliche „Ich" mit seinem Körper fast einem Zusammenbruch gleich. Ohne Hilfe von „oben" nicht verkraftbar. Diese Schrift ist unter viel Leid geboren, stellt die Idee Gottes dar und gibt den höchsten geistigen Wahrheitsgehalt als Warnung an die Menschheit weiter. Die göttliche Warnung ergeht an alle lebenden Menschen auf dem Planeten Erde, egal welcher Religionszugehörigkeit und Machtinhabung. Es ist eine Warnung an jeden einzelnen Menschen, an jedes „Ich" des Menschen. Gott ist der Erschaffer der Menschheit und oberster Chef im gesamten Kosmos. Nehmen Sie ihn ernst.

Die Schönheit im Geistigen (10)

Die größte Schönheit und der größte Reichtum in der materiellen endlichen Welt ist nur ein kleiner Abklatsch gegen die erhabene, edle Schönheit im Erleben des wahren leidlosen Glücks in der unendlichen ewigen Welt des hohen Geistes. Dem nur materiell denkenden Menschen ist diese Wahrheit fremd und unbekannt. Wäre sie bekannt, gäbe es hier auf Erden kein menschliches Wesen, das nicht alle Strapazen, alle Widrigkeiten des Lebens gerne auf sich nähme, um dorthin zu kommen. Kämpfend gegen alle Wegelagerer, die ihm diesen Weg verstellten, keine Mühe scheuend, um zu dieser Wahrheit zu gelangen und damit einzugehen in das wunderbare Reich des geistig Göttlichen. Allerdings erlebt sich diese Welt erst hinter dem Tod.

Der von Gott erschaffene Mensch erlebte das endliche und das geistige Denken in einer Harmonie. Es war die Zeit seines paradiesischen Lebens. Er verlor bei seinem Tod die gegensätzliche Endlichkeit und zog ein in die unendliche Harmonie der Geistigkeit.

Der sich dann von Gott abgewandte Mensch verlor sein geistiges Denken und erlebt sich seitdem in Leid, Angst und dem Sterben. Das ist die nachparadiesische, unsere heutige Zeit. Diese Zeit unendlich oft wiederholend, so lange, bis dieser Mensch wieder den Rückweg hin zum Geistigen aufnimmt und alles tut, um seine Geistigkeit wieder zu erlangen. Dazu aber müsste er erst die eigene göttliche Seele finden. Der Reichtum und die Schönheit auf Erden sind, wenn überhaupt, nur Momentaufnahmen und enden auf alle Fälle mit dem Tod. Nach dem Tod beginnt wohl das Geistige, aber für den belasteten Menschen mit seinen schlechten Taten beginnt in diesem Geistigen nicht die Schönheit, sondern ein unendlich langer Leidensweg. Jeder heutige Mensch erzeugt selbst die Ursachen für sein Leid als Wirkung und bringt sich dadurch selbst um die Herrlichkeit in der Welt Gottes.

Mensch-Gott-Kosmos (II)

Eine endliche, materialisierte Miniwelt im Kosmos mit stofflichen Lebewesen, aus welcher der Mensch hervorging und eine zentrale Rolle zugewiesen erhielt. Eine Gesellschaft zu formen, in der das Prinzip Yin und Yang gelebt werden kann. Der sich polarisierend materielle Mensch verband sich mit der geistigen Harmonie. Diese Verbindung gebärt das kosmische Prinzip des Gegensatzes *innerhalb der Harmonie.* Das harmonisch Geistige erlernte das Prinzip des bisher im Kosmischen Unbekannten, das des materiellen Gegensatzes. Dieses Prinzip war für das Geistige im Kosmos erforderlich.

Die Menschwerdung ein geistiger Vorgang, das Menschsein ein Materieller. Die Symbiose aus beiden als das Ying-Yang-Prinzip, das war die Idee Gottes. In dieser Idee gebar sich der Anfang und das Ende des Menschen. Dazwischen formte sich das polarisierende harmonische Ergebnis mit der Weiterreichung an das kosmisch Geistige. Alles in allem eine gewaltig geistige Weltensymphonie unter Zuhilfenahme des Gegensatzes aus der Materie.

Ein sehr geringer Anteil von Menschen konnte bzw. wollte dem unendlich geistigen Prinzip nicht Folge leisten und wandte sich dem sterblich endlichen Materiellen zu. Dieses Abtriften des Menschen vom Unendlichen in das Endliche bestimmte damit auch seine Sterblichkeit durch den Tod, setzte durch seine

Handlung gegen die Idee Gottes das geistige Rad der eigenen Wiedergeburt in Bewegung und forderte damit das karmische Gesetz zur Anwendung auf. Er statuierte sich damit selbst das Leid im Sein. Gegen die Idee Gottes handeln zu wollen wäre der Gegenpart zum Tod. Diese Stärke ist der Materie niemals gegeben. Die Rettung der Menschen liegt einzig und allein in der Rückkehr zum Anfang, wohl dem, der dies schafft. Wer nicht, erlebt sich in der Unendlichkeit des ewigen Elends. Daher ergeht die göttliche Warnung an die Menschen, denn die Idee Gottes hat einen Anfang und ein Ende, und der „Störfall-Unmensch" wird auf jeden Fall behoben werden.

Die endliche Welt der variablen Gedanken (12)

Wird ein Vergleich zwischen dem menschlichen Wesen und seinem Leben, wie der Herr es erschuf, vom damaligen Menschen aus mit seinem endlichen und geistigen Denkvermögen ausgestattet, betrachtet, so ist der Unterschied zu dem später vom Menschen selbst gestalteten Leben so gewaltig, dass außer seiner annähernd äußeren Form fast nichts mehr einen Vergleich zulässt.

Hier ein vom Herrn erschaffenes, mit allen Attributen einer edlen und ehrlichen Menschlichkeit dem wahren kosmischen Geist zugetanes Wesen, das voll bewusst seiner von Gott georderten Aufgabe im Einvernehmen mit seiner göttlichen Seele ein Leben ganz nach dem Ideal von Yin und Yang, ohne Leid und Angst erlebte, und der nun als ein Mensch mit Eigenschaften vom geraden Weg abgewichen nur mehr an eine weit entfernte „Verwandtschaft" erinnert. Noch als Mensch bezeichnend, obwohl er diese Auszeichnung, die Gott ihm einst als sein Ebenbild gab, längst nicht mehr innehat. Seit seiner Abnabelung von Gott und somit vom wahren Menschentum frönt er nur mehr der Gewinn- und Lustmaximierung in allen nur erdenklichen Formen und Arten, auch um den Preis des Tötens samt

Opferungen seiner eigenen Spezies. Hier nahm eine eigene Evolution ihren Lauf, weit hinunter in die noch gerade machbare Tiefe des heutigen Endproduktes. Jeder von uns gehört dieser „Abart“ des damaligen wahren Menschen an. Bis heute wurde ein Rückweg zum wahren gewesenen Menschentum weder angetreten noch geschafft. Unser Leben wird ständig neu gedreht vom Leben-Leiden-Tod. Immer denselben Fehlern und Begierden folgend, keine Zeit zum Nachdenken über den Unsinn des vom Menschen selbst gestalteten Lebens, das vollkommen sinn- und wertlos geworden ist. In diesem Leben regiert Gewalt und Gier und keine Anstrengung, aus diesem Wahnsinn auszusteigen. Kein Tun für eine heile Zukunft, kein Widerstand gegen das Dogma vom ewig besseren Leben, das in Wirklichkeit das Gegenteil in Form von Stress, Angst, Krankheit und Leid bringt. Keine Anstrengung in die Richtung der Wahrheit, des geistig Göttlichen. Lieber suhlt man sich in der Maximierung aller erdenklichen Gelüste, bis der Tod wieder alles wegnimmt, denn mitnehmen nach „drüben“ darf man nur eines, es ist das „Getane“ im Leben, und dies wird für die Auswertung dann herangezogen. Damit ist eine Wahrheit bereits gleich erkennbar, die Angst vor dem Tod erlebt sich als begründet.

Im Laufe des Lebens eines jeden Menschen entfaltet sich mindestens einmal ein Geschehen, ein Ereignis, das ihn in seine eigene Demut zwingt. Es ist das eine Leidensart, die aus seiner realen Denkkraft ausbricht, die Gier des Realen sprengt. Dieses aufgetretene Leid schwemmt plötzlich alles, was bisher war, vor allem eine materielle Wertigkeit besaß, einfach weg. Alles, was gestern noch als Erfolg der Begierde gehandelt wurde, stellt heute nur mehr die materielle hilflose Unwertigkeit dar. Die Freude am oberflächlichen Genuss und materiell bedingten Leben hat nur in einer Art Leidlosigkeit Bestand. Das so lieb gewordene Unwort „Schicksal“ teilt plötzlich eine Leidenskraft aus, die sich jeder Messbarkeit an dem betroffenen Menschen entzieht. Sollten Sie sich gerade jetzt in so einer schweren Leidens-Phase befinden, dann werden Sie mir recht geben. Ist Ihr Leben derzeit mit der freudvollen Machbarkeit Ihrer Begierden aller Art ausgestattet, dann ist es schwierig, Sie gedanklich in so ein Geschehen hineinzubekommen. Eine Kraft, ein Gewicht, das aus einem Menschen das volle Programm seiner Leidensfähigkeit herausdrückt, kann nicht mit der Energie der Denkkraft des Menschen dagegengesetzt werden, da das Leid eine geistige Energie darstellt. Gegen das Auftreten einer Leidensattacke über das Wann, Wie oder Wo ist der rein endlich denkende Mensch vollkommen machtlos, falls er nicht selbst der eigene Begründer einer solchen wissentlich ist. Allerdings Verursacher im weitesten Sinne ist der Mensch auf alle Fälle. Im Zuge so eines Leidensprozesses fühlt der Mensch sich generell schuldlos. Schuldzuweisungen sind da schon eher an der Tagesordnung, alles Einsetzbare zu mobilisieren, um aus diesem ungerecht empfundenen Druck wieder herauszukommen. Wie sehr oft vergebens? Das Leid durchzieht die gesamte menschliche Organisation, ist weder greif-, sicht- oder messbar, hier ist ein geistiges Geschehen am Werk. Viele Menschen greifen zu Mitteln wie Alkohol und Suchtmittel diverser Arten, andere lassen ihr Leid geschehen und suchen Hilfe im Gebet. Wenn der Mensch diese Hilfe in seinem Leben nicht zu weit von sich weggeschoben und in guten Zeiten verdrängt hätte, dann wäre das eine Therapie.

Der Leidensangriff erfolgt nicht vom Schicksal, sondern aus dem Prinzip der Ursache und der daraus folgenden Wirkung. So ein folgenschwerer seelischer Schmerz kann einem Menschen fürchterlich zusetzen. Nur dieser Schmerz ist kein Schmerz der Seele, sondert er gebiert sich aus dem eigenen „Ich“ im Auftrag der Seele (der Mensch schafft in Wahrheit selbst die Ursache für sein eigenes Leiden). Diese göttliche Seele, die hohe Geistigkeit, fügt dem geistigen „Ich“ diesen Schmerz zu. Es ist ein klassisches Abarbeiten einer karmischen Belastung. Für die Menschen mit ihrem endlich ungeistigen materiellen Denken ist dieser Zusammenhang nicht begreifbar, da mit den Sinnen nicht erfassbar. Für geistige Vorgänge gibt es keine wie auch immer gearteten materiellen Messmöglichkeiten. Das „Ich“ ist ein geistiger Energiezustand, ein unsichtbares „Etwas“. Die frühere Geistigkeit im „Ich“, das geistige Denken, hat der Mensch nach dem Auszug aus dem Paradies verloren, der Herr hat ihm dazu die Energie abgenommen. Diese geistigen Wahrheiten in unsere menschliche Sprache umzusetzen ist wahrlich sehr schwierig. Der heutige Mensch erlebt sich nur mehr im materiellen Endlichen ohne seine Seele, dafür aber zusammen mit seinen Begierden, und das ohne Harmonie in geistloser Konfrontation seiner Gegensätze. Die vom Menschen gesetzten Prioritäten, mit denen er sein Leben sinnvoll erscheinen lässt, sind falsche Setzungen. Wir müssen uns nur besinnen, wozu der Mensch erschaffen wurde und zu welchem Zweck. Der Mensch bedenkt nicht, dass das Endliche eben auch sein Ende hat, und das kommt der Menschheit stetig in ihrer Gesamtheit immer näher.

Das Unwesen im Menschen (13)

Wenn ich mein Nachdenken dahin lenke, was mein „Ich" in früheren Zeiten noch meist alles aus emotionalen Überlegungen aller Art entwickelte, dann überrascht es mich selbst, wie viel Denkunsinn sich dabei einnistete. Ich beziehe mich dabei auf Tätigkeiten, die das tägliche Leben betreffen. Das Interesse am wirklichen Sinn begann allmählich am menschlichen Dasein zu wachsen. Hier entwickelte sich ein Wiederaufkommen einer langen Verlorenheit von Gedanken, die intuitiv in die Nähe des Geistigen gelangten. Die Schwierigkeiten auf diesem Forschungsgebiet wurden von mir schon anderweitig beschrieben.

Das Leben, welches der Mensch schlechthin als „normal" bezeichnet, soll hier mein Nachdenken bestimmen. Begriffe wie Essen, Trinken und Sex in ihrer Zusammengehörigkeit bilden das Fundament. Diese Dreiheit erhebt sich in allen Schichtungen, ob arm, reich, dumm oder gescheit gleichermaßen, für das erforderliche Denken sorgen die Begierden. Dazu gesellen sich Macht und materielle Werte für eine Schichtung, zu der wir gewöhnlich Oberschicht sagen. Das mag im sterblichen Denken richtig sein, nicht aber im Unsterblichen. Hier geht der Zeiger für die sogenannte, dem Materiellen zugetane Oberschicht nach abwärts. Warum nach abwärts? Vom Ursprung der Menschheit her gesehen muss eine Gesellschaftsbildung in Richtung Oberschicht vermehrt Werte sammeln. Materielle und Geistige, letztere überlassen wir denen, die wahre Glaubenswerte in sich tragen und verbreiten sollen. Die Maximierung von materiellen Werten schafft Macht. Die Macht der Oberschicht maximiert ihr Denken über ihre Begierden auf der Grundlage der genannten Dreiheit in alle Richtungen. Wenn jemand aus der oberen Schichtung ausbricht und sich seinen ständig wachsenden Begierden entgegenstellt, wird er von dieser „Begierden-Gesellschaft“ fallen gelassen und ausgewiesen. Dann steht dieser „Ausbrecher“ plötzlich sehr alleine gelassen in „seiner Welt“. Die Triebkraft, sich gegen seine eigenen Begierden zu stellen, entwickelt sich aus einer gewissen geistigen Hochrechnung, die das Endziel all dieser Begierden festmachen will. Da kommen natürlich schon Zweifel auf, immer neue melden sich, denn es gibt vor allem immer Vorbilder, deren Begierden noch viel höher angesiedelt sind. Wo ist nun das höchste Begierden-Ziel, genannt Lebensziel? Sich selbst als unbesieg- oder unbezwingbar zu empfinden? Und dann? Also, Fazit, wer mit seinen Begierden Hand in Hand geht, wird niemals ein Ziel mit Zufriedenheit erreichen können. Dieses Ziel, das die Begierden vorlügen, das gibt es einfach nicht. Wenn ich aus meiner eigenen Lebensschule spreche, so kann ich Folgendes anführen.

Aus Kriegs-, bzw. Nachkriegs-Überlebensstrategien als noch sehr junger Mensch in der untersten Einfachheit angesiedelt versuchte ich, mein Berufsziel durch alle Schwierigkeiten hindurch im Alleingang zu erreichen. Es gelang. Die Freude an meiner Arbeit bescherte mir Wohlstand, den ich aber nie anpeilte. Es war einfach einmal da, und ich fand mich plötzlich im Reigen einer sogenannten Wohlstandsschichtung. Dieser Gesellschaft widmete ich mich kurze Zeit ganz gerne, bis ich dahinterkam, dass sich da Begierden einschlichen, zu deren Erfüllung ich meinen Arbeitseinsatz bewusst erhöhen hätte müssen. Meine Leistung diktierten plötzlich Begierden. Dann kam der Bruch. Allerdings waren damals meine geistigen Interessen schon im Werden. Mein Leben ließ mich auch alle Variationen von unten nach oben und wieder umgekehrt erspüren, solange, bis ich bald am Ende angelangt und den wahren Unsinn eben über dieses menschliche Leben in Erfahrung brachte. Ich finde, es ist eine Notwendigkeit, darüber zu berichten, denn Denkanstöße können vielleicht den Beginn eines sinnvollen Daseins auch bei anderen Menschen bewirken.

Dieses Leben mit seinen Handlungen und Denkweisen muss aus dem Alltag heraus hinterfragt werden, dahin, weshalb bin ich auf dieser Welt, in dieser Art und nicht in einer anderen? Weshalb nicht anderswo, sondern hier hineingeboren? Die Menschen sind durch das Nachjagen und Einholen ihrer Begierden so stark in Anspruch genommen, dass für solche Überlegungen eben keine Energie mehr vorhanden ist. Ich spreche hier aus dem vollen Bewusstsein, so ziemlich viele, wenn auch nicht alle Varianten einer Lebensführung durchschwommen zu haben. Hätte ich damals das gelesen, was ich hier schreibe, mein Verhalten dazu wäre dasselbe wie vielleicht Ihres, egal, wie dieses aussieht. Nur einer Sache bin ich mir sicher, mein Denkapparat hätte sich dieser Aussagen angenommen, etwas schockierend neugierig, aber daraus erwächst Interesse. Interesse ist die wichtigste Triebkraft im Menschen, nur das Ziel dieses Interesses sollte sich nicht nur auf das Gewöhnliche fokussieren, was es leider meistens tut, sondern auf etwas viel Schwierigeres. Auf das Ungewöhnliche, das mehr oben Richtung Geistigkeitangesiedelt steht. Mein großartiger Lehrer, der mich in jungen Jahren mit der Philosophie und Baukunst der alten Griechen bekannt machte (es versuchte), hatte es nicht immer leicht mit mir. Sein gerne zitierter Warnspruch war, der Weg zur Hölle sei mit guten Vorsätzen gepflastert. Es dauerte sehr lange, bis ich diesen wahren Inhalt begriff. Es ist immer die Energie des Interesses, wohin Sie Ihr „Ich" führt. Nur eines weiß dieses „Ich" nicht, dass es die volle Verantwortung bis zum Endziel des menschlichen Lebens trägt. Die Verhandlung darüber, wie dieses „Ich" seine Verantwortung im körperlichen Leben wahrnahm, findet allerdings erst nach dem Leben, in der Welt des Geistigen, nicht in der Welt des Materiellen statt. Genauso wie das Prüfverfahren desselben „Ichs" vor seiner Wiedergeburt in einen neuen Körper auch im Geistigen stattfindet. Nämlich durch die Ausfindung eines geeigneten Elternpaares, das die Aufzucht des neuen Erdenwesens nicht nur im Sinne des Gegensatzes, sondern eben auch im Sinne des Harmonischen erbringt, erbringen soll. Sehen Sie, genau hier liegt bereits das Problem der Menschwerdung verankert. Sie kennen ja bereits die Zusammensetzung des menschlichen Konstrukts „Körper, Geist und Seele“. Der Körper erzeugt sich genau wie im Tierischen durch Befruchtung. Wenn diesem neuen, aus Materie bestehenden menschlichen Wesen nicht das Geistige, d. h. der Geist zugefügt werden würde, bliebe es ja ein reines Tier. Nur was ist dieser Geist, der unendlich Seiende? Er ist das „Ich“. Genau dieses „Ich“, zu dem Sie später sagen können: „Das bin ich.“ Dieser Geist des „Ichs“ übernimmt auch das Bewusstsein, dass das „Ich“ wirklich „ich“ und niemand anderer ist. Nun aber ist das geistige „Ich“ ein Problemmacher, da es nicht mehr wie früher funktionieren kann, denn es verlor die göttliche Seele als wichtigsten Partner und zugleich seine geistige Energiezufuhr zugunsten seiner Begierden. Die Seele wurde ins Exil verbannt. Gehen wir nun zurück zu dem neuen menschlichen Wesen, hier wird jetzt das wahre Problem sichtbar. Das Fehlen der Einheit des Prinzips „Körper, Geist und Seele“. Das ist auch der Grund dafür, dass die göttliche Seele verzweifelt für ihr durch starkes Leid geläutertes „Ich“ eine neue menschliche Körperlichkeit mit einem annähernd entsprechend Geistigem zur Aufzucht sucht. Die Kunst, diesem Sinne nach entsprechende Eltern zu finden, ist enorm schwierig, denn aus der Mobilität der Gewinnmaximierung als Ursache für die Lustmaximierung in all ihren zigfachen Variationen auszubrechen, ist kaum zu schaffen.

Körper, Geist, Seele (14)

In den vielen Schriften über Psychologie und Philosophie ist immer von Leib und Seele die Rede. Auch der Volksmund bedient sich des Satzes: „Leib und Seele zusammenhalten“. Dem Grunde nach nicht falsch, aber auch nicht richtig. Der Leib als der menschliche, eigentlich tierische Körper ist schon ein wichtiger Teil desselben. Was in der Philosophie, Religion und Psychologie alles über die Seele fabuliert wird, verliert sich im uneinheitlichen Dunkel des doch nicht wirklichen Wissens. Die Seele ist geistige Energie, ist göttlicher Abstammung. Ob sie wie oft angenommen aus einer Substanz oder nur aus einem „Hauch" besteht, ist Nebensache. Die Seele ist geistig und ist eindeutig dem Numinosen zuzuordnen, deshalb mit den menschlichen Sinnen auch nicht wahrnehmbar.

Der Mensch in seiner rein tierischen Art lebte lange Zeiträume ohne Seele. Zur Beseelung, d. h. zur Erschaffung des von Gott gewollten Menschen, bedurfte es noch eines Ereignisses: die Bewusstwerdung, die „Ich"-Werdung des nun stofflich und geistig fertigen Menschen nach der Idee Gottes. Der tierische Körper, ein Säuger, ist bis heute der rein materielle Anteil des Menschen geblieben. Bewaffnet mit einem etwas intuitiven Denkvermögen stellte dieses Wesen den Menschen bis vor seiner Bewusstwerdung dar. Die einschneidende Veränderung am Menschen fand statt, als der vorhin genannte Körper mit etwas Geistigem versehen wurde, eben dem menschlichen Bewusstsein, seinem „Ich bin". Von da an weiß der Mensch erst, dass er ein höheres Wesen ist, welches „Das bin ich" zu sich sagen konnte. Dieser Mensch trug ein Empfinden für eine von Gott gewollte Aufgabe in sich. Sein unendlichgeistig seiendes „Ich" bildete sich als eine Art „Chef" dieser Formation Mensch aus. Körper und Geist ist Mensch. Die göttliche Seele ist Botschafter des Herrn in diesem dualen System Mensch. Daraus ist die Trinität Körper, Geist *und* Seele erkennbar.

Was macht der Mensch in dieser Welt? Wozu? (15)

Wer in seinem innersten Empfinden die Erschaffung des Menschen Gott nicht zutraut, oder wer den Glauben an Gott in seinem Lebens-Wirrwarr nicht mehr auffindet, sollte hier mit diesem Thema seine Zeit nicht vertun. Die Begierden zerren ihn ohnehin schon weg.

Das Thema muss Interesse erwecken. Ohne Interesse kein Wille, ohne Wille kein Erfolg. Diese aufgeworfene Frage und deren Beantwortung standen noch kaum auf dem Prüfstand der höchst intelligenten Wissenschaft. Deshalb nicht, weil diese Frage in der Geschichte der Menschheit noch nie offiziell gestellt wurde, daher auch keine Antwort gefordert. Alle Intelligenz bemüht sich nur, die Frage zu klären: Wie entstand das Universum und daraus der Mensch? Die wissenschaftliche Beantwortung, wenn es die einmal gäbe, würde im Prinzip nur die Neugierde befriedigen. Für den Menschen selbst, für sein Tun und Lassen hätte diese Antwort, ob richtig oder falsch, keinen Einfluss, lediglich ein „Aha". Vielleicht wurde diese Kernfrage, deren Beantwortung die Wahrheit über den Sinn des menschlichen Lebens beinhaltet, schon einmal gestellt. Zumindest blieb diese Antwort ein absolutes Geheimnis. Die Macht der Mächtigen, die „Scheiterhaufen" der Kirche, sie sorgten dafür, dass dieses Geheimnis ein solches blieb. Ich lebe in der „glücklichen" Zeit von neuen Generationen, in welcher Gott kaum noch einen Wahrheitsgehalt besitzt, also kann ich vorderhand noch mit diesem Thema sorglos der Gesellschaft gegenüber umgehen. Woher ich das Wissen und den Mut habe, dieses gewaltige Thema zu erforschen, das werde ich Ihnen später erklären.

Der Glaube, dass Gott den Menschen erschuf, ist jetzt eine Annahme, welche die „geistlose" Wissenschaft ohne Beweise niemals anerkennt. Beweise kann nur jemand einfordern, der in der Lage ist, seine Forschung nur mit den menschlichen Sinnen auszuführen, denn deren Sterblichkeit verwehrt den Blick in die Unsterblichkeit des Geistes, und der ist sich selbst Beweis genug.

Die Erschaffung des Menschen war eine Idee Gottes und entstammt aus der Notwendigkeit einer Hilfestellung der Welt des Geistig-Kosmischen gegenüber. Diese Welt erlebt sich in der unvorstellbaren Kraft der Energie des Geistes in seiner Unendlichkeit.

Der heutige Mensch in seiner endlichen Sterblichkeit, in seinem angstvollen Leben voll Leid, dem auch der Tod in Wahrheit kein Ende bereiten kann, erlebt sich gefangen in der Macht seiner Begierden. Der Restgeist des heutigen Menschen erlebt sich wie ein Wasser in einer Rohrleitung, welches ständig im Kreis gepumpt wird und niemals einen Zustrom von Frischwasser erhält. Diese richtige Ansage werde ich im Laufe späterer Erklärungen ins wahre Licht rücken. Es musste dieses Thema kurz vorweggenommen werden, um die gewaltige Differenz zwischen der menschlich geistlosen Energie in ihrer materiellen Endlichkeit gegenüber der Energie der höchsten Geistigkeit in ihrer unendlichen Wahrheit Gottes aufzuzeigen. Der heutige immer wieder dem Tod preisgegebene Mensch wähnt sich in seiner Welt des materiellen Universums als geistiger Beherrscher dieser Materie, allerdings kennt er nicht einmal noch die Grenzen seines Universums, ganz zu schweigen das Wissen um die Entstehung desselben. Dieses Wissen hätte außer der Neugierde ansonsten keinerlei Befriedigung zu bieten als wieder dieses „Aha". Das materielle Universum hat Grenzen gegenüber dem rein geistigen, unendlich seienden Kosmos und bildet in diesem einen winzigen Punkt seines Daseins, oder eigentlich geistig gesehen – ein Garnichts. Mit diesem Dasein der Materie erlebt sich die Erde nun ihrerseits im Universum nicht einmal als Punkt. Der Mensch auf Erden ist ebenfalls ein Nichts, ein geistloses Nichts.

Dass sich der materielle Anteil des Menschen aus dem Affen entwickelte, ist ja bekannt. Nun, dieser Mensch als Tier hätte wohl keinen Sinn ergeben, erst zusammen mit dem Geist und der Energie aus dem geistigen Kosmos ergab sich ein Produkt im Sinne Gottes. Das heißt, dem von Gott erschaffenen Menschen, sein Bestand, ergibt die Verbindung endliche Energie aus Materie, verbunden mit der unendlichen Energie des Geistes. Eine Kombination aus Universum und Kosmos. Zu diesem Verstehen ist ein reales, in die Fantasie gezogenes intuitives Denkempfinden nötig. Die nach Beweisen stöhnende Wissenschaft hat in diesem rein geistigen Geschehen keine Chance, hier mit noch so einer großen Denkkraft fündig zu werden. Der Mensch besteht und ist geprägt aus Körper und Geist, der Körper endlich, der Geist unendlich. Unter so einem gewaltigen Aufwand an Vorbereitung steht er nun da, dieser Mensch, hineingestellt in eine paradiesische Natur. Wozu?

Der Kosmos in seiner Harmonie des Geistes benötigt eine Kraft, den Gegensatz. Wieder wozu? Dieser Gegensatz durfte niemals versuchen, seine kosmisch-geistige Harmonie zu durchbrechen. Die Energie des Geistes mit der Harmonie musste immer vorherrschend bleiben. Ein Konstrukt mit diesen großartigen Eigenschaften sollte der Mensch werden. Wer sonst könnte den Gegensatz innerhalb der Harmonie besser vorleben als eben der Mensch, dieser nach der Idee Gottes im irdenen Paradies. Dieser Mensch verkörperte durch seinen materiellen Anteil den Gegensatz und durch seinen geistigen Anteil die Energie der Harmonie. Also eine sichtbare Vorzeige von der Umsetzung innerhalb dieser Gesellschaft, von jedem einzelnen Menschen getragen. Jeder Einzelne bildete das Prinzip von Yin und Yang, der höchsten Weisheit. Das gegensätzlich endlich Materielle zusammen mit dem unendlichen Geistigen, in dieser großartigen Einheit lebte der Mensch nach der Idee Gottes. Die göttliche Seele des Menschen als Dritte im Bunde von Körper Geist *und* Seele. Sie erlebt im menschlichen „Ich“ diese großartige Möglichkeit, den gezähmten Gegensatz dem Kosmos einzuverweben.

Selbstbetrug (16)

Der heutige Mensch erlebt sich im Selbstbetrug, in der Wichtigkeit seines körperlichen Daseins. Aus diesem Selbstbetrug heraus sammelt er in seinem Leben Dinge, die in der Ablebenszeit seines Körpers für ihn vollkommen wertlos sind. Diese Dinge bringen auch keinen Nutzen, wenn er diese für seine Nachkommenschaft anhäuft. Auch die Nachkommen stehen eines Tages vor demselben Problem, und das spielt sich immer so weiter auf der Schiene des Selbstbetruges ab. Was glauben Sie, wie armselig so ein Mensch vor seinem Tod dasteht, wenn er nur von seinem „Gehabten“ erzählen kann und kein „Mitbringsel“ für ihn, seinen Richter, bei sich hat. Jetzt kommt noch dazu, dass dieser Mensch ja gar keinen Menschen im Sinne seines Lebens mehr darstellt. Sein Körper ist gestorben, und er selbst kann sein eigenes Begräbnis bestaunen. Ja, was ist denn „er selbst“ überhaupt noch? Ungewohnt körperlos, seines ganzen Stolzes seiner ehemaligen Schönheit beraubt. Er kann denken und seine Sinne funktionieren auch noch, nur selbst sehen kann er sich nicht mehr. Er ist ein „Nichts“ geworden, ein geistiges, vor Angst schlotterndes Nichts, getrieben von der gewaltigen Sehnsucht, wieder seinen so geliebten Körper zu tragen und es sich wohlergehen lassen zu können.

Die Menschheit trug in ihrem Wunschdenken immer ihren Körper mit in die Welt des Todes hinein. Der fehlende Geist im Menschen lässt es nicht zu, die Wahrheit des Sterbens zu erkennen, und so ist der Selbstbetrug vorprogrammiert, solange die Wahrheit nicht erkannt wird.

Die Evolution des Denkens (17)

Die Evolution des menschlichen Denkens wurde zu allen Zeiten der Menschheitsgeschichte und der jeweiligen Gesellschaftsform von Begierden getragen. Die gewaltigen Möglichkeiten unserer heutigen Machbarkeiten auf allen erdenklichen Gebieten hatten niemals eine Besserung der Menschheit bewirkt, sondern nur die Befriedigung ihrer Begierden im Sinn gehabt. Die meisten Ziele solcher Begierden sehen sich schon als ausgereizt.

Was denkt der Mensch eigentlich über sich und seine 7 Milliarden gleichartiger Wesen? Das, was er über sich denkt, lässt kaum

Platz für anderes. Da steht ganz obenauf: Was muss ich denken, damit es mir besser bzw. noch besser ergeht? Die anderen sind meist nur als Hilfskräfte für dieses „Bessergehen“ interessant. Milliardenfaches Denken ist an die menschlichen Begierden geheftet, ein gewaltiges, eigentlich sinnloses Energiepotenzial, denn diese Energie, vom Denken gesteuert, hat ein falsches Ziel. Es ist ein niemals erreichbares Ziel, somit stellt es gar keines dar. Dieses Denken lässt Milliarden erfüllte Begierden als Denkleichen auf seinem Lebensweg liegen. Verschleuderte Energie und wertlos für den Tod.

Die wahre Liebe (18)

Was geschieht eigentlich mit Verliebten? Ein Verwöhnungskurs für die Sinne wird beidseitig angesteuert, bis das Ziel, die sexuelle Befriedigung, erreicht ist. All das Geschehen spielt sich im materiellen Bereich ab. Das Vorspiel, die Ausführung, beides kennen wir genau aus dem Leben der Tierwelt. Wenn sich beim Menschen nicht noch etwas anderes, welches mit geistiger Liebe im Zusammenhang steht, entwickelt, dann ist das Ganze, was hier mit Liebe gehandelt wird und mit Sucht endet, ein rein tierisches Geschehen, und so wird es mehr oder weniger auch praktiziert. Wobei der Tierwelt meistens ein besseres fühlendes Empfinden in Bezug auf die von der Natur gegebene Zeiteinteilung besitzt. Für den Menschen stellt das Ganze aber eine Suchtmaximierung, jederzeit abhandelbar, dar. Das, was der heutige Mensch in seinem Gefühlstrieb bzw. Sinnensammelsurium glaubt Liebe nennen zu müssen, ist an sich seiner Gegensätzlichkeit der Begierden Untertan. Die zarten Harmoniebestrebungen weichen bald den aufflammenden Gegensätzen, die in der Materie, im körperlichen Menschen, seine Natürlichkeit besitzen. Ohne Einbeziehung der hohen geistigen Welt der Harmonie muss jede sogenannte Liebesbeziehung heraus aus ihrem eigenen Gegensatz zerbrechen. Wahre Liebesfähigkeit kann man nicht vorschreiben, gar erzwingen, diese ist abhängig vom Grad der vorhandenen geistig-kosmischen Harmonie, welche die Stärke besitzt, den Gegensatz in seine Grenzen zu weisen. Diese Fähigkeit müssen beide Partner in sich tragen.

Die wahre Liebe in den zwischenmenschlichen Beziehungen ist eine Rarität geworden. Diese Liebes-Wechselbeziehung, die aus der paradiesischen Zeit ihr heute verloren gegangenes Vorbild hatte. Die treibende Kraft in dieser liebenden Wechselbeziehung war Gott. Er liebte seine Menschen, und diese Gottesliebe in ihrer Großartigkeit strahlte der Mensch in seinem warmen Empfinden für den Herrn zurück. Zugleich fand diese Strahlung von Mensch zu Mensch ihren kleinen Umweg in diesem Kreislauf. Den nachparadiesischen Menschen ist noch etwas Wesentliches abhandengekommen, die Liebe Gottes. Der Liebe unter den heutigen Menschen geht es in dieser Hinsicht wie dem ehemaligen Geistigen im Menschen. Beide sind nur mehr in Restbeständen vorhanden, ohne Erneuerung aus der kosmischen Harmonie.

Der Mensch – ein Solist (19)

Dem Grunde nach lebt jeder Mensch mehr oder weniger sein ganzes Leben für sich alleine. Er bezieht sein Handeln immer nur aus seiner Bewusstheit, aus seinem „Ich“, und ausschließlich aus dieser Perspektive. Dieses ehemals hoch geistige „Ich“ des Menschen ist heute nur mehr, durch die nicht mehr stattfindende Zufuhr geistiger Energie, ein geistiger Restposten. Der Mensch musste sich auf Grund seines damaligen Tat-Geschehens nur mehr mit seinem endlichen ungeistig seienden Denken zurechtfinden. Dieses geringe geistlose „Ich“ ist allerdings auch von seinen Begierden beherrscht. Das ist der Grund seines wahren alleingelassenen Seins von seiner Umwelt. Die gesamte menschliche Kommunikation untereinander erfolgt ausschließlich über die Bewusstseins-Schiene. Das ergibt aber nicht das wahre Bild des Menschen. Das wahre Gesamtbild ist aus dem

Jetzigen so wie auch aus den vergangenen Lebenszeiten im Unbewussten gespeichert. Zu diesem aber hat das „Ich-Bewusstsein“ keinen Zugang, und die Begierden scheuen davor, denn dort ist die Wahrheit zu Hause. Damit wird das Unbewusste mit dem unheimlichen Wahrheitsgehalt verdeckt in Ruhe gelassen, und jeder Mensch bleibt für sich alleine in dieser Welt.

Dieses ehemalige stolze „Ich bin“ bei der Bewusstwerdung des Menschen (damals gab es noch keine Teilung von bewusst und unbewusst) war mit seiner göttlichen Seele in Freundschaft verbunden und beide hatten zusammen das Sagen. Heute ist dieselbe göttliche Seele in das Unbewusste von ihrem „Ich“, der Begierde zuliebe, degradiert worden. Ein geistlos gewordenes gieriges „Ich“ regiert heute seinen Partner, seinen tierisch endlichen Körper, und das nennt man das heutige Bewusstsein, welches einen riesigen intuitiven Respekt vor dem Unbewussten empfindet. Die Angst ist begründet, denn im Falle einer Bewusstwerdung des Unbewussten könnte es sich umgekehrt verhalten. Das harmonisch Geistige in sich als göttliche Seele könnte nun dieses gegensätzlich Chaotische mit einem Geistesblitz töten. Deshalb die so schmalbrüstigen Versuche der Psychologen, ja nicht zu viel Unbewusstes ihrer Patienten freizusetzen, daher können diese „Faserschmeichler-Therapien“ auch nur zu oberflächlichen Erfolgen führen. Wie immer, Behandler und Patient können sich ihrer Sache niemals sicher sein, dass das in den Tiefen der Seele lagernde Taten-Gerümpel ans Licht kommt. Keine Sorge, die Begierden sind mit ihren Ablenkungsmanövern immer zur Stelle, um dies rechtzeitig zu verhindern. Solange der Mensch sein Unbewusstes nicht lückenlos kennt und seine göttliche Seele vom „Ich" wieder gerne angenommen wird, ist jeder Mensch über sein wahres „Ich", sein Wesen und seinen Sinn ahnungslos gegenüber sich selbst. Und so lebt dieser sich niemals ganz erkennende Mensch im Chaos dieser Welt mit seinen Ängsten, Sorgen und Leiden weiter, so lange, bis das „Ich" seiner Seele die Bereitschaft zeigt, ihr Unbewusstes zu öffnen, egal was da ans Tageslicht gerät. Dann erst kann ein Aufstieg zur Freiheit unter dem wahrlichen Beistand der göttlichen Seele gesetzt werden. Ab da lebt der Mensch nicht mehr alleine. Sein Unbewusstes ist aufgelöst, die Seele ist wieder eins im geistigen „Ich" in inniger Freundschaft, im Leben wie auch im Sterben. Erst dann erkennt der Mensch, was wahre Freiheit bedeutet. Genau diese Beschreibung in ihrer Tatsache ist der wahre Grund, weshalb der Mensch vor dem Sterben sich so ängstigt. Würde er sich in seiner Gesamtheit vorher erkennen, so würde der Tod seinen Schrecken verlieren.

So aber lebt jeder Mensch für sich allein, bewaffnet nur mit seinem Bewusstsein, und das bedeutet Gegensatz, der meist eine harmonische Gemeinschaft verhindert. Deshalb kann der Mensch seine Freiheit nur in sich selbst finden, wenn er genug Mut hat, sein Unbewusstes zu erforschen.

Der Mörder sieht seine Gefahr nicht (20)

Täglich sehen Sie es im Fernsehen, lesen die Zeitung, studieren vielleicht aus Interesse auch die Geschichte der Menschheit. Durchgehend ist seit der Vergangenheit eine Spirale nach abwärts erkennbar. Das Töten der eigenen Spezies aus Gier, aus Rache, aus Mordlust. Diese wohl hohlköpfigen Täter denken, wenn man den materiellen endlichen Anteil des menschlichen Körpers tötet, dann sei das erledigt. Der tote Körper kann keine wie auch immer geartete Reaktion auslösen, genau wie wenn Sie einen Hund oder sonst ein Tier abtun. Für den Täter stellt also der menschliche Körper genau dasselbe dar wie ein Tierkörper. Materiell gesehen ist es auch richtig, der menschliche Körper ist rein tierischer Natur, er verbreitet auch Gestank, und früher oder später wäre dieser Körper ja ohnehin gestorben, jeder Körper, auch der des Täters. Am Ende des Lebens jedes Einzelnen ist es ziemlich egal, ob früh oder spät gestorben wurde. Ein beseitigter toter Körper, ob Tier oder Mensch, ist in jedem Fall in den Augen des Täters unschädlich gemacht. Angesichts dieser Tatsache taucht da schon die berechtigte Frage auf, worin liegt nun der Unterschied zwischen Mensch und Tier im Tot-Zustand?

Der Mensch wird meist bekleidet in seine Verwesung befördert, das Tier nackt. Die Todesursachen haben dazu nichts zu sagen. Leiche ist Leiche. Beide wurden von ihrer Lebensenergie verlassen. Der Mensch im Allgemeinen und auch im Besonderen ist über die tatsächliche Konstruktion seiner Spezies mehr oder weniger ahnungslos. Nun, nicht ganz, der materielle Anteil ist ziemlich erforscht, ebenfalls der des „Säugers". Schon wieder diese Parallelität Tier-Mensch. Ab da, wo man Geistiges vermutet, scheiden sich die Geister, in diesem Bereich fällt das Tier ab. Dem Menschen wird von ihm selbst Geist angedichtet, nicht so dem Tier. Die körperlichen konstruktiven Zusammenhänge sind ziemlich klar aufgelistet, und die „Reparaturerfolge" können sich auch sehen lassen. Mit den geistigen Zusammenhängen im Wechselspiel Körper-Geist sind diese leider gegenüber der Wahrheit weit abgeschlagen, befinden sich in einer nebeligen Grauzone.

Wer liefert die Lebensenergie? Woher kommen geniale Gedanken? Wer bestimmt den Todeszeitpunkt? Weshalb ist der Mensch überhaupt da? Da wird es haarig. Also woraus besteht nun der Mensch wirklich? Antwort: Körper, Geist und Seele.

Der Körper ist bekannt, da Materie. Was ist Geist? Ist Geist ident mit Denken? Ist es ein guter oder böser Geist? Gibt es über den Geist eine klare einhellig wissenschaftliche Meinung? Kann der Geist auch sterben und verwesen? Können Gedanken aus dem Gehirn sterben? Haben Tiere auch einen Geist? Kann man Geist messen? Ist Geist eine Substanz? Weiß man etwas Genaues über die Seele? Wird die Seele auch sterben, oder ist sie unsterblich? Was heißt unsterblich? Kann die Seele leiden? Kann auch der Geist leiden? Wie stehen jetzt Geist und Seele im Zusammenhang mit dem tierisch menschlichen Körper wirklich zueinander? Führen diese beiden vielleicht ein für uns unerkennbares Eigenleben, wenn ja wozu? Wenn nein, weshalb wird dann ständig über Seele und Geist geredet, geschrieben oder fabuliert? Wissen die Geisteswissenschaften mehr darüber? Wenn sie sich so nennen, müsste doch der Geist bei ihnen zuhause sein, oder gibt es hier selbst ernannte Wahrheiten, die gar keine sind? Gibt es eine Seelenwissenschaft? Über diese wird ja auf das Heftigste „geschaftelt", allerdings ohne greifbaren Erfolg, außer bei den Urlaubsseelen-Baumlern. Was ist jetzt eigentlich Sache? Fangen wir von vorne an.

Der Mensch besteht aus seinem fleischlich materiellen tierischen Körper, dessen Leben der Tod beendet. Wenn ich jetzt einen Menschen loswerden möchte, brauche ich diesen nur zu „beseitigen", und ich habe das Problem für mich erledigt. Diese Rechnung ist nur dann von Erfolg gekrönt, wenn dieser Mensch genau wie das Tier eben nur aus Stofflichkeit bestehen würde und an diesem Menschen keinerlei sonstige Anhaftungen, möglicherweise sogar die aus dem geistigen Lager, vorhanden sind. Also bevor Sie die Idee umsetzen, einen ihrer Widersacher in den Tod zu schicken, müssen Sie sich darüber im Klaren sein, dass Sie nur den Fleischkörper töten würden, aber nicht das, was daran unsterblich ist und nicht getötet werden kann. Dieses Unsterbliche könnte sich am Mörder rächen und dieser würde diesem Angriff vollkommen schutzlos gegenüberstehen. Ein doch beunruhigender fataler Gedanke, wenn das wirklich so wäre. Ist es so? Wie sollte das prüfbar sein? Allgemein bekannt ist darüber nichts, einige Religionen erwähnen in diese Richtung Schwieriges, aber die Allgemeinheit weiß nichts, worüber sich so ein Mörder beunruhigen sollte. So läuft das seit Menschengedenken. Gibt es nach dem Tod Sein oder ein Nichtsein? Wenn ja, würde jeder Mord fürchterlich gerächt, nicht von einem Körper, nein, von dem gefürchteten „Schicksal“, hinter welchem sich das andere menschliche Leben, nämlich die Unsterblichkeit in ihrer geistigen Gewaltigkeit, in seiner unfehlbaren Präzision verbirgt, im Jenseits. Das ist nicht weit vom Diesseits.

Die so nahe Ferne (21)

Gott ist uns Menschen viel näher, als der Mensch das wahrnehmen will. Der Mensch sucht fallweise Gott, aber viel zu weit weg, und wähnt ihn unerreichbar, doch unbemerkt trägt der Mensch Gott in sich.

Also denkt Gott, wozu den Menschen von weit weg beobachten, da sieht man doch viel zu wenig. Bei ihm direkt zu sein bietet einen riesigen Vorteil, man kann ihn ununterbrochen erleben und sehen, was denn sein abtrünniges Produkt so treibt. Nach dem Sprichwort: „Sieh, das Gute liegt so nah“ lässt es sich sehr gut spionieren, was dieser Mensch in seinem Leben so alles zusammenrafft, was er mir am Ende als Souvenir seines Lebens mitbringen wird.

Die Mythen (22)

Der Mensch ist im Grunde nach extrem Körper-Materie-lastig, natürlich mit allen Tributen tierischer Art, denn die Körper sind von gleicher Struktur. Dieses Gedankenbewusstsein des Menschen, Rest aus seiner ehemaligen Geistigkeit gegenüber dem Tier, befähigt diesen, sein Dasein bewusst zu erleben, daraus Gedanken zu formulieren und diese in Taten umzusetzen. Das Grundgesetz: Materie ist endlich, Geist ist unendlich. Gemessen an der wenig vorhandenen Geistigkeit des heutigen Menschen wäre dieses Grundgesetz überlegenswert. Details zu diesen Ausführungen sind in meinen Schriften zu finden. Das menschliche Wesen lebt heute in dieser „unfruchtbaren" genannten Zusammensetzung. Die Sinne des tierisch-menschlichen Körpers bemächtigen sich seines geistig seienden „Ichs", nur hier regiert jetzt nicht das geistig Unendliche, sondern die endliche Ungeistigkeit.

„Wesen" in der Mythologie sind die stärksten Beweisführungen. Mythen sind Aussagen über Urerlebnisse der Menschheit, sie erlebten sich weiter in verschiedenen Fantasie-Sagen, vermischt mit neuem Erleben von Völkern, gemixt mit den gewaltigen Naturphänomenen ihrer jeweiligen Umwelt. In diese Vielzahl projizierten die Menschen fiktive Götterwesen in ihre Naturphantasie hinein, so weit, dass sich sogar Menschen als Götter manifestieren konnten. Bei den eingöttlich werdenden Völkern übernahmen andere „Hilfsgötter" das alte System. Der Mensch bildete nach seiner Vorstellung in einer neuen Gottfantasie Figuren, Fahnen, Bilder und sonstiges Beiwerk aus, und fügte es in sein tägliches Leben ein. Der neue sogenannte moderne Mensch in manchen Weltgegenden fühlt sich all dem der Vergangenheit gegenüber so aufgeklärt, cool, allwissend, eben „modern", sodass er kurzerhand die seit zigtausend Jahren bestehenden wohl fiktiven, aber sehr sinnvollen Mythen einfach für Unsinn erklärt, obwohl diese Fiktion nach dem Glauben an etwas Höheres im Menschen diesen festigten. Der Atheismus ist ein Kind der fehlgeistigen Evolution der Menschen im Dienste seines überheblichen gottähnlich seienden Größenwahns, nur der Tod bringt wieder Ordnung in das Getriebe dieses Ungeistes.

Dem geistig sein sollenden „Ich" des Menschen wird nach Entfernung der wertlosen Materie, seines Körpers, nach dessen Tod in seiner geistigen Urheimat klargemacht, was Sache ist. Garant dafür bildet das rein geistige Gesetz im Sinne des Karmas mit der Garantie, immer wieder in das Leben mit einem neuen Körper zurückgeworfen zu werden. Wenn das „Ich" des Menschen während seines körperlichen Lebens alle Wahrheiten verdrängt, so fehlt ihm im Leben nach dem Tod aber dieser Verdrängungsmechanismus. Daraus ergibt sich eine Zwangserkenntnis über die Wahrheiten, diese können dadurch sehr leidvoll ausfallen.

So hatte der Glaube durch die Mythen der Menschheit doch etwas gebracht, es war das Aufblicken nach etwas Höherem, das dem heutigen „modernen“ Menschen abhandengekommen ist.

Weltwirtschaft (23)

Der Zusammenbruch der Weltwirtschaft erfolgt synonym mit der Geschwindigkeit des Kahlfraßes der Erde durch ihren Erzfeind Mensch und dessen Begierden. Wenn die menschlichen Begierden keinerlei lohnende Ziele zur Erringung von Macht und Vermögen finden, dann lassen sie das „Ich“ des Menschen samt seinem Körper einfach fallen. So ein Mensch ohne Begierden ist einfach wertlos. So häuft sich aus der gierigen Sicht das Arsenal von wertlosen Menschen immer mehr an, bis zum bitteren Ende des Leides. Wenn die Gier nichts mehr finden wird, dann ist das das absolute Aus für eine Wirtschaft, deren Aufbau eben nur von der unersättlichen Gier bestimmt wird. Somit ist die Gier der größte Feind des Menschen, beide sind der größte Feind der Erde, somit auch Feinde ihrer Schöpfung.

Nicht Gott straft den Menschen, dieser straft sich selbst durch seine selbst verursachten „Weltenintrigen“, in welchen er seinen eigenen Gefangenen darstellt. Die Gier mit ihren unzähligen Kindern aller Arten von gewieften Intelligenzen als Waffe benützt hat den Kampf gegen den ehemals göttlichen Menschen siegreich beendet. Das hier geschilderte Szenario tritt mit absoluter Sicherheit ein. Es sei denn, der Mensch lässt sich nicht von seinen Begierden weiter zerstören, sondern er zerstört vorher seine Begierden selbst, dadurch könnte die anrollende Endzeit ihren Schrecken verlieren bzw. eine Rettungsaktion eingeleitet werden.

Die Weltwirtschaft kann nur mit Wachstum aufrechterhalten werden. Wachstum erfordert Ausbeutung. Es ist die Lieblingsaufgabe der menschlichen Begierden. Würde der Mensch seine Begierden aufgeben, bekämpfen, fallen lassen, der Zusammenbruch der Weltwirtschaft wäre auch damit die Folge, nur geordneter und dadurch aussichtsreicher.

Welcher Zusammenbruch für den Menschen der bessere wäre, ist hier die Frage. Die Beantwortung liegt bei jedem selbst.

Das Außer- und Überirdische (24)

Das Außerirdische, das Überirdische. Zwei Wörter und deren eindeutige Begriffe bilden Faszination, Glauben, Unglauben, Angst, Fantasie, Machinationen, Meditationen und Erscheinungen seit Menschengedenken. Eines ist den größten Machthabern samt ihren grauen Eminenzen, ihren Begierden, bisher nicht gelungen, und zwar in ihren Augen das Unwort von „Außer- oder Überirdisch" zu verbannen. Das Überirdische schleicht unsichtbar, farb- und geruchlos, vom Irdischen nicht fassbar hinein, hindurch, als wäre dieses komplexe, materielle Irdische gar nicht vorhanden. Das ist schon eine Unglaublichkeit, eigentlich eine Frechheit dieses unser so geliebtes, hoch geschätztes irdenes Dasein so zu ignorieren. Fakt ist jedenfalls, das Über- oder Außerirdische ist im Irdischen in geheimer Mission permanent latent. Keine irdische Macht konnte diese Tatsache jemals gegenteilig glaubhaft beweisen. Was oder wer ist diese irdene Macht, die mit allen Mitteln das Geistige aus dem Überirdischen vehement bekämpft? Eine Kraft, die sich nur im Irdenen suhlen kann, es sind die starken, nach materiellen Werten süchtigen menschlichen Begierden. Diese bauen auf die Mächtigen auf Erden, die das Außerirdische verbannen sollten. Nur ein Geistiges lässt sich nicht verbannen, es ist immer mit der Tarnkappe unterwegs und narrt auch gerne die Wissenschaften, denn diese sind extrem erdlastig und bauen nur auf Beweiskraft von Materie. Die wahren Verhinderer, Geistiges unter Beweis stellen zu wollen, sind wieder die Begierden, da für diese eben nur Materielles einen Wert besitzt. Also war es ein kluger Schachzug der Begierden, die endliche Denkenergie dem unendlich geistigen Denken überzustellen, um eben ihre irdene Macht mit ihren menschlichen Vasallen nicht zu gefährden. Diese endliche Denkenergie, noch versehen mit einem kleinen abgestandenen Rest der ehemaligen menschlichen Geistigkeit, wurde von der Gier hochtrainiert, bis ein ihr gefälliges Produkt entsteht oder entstand – die Hightech-Intelligenz. Mit diesem Instrumentarium hatte die Gier ihre größte Chance sich selbst geschenkt, um die materielle Ausbeutung samt der sich gerne selbst darstellenden Menschheit bis zum Ende der Endlichkeit zu nützen. Die menschliche Intelligenz vor zweitausend Jahren sprach das Todesurteil über eine im Menschen inkarnierte göttliche Geistigkeit und ließ Christus am Kreuz ermorden. Die Trophäe dieser Tat erlebt sich heute noch im Kruzifix, ähnlich einer Jagdtrophäe an der Wand eines Jägers. Ich glaube, dass hier vielleicht ein Sühnegedanke Pate stand, das innere schlechte Gewissen der Menschheit. Sähe sich ein Machterhalt in Gefahr, so würde man heute sicher skrupellos wieder einen Mord an einer Geistigkeit vollführen. Dieselbe Intelligenz heute als Hightech-Evolution, durch das Rad der Wiedergeburt immer wieder ausgespuckt, plant teils bewusst, teils unbewusst einen Massenmord an 7 Milliarden Menschen. Die Gier hat sie dazu fähig gemacht, die Gier der Wissenschaft mutiert zum größten Massenmörder aller Zeiten. Fast die gesamte Menschheit dient ihr als Handlanger. Sollte hier nicht das Überirdische dringendst eingreifen?

Aber solange die Wissenschaft Beweise über die Existenz des hohen Geistigen verlangt, muss die Menschheit wohl untätig ihrem Untergang entgegenleben. So ist das eben ein Schicksal, da Feig- und Dummheit als Ursache verheerende Wirkungen zeigen können. Nur das Außerirdische, das hohe Geistige wird sicher nicht mit dieser irdenen Masse Mensch untergehen. Die Zeit des Geistigen wird dann kommen, wenn 7 Milliarden, jeder Einzelne davon, von ihrem Körper gelöste Unsterblichkeit (deren Ich), vor Gericht stehen werden. In der geistigen Welt ist ein effizient klarsichtiges Gesetz in der Lage, rasche gerechte Urteile zu fällen und diese auch gleich zu exekutieren.

Da sind wir wieder bei dem Hauptproblem des heutigen Menschen angelangt, denn er glaubt nicht an geistige Tatsachen. Seine Wissenschaftsmitzieher erklären: Das, was nicht beweisbar ist, gilt nicht. Hier wird Materie mit Geist verwechselt, denn wenn sich Materie beweisbar gibt, verlangen sie das auch vom Geistigen. Nur Materie ist endlich, Geist aber unendlich. Mit endlichen Forschungsmethoden ist Unendliches niemals greifbar, demnach gibt es also das Überirdische, Außerirdische eben nicht. Warum wird dann ständig darüber ehrfurchtsvoll geredet und geschrieben? Ganz einfach, Geist lässt sich von Materie niemals festmachen, also fehlt dem heutigen Menschen eindeutig das geistige Denkvermögen, mit welchem die Kommunikation mit dem Überirdischen möglich wäre. Der Mensch deutet ja sprachlich intuitiv die Wahrheit an, er empfindet eben das Geistige über ihn oder außerhalb von ihm. Naja, das lässt doch die Überlegung zu, dass der Mensch einmal früher im Geistigen selbst zu Hause war.

Das Geistige wollte diesen nur mehr materialistischen Menschen mit seinen aufkommenden Begierden nicht länger haben. Seinen Aufgaben kam dieser Mensch auch nicht mehr nach, und so warf ihn die geistige Welt kurzerhand hinaus. Heute sitzt er im Irdischen, obwohl seine Heimat einst im Außer-Überirdischen gelegen war. Das kommt schon einer Wahrheit sehr nahe, nur wer will dieser geistlosen Masse das beweisen? Vielleicht könnte man das Forschen mit materiellem ängstlichem Beweisbarkeitskram einfach einmal mit dem Geist des Glaubens beginnen? Gibt es noch Forscher, die ihren Ehrgeiz bei ihrem Glauben ansetzen würden? Schwierig, Glauben benötigt keinen Ehrgeiz, bringt auch keine Berühmtheit und Reichtum mit sich. Nur Glaube könnte der richtige Weg zum Außer- und Überirdischen werden. Eines ist sicher, der Mensch wurde in grauer Vorzeit aus dem Paradies geworfen. Forschen Sie nach dem Warum, dort liegt der Schlüssel dazu. Diesem Nachforschen sollte man wirklich mehr Bedeutung beimessen, aber nur mit der geistigen Denkenergie. Zu erwerben ist diese mit dem entsprechenden Interesse, unter Aufwendung aller zur Verfügung stehender Energien, verbunden mit einem zähen (nicht harten) Willen, einer Idee im Namen der Wahrheit und im Glauben an das Göttliche.

Die Harmonie (25)

Ob die den Gegensatz umhüllende, geistig seiende Harmonie eine variable oder eine beständige Gleichmäßigkeit darstellte, ist nur aus dem Ursprung, aus dem Paradiesischen heraus erklärbar.

Jedenfalls bestand das Harmonie-Empfinden, der von der Idee Gottes erschaffene, in seiner paradiesischen Welt lebende Mensch, aus dem Kosmischen. In einer inhomogenen Harmonie hätte ja bereits der Gegensatz ein Mitspracherecht eingefordert. So gestalteten sich bei dem paradiesischen, göttlichen Menschen die Zusammenhänge zwischen der gleichmäßigen kosmischen Harmonie und dem Neuzugang mit dem Prinzip des Gegensatzes in einem Verhältnis zwischen der unendlich seienden geistigen Energie und der endlichen Energie aus der Materie. Das Verhältnis betrifft allerdings nur jedes einzelne Energie-Prinzip (Mensch) für sich selbst. Die Differenzierung von Harmonie gegenüber der des Gegensatzes ergibt sich ganz logisch. Unendlich- und Endlichkeit, gleich mit Kosmos und Universum gesetzt. So stand der Gegensatz nach der Idee Gottes von Haus aus in einem nur kleinen Anteil zur kosmischen Harmonie. Das Verhältnis ist also gleichzusetzen mit der Energie des Geistes zur Energie des Materiellen.

Plus-Minus (26)

Das Plus im paradiesischen Leben stellt das männliche **Prinzip** dar, das weibliche den Minuspol, so gewollt von Gott. Das Positive stellt dem Negativen bzw. dem Umgekehrten keine Wertigkeit voraus. Das Mathematische hat hier im philosophisch Metaphysischen keine Aussage zu treffen, dieser Anwendungsbereich liegt nur im endlichen Denken der Materie. Das Prinzip von Yin und Yang trifft die metaphysische Aussage des neu zu schaffenden kosmischen Weltenprinzips, und zugleich die Sinngebung der menschlichen Spezies. Der Mensch in seiner Trinität (Körper, Ich-Geist, Seele), egal ob männlich oder weiblich seiend, ist der Gestalter und zugleich der Sender dieses neuen Weltenprinzips vom Gegensatz in der Harmonie. Diese einzig wahre Wertigkeit betrifft unser gesamtes endlich seiendes materielles Universum, bis hinein zu dessen kleinstem Bauteil, und natürlich auch den aus Materie aufgebauten Menschen. Dieses Weltenprinzip fordert Gleichheit zwischen Plus und Minus. Der geringe Unterschied zwischen Mann und Frau liegt lediglich in der familiär bedingten Aufgabenteilung. Die Betonung liegt hier auf Familie! Soweit die Aussage nur für das Paradiesische im Wirkungsbereich seiner Menschen.

Der nachparadiesische Mensch entzog sich langsam, aber sicher diesem hoch geistigen kosmischen Einfluss und begab sich in den Einflussbereich seiner Gegensätze der nackten Begierden, und strebt dadurch seinem totalen Tiefpunkt entgegen. Das geistig kosmische System des Ausgleiches als Gegensatz innerhalb der Harmonie begann ihre geistige Energie zu den Menschen einzustellen. Mit dem Neuzuwachs der menschlichen Begierde konnte es keine Koexistenz mehr zwischen plus und minus geben. Also erklärte das neu vom Menschen geschaffene Schicksal, die Geschichte der Menschheit in die Hand zu nehmen. Heute ist das Plus das Gute und das Minus zum Schlechten interpretiert worden. Jeder will der Gute sein. Sein eigenes Erkennen der Unfähigkeit unterworfen, wähnt er den anderen jedenfalls als das Minus. Das hat natürlich auch in der Partnerschaft seine Praxis gefunden. Der männliche Part hat das Plus durch seine Begierden an sich festgemacht, in Unkenntnis der wahren geistigen Tatsachen, natürlich zum minuspoligen Nachteil für die Frau. Das kleine zwischendurch fallweise aufmüpfige Matriarchat konnte diesen Trend nicht beeinflussen. Die Menschheitsgeschichte ist voll (abgesehen von ganz geringen Ausnahmen) von der Machtherrschaft des Mannes, zum Leidwesen der Frau. Diese menschliche Schiene machte sich fallweise das Geistiges zunutze, das Gesetz Ursache und Wirkung, bekannt auch unter dem Prinzip der karmischen Gesetzgebung. Ein im Leben tatenreicher Mann, seine Taten brachten viel Leid und Tod, erlebte sich nach seiner Wiedergeburt als eine dem Leiden preisgegebene Frau. Das vorgenannte geistige Prinzip hält sich eben viele Optionen offen. Heute weiß keiner mehr, was er eigentlich wirklich darstellt. Sein Unbewusstes schweigt, sein Bewusstsein brilliert in Unwissenheit über sich selbst.

Aber nichtsdestotrotz, den anderen, ja, den muss man erziehen, auch mit Gewaltanwendung, so wie man ihn eben haben möchte. Nur dieser oder diese sich als erziehungsberechtigt Ausgebenden wissen eines nicht, dass ihr eigenes, für sie unbekanntes Unbewusstes im Geheimen alles registriert und dieses Wissen im Zweifel gegen den Angeklagten verwendet. Eine Anklage, die der Mensch schon vorzeitig aus Angst beginnt, in die Vergessenheit zu kehren, nur diese „Vergesslichkeit" hat am anderen geistigen Ende einen klarsichtigen Ausgang, gut geeignet für das Einschreiten des kausalen Gesetzes. Schließlich muss ein Prinzip ein Prinzip bleiben, im Geistigen jedenfalls mit Sicherheit. Gibt es heute noch Familien im wahren Sinne ihres Ursprungs? Nein. Es gibt bewundernswerte Versuche, sich diesem alten System, erschwert durch die heutige Begierden-Gesellschaft, wieder zu nähern. Solche Menschen mit Familie sollte man nicht nur bewundern, sondern nachzuahmen versuchen. Das Gros der Menschheit erlebt sich im offenen Partnerschaftskampf, die Armen sind die Kinder, leider lässt der Nachahmungstrieb sie dann genauso werden. Viele steigen aus dem poligen System aus und versuchen ihr Glück in der Gleichgeschlechtlichkeit. Die ohnehin geistlose begierdenschwangere Politik greift diesen Trend auf und schafft für dieses „Stimmvieh“ gesetzliche Ehe-Familien-Grundlagen. Grundsätzlich sind fast alle Regeln einer höheren Logik, Lebenssinn, Ethik und der Geistigkeit bei den Menschen längst ausgeschaltet. Alles wird vom Ungeist der Begierden regiert, und das ohne Ausnahmen.

Das Geistige (27)

Das Geistige aus der Sicht des heutigen Menschen ist zu unterscheiden in:

Geistiges Wissen:
Das geistige Wissen könnte man als die Intelligenz des Geistigen bezeichnen, nicht zu verwechseln mit der Denk-Intelligenz des Menschen, die überhaupt keinen oder nur Restwerte des wahren Geistes in sich trägt.

Empfindendes geistiges Wissen:
Ein empfindendes geistiges Wissen fühlt, dass es dieses Geistige, Höhere geben muss.

Das geistige Empfinden:
Ein geistiges Empfinden sagt einem, das über unserer erdenmateriellen Welt eine nicht von uns zu klassifizierende geistige Welt besteht. Es beinhaltet eine Ahnung darüber, dass eine göttliche Allmacht über unserem menschlichen Dasein existent sein muss. Es ist die erhabene Fantasie eines Menschen, der über seinen Glauben eine leise Einstrahlung des wahren Geistes durch die göttliche Seele in das „Ich“ des Menschen fühlt. Dieser Strahlung muss man sich langsam öffnen, auch wenn das nicht gerade in das „In-Sein“ der immer dümmer werdenden heutigen Gesellschaft passt.

Für die derzeitige technisierte Welt stehen unendlich viele Wortgebilde und Fachausdrücke zur Verfügung. So eine Vielheit ohne Einheit benötigt ständig neue Wortkonstruktionen, die sich im Niveau des wissenschaftlichen Chaos verlaufen, entstehen, vergehen und niemals ein brauchbares Ziel ergeben. Wenn ich diese tausende meist sinnlosen Wortgestaltungen einer Prüfung über ihre wahre Wertigkeit unterziehe, dann würden diese von einer Handvoll Wörter und deren Wahrheitsgehalt leicht besiegt werden. Empfindung, Liebe, Gefühl, Glaube, Mut. Diese wenigen Worte, richtig umgesetzt in Energie, erreichen die einzige Wahrheit und erleben sich später im empfindenden geistigen Wissen. All das hier Beschriebene nimmt eine Anleihe an Geistigem, Ihr „Ich" durch Ihren Glauben und Ihren Mut erhalten sozusagen einen Vorschuss und stehen damit fallweise bereits an der Grenze zwischen Universum und Kosmos, zwischen Hüben und Drüben, Jenseits und Diesseits, zwischen Himmel und Erde, Leben und Tod. Sie stehen knapp vor dem Durchbruch durch dicht vernebelte Unwissenheit der Menschheit. Das Erreichen dieser Grenze gewährt ihnen ein Privilegium, das freie Geleit zur gewaltigen Schönheit des göttlichen Lichtes. Ihr „Ich", dank Ihrer Seele, denn diese begleitet Sie nach dem Verlassen Ihrer Körperlichkeit vorbei am Tod zum Ausstieg aus dem Rad der Wiedergeburt. Das Erreichen des geistigen Wissens wäre gleichzusetzen mit dem Durchbruch durch die Grenze zwischen Himmel und Erde aus eigener menschlicher Denkkraft.

Dieses geistige Wissen bezieht sich allerdings nur über das Sich-Innewerden der Wahrheit über den Unsinn des menschlichen Lebens. Der, welcher unterhalb der Grenze aussteigt, aus dem Rad der Wiedergeburt aussteigen darf, hat es ungleich besser als der „Durchbrecher". Sein „Ich" lebt in einer Art wunderbarer Verwebung mit seiner göttlichen Seele in der unvorstellbaren Schönheit und im Wirken innerhalb der kosmisch, göttlichen Geistessphäre. Der Grenz-Durchbrecher allerdings erfährt und erleidet in Abschnitten alle Wahrheiten, welche die Menschheit betreffen. Diese erleben sich in einer unvorstellbaren nackten Grauenhaftigkeit, sodass dieser Mensch, der ja selbst noch auf Erden lebt, mit einer enormen Leidensfähigkeit ausgestattet sein muss, um diese Wahrheit zu verkraften. Der Durchbruch der Grenze selbst gestaltet sich als psychisches und physisches Todesdrama mit der fallweisen Auslöschung des Bewusstseins, vor allem dann, wenn dieser Grenzgang ohne sachkundige Führung geschieht. Wirkliche Führer, die durch die Gefährlichkeit dieser Grenze Begleitung anbieten, sind schon lange nicht mehr unter den Menschen zu finden. Ohne Zufuhr geistiger Energie wäre also so ein Einzelgänger in körperlicher und geistiger Hinsicht ein absoluter Todeskandidat. Wenn jemand durch Unwissenheit diesen Wahnsinn trotzdem begeht und noch auf Erden lebend die Grenze durchbricht, dann würde dieser automatisch zur „Chefsache", Gott nimmt sich seiner weiteren Ausbildung an. Das heißt nicht unbedingt für den „Eleven" des wahren Geistes nur Gutes, eher das Gegenteil, auch dann, wenn das Wissen seit Langem in der Geschichte der Menschheit wieder einen Seltenheitswert besäße. Menschen mit geistigen Erfahrungswerten leben in der Regel bereits im höheren Alter. Jetzt stellt sich die Frage, was sind die Absichten des höchsten Chefs mit so einem wilden Abgeordneten der Menschheit? Ganz einfach, sein leidvoll erworbenes Wissen darlegen und der Menschheit die schreckliche Wahrheit als geistiges Futter anbieten. Allerdings ist das ein Prozess, der viel Zeit in Anspruch nimmt. Ein älterer Mensch ist zwar vielleicht mit viel Wissen ausgestattet, nicht aber mehr mit viel Zeit. Genau mit dieser Zeit hat der Herr oft seine liebe Not im Zusammenhang mit der Endlichkeit des menschlichen Körpers. Das ist jetzt aber „sein" Problem.

Das Eigentumsverhältnis (28)

Hat der Mensch einen Eigentümer seines Selbst? Obwohl es hier um zwei voneinander getrennte Eigentumsverhältnisse geht, ist die Frage mit „Ja" zu beantworten.

Aus der Sicht des paradiesischen Menschen betrachtet ist dessen Eigentümer Gott. Gott hat den Menschen für seine Zwecke erschaffen. Gleich zu verstehen, wie der Mensch den Roboter für seine Zwecke erschuf, wäre dieser auch Eigentümer des Menschen.

Aus der Sicht auf den nachparadiesischen Menschen sieht das etwas anders aus. Der heutige Mensch samt seiner achtzigtausendjährigen, sich ständig umwälzenden Vergangenheit ist aus seinem göttlichen Majorat geflohen, also hat er sich dem Einfluss seines Herrn und Erschaffers entzogen. Dieser Mensch wollte sich dem Grunde nach in seiner Eigenständigkeit beweisen. Dieser Zauberlehrling, der göttlichen Obhut entflohen, musste erst mit den bisher für ihn unbekannten Begriffen wie Wille zur Macht umgehen lernen. Die Gier stellte sich dem Neuling spontan für dessen Entscheidungen als Hilfe gerne zur Verfügung. Der Wille zur Macht als Dauerbrenner bis heute erlebte damals seine Geburtsstunde.

Nun, zum Eigentumsverhältnis des nachparadiesischen Menschen – Gott ist es nicht mehr. Der Herr will nicht mehr Eigner von abgesprungenen, das göttliche System verlassend habenden, sich im Größenwahn ihrer Begierden suhlenden Wesen sein. Sein Mensch hat sich zum Untermenschen bis zum Untertier mutiert. Dem Scheine nach ist dieser Mensch Eigentümer von sich selbst und seiner Begierden geworden. Aber nur dem Scheine nach.

Die von Gott dem edlen Menschen inkarnierte Seele hat ihren Standort nicht gewechselt, sie ist auch dem heutigen Menschen durch achtzigtausend Jahre treu geblieben. Zwangsläufig ohne sein Wissen treu und wirksam geblieben. Diese göttliche Seele hat die Eigentümerschaft des Menschen übernommen, aber nicht nur diese, sondern auch deren Gerichtsbarkeit. Das Eigentum Gottes sowie das Eigentum der göttlichen Seele bezieht sich nicht auf den materiellen Anteil des Menschen (tierisch endlicher Körper), sondern auf den geistigen Anteil, auf das unsterblich geistige „Ich". Diese Tatsache ist im Zeitraum seines körperlichen Lebenslaufes dem Menschen nicht bewusst. Erst nach dem Tod, ohne Körper, wird im „Ich" diese Tatsache schlagend. Der geistigen unsterblichen, voll verantwortlichen „Ich-Energie" wird das zum Bewusstsein gebracht. Diese „Ich-Energie" kann sich in diesem Stadium seiner Eigentümerin nicht mehr entziehen und auch nicht flüchten. Diese göttliche Seele als Eigentümer und ihrer Gerichtsbarkeit tritt jetzt nach dem körperlichen Tod in Aktion. Diese Tatsache hat mehr oder weniger fatale Folgen für jedes menschliche „Ich" in der rein geistig seienden Nach-Tod-Ära.

Das vor dem Menschen „Seiende" (29)

In den für Menschen unvorstellbaren Weiten der kosmischen Welten lebt die Harmonie des Geistigen, aufgeteilt in unendlich vielen Energieformen und Zentren, ohne Begrenzung durch Zeit und Raum. Keinerlei Feststofflichkeit, nur vielfältige, spontan veränderbare Energie zeigt das Wesen des Geistes. „Denk-Ideen", auch in unendlichen Entfernungen blitzschnell umsetzbar.

Eine bessere Erklärung lässt sich nicht in menschlicher Sprache umsetzen, dazu fehlt ihr der geistige Anschluss. Eines ist manchen Menschen geblieben, die fühlende, spürende, denkende Fantasie, mit der grenzenlose Sphären empfunden werden können. Lassen wir geistige Fantasie gewähren. Viel energievolles Leben erlebt sich in dieser wunderbaren Welt des unendlichen Geistes, dort, wo der göttliche Vater das Sagen hat. „Er", dieser höchste in Liebe und Harmonie sich erlebende Weltengeist, einfach unser „Himmelvater". Der „Himmeldada" war für uns Landkinder ein Synonym für Ehrfurcht, Angst, Liebe und Geborgenheit. Die kindliche Umsetzung für das fantasievolle Empfinden, einfach das große Wunderbare. Der, der die Trauer mildert, wenn ein naher Mensch verstirbt, denn dieser lebt dann oben bei ihm, dem „Dada", und das beruhigt.

Nun, betrachten wir mit unserer Fantasie das Leben da oben im Harmonischen, dort, wo es kein Leid und keine Angst und wo es auch keinen Tod gibt. Göttliche Geistwesen, aufgeteilt in Aufgabenbereiche, bevölkern mit viel Energie eben diese wunderbare Welt, in der überhaupt keine Gegensätze, keine Polarisierungen zu erleben sind. Wie auch? Es fehlt doch dazu das

Stoffliche, die Materie. Doch die Idee Gottes forderte die Hereinnahme des materiellen Gegensatzes innerhalb „seiner" Harmonie. Es gab dafür kosmische Gründe, und so geschah es. In dem gewaltigen, grenzenlosen Kosmos sollte eine kleine begrenzte eigene Welt entstehen, keine geistige reine Welt der Energie, nein, eine bisher völlig unbekannte Welt der Stofflichkeit der Materie des Gegensatzes. Nach der Idee Gottes gestaltete sich diese Welt, geformt von gewaltiger geistiger Energie und deren Kräften innerhalb eines kleinen begrenzten Raumes, das Universum. In dieser eigentlich von Gott nur auf Zeit gedachten Materie-Einheit sollte sie den Gegenpart zum Geist der Weltenharmonie bilden. So entstand für uns Menschen das schwer überschaubare Universum, in Wirklichkeit nur ein Punkt im Kosmos. Nun, die geistige Weltenharmonie benötigte einen Partner, der in sich eine gewisse Gegnerschaft bewegt. Dieser Gegensatz sollte sich mit dem Geistigen in einer Gemeinschaft zusammenschließen. Ein materielles, endliches Element, gepaart mit einer geistigen unendlichen Energie, zur Befriedung eines kosmischen Erfordernisses. Wohl eine Einmaligkeit. Der Gegensatz ist eben niemals im unendlich Geistigen, sondern nur in der endlichen Materie enthalten.

Im erweiterten Sinne bildete diese Konstruktion die Grundlage zur stofflichen Erschaffung des Menschen, eben nach der Idee Gottes.

Sehnsucht (30)

Der Mensch in seiner Sehnsucht nach einer heilen Welt. Diese Sehnsucht ist archaisch und führt zurück in die Welt des verlorenen Paradieses, zurück durch achtzigtausend Jahre. Bei Menschen, die den Kontakt mit ihrem „Ich" zur göttlichen Seele noch nicht von den Begierden gänzlich unterbrechen ließen, erzählt die „Göttliche" ihrem „Ich" von dieser wunderbaren Zeit, als diese damals sich selbst noch geistig erlebte. Es war die Zeit, als der Gegensatz noch innerhalb der Harmonie lebte. Aus der Zeit vom wahren Zusammenhang in der Trinität von Körper-Geist (Ich) und Seele, als Gott noch seine Menschen liebte und diese Liebe sich in alle Menschen hinein verwob. Diese Menschen konnten noch Liebe empfinden und vermochten diese auch weiterzugeben. Es war die Zeit, als die Sehnsucht sich noch selbst erlebte und die Menschen mit aufrechtem Charakter ihr Leben gestalteten. In dieser Zeit gab es auch klare Aufgaben und Einteilungen von Mann und Frau, und sie wussten noch, dass minus und plus, oder umgekehrt, sich in der gemeinsamen Einheit in Harmonie zusammenfand. Die Zeit, in der Angst, Leid, Schmerz und Gewalt noch kein Thema bildeten. Liebende, die sich aufrecht begegneten und daraus ihre Zuneigung fanden, ohne im Sumpf wie Sex und Begierden daraus eine falsche Liebe in ein Kurzzeit-Korsett zu schnüren. Aus einer Zeit, als der Glaube den Wert des Lebens bestimmte und das Wort Liebe eine allumfassende Bedeutung besaß. Genau aus diesen paradiesischen Zeiten strahlt noch diese Sehnsucht hinunter zu den Menschen, welche die Höhe verließen, um ihren Begierden auf dem Weg nach unten zu folgen. Gott konnte nur mehr dieser Leidensspirale der Menschheit nach abwärts nachsehen.

Der heutige Mensch versucht in sehr vielen Varianten, sich diese archaischen Sehnsüchte zu erfüllen. Egal welcher Art sie auch sein mögen, diese sind fast immer nur von kurzer Dauer, da dieser Zeitraum abhängig von ihrem denkenden, fühlenden „Ich“ ist. Das „Ich“ ist die Zentrale unseres Tuns. Ich will, ich mache, ich lache, ich weine, ich liebe, ich verwende Gewalt, ich töte … Das „Ich“ gibt die Befehle und bestimmt die Anwendung der Gefühle. Befehle ja, Gefühle nein. Ein Gefühl ist kommunikationsbedingt von dem „Ich“ zur göttlichen Seele. Je stärker dieser Austausch stattfinden kann, umso stärker empfindet man Gefühl. Bei diesem Fühlen handelt es sich meist um das, was im Begriff Liebe sich alles umhertummelt. Dieses Sammelsurium näher zu erörtern wäre sinnlos, das wissen Sie doch selbst. Das, was in der Sehnsucht meist verpackt erscheint, ist einfach die Sehnsucht nach Liebe und Geborgenheit. Wer diese Sehnsucht am wenigsten (Ausnahmen ausgenommen) befriedigen kann, ist der Mensch selbst. Für sich nicht und schon gar nicht für andere. Liebe vermitteln kann nur jemand, wenn er Liebe in sich trägt. Diese Liebe trägt sich nicht von selbst, sie muss dem Menschen vorher gegeben werden, die Liebe vom „Vater", und diese fehlt der heutigen Menschheit.

Früher im Paradies: vom Gottvater zu den Eltern, von diesen weiter zu den Kindern, und alles wieder hinauf zum Herrn. So brachten sie die Liebe zurück, wieder zu „Ihm". Damit konnte man mit dem Begriff Liebe richtig ganz von selbst umgehen und der Kreislauf der Liebe zwischen Gott und Mensch war wieder geschlossen. So geschah es im Paradies, der Ursprung aller heutigen Sehnsüchte. Dieser natürliche Kreislauf der Liebe ist bei dem nachparadiesischen und vor allem bei dem heutigen Menschen vollkommen unterbrochen. Genauso wie auch die Energiezufuhr aus dem Kosmos zum Geist des menschlichen „Ich" gekappt wurde.

Wie soll Liebe entstehen, wenn der, welcher diese sozusagen verkörpert, im Sinne des Geistigen diese Liebe empfinden lässt, aber den Menschen nicht mehr beliefert? Der Mensch hat die oberste Instanz seines Seins vernachlässigt, vergessen, verdrängt, also kennt er auch nicht mehr die Adresse, wo er Liebe bestellen könnte. So ist es auch wie mit dem geistigen unsterblichen „Ich" des Menschen. Dieses „Ich" hat nur mehr einen immer gleich bleibenden Restposten von Geist zur Verfügung, es kommt keine neue Energie aus dem geistig göttlichen Reservoir des Unendlichen mehr nach. Was bleibt ist ein endlich geistiges Flickwerk, so auch ein Flickwert die Liebe. So sieht es aus, wenn der Vater aller Dinge, des Geistes und der Liebe sich von diesen heutigen Menschen mit Grauen abwendet und diesen seine Liebe und Energie des Geistes entzieht.

Dennoch, Gott hat seinen Botschafter, die göttliche Seele, noch von keinem Menschen abgezogen, um den Verantwortungsträger des Menschen, seinem „Ich", den Weg zurück nach oben doch noch zu ermöglichen. Ein höchst diplomatischer Schachzug Gottes? Beginnen Sie, Ihren Kontakt mit Ihrem göttlichen Botschafter wieder aufzunehmen. Die Bedingungen kennen Sie ja. Der Lohn ist groß, dadurch den Geist und die Liebe Gottes wieder empfinden zu dürfen. Ihre Sehnsüchte wandeln sich in dieses wunderbare Gefüge von Geben und Nehmen, im Sinne des Vaters für den „früheren“ Menschen, der das Maß aller Dinge war.

Drama aus Hiob (31)

Eine weit ausholende Biegung nach unten in ein sanftes Hügelland. Hier hineingeschmiegt eine Fahrstraße, geeignet, diesen Bogen auch schnell zu befahren. Nur am Ende, dort, wo in der unteren Landschaft wieder die Gerade beginnt, baut sich etwas Undefinierbares quer zur Straße auf. Für Fahrzeuge ein durchlässig wirkendes Etwas, in der Art eines rostrotfarbigen riesigen Netzes, wie in die beidseitig bestehenden Wälder angeheftet. Für mich erscheint es aber nicht durchlässig zu sein. Weit dahinter mein Zuhause, nur dieses unheimliche Gebilde verwehrt mir den Weg, die Fahrt nach Hause. Das endlich geistige Denken versperrt mir den Weg in mein fernes Heim. Das unendlich geistige Denken fährt einen anderen Weg, einen faszinierenden Weg, eine Route mit hoher Geschwindigkeit, den Bogen nicht beachtend, abhebend einer Geraden folgend, hinein in das Unendliche, ohne Beachtung der endlich seienden Schwerkraft.

In tagelangen Tag- und Nachttraumgebilden drängte man mir die Entscheidung, der endlichen Schwerkraft oder der unendlichen Weite Folge zu leisten auf. Die alles zerstörende Verzweiflung entschied sich für das Erstere. Das Endliche soll im Endlichen bleiben, die Weite weiter verfolgt werden, eine abgemachte Sache zwischen den beiden. Eine mir selbst verordnete dreitägige Orts-Verlängerung, um das verzweifelnde Elend vielleicht zu bändigen, aber aussichtslos, im Gegenteil, der Entschluss wurde fester, um dann sogar in eine starke Sehnsucht der Befreiung überzugehen. Die große Sehnsucht, den weiten Bogen zu begradigen, wuchs. Spontan, plötzlich eine weibliche Stimme am Telefon, ob ich Hilfe benötige. Ein inhaltlich nicht mehr nachvollziehbares Gespräch folgte, an dessen Ende sich dieses geistige, unheimliche Straßensperrgeflecht ganz langsam in meiner Vision aufzulösen begann. Der auf mich frostig wirkende Heimweg gab sich zögernd frei. Unvorstellbar dieses Gespräch, eine Blitzaktion einer bekannten Unbekannten, wie eine donnergleiche Erlösung aus einer wochenlangen Bedrohung von „oben". Eine schreckliche, unendlich wirkende Drohung gegenüber meines endlichen schwachen, irdenen Seins. Eine Symbolrettung aus der endlichen Welt vor dem vorzeitigen Übergang in die Welt des Unendlichen. Die „Hilfe" konnte schwer meinen Erklärungen zufolge erkennen, welche gewaltige Tragweite ihr helfendes, spontanes Einschreiten bewirkte. Das Mystikum einer Hilfsbereitschaft aus dem Nichts.

Die wallende endliche Selbstauflösung verhindert durch Beseitigung einer unendlichgeistigen gewaltigen Sperre gegen mein Leben. Die Leidensfähigkeit, durch ihren Bestand aus der Energie ihrer Notwendigkeit, war um ihre geistige Hoffnung betrogen. Der morsche Boden der Endlichkeit war erreicht, damit hatte sie gesiegt. Allein dieses helfende Geschehen kann in der endlichen Denkweise niemals einen Nachvollzug erfahren. Es war bei mir so weit, dass mich das Leid für längere Zeit heimsuchte, in einem Ausmaß, welches weit unter der Angst vor dem Tod sich ansiedelte. Es war das Leid der Unsterblichkeit, in welcher der Tod keinen Trost mehr bieten kann. Der Herr versprach mir Besserung, aber das Gegenteil geschah, und das in der Ausweglosigkeit, nicht sterben zu können. Das Sterben als Hoffnungsträger blieb mir versagt. Von einem wahren Menschen kam der Stopp, ohne sein Wissen für meinen „freien" Fall. Meine Gespräche mit dem Herrn gestalteten sich ziemlich konter-intensiv, wie öfters in den letzten Zeiten. Am frühen Morgen einer wieder schmerzlich vergangenen Nacht entwickelte sich eine äußerst spannende geistige Hilfestellung. Mein Denken befand sich in höchster Alarmstufe, eine intuitive Spannung machte sich breit.

Vorher noch eine informative Erklärung: Meine Fähigkeit, mit Geistwesen (den unsterblichen Ichs) von Verstorbenen umzugehen, setze ich als bekannt voraus. In meinen Schriften wurden immer wieder die Mächtigen der Menschheitsgeschichte aus allen Zeiten mit ihrem gewaltbereiten Tun, Morden um ihrer Begierden willen, scharf angegriffen. Es gibt Ichs, die, als Geistkörperwesen von ihren Seelen furchtbar ob ihrer schrecklichen Lebenstaten geplagt, durch lange Zeiten getrieben werden. Diese Ich-Geister können derzeit lebenden Menschen Angst und Unglück bringen. Die Harmlosen dieser „Spezies" kann man als Poltergeister bezeichnen, die ich hier meine, sind lebensbedrohende Killergeister. Ihr Problem ist es, keinerlei Hilfestellung zur Verbesserung ihrer schrecklichen jenseitigen Lage zu erhalten. Durch ihr katastrophales Wirken zu Lebzeiten werden sie auch nicht vom Rad der Wiedergeburt aufgenommen. Eine Horde von bösartigen, dem Menschen gefährlich werdenden Geistwesen, zumal dann, wenn diese sich provoziert fühlen. Sie können einen sterblichen Menschen nicht töten, sie können diesen aber durch ihre Unsterblichkeit im Geistigen gezielt in den Wahnsinn treiben.

An diesem erwähnten Morgen zeigte mir mein Empfinden, dass sich auch in der „oberen" Welt etwas erhellte. Wieder hatte ich Gespräche mit dem Herrn ob meines leidigen Themas (mein Leid betreffend). Diesmal versprach er mir wirkliche Hilfe. In diesem Moment schoss es mir wie ein Blitz durch den Kopf, es sind das diese gewaltbereiten Horden von Killergeistern, diese körperlosen Ichs. Diese fühlten sich von mir in meinen Schriften angegriffen und schlugen zu tausenden zurück. Michgeistig fertigzumachen war ihr Ziel. Ich sah sie, diese unendliche Anzahl bösartig lüsterner Augenpaare, auf mich zukommen, ich brüllte sie an, beschimpfte sie mit argen Vokabularen. Plötzlich stoppten sie, die Augen etwas verwundert, ängstlich, aber rückzugsbereit. Die Lichter der gelben Augenpaare wurden immer weniger sichtbar. Diese geistige Intention erforderte viel Energie von mir, ich wusste, es dauerte nicht lange, und schon drehten diese runden, gelben, frechen Augen sich um, wohl noch zögernd, aber die Richtung eindeutig auf mich wieder zu, um mich weiterhin fertigzumachen.

„Alle einmal herhören", hörte ich meine klare Kommandostimme sagen. „Machen wir einen Deal, ihr hört auf, mich in den Wahnsinn zu treiben, und ich helfe euch, einen Weg zu finden, der zu einer Besserung eurer Situation führt." Es erfolgte ein misstrauisches Beäugen meiner Person, ich wartete aber gar nicht ab, sondern begann sofort, ihnen zu erklären, was sie tun müssten, um eine Besserung ihres leidvollen Daseins zu erfahren. Ich konnte sehr vielen Einzel-Ichs von Verstorbenen bisher helfen, die sich allerdings nicht in dieser furchtbar aussichtslosen Situation befanden wie diese gewaltige Masse von Elenden, die seit Jahrtausenden auf Erlösung warteten und diese nicht erhielten. Ich dachte, was damals bei Einzelnen gelang, müsste auch hier gelingen. Verblüffend interessierte Ruhe. Diese Leidenshorde ergriff jeden Strohhalm, der ihnen Besserung versprach (Erläuterungen auf diesem Gebiet wurden von mir schon anderwärtig beschrieben). Am Ende gab es einen fast als dankbar zu empfindenden Abzug. Das erste Mal nach einem Jahr griff ich zu einem Glas Sekt, total fertig, weinend, meinen „Chef" milde lächelnd empfindend. Es zeichnete sich das Ende einer der gewaltigsten in der Hiob'schen Art geführten Leidensformationen ab. Ich gelangte durch diese letzte, heftigste Leidensprüfung auf den höchsten Wissensstand der Geistigkeit, welche einem Erdenden überhaupt zugebilligt werden kann. Das Wissen über Wahrheit und Sinn, kontra den Unsinn des heutigen menschlichen Lebens. Mit meinem „Alles oder Nichts"-Syndrom musste die Erkenntnis dieser Wahrheit von mir schlicht und einfach mit Leid bezahlt werden. Diese gewaltige geistige Hilfestellung hoppelte nach, sie kam erst später nach dem beschriebenen großartigen Irdenen.

Ein gewisses Restempfinden meines Dramas glost zwar immer noch ganz schön heiß weiter, manchmal sogar von einem Leidensrückfall begleitet (sicher will da auch das eigene Mitleid mitmischen). Nun darf dieses, mein Drama, hoffentlich in die unvergessliche Vergangenheit einkehren. Mein Dank gilt dem „Geistigen", dem Herrn, er wusste, welchen Druck jemand aushalten kann und muss, um dem empfangenen Wissen aus höchster Ebene gerecht zu werden. Mein Dank gilt gleichermaßen auch der „Irdenen" in ihrer Spontankraft, das Licht der Menschlichkeit in seiner Größe aufzuzeigen. Dieses von „oben" verordnete Hiob-Syndrom erlebte sich in mir noch zwei Jahre weiter nach dem beschriebenen Zeitraum, allerdings mehr in kürzer andauernden Attacken. Unvorstellbar, welche Gewalt aus der göttlichen Welt auf uns Menschen wirken kann, vor allem dann, wenn geistige Erkenntnis mit Leid zu bezahlen ist. Wenn hier nicht geistige Energien die Lebenskraft eines Menschen extrem stützen, würde dieses Leid den Tod bedeuten, weil eben dieses bereits in der Intensität in der Unendlichkeit angesiedelt ist.

Die Kommunikation zwischen Bewusst- und Unbewusstem (32)

Gedanken aus dem Bewusstsein, aus dem „Ich bin" entwickeln sich im menschlichen Denkgerät, dem Gehirn. Die Art von Gedanken sind abhängig von der Weiterbildung und dem Training der Intelligenz-Denkkonstruktion, aus Interessen derer lassen sich diese vom Willen leiten, das zu erreichen, was die mehr oder weniger stark ausgeprägten Begierden vorgeben. Diese Vorgaben steuern das „Habenwollen", und dieses ist meist unterlegt mit Machtansprüchen aller Art. Archaisch gesehen ist der rein tierische Part im Menschen lediglich von Ansprüchen für den Überlebenskampf um das Futter und vom natürlichen Drang der Zeugung geprägt. Zu Letzteren gesellt sich auch das liebevolle Handeln der Muttertiere bis zum Ende der Aufzucht ihres Produktes. Um diesen Aufgaben besser gerecht werden zu können, ist ein ausgeprägter Geruchssinn zur Unterscheidung gegenüber ihrer Umgebung, von Gut und Böse, von Angst und Stärke, auch das Erkennen ihres „Produktes" vorhanden. Nicht nur das Riechorgan, sondern auch das Sehen gibt den meisten Tieren eine große Hilfe, das Sehen der Aura eines anderen. In dieser Aura sind die wahren Absichten erkennbar. Diese Fähigkeit ist heute meist nur mehr den Tieren in der Natur vorbehalten, war in der paradiesischen Ära selbstverständlich auch den Menschen eigen. Dem heutigen Menschen ist nur mehr ein Spruch über geblieben: „Den kann ich nicht riechen." Das Tier mit einem geringen Bewusstheitsstand hat das ihr von der Natur Gegebene nie verlassen. Der Mensch mit seinem sehr hohen Bewusstsein-Denkvermögen aber schon. Was gab den Auslöser dazu?

Das „Ich bin" mit seinem in vielen Fällen immer intelligenter werdenden Bewusstsein brach mit der Harmonie der göttlichen Natur und setzte vorherrschend seine Gegensätze gegen diese ein. Auf diesen Zug sprangen behänd die schon auf eine Gelegenheit lauernden Begierden auf. Je höher die Intelligenz der Denk-Maschinerie aus dem Gehirn, umso effizierter ist der Einsatz von Begierden möglich. Diese Triebkraft des Menschen spielt sich in seinem „Ich bin"-Bewusstsein ab. Man könnte z. B. eine Kuh mit Intelligenz ausstatten, es würde dasselbe geschehen, ein Chaos auf Erden, nur von einem Vierbeiner statt einem tierisch aufrecht gehenden Zweibeiner veranlasst. Die Kuh hätte nur mit der erforderlichen Kaschierung ihrer tierischen Körperlichkeit Probleme, denn ein Frack, Abendkleid oder der Nadelstreif könnte bei der Anprobe Schwierigkeiten machen. Sie sehen, die Denkenergie, aus dem endlichen Gehirn des bewussten „Ich" stammend, ist eine reine materielle Technik und konstruierbar. Es wurde hier das wahre Bewusstsein des „Ich bin" skizziert, man kann daraus ersehen, dass das endlich seiende, dem Tod anheimfallende, mit Denkenergie und Intelligenz ausgestattete, aus reiner Materie bestehende „Produkt Mensch" unter der Aufsicht seiner Begierden Macht erwirbt und vor allem alles ohne Zuhilfenahme des Unbewussten bewältigt. Dies geschieht seit achtzigtausend Jahren, die Geschichte der Menschheit ist der Beweis.

Das „Unbewusste", was soll das denn sein? Die knallharte erfolgsgewohnte Intelligenz würde dieses Unbewusste ohnehin nicht akzeptieren, also kann man das ruhig vernachlässigen. Oder doch nicht? Der weitaus größere Anteil der Menschheit ist gar nicht bis mäßig intelligent, also so einer hohen geistlosen Denkenergie gar nicht ausgeliefert. Bei diesen haben eben die Begierden nicht so einen Anklang gefunden. Oder sollte man sagen, in der Einfachheit ihrer Denkart ist etwas Wertvolleres vorhanden, etwas, das die Gier der Intelligenz nicht besitzt? Eine Gleichmäßigkeit, ein Bestreben, das Leben im Lot zu halten, und ein Gefühl davon, was im Leben wirklich notwendig sei. Das Empfinden von einem hohen geistvollen Überirdischen, ein „Es wird auf uns geschaut-Gefühl", dass für unsere Kleinen auch sehr oft ein Schutzengel-Bedürfnis regelt. „Unter dem Schirm des Allmächtigen" zu stehen, wenn man sich selbst wahrnimmt, mit dem Gefühl, in unlustigen Situationen doch eine Hilfe von „oben" erleben zu dürfen. Dass man sich innerlich dafür mit einem Danke verneigt und sich nicht dafür schämt. Dass man Gespräche mit seiner göttlichen Seele beginnt, in der Natur, vor dem einfachen Holzkreuz an der Wand oder zu Hause. Wenn man empfinden lernt im Leben, ist nicht immer das klare harte „Ja" oder „Nein" ein entscheidender Beginn, sondern ein „Jein". Das soll keinen „Weichmacher" andeuten, sondern gesetzte Härte aus Dummheit mildern, besonders dann erwünscht, wenn dasselbe einmal für sich selbst zutreffen sollte. Bedenken Sie immer, ungut getätigte Handlungen unterliegen oft einer Unmenge von Ursachen, die dem Bewusstsein nicht immer nachvollziehbar erscheinen. Ausgenommen gezielte Verbrechen.

Die Energie des handelnden Denkens aus dem reinen „Ich-Bewusstsein" bildet die nie erneuerbare, beim Menschen gegenüber dem Tier höher angesiedelte Energie aus dem Lebensgeist, der die Intelligenz für die Macht der Begierden in hohe Kompression versetzt, während die Energie aus dem Unbewussten mit mehr oder weniger Geist vernetzt ist.

Der Schutzengel (33)

Wer kennt nicht dieses Aufatmen? Der- oder diejenige hatte einen Schutzengel. Unbekannte Phänomene für die „hochnäsige" Wissenschaft. Unendlich viele Schutzengel sind unterwegs, fast täglich passieren solche nicht real seiende Geschehnisse und machen die Menschen glücklich. Natürlich könnte man sagen, ein unbekanntes Phänomen hat einem das Leben gerettet, aber das ist es nicht. Im archaischen Leben des Menschen ist der Schutzengel stark verankert, leider aber wird er den Kindern kaum mehr nahegebracht, obwohl dieses göttliche Hilfsmittel etwas heimliches, Geborgenseiendes in sich birgt. Der Schutzengel ist auch real beschreibbar, geistig real.

Das menschliche Unbewusste ist ja bereits bekannt, ich meine seine tatsächliche Funktion, oder nicht? Das Unbewusste des heutigen Menschen erlebt sich als Versuchskaninchen für Psychologen, Theologen, Therapeuten und Sonstige. Das Selbstbewusstsein „Ich bin" füttert mit seinen Lebenstaten sein eigenes Unbewusstes. In diesem wird alles planmäßig geistig real aufgezeichnet und gespeichert. Nur das real (ohne geistig) seiende Selbstbewusstsein hat davon keine Kenntnis, es ist ja nur ein endlich Denkendes und kein unendlich Geistiges. Dieses Unbewusste versinnbildet die göttliche Seele (Sie haben richtig gelesen), es ist die göttliche Seele, Ihr Unbewusstes. Das „Ich bin"-Bewusstsein hat sich eine andere Partnerin angelacht und somit ihre bisherige Partnerschaft mit der göttlichen Seele gekündigt. Das begründet den größten Fehler der Menschheit. Das menschliche „Ich-Bewusstsein" hat sich die vielversprechende Begierde nun ins Bett genommen und ihre göttliche Seele daraus verdrängt. Damit nahm die Katastrophe der Menschheit ihren Verlauf.

Es ist aber so, dass das Unbewusste den Schutzengel seine improvisierte Heimat gewährt. Die göttliche Seele, einst dem Menschen als Vermittlerin zwischen dem Diesseits und dem Jenseits mitgegeben, erlebte sich ja auch als Engel. Er hat nur seine Funktion durch die jetzt falsche menschliche Zusammensetzung von Körper, Geist und Seele wechseln müssen. Wir können nun dieser Engelsseele auch die Funktion eines Schutzengels zubilligen, schließlich lebt er ja (als göttliche Seele) in der menschlichen Körperlichkeit. Im noch „gläubigen Kind sein" und dürfen ist das etwas sehr Schützenswertes, vor allem, wenn der andere Engel (der „Ich-Engel") dieses Kindes ohne karmische Belastung aus seinem Vorleben mit diesem Kind in ein neues Leben tritt. Der Körper mit seinem „Ich" eines Kindes ist in diesem Fall aus dem geistigen Umlauf durch die angenommene Läuterung so positiv in das neue Leben geraten, welche die wesentlichste Voraussetzung eines annähernd sinnvollen Zusammenlebens von Körper, Geist und Seele neu ergeben könnte. Hier ist noch keine Differenzierung zwischen dem „Ich“ und der Seele eingetreten. Das „Ich“ dieses jungen Wesens ist auf Grund der erfolgten Läuterung den Begierden gegenüber noch ahnungslos, und so konnte die Seele auch noch nicht in das Unbewusste von diesem „Ich“ in das Exil abgedrängt werden. Sehr viele Babys, Kleinkinder, auch fallweise noch Jugendliche, sehr selten Erwachsene erleben sich innerhalb einer harmonischen Kontaktnahme zwischen ihrem „Ich“ und ihrer Seele. Der Idealfall mit dem harmonischen Miteinander von Körper, Geist und Seele wäre hier in einem mehr oder weniger hohen Ausmaß gegeben.

Der erste Schock, dem die Lebensenergie des kleinen Körpers ausgesetzt wird, ist seine Geburt. Das Einzige, was dem kleinen Wesen bei der plötzlichen Lichtwerdung hilft, ist die aus dem Schmerz geborene Liebe seiner Mutter. Die intuitive Weiterführung der vormals inneren schützenden Beziehung, hineingetragen in das Licht und die momentane Kälte. Dann nimmt alles seinen Lauf, entweder siegt das Ego bei den Eltern, oder man gibt Verantwortungen weiter an Erzieher, Lehrer, Professoren und … Genau in diesen Zeiträumen, bei einem Kind früher, bei anderen später, vollzieht sich hier in diesen jungen Menschen etwas Erschreckendes. Kinder sind wissbegierig und Nachahmer, sie glauben nicht, wie schnell so eine Kinderseele den Egoismus, die Begierden, die Brutalität von Erwachsenen empfinden, erkennen und letztlich übernehmen lernt. Sehen Sie, da hinein in diese Gesellschaft von Irrwitzigen zeigt sich oft das Wunder, das nur ein Schutzengel vollbringen kann, vor allem bei Kindern, kaum aber bei den oft voll von Begierden triefenden Alten. Der beste Schutzengel hat nicht die Kraft, den Angriff der Begierden abzuwehren; hier hilft nur der werdende Glaube an Gott. Den Glauben mögen die Begierden nicht, vor allem, wenn dieser sehr stark ist.

Das Licht (34)

Im Kosmos: für die Materie Mensch ein nicht sichtbares, unendlich seiendes, extrem grelles Weiß aus der Energie des Geistes, ausgestrahlt von den Engelwesen Gottes.

Im Universum: für Menschen sichtbar als eine wunderschöne Buntheit aller Farben, aus der nur endlich seienden gegensätzlichen Energie der Materie.

Im Grenzbereich: zwischen dem unendlich rein geistig seienden Kosmos und dem endlichen materiell seienden Universum erlebt sich die Finsternis.

In diese Schwärze dringt kein Licht aus dem geistigen Kosmos in die Welt des endlich Materiellen. Die sogenannten „Schwarzen Löcher" knabbern bereits an der Auflösung des Stofflichen. Von den ehemals sieben Planeten mit auf sich tragenden Menschen ist nur mehr einer übrig geblieben, die Erde. Also ist die Logik naheliegend, dass das Universum jetzt schon sich zu verkleinern beginnt. Vielleicht könnte das geistige Licht damit besser in die Dunkelheit der Erdenmenschen leuchten, falls ihre eigene Dunkelheit dieses Licht erkennen würde. Das Licht aus der Materie bildet sich schön, aber wechselhaft, dem Grunde nach nur eine vortäuschende Wahrheit. Derselben Grundlage unterliegt der Mensch seit dem Verlust seines Geistes, dadurch ist ihm die Wahrheit des unendlichen Lichtes, des wahren Geistes verborgen geblieben. Das strahlende geistige Licht leuchtete in die Dunkelheit der Menschheitsgeschichte, doch die Finsternis in ihr erkannte nicht das Licht des Geistes, denn die Begierden warfen ihre Schatten für diese Finsternis.

Die Allmacht des Geistigen (35)

Der Mensch muss sich einfach damit abfinden: Über, unter und um ihn befindet sich für ihn sichtbar nur Feststoffliches, er schwimmt sozusagen mit seiner Materie in einem geistigen Energiefeld von einer unvorstellbaren Unendlichkeit und zugleich darüber im Nebel seiner eigenen Ahnungslosigkeit. Die winzigen feststofflichen, geistlosen, der Endlichkeit verfallenen „Minimäuse" plustern sich auf, als wären sie die Herren dieser Welt. Wie soll man einem nur von sich so im Größenwahn Eingenommenen erklären, dass es eine höhere geistige Sichtweise gibt, aus der er selbst als ein Nichts in seinem Tun erscheint? Hier unten auf unserer Erde herrscht ein Motto: „Der Mensch ist ein Gewohnheitstier." Geistiges, in Wahrheit ident mit dem Tod, zu hinterfragen, war noch selten ein Thema in der Geschichte der Menschheit. Da schon lieber das undefinierbare „Schicksal" weiter walten lassen. Dieses hinterfragt, verliert es sich schnell in einer Art sinnlosen Aussichtslosigkeit. In Oberflächlichkeit gehüllt lebt es sich einfach besser, aber nur so lange diese Fläche tragfähig bleibt. Der Tod bekundet diese Fähigkeit und weist auf ein sehr stabiles Fundament hin, das der geistigen Wahrheit.

Was benötigt das menschliche „Ich" nach dem Tod seines Körpers (36)

Es braucht einen guten Führer, der diesem gut gesinnt ist, damit es sicher und ungeschoren am Tod vorbei die Grenze hinein ins unendliche Licht passieren darf. Dieses „Ich" benötigt seine vom Herrn vor hunderttausend Jahren dem Menschen zugeordnete göttliche Seele. Beide (Ich und Seele) sind unendlich geistig und konnten im vergangenen endlich körperlichen paradiesischen Leben zueinander finden. Damit war eine großartige

Freundschaft begründet und sie konnten ihren Auftrag im Sinne der Idee Gottes umsetzen. Die Waage zwischen der göttlichen Seele und ihrem „Ich bin" befand sich im Gleichgewicht. Das zu erreichen sollte dem Grunde nach der tiefste Lebenssinn des heutigen Menschen sein. Der nachparadiesische Mensch erlebt sich in der Differenzierung zwischen seinem „Ich" und seiner göttlichen Seele. Der Mensch bezeichnet in ihm ein „Etwas" und gibt diesem einen Namen, „das Unbewusste". Ich weiß nicht, ob es heute Psychologen gibt, die sich trauen, dieses Unbewusste als die vom „Ich" in den Untergrund gedrängte göttliche Seele (Psyche) zu diagnostizieren. In der Regel wird nur mit „Ich", „Selbst" oder „Überich" und anderen Darstellungen herumgedeutelt. Gewisse sogenannte psychische oder seelische Leiden lassen sich aus verschiedenem Erleben bis zurück in die Kindheit begründen, und das auch mit wenig Erfolgen mildern, aber niemals heilen. Deshalb nicht, da dieses Leiden als ein Mitbringsel aus dem vergangenen Leben begründet sein kann. Nun stelle ich provokant die Frage, was ist ein seelisches Leiden? Wie kann etwas leidend sein, das man ja gar nicht kennt? Oder ist eine Seele von der höchst ehrenwerten Wissenschaft oder Ärzteschaft schon als existent nachgewiesen oder anerkannt? Die göttliche Seele ist ein „Geistiges", eine Leihgabe an den Menschen vom Herrn. Wenn der Glaube dazu fehlt, bleibt die Psychologie samt ihrer Pharmazie auf ihrer Unfähigkeit, wirklich zu heilen, sitzen.

Die zwischenmenschlichen Beziehungen (37)

Sie werden meist aus dem mehr oder weniger vorhandenen intellektuellen Bewusstsein geführt, verhandelt und gehandelt, und dieses lehnt sich gerne an Tradition und den üblichen Machenschaften ihrer Umgebung an. Betrifft Partnerschaften aller Art, geschäftlich, religiös, gesellschaftlich und rein privat. Alle Schienen zueinander, gegeneinander und füreinander laufen meist nur über fantasielose endliche Denkenergien ab. Nicht zu vergessen die gerne polarisierenden, von denselben geistlosen Energien angetriebenen Ratschläger und Zwischenrufer. Die großen „Regisseure" sind Perfektionisten, schließlich sind diese, die Begierden jedes Einzelnen, ihre eigene Sache. Die alles entscheidende Frage ist doch die, was ist für mich besser, günstiger, schöner, wirtschaftlicher und leidloser, wie entschlüpfe ich einer eventuellen Verantwortung? Diese Tatsache zieht sich durch alle Schichten der Menschheit, aus deren Vergangenheit bis hinein in die Zukunft. Der Mensch unterstellt sich zuerst der Macht seiner Begierden, und aus dieser Position beginnen das Verhandeln und das Tun. Das Unbewusste eines jeden dieser „Macher" krümmt sich in der Selbstschuld, deshalb bleibt es auch unbewusst. Soll es doch bewusst werden, dann werde man damit schon fertig, so die Übermutigen. Unter diesen Mustern laufen auch Ehepartnerschaften in ihren Differenzierungen ab. Die Macht der Begierden macht in ihrer Vielfalt auch vor Kindern nicht halt. Ein Großteil der männlichen Menschheit fühlt sich großmächtig über ihre Füllhörner von Leid, welche sie spendabel über die Schwachen ausschütten. Es kann sehr leicht Macht in allen Formen ausgeübt werden, vor allem dann, wenn man die millionenfach höhere Macht seines Unbewussten nicht kennt. Dieses Unbewusste ist ein Geistiges und gibt sich dem Bewusstsein, also dem „Ich" des Menschen, erst in der Phase des Todes zu erkennen. Dann, wenn das „Ich" allein vergeistigt ohne „Kadaver" die große Schwäche seines Seins erkennt, dann schlägt das Unbewusste furchtbar, aber dafür bewusst zu. Die von ihren Begierden beherrschten Mächtigen spielen gerne mit dem Tod, denn in ihrer grenzenlosen Dummheit merken sie nicht, dass ihr eigener Tod schon lüstern auf sie wartet. Jeder Mensch hat sein Unbewusstes, und dieses gebärt auch den Entzug des Lebens im Auftrag der göttlichen Seele, egal ob es den Menschen interessiert oder nicht. Die göttliche Seele ist das Höchste und tarnt sich im vom Menschen so genannten Unbewussten. Das unendlich seiende geistige „Ich bin" des Menschen verkörpert das Bewusstsein. Die Begierden des „Ich bin" verziehen sich schnell, wenn ihr „Ich" vom Unbewussten Richtung Leid und

Tod abgedrängt wird. Vor diesem nur Elend versprechenden Gesellen haben sie heillose Furcht. Die Begierden können ihrem im Leben fehlgeleiteten Menschen jetzt nichts mehr bieten. „Er" trägt schließlich selbst allein die Verantwortung, denn sie, die Begierden, haben den Menschen niemals Zwang angetan, denn alles beruhte auf Freiwilligkeit. Über die Stärke der nicht wahrgenommenen Verantwortung entscheidet nun die göttliche Seele. Der Mensch hat sich vom Geistigen in der paradiesischen Ära ausgeklickt, deshalb kennt er bis heute nicht die gegen ihn gerichtete geballte Macht seines Unbewussten, der Tod aber macht sie ihm jetzt furchtbar bewusst.

Das unklare „Warum" im Dasein (38)

Der Mensch will sich sein Himmelreich bereits im diesseitigen Leben selbst gestalten, und zwar mit der Hilfe und Macht seiner Begierden. Er schaffte sich seine eigenen Gesetze zur Macht der Willkür auf Erden und missachtet die göttlichen Gesetze. Der Strafvollzug dieser Missachtung erfolgt nicht immer in der Körperlichkeit des Erdenmenschen, sondern vor allem in der furchtbaren geistigen außerirdischen Leidenszone, dort, wo der Verantwortungsträger, das unsterbliche „Ich" des Menschen, vor das göttliche Gericht gestellt wird, eben im Jenseits.

Der Mensch als Gesetzesmacher und Vollzieher kann als Strafe im Wesentlichen nur das Endliche, nämlich den menschlichen Körper treffen, dazu liefert die Geschichte unendliches Beweismaterial bis heute. Der Strafvollzug geschieht also am Körper und nicht am Geist des Menschen. Um das Geistige als wahren Täter zu bestrafen, das unsterblich geistige „Ich bin", müsste der Mensch erst dazu diesen Geist wieder besitzen, und diesen Geist müsste aber auch wieder das „Ich" betreffen, d. h., das „Ich" müsste die verlorene geistige Energie wieder bekommen. Demgemäß bleibt der Mensch in seiner Gesetzgebung dem Sinne nach im Recht des Stärkeren haften. Das ähnelt stark dem Geschehen in der Natur der Tierwelt, nur mit dem Unterschied, dass die Welt der Tiere keine unersättlichen Begierden kennt. Der Mensch kann nur Schaden an Materiellem anrichten und als Strafe auch nur Stoffliches wie den Körper heranziehen und treffen. Die vorhin getroffenen Aussagen sind doch gedanklich nachvollziehbar, wenn man das geistig Göttliche für Wahrheit hält, und das sollte man.

Erweitern wir doch dieses Thema. Der Mensch zerfällt im Falle seines Todes genau in das, aus dem er einst zusammengebaut wurde. In Körper, Geist und Seele. Jetzt kann man dadurch das entstandene Dilemma sichtbar machen:

Die „Übriggebliebenen" bejammern, wie nicht anders möglich, nur die Materie Körper, nämlich im Prinzip das Wertloseste im ganzen System Mensch. Der in Verwesung übergehende, zu Staub werdende Körper ist für die Menschen bedeutend. Sie ziehen ab vom Friedhof, die Gedanken an den nun wertlosen Körper geheftet, hin zum Auftanken von Energie für unsere eigene, schwarz gekleidete Verkörperung, verwoben in einer kleinen Ängstlichkeit mit dem Gedanken, wer wird der Nächste sein? Im günstigsten Fall erklärt man: Die Seele des Verstorbenen sei himmelwärts gezogen und schaue von oben herunter. Ein undiskutabler Gedanke für die Intelligenz, für die Gewöhnlichen zumindest eine Halbwahrheit. Die Intelligenz der Atheisten glaubt also tatsächlich, der tierisch körperliche Mensch wurde geboren, stirbt, und aus. Diese Aussage birgt typisch eine verdrängte Angst. Nun, wie sollte der Schöpfer oder was auch immer solche Hohlköpfe ins Leben berufen und wieder sterben lassen? Warum? Wer hätte hier einen Nutzen? Auf alle Fälle die Dummheit, Feigheit und die Begierden, das steht fest. Das „Warum" steht nicht fest.

Körper, Geist und Seele.

Den *Körper* können wir somit abhaken.

Die *Seele*, sie zieht himmelwärts, kann man einstweilen so stehen lassen.

Der *Geist,* der Wichtigste in der menschlichen Zusammensetzung. Der verbliebene Restgeist, millionenfach von allen mit bla, bla angewendet, besonders von denen, die nur an sich glaubten und weiter glauben. Wenn es um Definition, Personifizierung, Sinn und Sonstiges im Zusammenhang mit dem Geist geht, schleicht sich trotzdem etwas intuitiv ein, die Angst vor der eigenen gewaltigen Unwissenheit, die unmissverständlich in Richtung Sterben deutet, da es ja die Unwissenheit betrifft, was nach dem Tode geschieht.

Körper und Seele, die zwei hätten wir in etwa gedanklich im Griff, aber der Geist, ja, der ist eine harte Nuss. Wer ist Er, was will Er, wo und wie stark ist Er? Woraus besteht Er, und vor allem, was hat Er mit uns vor? Wer weiß das schon? Viele Fragen, aber auch viele Antworten derer, die sich in der Geschichte der Menschheit berufen fühlten. Das „Ich“ des Menschen ist der Geist, der die Verantwortung über alles trägt, was im Leben des Menschen bis zu seinem Tode geschieht. Der Prozess und die Verurteilung über diese Geschehnisse erfolgt unter Ausschluss der Öffentlichkeit innerhalb der geistigen göttlichen Gesetzgebung im Jenseits. Eine wahre Antwort wäre, der Geist repräsentiert das menschliche „Ich“, das „Ich bin“. Das wäre ein Volltreffer! Nur, glaubt das jemand? Das liegt jetzt an jeden Einzelnen, wie er mit seiner Denkenergie und Größenwahn, mit seinem Glauben und mit Fragen nach dem „Warum“ umgeht.

Das Mysterium von Golgatha/Ostergedanken (39)

Der Gottesmord von Golgatha symbolisiert nicht nur diesen vor 2000 Jahren von den damaligen Menschen ausgeführten, sondern auch das Symbol von der gesamten Menschheit zu allen Zeiten bis zum heutigen Tag. Ein Mord, der tagtäglich irgendwo in der Welt sein Double zeigt. Seit achtzigtausend Jahren wird Gott nicht nur vergessen, verleumdet, sondern auch im übertragenen Sinne immer wieder neu gemordet. Das Geistige des Gekreuzigten zog himmelwärts, sichtbar für Menschen, die auch in sich ein hohes geistiges Niveau trugen. Christus war nicht Gottes Sohn, der Herr selbst lieferte sich diesem schrecklichen Geschehen aus, um die Wahrheit vom Bestand eines Geistigen im Menschen zu dokumentieren. Das „Ich“ des Menschen stammt aus dem Jenseitigen. Gott zeigte dem Menschen, wenn auch sein Körper tot ist, sein „Ich-Geist“ aber lebt weiter. Leider mündete der enorme Aufbruch des Christentums in ein den wahren Sinn nicht verstehendes religiöses Machtgefüge mit wenig bis gar keinen geistigen Wahrheitsgehalt.

Der paradiesische Mensch, erschaffen nach der Idee Gottes, erhielt damals Anleitungen über seine Lebensgestaltung. Für ihn war es noch ein „Du sollst“. Das Vaterunser wie auch die 10 Gebote gehen aber in ihrer Entstehung zurück in die Zeit, in der die Abtrünnigkeit der Menschen bereits vollzogen war. Wer möchte nicht wieder so ein paradiesisches Leben für sich haben? Das ist aber vorbei, seit der Mensch sich von Gott abwandte, um sich mit seinen Begierden zu vermählen. Die „Fürbitter“, die Wunschträger bis auf wenige, verhallen in den weltlichen Weiten. Warum soll Gott dieser Menschheit ihre Sünden verzeihen? Die Erbsünde, die Sünde der Abtrünnigkeit betrifft alle, und die karmisch relevanten Sünden stammen aus dem Eigenverschulden. Sie glauben, weil Gott milde lächelt und er seine Menschen liebt, eine Wunschvorstellung der menschlichen Naivität, als geistiger Realitätsverlust dargestellt. Ostern, das Leid Christi beweinen, gezeigt in unendlich vielen Prozessionen, auch mit ein Kreuz schleppender Art. Ein kurzfristiges Spektakel zum Gedenken, dass „Christus“ für uns Menschen (allerdings nur für die Christen) den Kreuztod sterben musste, um uns zu erlösen. Wovon sollte uns der Kreuztod erlösen? Vielleicht von unseren Begierden, Falschheiten, Mordlust und Gewalt? Allein diese Zumutung ist ein großer Frevel. Über die Tragik dieses Geschehens gibt es keinen Diskurs. Die christliche Menschheit hegt nun an ihren Gekreuzigten, Auferstandenen besondere Wünsche, da Christus angeblich doch als Sohn Gottes an dessen Seite sitzt. Eingeführt wurden auch unendlich lange Bitten und Fürbitten, an die heilige Maria, die Mutter Gottes gerichtet (eine stark seelisch tiefe Meditation kann allerdings schon Wunder bewirken).

„Herr, nimm meine Sünden von mir" oder „Führe mich nicht in Versuchung", heute sollte es allerdings heißen: „Führe uns aus der Versuchung, du siehst doch oh Herr, wie tief wir in dieser ohnehin schon drinnen stecken." „Vergib uns unsere Sünden, dann vergeben auch wir die an uns begangenen Sünden denen, die sie schafften. Oh, Herr, deine unendliche Geduld, deine große Liebe zu uns Menschen lässt uns deine Hilfe erhoffen. Du kommst wieder auf Erden und wirst richten, natürlich nicht mich, sondern die anderen." Kniefälliger großer Augenaufschlag, mit dem befreienden Zungenschlag für die Hostie und Halleluja, und mit dem kräftigen Glockengeläut ist die „Show" wieder für ein Jahr beendet. Die optische gewaltige Farbenpracht mit vergoldeten und edelsteinbesetzten Kreuzen aller Größenordnungen erinnert an eine großartige Welten-Theaterkulisse. Ein Sammelsurium von Tod, Auferstehung, Verzeihung, Liebe. Annahmen, Hoffnung, Lügen, Opferbereitschaft, Feigheit und Verleumdungen sind hier vernetzt und erwarten sich eine Entwirrung, nicht vom Menschen, der ja dazu nicht fähig ist, die Wahrheit in seiner eigenen Wirrnis zu finden, nur, er arbeitet täglich weiter an seiner Unfähigkeit.

Würden Sie der Masse von Verleugnern, Mördern, Sündern verzeihen und milde lächelnd diese auch noch lieben, um sie aus ihrem selbst verschuldeten Sumpf zu ziehen, und auf wie lange? Gott liebte seine Menschen, die seiner Idee entsprangen. Nur seit achtzigtausend Jahren ist die nachparadiesische Menschheit drauf und dran, sich selbst im Größenwahn ihrer Mordlust abzuschaffen. Der paradiesische Mensch hätte niemals die Notwendigkeit in sich getragen, seinen Schöpfer und Gott um Sündenerlass oder gar um seine Liebe zu bitten. Dieser Mensch beging keine unverzeihlichen Sünden, und die Liebe Gottes war ihm gewiss. Diese frühere Wahrheit hat sich als Wunschdenken über all diese Zeitabläufe erhalten, so groß ist die Sehnsucht nach dem verlorenen Paradies verinnerlicht geblieben. Nach Frieden, Harmonie und Liebe. Fakt ist, die Liebe zu den Menschen existiert nicht mehr, der Herr hat keinen „Bock" auf seine größenwahnsinnigen Lüstlinge. Nur der Mensch, der es zu Wege bringt, sein Leben im Sinne des materiellen Gegensatzes innerhalb der geistigen Harmonie einzurichten, hat echte Chancen, von Gott wieder angenommen zu werden.

Die Lüge (40)

Die Lüge ist ein sehr mächtiges Instrumentarium der Begierde. Das menschliche „Ich“ bedient sich der Lüge, um eine nicht schöne Tat ungeschehen machen zu wollen, um diese Tat zu verdrängen. Wo landet die Tat? Im Unbewussten, eigentlich bei der Wahrheit, im Einflussbereich der göttlichen Seele. Gemeinhin landen alle Lügen im Unbewussten und bilden dort den Gegenpol zur Wahrheit. Der Mensch als Lügner bildet sich ein, damit schneller ans Ziel seiner Begierden zu kommen. Stimmt meist auch, nur ist es ein Betrug an der Wahrheit. Diese bedingt eine hohe Geisteshaltung und war für den Menschen einmal das Maß aller Dinge. Der heutige Mensch hat keine oder wenig Geisteshaltung, es fehlt ihm dazu der Mut zum wahren Geistigen. Eine geistlose Menschheit wird niemals ihre Probleme lösen können. Schon gar nicht mit Lügen, die bei den Machtmenschen wie selbstverständlich als Wahrheit im Gebrauch sind. Als Lügenlieferanten erklären sich allemal die Begierden im Hintergrund. Eine Hilfestellung zur Wahrheit kann die Notlüge aufweisen. Diese betrügt die Lüge um der Wahrheit willen. Die Lüge ist ein Gegensatz, welcher die geistige Harmonie der Wahrheit durchbricht. Die ehrliche Notlüge erlebt sich nur innerhalb dieser Harmonie.

Der Körper und sein Gestank (41)

Jeder Körper will bewundert werden, natürlich meint man seinen eigenen. Die alten Griechen waren Bewunderer des nackten menschlichen Körpers und gestalteten dessen Aussehen mit viel Disziplin, Sport und Kampf, um schön und edel auszusehen. Auch dem alten, nicht mehr so schönen Körper zollte man Respekt. Dem unvermeidlich tierischen Gestank durch den Stoffwechsel begegnete man sehr praktisch in einem Diskussionsforum mit einem Vorflutgewässer, eine Art Abort. Sie verstanden es, sich eines tierisch stinkenden Körpers nicht bewusst schämen zu müssen. Die alten Griechen suchten auch das Schöne eines Körpers aus einem Gestein heraus zu dokumentieren. Im Allgemeinen galt die Regel in allen sogenannten zivilisierten Gesellschaften, den mehr oder weniger nicht zur Preisgabe vorgesehenen Körper mit Fremdmaterial zu schönen. Der Kampf des Menschen gegen sein äußerlich Tierisches betrieb er mit Raffinessen von Pracht und Pomp, um oft damit einem hässlichen, eben tierischen Körper ein schönes (pfauenhaftes) Aussehen, vor allem auch bei Männern, zu geben. Die Begierden der Gefallsucht hatten von Generation zu Generation die hellste Freude. Den Männern war die Gunst um das Weibliche in die Bekleidung geschrieben. Man nannte das ganze Gehabe in seinen unheimlich vielen Facetten auch Kultur. Die sexuellen Lustbarkeiten hatten keine große Freude mit den enormen Stoffbahnen, die es dabei vorher zu beseitigen galt. Nach vielen Zeitfolgen konnte man sich dem „Tier" überlegen fühlen, dafür blieb aber der Gestank. Die modernen Geruchstilger, auch Deodorant genannt, hielten Einzüge, aber niemals bekommt der Mensch seinen Eigengestank in den Griff. Das geistige „Ich" macht die Differenzierung zwischen Tier und Mensch. Die fehlende Energiezufuhr zum geistigen „Ich" hat den Menschen veranlasst, sich fast nur mehr als Körper zu sehen, ihn selbstgefällig zu lieben und danach zu handeln. Das „mehr scheinend" als „wirklich seiend" ist Kultur geworden und zeigt sich nicht im Wirklichen.

Das Verdrängen (42)

Außer der Generalverdrängung des Sterbens übt der Mensch noch ein Liebeskind seiner Verdrängungskunst aus. Es ist ein Thema, das sich nicht in das Unbewusste verdrängen lässt, sondern eine Tatsache materieller Natur darstellt. „Lendenschürzler" innerhalb von Tierherden, sich unbeobachtet fühlend, in Stummfilmqualität aufgezeigt, zeigen nur einen einzigen Unterschied, den einer relativ aufrechten Gangart auf 2 Beinen. Der Spezies Affen stark ähnlich und von diesen in der körperlichen Organisation auch hervorgegangen. Der Mensch – eindeutig ein Säugetier. Daran hat sich bis heute nichts verändert. Die Art der Zeugung, der Geburt, die Fleischlichkeit, seine Ausdünstung, aber halt, doch gibt es eine Veränderung. Seine anerworbene sogenannte Zivilisation, hier zeigt sich der Unterschied zum Tier. Diesen Unterschied repräsentiert allerdings nicht der Körper des Menschen, sondern sein geistiger Anteil. Der Anteil der Energie des Denkens. Das menschliche Denken ist ein rein Geistiges, und diese geistige Energie muss im fleischlichen Gehirn für die materielle Denkfähigkeit umgewandelt werden. Das „Ich bin" des Menschen stellt dieses geistige Prinzip dar. Somit ist das „Ich" des Menschen geistig und als solches auch als unendlich zu bezeichnen. Dieses Geistige im „Ich" hat allerdings ein Problem, es fehlt ihm die Energie, der wahre Antrieb als Treibstoff, der seine Quellen im Jenseits, im hohen kosmisch Geistigen gelagert hat. Diese Pipeline der geistigen Energie ist exakt an der Grenze zwischen dem Dies- und dem Jenseits, am geistig eisernen Vorhang unterbrochen. Die Wandlung, nicht die Tierkörperliche, sondern die in die Zivilisation führende Wandlung hat das Denken des Menschen vollbracht. Allerdings ein zweifelhaftes Denken, denn das wird nur von einer Rest-Geistigkeit sowie aus der materiellen Energie aus dem Körper genährt. Restgeistigkeit ist die, welche nach der „Leitungsunterbrechung" sich im „Ich" des Menschen noch im Umlauf befindet und ohne weitere Energiezufuhr verbleibt. Somit ist dieser Rest einer permanenten Abnützung ohne Erneuerung unterzogen.

Die ausgereifteste Verdrängungspsychose des heutigen Menschen stellt allerdings sein Tod dar. Obwohl der Tod ja nur den materiellen Anteil des menschlichen Seins seiner Konstruktion nach bildet, wird diesem Anteil alles beigemessen. Aus dieser Einstellung heraus war es ein Leichtes, den Atheismus ins Leben zu rufen. Teils aus Bequemlichkeit, aber auch aus versteckter Angst. Sie negieren einfach ein Weiterleben nach dem Tod.

Höchste Zeit, dass sich der Mensch mit seinem rein geistigen Weiterleben nach dem abgestorbenen endlichen Part, nach dessen Tod, sich auseinanderzusetzen beginnt.

Der geistige Umkehrschluss (43)

Dieser Umkehrschluss bringt das wahre Recht für die Menschen. Verbrechen werden in der Rechtsprechung der Menschheit nach Möglichkeit geahndet. Nicht aber, wenn ein Stärkerer Unrecht übt, auch nicht wenn keine Aufdeckung stattfindet. Unzähliges Aufzeigen von: Wenn die Gerichtsbarkeit wegschaut wenn Kriege zu Unrecht geführt wurden und werden, Menschen dadurch vertrieben, ermordet, noch immer vergewaltigt werden. Vieles davon wird dann in die Rubrik „höhere Gewalt" aus Unvermögen abgetan. So gesehen wird ein sehr geringer Anteil von Verbrechen im Sinne der menschlichen Rechtsprechung abgeurteilt. Die Verbrechensrate steigt ununterbrochen, ebenso sinken die Aufklärungen oder gar Sanktionen. Das nur endlich seiende Denkvermögen der Menschen, verbunden mit allen möglichen und unmöglichen Interessensbildungen, steht trotz verschiedenen Anstrengungen einer gerechten Rechtsprechung samt Ahndung hilflos gegenüber. Die nachparadiesische Menschheit in ihrer extrem starken geistlosen Körperlastigkeit in all ihrem Denken und Tun ist sozusagen ihrem Schicksal, im Einzelnen wie auch in Massen, ausgeliefert. Das Prinzip der Kausalität funktioniert nur halbseitig. Die Ursache Hass, die Wirkung Totschlag – Ende. Fallweise kommt es zu Racheaktionen, auch da wieder Ursache Rache – Wirkung Totschlag. Diese Unbegreiflichkeit in gewaltigen Kriegen zelebriert, ist längst nicht mehr auf Ursache und Wirkung rückführbar, zumindest nicht zur Ursache, die als erste gesetzt wurde. Als erster Mensch setzte Kain diese Ursache, als er seinen Bruder Abel ermordete. Die Ursache war Gier – die Wirkung der tote Abel. Der erste Mord der Menschheit, darauf können Sie jetzt mit Hilfe des Kausalgesetzes und einem Rechner achtzigtausend Jahre Menschheitsgeschichte zurück hochrechnen, wie viele Ursachen sich auf Mord, Totschlag, Vergewaltigung, Folter, Vertreibung und retour beziehen, oder wenigstens, wie viele Ursachen Ihr eigener „Ich-Geist“ in diesen Jahren positiver bzw. negativer Art sich aushandelte. Das kleinkarierte endlich geistlose Begierden-Denken des heutigen Menschen samt seinen Computern steht da hilflos in der Landschaft. Sie wissen sicher zwischenzeitlich, was dieser „Ich-Geist“ eigentlich darstellt. Diese geistige unsterbliche Instanz, allerdings ohne Energie des Geistes sind Sie selbst, sie stellt schlicht und einfach das dar, was Ihrem Gehirn immer wieder dieselbe abgedroschene, in sich selbst bereits aufgeriebene Geistenergie Denken zuführt. Das ist Ihr persönlicher, Sie selbst seiender „Ich-Geist“. Es ist der, der nicht begreifen will, dass er seit achtzigtausend Jahren seine wahre Geistenergie auf Grund seiner Abtrünnigkeit von Gott seinem Herrn verlor, aber seine Unsterblichkeit behalten hat. Dieser „Ich bin Geist“, Sie selbst, Ihr Bewusstsein aus geistiger Energie in Ihrem Gehirn, erlebt sich in der Unendlichkeit seines ehemaligen rein kosmischen Seins durch sein Eigenverschulden in einer äußerst schwierigen Zwitterstellung zwischen Dies- und Jenseits. Hier auf Erden als „Ich-Geist“, umschlungen von seinem tierischen Körper, oder umgekehrt, zwar unendlich, aber dem Grunde nach geist-kraftlos seiend. Dort im Jenseits nach dem Tod seiner Körperlichkeit ist man im Grunde nach wie ein Heimkehrer, gleich einem geist- und heimatlos gewordenen gefallenen Engel. Die göttliche Seele wurde in den Untergrund verbannt, somit auch Gott, um bei den Machenschaften keine Rücksicht auf Gewissen, Mitleid und Gerechtigkeit nehmen zu müssen. Dass Gott dem Suchtgehabe nach Macht, Selbstherrlichkeit und den damit verbundenen tätig werdenden Grausamkeiten etwas entgegensetzte, das ging bis heute in dem Rausch vom selbst „Gott ähnlich sein wollen“ unter. So merkt der Mensch nicht im Geringsten, dass er seit achtzigtausend Jahren bis heute und auch weiterhin mit geistlosen Gedanken und Taten, mit in Blut getränkter Feder die Geschichte der Menschheit weiter aufschreibt. Der heutige Mensch verhimmelt seine Taten, seine Maschinerien und Konstruktionen, und so nebenher installiert er sich noch den protzigen Mantel des Geisteswissens. Das Problem ist dabei, alle sind begeistert, nur der „Geist“ weiß gar nichts davon und schaut von oben auf ein Welt-Menschen-Irrenhaus. Die Menschen von heute blicken stolz zurück in ihrer Geschichte auf ihre Vorfahren, allerdings gemessen an deren Erfolgen, weniger deren Niederlagen. Wer sind diese Vorfahren eigentlich? Nun, ganz einfach könnte man sagen, wie bei den Tieren, durch „Reproduktionen“ entstandene Körper. Wäre absolut richtig, nur wie verhält es sich damit? Das Tier hat doch kein „Ich“-Bewusstsein und bei Weitem nicht die Denkfähigkeit des Menschen, der sich doch wie ein geistiger Erfolgsritter erscheint. Das Tier weist keine Tiergeschichte gleich der Menschheitsgeschichte auf, wir haben ihnen höchstens eine zugeschrieben. Also muss bei den Menschen noch eine Art Leistungsträger vorhanden sein, der seine Geschichtsschreibung erst möglich macht. Ein Zusatz zum tierischen Körper, denn sonst gäbe es ja gar keinen Unterschied zur „Verwandtschaft“. Der menschliche Körper, im Aussehen und seinen Funktionen nach ein absolutes Tier, meist ein schön angezogenes, mit doch sehr differenzierten Eigenschaften. Nicht die natürlichen aus der Evolution entstandenen, nein, die selbst gestrickten unnatürlichen Konstrukte aller Art.

Der Mensch hat noch einen Teilhaber, einen stillen, unsichtbaren, einen geistigen. Dieser lässt sich nicht mit den fünf Sinnen begreifen. Dieser Teilhaber am körperlichen Part ist ein Geistiges, Sie selbst, Ihr „Ich-Geist“, so wie ein „Ich-Sinn“. Er ist die wahre bestimmende Energie des Denkens im Gehirn. Das Konstruktive im Gehirn ist Materie, in welcher sich Gedanken als Energie von stark reduziertem Geistigen einströmend erleben lassen. Das Problem bilden die einströmenden Gedanken, die aus dem Repertoire eines gefallenen Engel stammen; es ist der abtrünnig gewordene „Ich-Geist“. Wir alle müssen das in Zukunft wissen, da der Mensch endlich seine wahre Zusammenstellung als Tatsache von Körper und Geist (Ich-Geist) akzeptieren wird müssen und sich nicht hinter seinem mehr oder weniger gut geschönten und gestylten Körper weiter verstecken kann.

Nicht hinter seinem „Schicksal" und dem Tod, er kann sich seiner Verantwortung im irdenen Leben nicht wirklich weiter entziehen. Was nachher geschieht, geschehen könnte, dort, wo es um das Tatsächliche geht, das wird bald nicht mehr erfolgreich verdrängt werden können. Nicht umsonst konnte sich der Spruch „Man lebt nur einmal" zur Selbstberuhigung für das Tun der eigenen Sinnlosigkeit förmlich aufdrängen. Es ist höchste Zeit, dass jeder von sich diese Kenntnis erhält, was seine wahre Identität seines Seins ist.

Das Tier-Gebliebene hat damit kein Problem, es besteht ja nur aus rein körperlicher Einheit, versehen mit der natürlichen Lebensenergie und der Tatsache, dass es nur ein Leben hat. Richtig gedacht, der jeweilige Körper des Menschen, in Wahrheit ebenfalls von tierischer Art, lebt auch nur einmal. Aber wer sind wir trotzdem? Das Tier kann nicht zu seinen Artgenossen sagen, hallo, wir leben nur einmal, deshalb lasst uns dieses einmalige Leben genießen und fressen, so viel wir nur können (auch leckeres Menschenfleisch). Wieso kann man sagen, wir – oder ich – leben nur einmal? Das muss einem doch einmal jemand gesagt haben, und wer oder was in uns ist das, welche diese Aussage auch glaubt und für Wahrheit hält?

Sie wissen sicher, dass es niemanden unter den 7 Milliarden Menschen gibt, der Ihr „Ich" benützen kann. Dieses „Ich"kann sich auch niemand von Ihnen ausborgen oder stehlen und damit sagen: „Hallo, das bin jetzt ich, nicht mehr du." Zum Unterschied, wenn jemand etwas stiehlt und sagt: „Hallo, das gehört jetzt mir und nicht mehr dir." Niemand kann doch ein doppeltes „Ich" sein, oder? Eindeutig nein! Natürlich kann einer ein doppel- oder mehrfaches irdenes Leben führen, würde man sagen können, aber sterben, das kann allerdings nur jeder Einzelne für sich alleine. Hier ist doch erkennbar, dass neben dem tierischen Körper ein Unterschied zum tierisch menschlichen Körper besteht. Da muss noch eine andere Energie ein Sagen haben. Eine Energie, die sich nicht der Lebenszeit eines Tieres oder eines Tier-Menschen anpassen lässt. Diese Energie zieht durch alle Zeiten, unbeeinflusst von Materie. Es ist eine von der Ewigkeit kommende und in die Ewigkeit fließende

Energie. Diese Energie hatte nach der göttlichen Idee der Menschwerdung das eindeutige Sagen über die sterbliche Körperlichkeit des Menschen. Der „Ich-Geist" und die göttliche Seele bildeten diese Energie, die zusammen mit der Materie den geforderten Gegensatz innerhalb der Harmonie ergab. Die gegensätzliche Materie im Körper des Menschen, innerhalb der Harmonie des „Ich-Geistes", die Seele als Mittlerin zwischen „Ich-Geist" und Kosmos wurden der Idee Gottes gerecht.

Der „Ich-Geist" des heutigen Menschen gibt sich selbst stark reduziert wieder. Er ist längst nicht mehr Herr der Lage über seinen tierischen Körper der Materie Mensch. Er, der „Ich-Geist", hat vor Gott seine Glaubwürdigkeit durch sein eigenmächtiges Handeln verspielt und muss sich jetzt vor Gott, seinem Chef, nach jedem Tod und jeder immer wieder neuen, ihm vorher zugewiesenen Körperlichkeit verantworten. Er ist verantwortlich, dass er die ihm zugewiesene Materie Mensch nicht seinem Auftrag gemäß in die Rolle des Gegensatzes innerhalb seiner eigenen geistigen Harmonie brachte. Dieser göttlichen Forderung wurden alle 7 Milliarden „Ich-Geiste" nicht gerecht und handeln seit achtzigtausend Jahren nach ihren eigenen gottlosen, ihren Begierden verfallenen Regeln. Die ehemals hohe geistige kosmische Harmonie hat sich eigenmächtig selbst aus dem Verband der göttlichen Idee von Körper, Geist (Ich) und Seele abgesetzt. Das ewig unsterblich seiende geistige „Ich" im Menschen, dieser Verantwortungsträger seinem eigenen Menschsein und der hohen kosmischen Aufgabe gegenüber, stellte sich und somit auch seinem Eigentümer (Gott) entgegen.

Sollte über das hier Berichtete ein fallweises sich hochnäsig ausdrückendes „Grinsen" eines Atheisten-Lastigen entstehen, es wird zur gegebenen Zeit einfrieren und nie mehr auftauen.

Zu allen Zeiten gab es Menschen, welche die Wahrheit erkannten, diese aber bei sich behielten, um nicht von den „Dummen" für dumm erklärt zu werden. Viele hatten Angst vor diesen „Dummen", denn diese trachteten nach ihrem Leben. Die übrig gebliebenen Mutigen waren in ihren Formulierungen der Wahrheit gegenüber der „Dummheit" zu wenig grob, sie mussten auch meist um ihr Leben zu schonen Kompromisse annehmen.

So ist das Nichtwissen daraus bis heute erhalten geblieben, man verschließt sich der Wahrheit über den Sinn des menschlichen Lebens und verharrt in der althergebrachten Feigheit vor schwerwiegenden Veränderungen im Sinne der göttlichen Wahrheit.

Diesem von der Menschheit betriebenen Wahnsinn Einhalt oder wenigstens Selbstbesinnung zu gebieten, endete ebenfalls mit einer Zerstörung der angebotenen Harmonie, fand das Ende mit dem Gottesmord von Golgatha. Die weitere Geschichte der Menschheit lässt sich dem Grunde nach nur mehr mit einer irrenden Gesellschaft vergleichen. Mitten hinein in diese Verirrungen donnerte die höchste Explosion der Materie, die extremste mögliche Gegensätzlichkeit gegen das Harmonische – die Atombombe von Hiroshima. Hier zeichnete sich der Weg zur Selbstvernichtung aus Dummheit und Feigheit vor der geistigen Wahrheit ab.

Die Idee Gottes stellte den Geist und die Seele des Menschen
auf das Niveau einer innigen ewigen
Gemeinschaft in Freiheit vor dem Tod.

Der Gegensatz der Materie des menschlichen Körpers zerstörte diese Freundschaft um dessen Begierde willen. Somit wäre die Materie verpflichtet, ihre Gegensätze zurückzunehmen und diese wieder unter die Obhut des Geistigen zu stellen. Erst dann ist die wahre, von Gott gewollte Trinität von Körper, Geist und Seele wieder hergestellt.

Das göttliche Experiment (44)

Gott hat mit den von ihm geschaffenen und geliebten Menschen eine Enttäuschung von gewaltigem Ausmaß hinnehmen müssen. Aufgrund meines Interesses zur Wahrheit und meiner nicht immer stattfindenden Liebe zum Herrn hat dieser ein Experiment mit einem Menschen gewagt. Dieses Experiment stelle ich dar, obwohl ich diese leidvolle „Auszeichnung“ lange Zeit nicht wahrhaben konnte und wollte. Dazu fällt mir ein nur zu wahres Satzgefüge von Goethe ein: „Du danke Gott wenn er dich presst, und danke wenn er dich entlässt.“

Normalerweise hätte bei meinem erfolgten Tod meine Seele mich mit meinem „Ich“ auf diese schöne Reise mitnehmen müssen, aber durch das Experiment des Herrn ist dies nicht geschehen. Als Seelenersatz erhielt mein „Ich“ sozusagen eben einen hohen Prozentanteil reiner Geistigkeit und durch diese auch eine direkte Strahlenenergie zum Herrn, vermengt mit meiner irdenen Denkenergie. Das göttliche Experiment erlebt sich schön, aber auch grausam. Der Herr lässt einen viele Tode sterben, man erleidet die Ewigkeit und wird dann immer wieder ins Leben gelassen.

Denk-Evolution (45)

Das endliche Denken, komprimiert mit dem Restposten der Energie des unendlich geistigen Denkvermögens, verbindungslos mit seinem Energieträger geworden, bewirkte diese Evolution. Es ist die der konstruierten Annehmlichkeiten des menschlichen Lebens. Konstruktionen aller Art sowie der lebensverlängernden Mittel, alles dies kann man als Ergebnis dem menschlichen Forschergeist verdanken. Das daraus empfundene bessere Leben brachte diese materiellen konstruierten Denkweisen der materiellen Sinne. Alle nur erdenklichen Möglich- und Machbarkeiten warteten auf ihre Gelegenheit, möglichst alle Wünsche zu erfüllen. Die Reichen und Schönen im Vordergrund, die, die das tragen müssen, im grauen Hintergrund. Welche Mechanismen, Energien und Mächte stehen hinter diesem glorreichen menschlichen Denken und seiner Umsetzung? Ein Grundrecht der Menschheit, sich selbst gebend das Himmlische zu erobern? Wieso dann nur für eine Minderheit? Ganz einfach zu beantworten, natürlich nach dem Prinzip des Stärkeren. Dem Muskelstarken, dem Denkstarken, dem Brutalsten, dem Gierigsten, dem Korruptesten. Solche Fähigkeiten können diese an die Grenzen eines himmlischen Lebens mit eigener Gerichtsbarkeit auf Erden hochheben. Hochgehoben von der Angst der Massen. Ein Aufmarsch noch stärkerer Begierden, bereit für den Sturz des Momentanen. In den tieferen Rängen suhlen sich die normalen Wohlständler relativ zufrieden in der Erfüllung ihrer auf sie zugeschnittenen Begierden. Das Elend der restlichen Massen ist kein Thema, es ist eben deren hoffnungsloses Schicksal. Hoffnungslos deshalb, weil niemand weiß, was Schicksal ist.

Eine Hilfestellung dieser Restmassen könnte nur dann Wirkung zeigen, wenn sich beide Gruppen im mittleren Bereich einfinden würden, allerdings, wer begibt sich schon freiwillig in ein von allen möglichen bedrohtes Gebiet? So gesehen wäre ja die gesamte menschliche Denk-Evolution mit ihren fantastischen Machwerken sinnlos gewesen. Der Einheitsbrei einer Gesamtverelendung benötigt wahrlich keine Evolution in die himmlisch paradiesische Richtung für vom Schicksal Auserwählte. Schwierig wird die Situation, wenn die Seuche des Elends Eigendynamik entwickelt und auch himmelwärts stürmt, das würde dann auch in ein Gleiches führen. Zur Vollstreckung dieser Annahme lässt sich das Schicksal der Menschheit noch ein wenig Zeit, bis die, welche sich fast im Paradies wähnen, in die Einheit geholt werden. Damit Schluss der menschlichen Gedankenwelt mit ihren Begierden, das Paradiesische zu erobern.

Einmal aus dem Paradies verwiesen gibt es kein Zurück. Diese Tatsache mussten etliche Generationen vor uns anlässlich ihres Sterbens und Wiedergeborenwerdens „hautnah“ erleben. Die Geschichte der Menschheit ist Zeuge, denn niemals mehr erreichte ein Bericht von der Rückkehr in das wahre Paradies ein sterbliches Wesen. Nur die Stärke der Begierden setzte diese Möglichkeit in das Denken der Menschheit und lügt Hoffnung in die Hoffnungslosigkeit einer Machbarkeit, und das in die Evolution der nur endlich seienden geistlosen Gedanken der

Menschen. Das Paradies ist und bleibt verschlossen, auch für das fallweise ein Leben lang mit Hilfe der Begierden Eingebildete. Die so hochgelobte menschliche Evolution ist eine Chimäre, das Banner der Begierden bricht spätestens dann zusammen, wenn der Tod das dann sehr lange andauernde Leben im Nachtodverfahren für das menschliche „Ich" einleitet.

Ich und die Seele (46)

Diese Menschheit hat ihr paradiesisches Leben aufs Spiel gesetzt und es verloren. Verschmähte Partnerinnen, zumal wenn sie geistig göttlicher Herkunft sind, ließen sich durch so miese Partnerschaftsverbindungen, wie die abtrünnigen „Ichs" sie mit ihren Begierden eingingen, nicht einfach abtrünnig stehen, sondern starteten starke geistige Eigenständigkeiten gegen diese neuen Begierden-Gemeinschaften von Körper und Geist.

Das heißt, die Seele schaffte sich ab sofort Kraft ihrer Göttlichkeit folgende Machtbefugnisse und deren Umsetzungen:

1. Eine Datensammlung aller Gedanken und Taten des Menschen in seinem gesamten Leben, samt den Daten aus seinem Vorleben.
2. Die Einsetzung einer Prüfungskommission zur Prüfung aller dieser Taten am Lebensende zur logischen Konsequenz eines Ergebnisses aus dem Guten und dem Bösen
3. Festlegung der Strafsanktionen aufgrund dieses Prüfungsergebnisses. Die Punkte 1–3 könnte man als das karmische Gesetz bezeichnen. Der zu jedem Lebenszeitpunkt abrufbare Wert über Belastung oder Guthaben wäre entscheidend über eine zu ändernde Lebensart. Jeder Mensch sollte sich jederzeit seines abrufbaren karmischen Wertes bewusst sein, dann würde die Menschheit sich

sicher anders verhalten und ihren Begierden weniger Folge leisten.

4. 4. Eine gravierende Änderung im Todeserleben gegenüber der paradiesischen Ära. Das körperlose „Ich“ steht im Gegensatz zu den paradiesischen Zeiten nun selbst vor einer neuen Tatsache. Nach dem Absterben der Körperlichkeit muss sich dieses „Ich bin“ neuerdings vor dem Tod verantworten. Der Tod stellt sich für das „Ich“ unwissend als die göttliche Seele dar. Nun, diese hat kein Problem, dieses „Ich“ abzuurteilen, sie kennt exakt all ihr Tun während des Lebens. Also ab in das Rad der Wiedergeburt, hinein in die jenseitige Grauzone, und wieder ist es die göttliche Seele, die als graue Eminenz hier das Wohl oder Wehe über das „Ich“ bestimmt.
5. Die Wiedergeburt. Die Seele sucht und findet das richtige neue Menschwesen und inkarniert sich und das „Ich“ in dieses neue Dasein hinein. Auch hier bestimmt der Tatbestand aus dem vorangegangenen Leben, in welche Art von Gesellschaft der neue Mensch hineingeboren wird, der Kreis schließt sich in der Wertigkeit seiner Wiederholungsmacht.

Das Göttliche überlässt nichts dem Zufall. Den Schutzengel hätte ich bald vergessen. Alle Geschehnisse im Menschen werden nicht, wie immer angenommen wird, dem Schicksal überlassen. Im Menschen geschehen keine körperlichen bzw. sonstigen Leidenseingriffe, die nicht von der göttlichen Seele auf Grund der karmischen Belastung im Sinne dieses Strafvollzuges angeordnet sind. Dieselbe Seele im Menschen, welche aus karmischen belasteten Erfordernissen Leid und Schmerz vollzieht, diese göttliche Seele hat zugleich auch die Schutzengel-Funktion für ihren jeweiligen Menschen, der eine positive karmische Aussage vorzeigen kann. Dieser Schutzengel, als Menschenfigur mit Flügeln symbolisiert, ist geistige Energie und ein Schutz für gute Menschen, vor allem für Kinder. Die Seele ist die Botschafterin Gottes im Menschen. Leider ist diese vom „Ich“ des Menschen zu Gunsten derer Begierden in das für den Menschen Unbewusste verdrängt worden.

Das Leben schreibt oft Wunder, unglaubliche Geschehnisse an unsichtbaren Hilfestellungen, die bestaunt werden. Hier hat die göttliche Seele ihr Schutzengel-Wesen zur Hilfe gebracht. Für nur bis zum Sterben denken könnende Wissenschaftler ein typischer Fall von nicht zu erklärenden Phänomenen.

Vielleicht kann man dem bekannten Urlaubs-Werbeslogan „Die Seele baumeln lassen" doch etwas abgewinnen, wenn man versucht, in Ruhe sich selbst kennenzulernen, falls man es schafft, nicht angstvoll seine Begierden zu zähmen. Glauben Sie mir, Ihr „Ich" und Ihre Seele zu erforschen wäre der Friede mit sich selbst.

Zur Erinnerung: Sie stehen permanent im Kriegszustand mit sich selbst, die Schuld daran tragen auch Sie selbst, solange Ihr „Ich", und das sind wieder Sie selbst, keinen Frieden mit Ihrer göttlichen Seele anstrebt. Achten Sie selbst auf Ihre Begierden, wie diese dieses Streben nach Frieden mit Ihrer Seele torpedieren.

Immer wieder (47)

Der Mensch muss wissen, warum er überhaupt in diese Welt gesetzt wurde. Ohne dieses Wissen wird er noch tausende von Jahren auf diesen Planeten getrieben werden, von einem Sterben bis zur nächsten Wiedergeburt. Das kann immer wieder sehr leidvoll und schmerzhaft für ihn werden. Daher muss der Mensch wissen, dass er ursprünglich einer Idee Gottes entsprang und dass Gott diesen Menschen für eine besondere kosmische Aufgabe erschuf. Dieser Mensch hat sich nach einer gewissen Zeit dieser göttlichen Aufgabe entzogen und musste deshalb den Verlust seiner geistigen Identität und die Abnabelung von seiner ehemals kosmisch-geistigen Energie in Kauf nehmen. Er entzog sich der Idee Gottes und unterwarf sich der Idee seiner Begierden und deren Folgerungen. Nur, die Sache ist die: 7 Milliarden unerfüllte kosmische Aufgaben, von Menschen verhindert, könnten ungeahnte kosmische Weltenprobleme auslösen. Das von Gott geschaffene Konstrukt Mensch muss seiner geistig kosmischen Aufgabe gerecht werden, indem es zur Einheit von Körper, Geist (sein Ich) und Seele zurückfindet. Der Mensch redet zwar von dieser Einheit, lebt sie aber nicht, der Geist dazu fehlt. Diese göttliche Einheit hat er durch gewaltige Gegensätze seiner geistigen Harmonie gegenüber zerstört. Er hat seinen schützenden geistigen Mantel seiner Harmonie zerrissen und lebt nur mehr im Chaos seiner eigenen Gegensätzlichkeit von ungezügelten Kräften. Der brutale Mord aus seiner Gier genährt, ausgeführt von Kain an seinem Bruder Abel, hat eine gewaltige Kettenreaktion ausgelöst, hat den Menschen in seiner ursprünglichen göttlichen Einheit zerbrochen. Seit dieser Zeit wurde der Mord als stärkste Waffe gegen die geistige Harmonie in der Menschheitsgeschichte „gesellschaftsfähig". Der geistige Part des Menschen, sein „Ich", konnte der Aufgabe nicht mehr gerecht werden, denn der Platz der ehemaligen geistigen Harmonie im „Ich" des Menschen war von den Begierden besetzt. Diese haben nun das Dirigat über die brutalen Kräfte übernommen. Die nun vom Menschen selbst mit seinem „Ich" zusammengebastelte Einheit besteht zwar weiterhin aus dem Körper, von dem aber den Begierden ein hohes Selbstbestimmungsrecht eingeräumt wird, und seinem ehemals vom Geist geprägten „Ich", dem allerdings der weitere Zustrom geistiger Energie gesperrt ist. Eine sehr neue fragwürdige menschliche Einheit. Nun, als Dritte im ehemaligen Bunde, die göttliche Seele. Diese Seele hat das menschliche ungeistig gewordene „Ich" als ehemals beste geistige Freundin in die Verbannung abgeschoben. Dorthin, wo sie am besten in die Vergessenheit vom menschlichen „Ich" gerät, in das Unbewusste des menschlichen Denkens. Der ehemals göttliche Mensch hat sich somit selbst abgeschafft, seiner Aufgaben entzogen und sich selbst in die Welt des Chaos der ungezähmten Kräfte und Mächte gestoßen.

Der Mensch, jeder Einzelne, muss sich daher darüber, was Sache ist und wird, bewusst werden, was in der Menschheitsgeschichte schief lief, was zu diesem furchtbaren allgemeinen defizitären Geisteszustand führte. Ein noch so großer Dummkopf könnte nicht das, was tagtäglich und stündlich auf dem gesamten Globus Erde verbrochen, gemordet, vergewaltigt, gelogen und betrogen wird, als den Sinn des menschlichen Lebens diagnostizieren. Ein sicher großer Teil der Menschheit empfindet ein Unbehagen darüber, dass man kein Vertrauen mehr denen gegenüber aufbauen kann, die es wissen sollten. Alle Weltinstitutionen, egal welcher Branche, alle zusammen tragen nur eine Maxime in sich, das Verlangen ihrer Begierden zu erfüllen. Jeder Einzelne der 7 Milliarden muss sich allein für sich selbst, ihm selbst zuliebe auf die Suche nach der Wahrheit machen. Nicht eine Gruppe, Gemeinschaft oder ein Volk, nein, jeder für sich. In der Masse reagiert der verdrängungsfreudige Mensch anders, er versucht, seine Probleme der Menge überzuwälzen. Jeder Mensch muss das, was ihn betrifft, ganz alleine erledigen. Auch bei einem Massensterben stirbt jeder für sich allein, und es ist auch sein ureigener Tod, dem er sich stellen muss und aus welchem heraus er sich auch alleine zu verantworten hat.

Das Wichtigste ist die Bestandsaufnahme. Wo steht heute die Menschheit? Und wo soll sie stehen? Wo stehe ich und wo soll ich stehen? Der Beginn einer Bestandsaufnahme ist der jeweilige Status, und wie es zu diesem kam. Also der Status fordert eine Hinterfragung der Werte bzw. Unwerte, wie sie derzeit bestehen. Wie wertig schätzen Sie sich selbst ein? Was haben Sie bisher getan bzw. nicht getan? Konnten Sie Ihre Interessen wahrnehmen, und was waren oder sind Ihre Interessen? Sind Ihre Interessen mit Ihren Begierden oder mit Ihren notwendigen Bedürfnissen abgestimmt? Was wissen Sie über sich selbst außerhalb dessen, was auf Papier über Sie geschrieben steht? Was denken Sie über sich selbst? Wissen Sie, woher Sie kommen? Ich meine nicht nur Ihre Geburt, welche absolut mit jedem Säugetier gleichzusetzen ist. Was waren Sie vor Ihrer Geburt? Vor Ihrer Zeugung? Nein, das können Sie nicht wissen. Bisher sprachen wir ja nur über den Körper, und dieser wird sterben, und was ist dann? Sehen Sie, wie wenig Sie über sich wissen, ja, über den Körper, geboren, gestorben, aus. Aber irgendwann musste doch dieses „Geborenwerden" begonnen haben, und das erste Mal auch das Sterben geschehen sein. Seien wir doch einmal ehrlich, was ist an dieser sterblichen, der Verwesung übergehenden Körperlichkeit für Wertigkeit enthalten? Gut gekleidet und zurechtgemacht, ganz passabel zur Ansicht, aber nackt fallweise eine Zumutung, oder wie sehen Sie das? Ein derzeit schöner Körper hat eben auch sein Verfallsdatum. Nun, wer oder was sollte jemals ein Interesse gezeigt haben, so eine Körperlichkeit in diesen Massen zu erschaffen, und vor allem zu welchem Zweck? Materialwert minimal. Der Mensch wohl ein Fleischfresser, aber aus etlichen Gründen nicht am Fleisch seiner eigenen Spezies besonders interessiert. Menschen schlachten schon gegenseitig, das zeigen ja die vielen Gemetzel aus den Schlachten, wo eine einzige genügte, wo sich zigtausende von Menschen abschlachteten. Nicht zum Fleischverzehr, nein, einfach aus Begierden verschiedener Art. Schlachtenführer, die in den Geschichtsbüchern der Nachkommenschaft zum auswendig lernen preisgegeben werden. Egal welche Richtung wir dem Gespräch über den Menschen geben wollen, Sie sehen, wir kommen immer wieder zu seinem Körper. Dieser scheint sein Ein und Alles zu sein. Ich denke, Sie sind ja auch nur von Ihrer Körperlichkeit und dessen ungeistigem Denken überzeugt, wovon sonst? Ihr Körper ist Materie, dieser erlebt sich normalerweise als leblos. Darüber, dass dieser Körper lebt, dass Materie in diesem extremen Ausmaß leben kann, diese Tatsache ist für Sie nicht denkrelevant. Es wird auf die Schiene des Menschenrechtes als Gewohnheitsrecht geschoben. Außerdem ist es ja immer seit dem geistlosen Menschengedenken so gewesen. Aber woher der Körper abstammt, woher er kommt, ich meine damit nicht aus einem Zeugungsvorgang, das wüssten Sie schon sehr gerne, vor allem, wer ihn leben lässt? Lange Ahnenreihen, weit zurückreichend und geschönt, in ihrer Lebenszeit gemalt, betrachten wir mehr oder weniger stolz deren Körper, die wunderschönen Materialhüllen, die damals den heute schon längst toten verwesten Körper umkleideten. Fesche Gestalten waren das, nein, nicht in ihrer Nacktheit, das wäre ja obszön und fallweise auch sehr hässlich anzusehen. Man gefällt sich doch auch schön gekleidet am besten. Mangelhaft ausgebildete Körperlichkeit hat ein Recht darauf, geschönt zu werden, denn schöne Körper verkleiden sich ohnehin mit einem Minimum an

Textil, später dann auch nicht mehr. Der menschliche Körper und die Kunst seiner Verkleidung, seiner sichtbaren Verpackung, dadurch war und ist sein Status erkennbar.

Wissen Sie nun schon, welche Energie diese in stolzen Prunk eingewickelte Körperlichkeit eigentlich belebt, denken, arbeiten, zeugen, lieben, leiden, töten und sterben lässt? Das Herz für die Rundumversorgung mittels Pumpen des Blutes, andererseits das Gehirn im Kopf für die Gedankenumsetzung. Nur dies besteht aber ebenfalls nur aus sterblicher Materialität. Sie meinen, die Art Ihres Lebens befriedigt Sie, wie es ist, alles andere ist nicht Ihr „Bier"? Dieser Grundeinstellung ist schwer etwas entgegenzuhalten. In der Menschheitsgeschichte gab es mit ganz wenigen Ausnahmen fast niemanden, der das Thema „Der Mensch und der Unsinn seines Lebens" einer schlüssigen Antwort hätte unterziehen wollen. Sie hätten damit kaum der Gewalt einer Masse gegenüber etwas bewirkt.

Nun führe ich symbolisch ein Gespräch mit einem Menschen, der aus einer nachdenkenden, nicht zu unterschätzenden menschlichen Mehrheit der Menschheit kommt:

„Gehe ich recht in der Annahme, dass Sie ein Suchender sind, ein Mensch, der dem Sinn des menschlichen Lebens nachspürt, der ein Unbehagen im Sein dieser Menschheit empfindet, für den sich auf alle Fragen keine schlüssigen Antworten ergeben können? Wenn ja, dann sollten Sie jetzt Fragen stellen, die Sie für wichtig empfinden. Tatsächlich ist das schwierig, denn wo beginnen? Das Körperliche wurde vorher schon behandelt. Wollten Sie diesem Thema noch etwas hinzufügen?"

„Ja, von meinem Empfinden aus gesehen muss es hier noch etwas geben, etwas Höheres, nicht exakt Erklärbares. Es wird doch in der Allgemeinheit viel von Körper, Seele und Geist gesprochen, von Himmel, Hölle und Fegefeuer, Adam und Eva, Tod und Teufel, Gott und Engel, Schicksal und Zufall, über das Leben nach dem Tod und ähnliches mehr."

Wenn man nur eine von diesen so viel genannten, sich im Umlauf befindlichen hinterfragungswürdigen Bedeutungen mit dem Dahinterstehenden in wahre Verständlichkeit gesetzt bekäme, wäre es sicher eine Hilfe, doch jede Aussage gibt eine Deutung für sich, die aber nicht wirklich schlüssig und greifbar sein kann. Das Wesentliche, Sie müssen sich mit dem, was „geistig" ist, auseinandersetzen lernen, darüber nachdenken, dass das jenseitige Höhere ganz anderen Gesetzen unterliegt. Es ist von keiner Materie durchzogen, die Größenverhältnisse eines unendlichfachen geistigen Universums, und das ohne erkennbare Grenzen. Das ist die Energie des Weltengeistes, des unendlichen Kosmos, Gott, der alles Bestimmende. Diese Gewaltigkeit lässt nicht den geringsten Vergleich mit unseren kleinen endlichen, tierisch-materiell geprägten Leben zu. Unser Denkvermögen kann das Geistige niemals erfassen, aber eines können Sie mit Ihrer Fantasie und Empfinden, Sie können etwas Großes, Mächtiges über Ihnen Stehendes erahnen. Nicht Ihr Denkvermögen, sondern Ihr Unbewusstes, das ist das, in welches Sie Ihre göttliche Seele abdrängten. Diese Seele projiziert in Ihr sogenanntes Bauchgefühl Intuitionen hinein, dass es so etwas geben muss. Sie müssen Ihre Gedanken mit Demut vor etwas Großem weit machen, mit notwendiger Fantasie in Richtung des nicht mehr Fassbaren mit Glauben daran durchmengen. Die unendlich große göttlich geistige Energie hat das höhere Anrecht, für real gehalten zu werden, als das kleine endlich Winzige eben in Ihrer Welt. Damit sind wir am Punkt. Der Mensch mit seinen der Materie unterworfenen Sinnen kann und will auch gar nicht darüber hinaus, um eine für ihn sinnvolle Wahrheit einzuleiten. Es fehlt einfach der Mut, gegen die eigenen Begierden den Kampf aufzunehmen. Es ist die Bequemlichkeit der Menschen. Sie wollen ihre Gedanken nicht in eine Richtung strapazieren, wo ihre Sinne keine Endlichkeit finden. Genau die körperlichen Sinne ziehen die Grenzen zwischen hüben und drüben. Getrauen Sie sich, Ihre Fantasie, Ihr Fühlen, Ihr Empfinden mit dem Glauben an eine großartig göttliche Welt zu füttern. Mit Hilfe Ihres Unbewussten an den Glauben, das wahre Große zu finden, werden Sie es auch schaffen. Nach der Aussage: „Werdet wie die Kinder." Fühlen Sie sich zurück in die Unverdorbenheit Ihrer Gedankenwelt aus dem Kindsein. Das intuitive Staunen über das, was außerhalb des materialistischen Dunstkreises der Alten Sie und Ihr Gemüt bewegte. Die Märchen, die Kindergebete, die Schutzengel, der liebe Gott, Weihnacht, die Christusgeschichte, der Himmel. Andächtig nahmen Sie all diese Geschichten wahr, bis Ihnen ab der Schulzeit die Fantasie zerstört wurde. Sehen Sie, jetzt müssen Sie all diese Zerbrochenheit Ihrer damaligen Freuden aufnehmen, wieder in Ihre Fantasie einbringen, wie damals als Kind. Ihre Fantasie war und ist Wahrheit, das Geistige in seiner Unendlichkeit, in seiner kosmischen göttlichen Schönheit, ist Wahrheit. Von dort geschehen alle diese Wunderlichkeiten Ihrer Träume, lassen Sie sich diese nicht mehr wegnehmen. Dieses geistige Staunen bringt Sie in die geistige Welt, nicht das Gehirn-Denken Ihrer Begierden. Dieses Gehirndenken ist so extrem beschäftigt, sich mit der vielschichtigen materiellen Welt der Gegensätze auseinanderzusetzen, sodass bei einem eventuell geistigen Denkempfinden das Gefühl herrscht, das bringt nichts.

Nun zur Seele, da ist ja die Wissenschaft der Medizin unglaublich beschäftigt, diese im Menschen zu orten. Das Ziel der Forschung, über den Körper wissen wir ja, einfach diese Art Materie besser „reparieren" zu können. Wie denken Sie über die Seele? Ist sie nur ein angedachtes Phantom? Aber eines ist gewiss, der Wissenschaft wird es niemals gelingen, den Bestand Seele an irgendeinem fleischlichen Teil wie Gehirn, Herz oder Sonstigem festmachen zu können. Dieser Forschungsaufwand ist genauso unsinnig wie den Urknall herauszufinden. Denn in beiden Fällen ist mit dem Wissen darüber der Menschheit nicht gedient. Die Menschheit wird immer wieder versuchen, sich ihr eigenes Denk-Werk zur eigenen Vergötterung unter Zuhilfenahme der Begierden gegen den Herrn zu gestalten. Versuchen Sie, aus diesem „Immer wieder" auszusteigen.

Wenn Sie Ihre Seele, Ihre Gefühlswelt, Ihre Demut vor dem Göttlichen, Ihr Empfinden und Ihr logisches Denken zusammenführen, dann öffnen sich Wahrheiten zur enormen positiven Bereicherung Ihres Lebens. Egal wie lange Sie dazu Zeit benötigen, Sie sind auf alle Fälle ein Gewinner nach Ihrem Tod vor dem Herrn.

Meine Meinung (48)

Ich möchte darüber sprechen, welche Gedanken sich Menschen so über mich machen mögen und fragen, woher das Wissen über das Geschriebene stammt, das ich so überzeugend darzulegen versuche. Die Frage, ob das Fiktion oder Wahrheit ist, scheint berechtigt, was mein erstes veröffentlichtes Buch „Gott-Engel-Mensch- Teufel-Wahrheit" betrifft. Es ist damit das Entstehen bzw. die Herkunft meiner Gedanken beschrieben. Großteils gilt das auch für das später Geschriebene, ob mit meinen erschienenen Anthologien oder das Buch 2 betreffend, „Gott-Mensch-Wahrheit". Es werden Menschheits-Themen aufgegriffen, die unser heutiges, das nachparadiesische Leben, brutal an den Pranger stellen. Dem Grunde nach ist in all den Handlungsarten dieser nachparadiesischen Menschheit in diesen meinen Feststellungen keine Unwahrheit. Es ist nur alles aus einer für uns Menschen ungewohnten Perspektive betrachtet, nämlich von „oben", außerhalb der Zone, welche das materielle endliche Universum vom unendlichen Geist des Kosmos trennt. Betrachtungen aus den unendlich seienden, geistig kosmischen göttlichen Weiten, die sich überall befinden, zwingen der Menschheit einen großen Respekt und eine Angstempfindung vor dem Tod ab. Der Tod ist besiegbar, die Anstrengungen dazu fallweise übermenschlicher Natur, und das Leid bildet immer die Zahlungseinheit vom Diesseits zum Jenseits. Das hat nichts mit den sogenannten todesmutigen Handlungen, welche die Menschen oft aus verschiedentlichen Gründen begehen, zu tun. Todesmut oder keine Angst vor dem Sterben ist der Mut der absoluten Ahnungslosigkeit, ich weiß genau, wer hier Ausnahmen erfahren kann. Das Hauptproblem unserer heutigen Menschheit bildet ihre totale Beziehungslosigkeit zur hohen geistigen Welt, und deshalb ist auch der Tod als strenge Grenzwache da, damit niemand Unbefugter in die große Welt der Unendlichkeit des Geistes eindringt. Nicht ein sterblicher, der Verwesung preisgegebener Körper könnte hier versuchen einzudringen, nein, es könnte höchstens eine Denkenergie sich berufen fühlen, den Grenzübertritt zu wagen. Unmöglich vorbei am Tod, also bleibt nur die Konfrontation mit diesem. Mein eigenes „Bewusstes" sich mit „Ihm" auseinandersetzen liegt Jahrzehnte zurück. Mein ursprünglicher Gedanke war weder, den Tod besiegen zu wollen, noch ein Gotteseiferer zu werden. Mein Interesse galt der Sinnlosigkeit dieses menschlichen Lebens. Das Grauen der sich immer wiederholenden Kriege, des Hungers, des Leides, der Angst der Menschen. Seuchen, Krankheiten, Naturkatastrophen zu allen Zeiten, Glücksmomente, Friedenszeiten da und dort, dann wieder Gewalt, jeder gegen jeden. Genug! Warum muss das so sein? Niemand denkt darüber wirklich nach, ob nicht irgendein Fehler oder ein Fehlverhalten diesem Wahnsinn zu Grunde liegt. Gibt es in diesem Getriebe keinen Verantwortlichen? Die Geburt, der so unterschiedlichste Lebensinhalt, auch in seiner Dauer, dann der Tod, Ende. Milliarden vor uns, derzeit und nach uns. Es gibt doch das Gesetz von Ursache und Wirkung.

Im täglichen Gebrauch findet man überall Ursachen und deren Wirkungen, im Großen sowie im Kleinen. Wenn „Das" als Ursache geschah, musste „Das" als Wirkung geschehen. Nur, irgendwann muss doch eine erste Ursache getätigt worden sein, samt der daraus zu erwartenden Wirkung. Warum weiß niemand etwas darüber? Irgendwo und -wann musste es doch eine Ebene gegeben haben, auf welcher irgendeine Wahrheit sesshaft war, von der aus alles begann. Diese Wahrheit muss doch auffindbar sein. Eine Wahrheit, die uns Auskunft über den Sinn des menschlichen Lebens geben könnte. Diese müsste auch wissen, ob es wirklich einmal einen menschlichen Lebenssinn gab, und weshalb jetzt eigentlich purer Unsinn das Leben der Menschheit bestimmt.

Ich wollte diese Wahrheit finden, so waren meine Gedanken schon in jüngeren Jahren meines Lebens. Dieser Wahrheitsfindung blieb ich treu. Mit einer immensen Zähigkeit, nach sehr vielen Enttäuschungen, Abstürzen, Empfindungen, Fantasien habe ich trotzdem den Glauben an eine Wahrheit, die es geben musste, nicht verloren. Der Mensch selbst war und ist es, der die Wahrheit über sich selbst verschleiert. Es gibt ein einzig unendlich Seiendes im menschlichen Leben, es ist in die gesamte Menschheitsgeschichte einprogrammiert. Die Unendlichkeit ihrer Begierden, ein „Mehr“ für sich zu erlangen. Kein geistiges „Mehr“, nein, ein materielles „Mehr“. Genau das ist der Punkt, warum die Menschheit durch ihre eigenen unendlichen Begierden in das „Aus“ schlitterte. Diese Aussage ist der Schlüssel zum Geschehen, welches die Menschheit seit ihrem Hinauswurf aus dem Paradies geschichtlich prägt. Über diese Tatsache hat die Gier über das nur endlich seiende Denken der Menschheit ihren Schleier gelegt. Es ist der Schleier der Unwissenheit über ihre eigene Wahrheit. Seit achtzigtausend Jahren feiert dieser Schleier der Begierden und daraus das irrsinnig sinnlose Treiben, Triumphe im Sumpf ihrer Verdunkelung. Das Geistige der Wahrheit hat oftmals in der Geschichte der Menschheit hineingeleuchtet, aber umsonst, das nur endliche Denkvermögen der Menschen hat das Licht des wahren Geistes nie begriffen. Wieder ein Sieg der Begierden.

Zig Jahre Studium und Forschung, was die Menschheit betrifft, hat mir diese erschreckende Wahrheit eingebracht. Damals bin ich ja als Mutiger, Zäher, Ahnungsloser ausgezogen, die Wahrheit über den Unsinn des menschlichen Lebens zu ergründen. Jetzt steht diese Wahrheit fast bösartig vor mir. Meine Neugierde hat mir Leid in unvorstellbaren Ausmaßen beschert, hat mich unzählige Tode sterben lassen, um mich jetzt vor einem „Trümmerhaufen“, die heutige Spezies Mensch betreffend, all dies nun erkennend, stehen zu lassen. Aber ich fand noch etwas, was ich nie suchte, aber mir entgegen kam. Eine Begegnung der besonderen Art, es war Gott. Dies kann keiner Beschreibung gerecht werden. Eine durchwobene Liebe von seinem eigenen Leid, die meinen Blick über das selbst erwählte Elend der heutigen Menschheit noch mehr sehend machte. „Er“ hat was möglich war dieser Menschheit an Hilfe zukommen lassen, aber eine nachhaltige Besserung hat es nicht gebracht. Die Gier konzentrierte sich immer nur darauf, dem Menschen ein „besseres Leben“ vorzugaukeln, aber niemals das Werden eines besseren Menschen zuzulassen.

Mein Leben ist voll von geistigem Wissen geworden, besonders darüber, was die abtrünnige Menschheit betrifft. Wer den Reigen von Ursache und Wirkung zurückspulen möchte, findet keinen Beginn einer wahren Ursache, sondern eben meist nur Ausreden und Lügen für seine Handlungen und Taten. Der Mensch in seiner Ahnungslosigkeit, seinem Ursprung gegenüber, kann nur irren, denn er hat zu seiner Ur-Vergangenheit keine Beziehung, das menschliche Leben ohne Leid und Angst erlebte sich wirklich im Paradies. Eine kosmisch göttlich geistig geregelte Lebensart, in welcher der Mensch seine Aufgabe und deren Sinn in seinem Leben begriff.

Jeder Mensch weiß, dass er bereits nach der Geburt dem Tod entgegengeht. Das hindert ihn allerdings nicht daran, diese Absolutheit zu negieren, zu verdrängen und erst am Ende mit Angst zu besetzen. Sein Tun im Leben, im Wahn des eigenen Unendlichkeitsglaubens unter tatkräftiger Mithilfe seiner Gier, wird nur mehr „gerafft", wenn nötig auch mit dem Nachdruck Gewalt. Der Entschluss zur Besinnung kann nur im körperlichen Leben erfolgen, denn das Geistige hat zwei wesentliche Aufgaben zu bewältigen. Entweder die entsprechenden Strafsanktionen oder die unendliche Freiheit für Geläuterte einzuleiten. Umso größer die Gier, umso dunkler die menschlichen Sinne für das Wesentliche, für das Jenseitige, für das, was der Tod bestimmt. Die geistige Gesetzeslage zwingt den Erstverursacher, also den Menschen, Maßnahmen zu setzen, damit das Leid Gottes zu Ende gehen kann und der Herr über die gesamte Menschheit das vernetzte Gesetz des Karmas, das Gesetz von Ursache und Wirkung, aufhebt. Damit ist immer wieder der Mensch am „Zug", sich selbst zu befreien.

Erfindergeist (49)

Es gibt keine einzige Erfindung in der gesamten Menschheitsgeschichte, welche eine wahre Grundlage für ihre Existenzberechtigung hätte. Erfindungen kamen allemal aus dem menschlichen, nur endlich seiend sterblichen Denken zustande und erzeugten ausschließlich Produkte aus der Sterblichkeit der Materie. Das wahre Geistige hat niemals Erfindungen beflügelt. Der Geist gebar eine ganz andere Vorstellung über das Sein und Tun des Menschen, daher ist die Einbildung, der Mensch hätte Erfindergeist, eben nur eine in sich selbst gebildete Meinung. Der einzige Nutzen aller Erfindungen, auch wenn sie noch so gut gemeint sind, wird von der Energie aus den Begierden getragen. Auch dann, wenn sie bestimmten Menschen bessere Lebensbedingungen bringen sollten. Eine Erfindung, die dem Menschen zu seiner eigenen inneren Besserung führen würde, konnte bisher nicht geortet werden. Eine solche Erfindung würde die Begierde nie zulassen, und man kommt damit immer wieder auf die einzige Tatsache: Der Mensch ist der Sklave seiner geistlosen Begierden.

Der Mensch als eine Idee Gottes wurde für eine bestimmte geistige Leistung erschaffen, und solange diese Leistung in ihrer Ausführung lag, benötigte ein Mensch niemals eine Erfindung irgendwelcher Art. Sein Leben war nach den göttlichen gesetzlichen Richtlinien ausgerichtet und gestaltete sich in Freiheit ohne Angst und Leid, in der Freude seines wirkungsvollen geistigen Daseins. Erst als dieser Mensch zur Auffassung kam, es könnte ihm eigentlich noch besser ergehen, machte er der Begierde in seinem sterblichen Denken Platz. In Folge begann damit der Absturz in das Leben, das den Menschen heute begleitet. Dieser Absturz hat schon eine lange Geschichte von achtzigtausend Jahren hinter sich. Kein Erfindergedanke kann diese weiteren Abstürze aufhalten oder gar zum Stillstand bringen. Dazu wäre Erfindergeist der wahren geistigen Art notwendig. Nur diesen muss jetzt jeder Mensch für sich erst erfinden lernen, damit ihn der Geist zur Wahrheit seines Seins, zurück zur geistvollen, kosmischen Aufgabe (wofür er ja erschaffen wurde), führen kann.

Der Gegensatz in der Harmonie (50)

Wie stark darf der Gegensatz im menschlichen Tun sein, um nicht den vorhandenen Ring seines Harmonieempfindens zu durchbrechen? Beides ist vom Geistigen messbar. Ich weiß nur eines, dass zwei Drittel der Menschheit ein mehr oder weniger großes Empfinden für Harmonie in sich tragen. Gemeint sind nicht Harmonie-Gebende, sondern nur Harmonie-Bedürftige gibt es in dieser Größenordnung. Der eingebremste Gegensatz zeigt in die richtige Richtung. Im Gegensatz handeln und zugleich harmoniebedürftig zu sein bedeutet bereits den Ansatz zum gierigen Ego. Menschen, für die ein Harmoniegefühl fremd ist, erleben sich in der Befriedigung ihrer Gewaltanwendung dem Harmonischen gegenüber, und der Befriedigung ihres sterblich seienden Begierden-Egos.

Was ist Harmonie?

Geistig betrachtet ist es der Gleichklang zwischen Seele und dem „Ich“ im Menschen. Im irdenen Dasein ist vollkommene

Harmonie nicht anzutreffen. Der Mensch ist viel zu viel mit dem Gegensätzlichen und dem permanenten Wechsel zwischen Zufriedenheit wollen und das Gegenteil tun beschäftigt. Hält Zufriedenheit kurzfristig Einzug, schon melden sich die Begierden und zeigen Ziele auf, die noch größere Zufriedenheit vortäuschen. Die Begierden so weit einschränken, dass sie keine Durchbruchsversuche mehr durch die jedem Menschen einverwobene Harmoniegrenze durchführen, stellt das Verlangen der göttlichen Seele. Der Sinn des Gegensatzes innerhalb der Harmonie ist im Menschen sowie im Kosmos als Weltensymbolik ein und dasselbe. Nur solange sich das nicht als Allgemeingut in jedem einzelnen Menschen erlebt, ist dieser Mensch ein gewaltiger Störfaktor in diesem Welten-Rhythmus. Genau das müsste in das Bewusstsein von über 7 Milliarden Menschen eindringen. Leider, das Verständnis für diese Tatsache ist nicht gegeben, denn diese Tatsache ist eine geistige. Vor nicht allzu langer Zeit allerdings war sie auch nicht in meinem Bewusstsein. Ich musste deshalb diese gewaltige Front, die sich gegen diese meine eigenen Ausführungen erlebend stellte, akzeptieren. Sie kriegen diese Wahrheit serviert, ich musste sie mir erleiden. Außerdem lebe ich dauernd mit einem Problem, es ist das meiner eigenen nicht möglichen Harmonisierung. Ich hatte keine Chance, mit meiner Seele in Harmonie zu gelangen. Wie bereits an anderer Stelle berichtet ist meine Seele seit meinem vorbestimmten Tod am 24. 8. 2010 dorthin abgewandert, wo sie im Kosmischen gebraucht wurde. Mein körperliches Weiterleben gestaltete sich als Experiment von „oben". Nur ist mir eigentlich jetzt erst bewusst geworden, dass mein Harmoniebedürfnis keine Erfüllung erhalten kann. In dieser meiner Aufgabe kann Harmonie nicht gedeihen. Die Materie in der Endlichkeit ihrer selbstbestimmenden Gegensätzlichkeit ihrer Kräfte unterliegt dem Kontrollsystem, der Energie des Geistigen. Wenn sich diese Selbstbestimmung mit der endlichen Kraft der Begierden vereinigt, kann diese zur Sprengkraft gegen die unendlich seiende Energie des Harmonischen gezündet werden. Die bisher größte Kraft dieser Art erfolgte durch die Komprimiertheit von menschlichem Denkvermögen, im rein ungeistigen Sinn angewandt. Die Atomexplosion. Eine sterblich menschliche Tat, geboren aus dem System der nur endlich seienden, evolutionären Begierden, der bis zur selbstzerstörungsbereiten Machtgeilheit dieser Spezies Mensch führte. Von der Macht des materiellen menschlichen, von Geistlosigkeit getragenen Gegensatzes, vom Wahn des alles Machbaren gesteuert. Die nur dem Endlichen zuzuschreibenden Akteure finden sich allein in der Welt des Sterblichen zusammen. Der wahre Geist des Unendlichen, weit über der Materie des Endlichen stehend, innerhalb der Wahrheit göttlicher Harmonie, zeigt jedem einzelnen Sterblichen die Schranken dann, wenn dieser, in die Gefilde des Geistigen durch den Tod geführt, einwandern muss. Ich betone „muss".

Der Gegensatz im materiellen Endlichen unterstellt sich freiwillig der Größe des harmonischen, unendlich seienden wahren Geistes. Nur die durch ihre Begierden vernebelte Menschheit bildet sich ein, nimmt sich das Recht des Größenwahns heraus und zerstört mit ihrer durch die Intelligenz entwickelte Großmacht der Polarisierung die eigene Lebenshülle und trägt dieses Unrecht hinein in das göttlich Kosmische.

Am Ende einer Betrachtungsweise steht immer eine andere Betrachtung, nämlich die der gewaltigen Differenzierung zwischen dem Menschen nach der Idee Gottes und dem Menschen nach der Idee seiner eigenen Begierden in seinem ungeistig seienden Raum.

Die Sinne des Menschen (51)

Die fünf Sinne des Menschen aus seiner Materie heraus kennen wir unter: sehen, riechen, schmecken, hören und tasten. Was ist dann das Denken? Wenn man bedenkt, dass dieses Denken ebenfalls im Fleischlich-Körperlichen, nämlich im Gehirn, beheimatet ist, müsste man meinen, dass man dieses Denken auch als einen Sinn aus der Materie Gehirn bezeichnen könnte. Viele sprechen zum Beispiel im Alltag auch von einem sechsten Sinn, eine Art nebulos empfindender Sinn aus dem Bauchgefühl heraus. Wissenschaftliche Erkenntnisse zeigen bereits bis zu zwölf Sinne in ihrer Zergliederung. Ich gebe aber aus einfachem Verstehen dem „Gehirndenken" die Zahl Null als Sinngliederung, so könnte man den Unsinn gleich die Zahl Doppelnull geben. Ich sehe das Bauchgefühl an als eine Rumpelkammer, in der alles von oben, vom Gehirn hineingedrängt wird, nämlich das Geistige, welches es selbst nicht verarbeiten kann. Vom Gehirn, dem nicht geistigen „Ich-Denken" des Menschen unter der Befehlsgewalt seiner Majestäten, den Begierden, von dort, wo alles nur streng nach rationalen Kriterien veranlagt wird. Da oben haben nur die Gedanken der Endlichkeit, ohne geistige Beigabe, ihren Sitz. Diese Gedanken befassen sich meist mit Lüge, Betrug, Gewalt, Verbrechen, Krieg, Folter und Macht, zugunsten eines eigenen luxuriösen, aber nur sterblichen Lebens. Das wahre Geistige steht mit dieser Art zu denken in vollkommener Gegnerschaft.

Man sollte während des körperlichen Lebens nie so ein strahlendes, von Ego umranktes, sich machtgebärdendes „Ich" beneiden, Menschen vergöttern, ohne deren geistiges Hintergrundwissen zu kennen, denn es wird meist nur ein tierischer, auch stinkender Körper mit schillernden Lügen angehimmelt. Solange der Mensch nur fähig ist, seine ihm anhaftenden Sinne aus seiner Materie zu betätigen, erlebt er sich lediglich in einer geschlossenen Anstalt seines eigenen Seins. Daher suchen und finden Sie den anderen „Sinn" in Ihrem Unbewussten und Seelischen. Beginnen Sie in diesem eine Sondierung mit Hilfe Ihrer göttlichen Seele, Sie erfahren eine beglückende Freiheit, da dieser Sinn die Wahrheit für Sie bedeutet.

Das Annehmen von Leid und Schmerz (52)

Ärzte und Therapeuten sprechen oft davon, man sollte den Schmerz als Gegebenheit annehmen, da er ein Teil des Wirkens in unserem Körper ist. Noch dazu ist die Ertragbarkeit besser, wenn er nicht bekämpft, sondern als zugehörig betrachtet, einfach angenommen wird. Diese Betrachtungsweise über Leid und Schmerz macht wirklich Sinn. Gewisse Verbesserungen und Erleichterungen sind oft nachvollziehbar. Den Schmerz, das Leid annehmen ist eigentlich schwer verständlich, wenn man den Verursacher im Hintergrund nicht kennt, nicht weiß, wer ihn verursacht? Woher kommt er eigentlich? Wer ist Verursacher? Bei einer Wunde, die man sich zufügte, ist man meist durch Unachtsamkeit selbst schuld. Irrtum!

Bei „Schicksalsschlägen" aller Art, bei Unfällen, bei tiefen sogenannten seelischen Leiden oder bei solchen, bei denen das Leben nur mehr ein Vegetieren darstellt und trotzdem am Erhalt dieses Lebens festgehalten wird, da sind selbst die besten Therapeuten machtlos. Vor jedem dieser betroffenen Menschen steht ein großes Schild mit der Aufschrift „Warum?" Warum wurde gerade mir vom Schicksal so ein schreckliches Leid zugeteilt?

Bei anderen schriftlichen Ausführungen von mir gab es auch schon dieses „Warum", allerdings bei der Frage, warum ist der Mensch entstanden? Diese Frage konnte einer „nur" geistigen Beantwortung zugeführt werden.

Die andere Frage für den Menschen, wesentlich relevanter, da diese in sein tägliches Geschehen eingreift, warum muss der Mensch leiden? Auch diese Frage unterliegt genau wie die erste „nur" einer geistigen Beantwortung im Sinne des karmischen Kausal-Prinzips. Nochmals einfach ausgedrückt, wenn jemand eine Tat setzt, bei welcher Menschen in Leid geraten, vielleicht auch zu Tode kommen, so wurde dadurch eine Ursache für jene geschaffen. Die Wirkung dieser Ursache erzeugte eben Leid oder den Tod. Diese Wirkung wird auch oft gerächt, allerdings spielt sich diese Rache nicht im Geistigen, sondern in der materiellen Welt als Selbstjustiz ab und trägt das Stigma einer Unkontrollierbarkeit in sich. Nun, wer hat angefangen? So läuft diese Frage hin und her, bis gar keiner mehr weiß, wer hier die erste Ursache tätigte. Bei diesen Taten, sagt die Tradition, können auch Millionen Menschen ihr Leben verlieren, und alles findet sich in der Geschichte der Menschheit bestätigt. Im irdenen menschlich sterblichen Denken scheint es keinen Handlungsbedarf zu geben, die Energie aller Ursachen, nämlich die der Begierden, zu zähmen. Das nur endlich seiende Denkvermögen der Menschheit wird und kann niemals an diesem von ihr selbst geschaffenen System eine Änderung herbeiführen, was sich auf der geistigen Ebene abspielt. Hier werden die Taten sehr exakt auf jeden einzelnen Verursacher Mensch als Verantwortlicher gesetzt. Jeder dieser Verursacher trägt seine Verantwortung mit sich, auch dann noch, wenn er gestorben ist. Genau hier hat der Mensch auf Erden seinen Fehler im nur endlich seienden ungeistigen Denken. Tod ist nur sein Körper, sein materieller Anteil. Sein unendlich seiendes Geistiges lebt immer als sein „Ich“ weiter, und dieses sein „Ich“ trägt als wahrer Verursacher seiner Taten diese weiter, auch wieder hinein in das nächste neue Leben.

Es wurde eine Ursache geschaffen, welche als Wirkung Leid oder sogar Tod eines anderen Menschen zur Folge hatte. Nun gerät das, was zu dieser Tat bewog, auf einen geistigen „Seziertisch“. Hier werden alle Fakten analysiert. Zwischen einem brutalen Mord und einer berechtigten Notwehrhandlung liegen tausende Facetten, und genau diese müssen gegeneinander, ihrer Wahrheit entsprechend abgewogen, beurteilt und bewertet werden. Danach erfolgt der Strafbestand, das Strafausmaß oder auch Freispruch. Gegenüber den irdenen menschlichen Gesetzen und der geistigen Gesetzeslage klaffen unvorstellbare Welten auseinander. Nach der Analyse steht eine geistige Gewichtung des Leides und des Schmerzes, welche von der Tat ausging. Die Tat ist eine Projektion einer gewissen Summe Leid an den, der die Wirkung dieser Ursache schaffte. Betrachten wir nun den Geschädigten. Auch hier setzt ein kompliziert anmutendes Verfahren ein, aber eben auch ein geistiges. Dessen Schmerz wird nun seinerseits analysiert.

Es stellen sich zwei Fragen:

Kann die schädigende Wirkung, der Schmerz, aus einer karmischen Ursache herrühren?

Ist es einem karmischen Fehlverhalten gegenüber dem Verursacher zuzuschreiben, und trifft die Wirkung einen Unschuldigen?

Der Computer der Geistigkeit präsentiert das Ergebnis in Sekundenschnelle. Im *ersten* Fall trifft das Leiden bzw. Schmerzausmaß mit voller gezielter Wucht den, für welchen die Wirkung bestimmt war. Welchen geistigen Gesetzgebungen das Karma unterliegt, sollte bekannt sein. Das karmische Gesetz benützte einen Täter als Ursache für eine bestimmte Wirkung bei einem anderen Menschen. Es ist hier nur eine von Millionen Möglichkeiten herausgegriffen, die aus karmischen Ursachen auf die Menschen einwirken kann. Dieser Mensch, den diese Wirkung traf, hat selbst irgendwann irgendwo eine Tat gesetzt und fügte einem anderen Menschen Schaden zu. Er setzte damals eine Ursache für eine Wirkung, und nun kommt der Umkehrschluss, das karmische Gesetz bildet aus dieser Wirkung eine Ursache, und diese trifft nun den Menschen aus Frage eins. Das logische Prinzip von Ursache und Wirkung, allerdings mit einem vom Menschen nicht nachvollziehbaren Umkehrschluss im Geistigen. Fall zwei, diesen gibt es nicht, denn kein Mensch ist unschuldig, wenn ihm ein Leid zugedacht wird. Eine Leidenswirkung verjährt nicht, die Ursache kann je nach Stärke, aus mehreren Vorleben dieses Menschen noch immer zur Wirkung kommen. Nun ist es auch an der Zeit, die Wahrheit der menschlichen Leiden, Schmerzen und Ängste auszusprechen. Alles, was in diesem Sinne Menschen trifft, ist zu 100 % Eigenverschuldung. Wer keinem Menschen etwas Schlechtes angetan hat, der wird auch kein Leid erhalten. Dieser Satz beinhaltet Logik: Schaffe keine schlechten Ursachen, so wird es auch keine schlechten Wirkungen geben können, nicht im normalen Leben und in Folge auch nicht im geistigen Umkehrschluss.

Diese rein geistige Ausführung war erforderlich, um überzeugen zu können, dass Leid und Schmerz in Wirklichkeit eben „Eigenbau" darstellt. Seien Sie bewusst gut zu Ihren Schmerzen oder Leiden, denn diese trifft ja keine Schuld, dass sie wirken müssen. Ihre Gedanken sollten dem Gesagten nachfühlen, Ihr Schmerz, Leid oder Angst wird es Ihnen danken. Sie müssen lernen, dass Ihr unendliches „Ich“ auch nach dem Tod Ihres Körpers weiterlebt, ewiglich. Wenn Sie Ihr „Ich“ zum wahren Glauben führen, dazu muss Ihre Körperlichkeit keine Demuts-Schnörkseleien vollbringen, denn nur Ihr „Ich“ muss sich zu seinem Schöpfer bekennen, Geist gehört zu Geist, der Körper zur Materie, denn nach Ihrem Tod geschieht noch unendlich viel, aber nur im Geistigen.

Der sorglose Umgang mit dem Sterben (53)

Ein typisch menschliches Verhalten, das Einschalten der Verdrängungsmechanismen aus seinem Gehirn-Denken. Dieses Denken hat nur eine begrenzte Aufnahmekapazität und ist bei dem heutigen ungeistigen Menschen ohnehin ständig überbeansprucht. Es ist das Ausgebranntsein der nur endlich seienden Denkenergie. Das Denken lässt sich nicht mehr weiterdenken, es hat einen Stopp erhalten, denn schließlich unterliegt dieses materielle „Denkgerät“ Gehirn ja auch der Sterblichkeit. Das ändert auch nichts daran, wenn man heute die Detailzusammenhänge der verschiedenen Gehirnströme, wer oder wofür zuständig ist, teilweise erforschen kann. Das anstrengende, vielseitige Denken des Menschen lässt keine Zeit für das Nachdenken über das Sterben übrig, solange nicht, als das Denken empfindet, es ist spät und zu wenig Zeit vorhanden, um eventuell das Sterben noch schnell wahrzunehmen. Da fallen schon die Ängste ein und beschweren sich darüber, dass der Mensch nicht schon viel früher begann, sich mit dem sicher eintretenden Tod zu befassen. Die Begierden sind die Schuldigen, sie lassen diese Art von Gedanken nicht aufkommen, und jetzt, wo es ernst wird, verkrümeln sie sich schnell. So gesehen hat der Mensch, soweit es für ihn leistbar erscheint, nur einen Wunsch, sein Leben soll sich möglichst lange gut gestalten. Die Variationen dazu kann sich jeder selbst ausdenken. Die Energie für diese Wünsche liefert wieder die Begierde. Diese „Energieträger" bemühen sich sogar bis in die Nähe des Todes, es muss ein kuscheliger Sarg, ein Grab voll Prunk und eine Beerdigung, über die man noch lange spricht, fast so schön wie eine Hochzeit, sein. Nun, die Gier verlässt schon vor dem Tod ihr bisheriges Opfer, sie springt auf die mehr oder weniger trauernden Angehörigen über, um auf ihr bisheriges Lebenswerk noch eines draufzusetzen.

Mit dem wirklichen Sinn des Sterbens hat das alles nichts gemein, es ist alles nur auf Effekte für die glotzende Umwelt aufgebaut und daher vollkommen sinn- und wertlos für das Sterben an sich.

Nicht um den im Stadium der Verwesung sich befindlichen tierischen Körper des Menschen geht es hier. Es geht um das „Ich" des Verstorbenen. Genau diesen „Ich-Geist" des Menschen, den Sie immer verwenden, wenn Sie Ihren Egotrip reiten. Dieses „Ich will, ich bin", dieses Ihr „Ich" ist gemeint. Es hatte mit dem nun verwesenden Körper einmal eine amoralische verbotene Einheit gebildet. Das Wohlbefinden des Körpers, diesen mit allen seinen Sinnen liebend, so tat es auch das „Ich" des Verstorbenen. Dieses „Ich" weint dem Körper fürchterlich nach, den es so liebte. Vor allem wegen den von beiden zelebrierten Genüssen aller Art, samt Unart. Egal, jetzt aber ist der Körper so wie ein Tierkörper auch in Verwesung und bald in Vergessenheit geraten. Nur sein Partner, das „Ich", befindet sich als Geist voll am „Leben", kann sich aber selbst nicht, da körperlos, ansehen, spüren schon, allerdings nur mehr als Phantom in Leid und Schmerz. Das ist nach dem Tod die wahre Katastrophe für das „Ich" des Menschen. Vergleichbar, wenn man nach einem Traum aufwacht, egal wie dieser verlief, empfindet man sich, ich bin wieder da. In solchen Situationen empfindet man nicht seinen Körper, sondern sich selbst, sein „Ich". Man denkt nach über den Traum, denn das Träumen und deren Trauminhalte hängen mit einem geistigen Prozess zusammen. Es ist geistig, weit und breit nichts Körperliches, keine Materie. Erst später, wenn man sich bewegt, kommt diese Materie wieder in Aktion. Das Geistige ist unheimlich versponnene, verwebende, vor Kraft strotzende Energie. Wenn man gestorben ist, hat das materielle Gehirn auch der Tod mitgenommen, nicht aber die geistige Energie des „Ichs", nur das Gehirn ist tot. So empfindet das „Ich" wenn es „drüben" aufwacht, es wie aus einem Traum. Erst später bemerkt es, dass das, was sich bewegen soll, nicht mehr vorhanden ist, nämlich der materielle Körper. Das bildet das erste Schockerlebnis nach dem Tod. Das nächste Nachtod-Erleben kann für manche noch viel schrecklicher werden, darüber wurde schon an anderer Stelle berichtet. Jedenfalls lebt man als Geistenergie im Jenseitigen weiter, und das „Ich", wenn auch jetzt körperlos, kann noch immer feststellen: Das bin „Ich". Jetzt aber muss sich das „Ich" vor dem höheren Geistigen verantworten.

Dem Mensch sollte es innewerden, welch enorm wichtiges, höchst Geistiges sein „Ich" eigentlich darstellen sollte, bevor dieses geistige „Ich" in eine Degeneration verfiel, das heißt, dass es von ihrem Energieträger, dem All-Geist, abgekoppelt wurde. Das Abkoppeln musste von Gott als Reaktion geschehen, als sich dieses hoch geistige „Ich" mit dem sterblichen Körper verband, um beide in einer Einheit ihren Begierden bis heute zu frönen. Dies alles versteht der Mensch deshalb nicht, weil er zu feige ist, sich mit der Wahrheit des Sterbens und vor allem mit dem Thema, was nach dem Tod geschieht, zu befassen, und somit sorglos bis gar nicht damit umgeht.

Die Suche (54)

Mehr Menschen, als man glauben möchte, sind auf der Suche nach „etwas". Dieses Etwas lässt sich nicht immer leicht definieren, auch schwer bis gar nicht erklären. Ist es eine Suche nach einem Phantom? Vielleicht ist das eher einer Sehnsucht folgen wollen, einer Sehnsucht von etwas, das man einmal besessen hatte. Dieses „Etwas" liegt so weit zurück, dass die Erinnerung es nicht mehr erreichen kann, um es beweiskräftig zu machen. Bleibt also nur mehr das Nachhängen nach einer intuitiven Gefühlswelt, einer längst vergessenen, verdrängten Welt. Die Werte dieser geheimen Wünsche und deren Auffinden lassen sich vielleicht innerhalb von Empfindungen festmachen. Es sieht danach aus, als hätte man dieses „Etwas“ einmal erlebt, dann lediglich aus Unachtsamkeit verloren, eben nur vergessen, oder das „Etwas“ wurde von einer anderen Kraft verdrängt, abgelöst von etwas für den Menschen Interessanterem. Das Neue wurde wertig und verdrängte somit die alten Werte. Nur sehr langsam wurden diese neuen Werte von Menschen, die noch mit Geist behaftet waren, auf ihre wahren Wertigkeiten überprüft und hinterfragt. Die Wahrheit kam zu Tage, wenn auch langsam, allerdings nur für wenige Menschen bemerkbar. Diese „neue“ Wahrheit ist nur eine auf Lügen aufgebaute Scheinwahrheit, ohne wirklich wahren Wert. Der Geist der alten echten Werte leuchtete noch von weit oben, aber immer kleiner werdend herunter, um nach ungenützten Zeiten der Menschen ganz zu erlöschen. Eines blieb und wurde stärker, die Sehnsucht nach diesen alten Werten. Die neuen Werte selbst gebaren durch ihre Lügenwelt eine Art Suchaktion nach diesen „echten“. Die Menschen begannen an einem wahren Sinn ihrer Lebensführung zu zweifeln, die nur eine einzige Ausrichtung vorgab, die der Lustgewinnmaximierung, und das ohne Rücksichtnahme auf die, welche diese Maximierung zu tragen hatten. Genau diese begannen mit der Suche nach Freiheit, Glück, Frieden, Gott, Liebe, Harmonie und nach dem Paradies, nach Angstlosigkeit.

Je mehr diese Menschen an Unterdrückungen der „Maximierer“ litten, umso mehr begann die intuitive Suche nach dem verlorenen Paradies. Nur es ist niemand mehr da, der wüsste, wo dieses zu finden ist, und vor allem wodurch? Ob dieser Aussichtslosigkeit begann der Mensch an Wunder zu glauben, vielleicht auch an Gott.

Das kleine Denken (55)

Das Denken des Menschen erfordert immer Klarheit, eindeutige Entscheidungen, eben das „Ja“ oder „Nein“ zu einer Sache, zu einem Handeln, zu einem Glauben. Dieses Denken gebiert sich aus seiner Endlichkeit, es ist ein knallhartes Denken ohne Rücksicht auf Verluste und wird von den Begierden angeführt. Dieses Denken erlebt sich in einer gedachten Zeiteinheit, unter der Einbeziehung des Todes, also ist es eigentlich ein zwanghaftes Denken, das rasche eindeutige Entscheidungen fordert und hintergründig von der Angst gelenkt wird. Es ist das Denken und Handeln von Menschen, die als Ziel eine mehr oder weniger große Beherrschung anderer anstreben. Diesem Denken steht „Das nur einmal auf der Welt sein“ Pate. Das klare rationale ungeistige Denken der Intelligenz schafft den Zugang, ein durch Generationen getrimmtes endliches, unter Beimischung von Resten des noch vorhandenen geistigen Denkens, unter Führung der knallharten Begierden die Durchsetzung zu erzwingen. So das endliche Denken.

Das unendliche Denkvermögen in seiner abwägenden Einstellungskraft ist mit einem größeren Anteil einer geistigen Restenergie ausgelegt. Das Unendliche unterliegt keiner Zwangshaftigkeit und auch keiner Ängstlichkeit vor einem „J-ein“. Die Entscheidung findet nicht im Gehirndenken alleine statt, sie nimmt sich eine Bewertungsanleihe aus dem Unbewussten, aus der Welt des Fühlens, des Empfindens. Dadurch wird das Denkspektrum wesentlich in der Art einer Weitsicht, Umsicht und Vorausschau erweitert, welche eine getätigte Handlung unter Einbeziehung der Fantasie des Unendlichen bewirkt oder bewirken könnte. Solche Weitsicht birgt Weisheit in sich, das rein reale Denken aber unterliegt der Dummheit einer Kurzsicht von Begierden und ihrer nie kalkulierten Nebenwirkungen.

Die Welt der weißen Westen (56)

Die menschlich animalische Körperlichkeit, eingekleidet, eingehüllt, maßgeschneidert in blendendes Weiß. Es signalisiert dem Betrachter intuitiv das Edle, die Unschuld für Gedanken und im Tun. Das Weiß als Symbol einer fiktiven Wahrheit. Die holde Weiblichkeit im Brautkleid, im Männlichen das weit sichtbare Weiß der wandelnden „blütenweißen Westen“. Diese Farbe vermittelt Ehrlichkeit, auch Weisheit. „Das Gwandl ziert's Mandl“, ein alter Spruch aus dem Volk. Das, was die Natur oft so an Schönheiten am Männlichen in der Tierwelt verteilt, ist wirklich beneidenswert. Der Mensch in der paradiesischen Welt benötigte keine an Schönheit sich überbietende Stofflichkeit, einerseits nicht vorhanden, andererseits nicht erforderlich. Die wahre Schönheit erlebte sich in diesen Menschen im Wesen seiner inneren Gestaltungskraft, seines geistigen Sehens. Diese Menschen benötigten keine Äußerlichkeiten zum Ansehen, welche mit der Schönheit ihrer geistigen inneren Welt konkurrieren könnten. Der Anteil ihrer Körperlichkeit beschränkte sich lediglich auf das Maß der nur im Materiellen vorhandenen Gegensätzlichkeit. Dieses Maß in der endlichen Stofflichkeit, dieser Gegensatz empfindet sich als Kraft innerhalb der unendlichen geistigen Energie, der Weltenharmonie, des Prinzips von Yin und Yang. Hier war nicht das Äußere des Menschen gefragt, denn seine Lebensart entsprach der aufrechten, ehrlichen Selbsterhaltung und Weiterentwicklung seiner rein materiellen Spezies. Eben zur Dokumentation seiner Polarisierung im endlichen Materiellen. So weit der rein materiell äußerlich sterbliche Anteil des Menschen. Sein Innenleben, das, was dieser Mensch empfand und fühlte und ihn weit über sein Sterbliches hinausführte, hinein in die jenseitige göttliche Welt, war für ihn ein sichtbares Erleben. Das war seine Kraft, gespeist von der Energie des Geistes. Begierden waren ihrer sofortigen Vernichtung preisgegeben.

Einer Entwicklung folgend, in der aus den oft angeführten bekannten Gründen der Zustrom geistiger Energie fast zum Erliegen kam und sich daher der nun fast geistlos gewordene Mensch nur mehr in seiner sterblichen Hülle des Körpers empfindet, steht er heute, der nachparadiesische Mensch, vor uns, sein Körper nur mehr in reine Äußerlichkeiten gehüllt, und versucht, eine umgehängte äußere Fassade mit dem inneren verlorenen Geistigen zu kompensieren. Damit ist die Körperlichkeit dominierend und mit Polarisierung besetzt.

Das Weiß im Kleid, das Weiß der Weste, es ist wie eine reine endlich seiende gedankliche Übertragung aus der intuitiven Empfindung an eine gewesene Wahrheit. Würden sich das wahre Innere des heutigen Menschen und seine Handlungen am Weiß seiner Bekleidung spiegeln, so würden seine Lügen viele schwarze Flecken hinterlassen. Manche weiße Weste trüge Schwarz zur Trauer über sich selbst. Der heutige Mensch verbirgt mehr oder weniger seinen Ungeist hinter seinem Auftritt.

Hilfsgötter (57)

Solange der Mensch Hilfsgötter aus allen möglichen Materialien, von gewaltigen Bauwerken bis zum kleinsten Taschen-„Talisman", aus Naturgestalten und Gewalten zur Anbetung benötigt, hat dieser Mensch ein gestörtes Verhältnis zu seinem wahren Gott, denn er hat ihn nicht empfunden. Gott hatte den Menschen als seinen geistigen Partner erschaffen, um mit dessen Hilfe einem kosmischen Erfordernis gerecht zu werden. Dieser Mensch konnte sich der Gerechtigkeit und Liebe seines Herrn gewiss sein. Wir sprechen hier nicht vom Körper.

Zu einer Anbetung kommt es nur dann, wenn ein geistiger Partner sich ins Unrecht gegenüber seinem Herrn setzt und beides möchte, nämlich in seinem Unrecht ungeschoren weiterleben und für sich handeln können, zugleich aber unter der Gunst seines Herrn stehen. In Wirklichkeit betet der Mensch für den Erhalt seiner Unmoral. Das ist eine Tatsache, die nicht widerlegt werden kann, denn wie sonst hätte Gott für diese

Menschen ein noch nie da gewesenes geistiges Gesetzeswerk schaffen müssen, um ihm kundzutun, wie er sich in seinem Leben zu verhalten hätte. Wäre der Mensch nicht von seiner Aufgabe abgewichen, gäbe es doch kein Problem zwischen ihn und dem Herrn. Eine Urschuld lastet seitdem auf jeden Einzelnen, bis er den Weg zurück zu seiner kosmisch geistigen Aufgabe findet und zu Ende bringt, denn dieses göttliche Projekt unterliegt einer geistigen Konsequenz.

Um diese gewaltige Entfernung zwischen dem heutigen Menschen zu seinem Schöpfer zu mildern, wurden aus Materie und Natur geschaffene Hilfsgötter installiert, da diese der Mensch benötigte, um damit seine göttliche Seele aufspüren zu können. Die meisten Menschen beten intuitiv. Am meisten betet man, wenn gelitten wird. Leidet der Mensch, betet er demütig. Dazu hat er sich je nach Religion meist materielle Gegenstände, Tiere, Berge, Wasser usw. als Vorstellung geschaffen. Da es die Sehnsucht des Menschen nach einem Leben ohne Leid, Schmerz und Angst drängt, wäre es um der Wahrheit willen Grund genug, sein eigenes Leben zu erforschen, weshalb es so ist, wie es ist.

Die Menschheit in ihrer eigenen Gefangenschaft (58)

In der Menschheitsgeschichte gab und gibt es Personen, welche die Möglichkeiten hatten und haben, sich, über einen kleineren oder größeren Bereich von Gruppen oder Völkern ein System der Gerechtigkeit in ihrem Sinn zu entwickeln bzw. auszubilden. Mit welchen Mitteln das meist geschieht, sei hier nicht das Thema, das außerdem in der Geschichte der Menschheit genug dokumentiert ist.

Nun zur Person dieses Rechts-Machthabers und seiner Taten, egal ob diese vor tausenden von Jahren oder heute umgesetzt werden. Dieser Mensch machte sich schuldig, wenn dies auch schon vor achtzigtausend Jahren stattfand. Das ehemals hoch geistige „Ich“ dieses Menschen ließ sich von seinen erwachenden Begierden leiten und fühlte sich gottähnlich, was weiter geschah, ist bekannt. Das Sich-schuldig-Machen in paradiesischen Leben ist die *Ursache*. Das Leben, auf Erden als schuldiger Mensch zu sein, ist die *Wirkung*. Das geistige „Ich“ des Menschen als gefallener Engel. Ein Mensch, mit Schuld beladen, ein Mensch, der sich in diesen langen Lebenszeiträumen seines „Ichs“ nicht dieser Schuld entledigte, sondern fallweise auch noch ein „Mehr“ dazu schaffte, sollte Gerechtigkeit über andere Menschen üben können? Gerechtigkeit über alle anderen Schuldigen üben? Der Ruf nach Gleichheit bei den Menschen ist immer gegenwärtig. Die einzige Gleichheit aller 7 Milliarden Menschen auf dieser Welt besteht aber darin, dass alle mit ihrer Urschuld belastet sind. Wie viel sich jeder Mensch in seinen zahlreichen Leben noch an Schuld dazu auflud, das allein macht den Unterschied zur Ungleichheit aus. Wären alle Menschen frei von jeglicher Schuld, gäbe es keinen Menschen mehr auf Erden, und das Projekt nach der Idee Gottes gälte als abgeschlossen.

So aber hat sich die Erde vom ehemaligen Paradies in ein gewaltiges menschliches Gefangenenlager, geprägt von Abgängen in Richtung ihres geistigen Prozesses und ahnungslosen Neuzugängen, mutiert. Das Kuriose dabei ist, dass die Selbstverwaltung in differenzierten, aber trotzdem nicht in geistig abgeurteilten Händen liegt. Die Macht der jeweiligen ungeistigen Sager wechselt ununterbrochen. Das übergewichtige Sagen in diesem 7-Milliarden-Gefangenenhaus hat die Gewalt der Gottlosigkeit. Amnestie? Wer soll die geben? Alles, was mit dem Tod zusammenhängt, auch die, welche dazu von menschlichen Gerichten verurteilt wurden, kehren über den Weg der geistigen Zwischenwelt wieder hinein in diesen Gefangenen-Lebenswahnsinn. Manche in Elend, andere in Wohlstand, so wie es ja sichtbar im menschlichen Dasein ist. Amnestie kann es keine geben, da der Weg in die Freiheit dicht gemacht wurde. Als Wächter der Tod, und dieser schickt alles wieder über einen Umkehrschluss retour. Ein fataler Kreislauf, in dem sich die Menschheit bewegt. Der Höhepunkt dieses Dramas der Menschheit. Sie steht diesem Geschehen ihres eigenen Lebens ahnungslos gegenüber. Als Gegenmaßnahme hat Gott der Herr die abtrünnige Menschheit in dieses irdische „Massengefängnis" verbannt. Es stellt die Strafe für den Abbruch seiner gegebenen Mission dar. Ein Ausweg? In erster Linie muss sich der Mensch einmal bewusst werden, in welch gefährlicher aussichtsloser Lage er sich befindet. Nicht neue Begierden sind zu erforschen, sondern, viel wichtiger, der *wahre Sinn* des menschlichen Daseins muss das einzige Forschungsgebiet werden, da das nachparadiesische Menschenleben von *Unsinn* geprägt ist. Das Schwierigste ist, die Gedankenformationen langsam in die Richtung der Wahrheit und deren Ursachen zu lenken, aber auch die Schwierigkeiten das eigene „Ich" auf die richtige Reihe zu bekommen, denn:

Das „Ich" als geistiger unsterblicher Verantwortungsträger über Körper und Seele könnte sich mit seinen Begierden entdeckt fühlen und sofort gegensteuern wollen, um besonders dieses Aufzeigen von Wahrheiten als Lüge zu manipulieren.

Das „Ich" könnte darüber geschockt sein, dass es überhaupt eine Wahrheit über Gott gibt, und dass dieses „Ich" das nie richtig erkannte.

Das „Ich" könnte sich aber auch heimlich darüber freuen, dass das einfache fühlende Denken sich immer schon mit dem Empfinden verband; es muss noch etwas weit „Höheres" über der Menschheit geben.

All das, was sich mit Gefühl, Fantasie, Glauben, Empfindung mit guten Gedanken verbinden lässt, zeigt in Richtung des Geistigen. Nur dieses Geistige lässt sich von reinen Beweisfanatikern nicht festmachen, da müsste schon mehr geschehen, nämlich Mut zur Selbstforschung aufgebracht werden. Das Umdenken, das Wegdenken von Begierden allein bereitet schon enorme Schwierigkeiten, aber genau hier liegt der Beginn. Der Beginn für Sie, für uns alle, denn der Mensch in der eigenen Gefangenschaft kämpft um seine Freiheit, Gerechtigkeit, Gleichheit, aber mit den Mitteln seiner Ahnungslosigkeit gegenüber seiner eigenen Wahrheit. Der Ansatzpunkt zur Befreiung seines „Ichs" beginnt eigentlich bei der Sezierung seiner Ausreden. Man benötigt keine Selbstfindungsbeihilfen, sondern nur den Willen der

Ehrlichkeit zu sich selbst, das Auflisten der Empfindungen, was das Bauchgefühl sagt und was an dem eigenen Tun sanierungsbedürftig erscheint. Der Beginn kann klein gehalten werden, muss aber immer mit dem Denken aus seinem Empfinden begleitet sein. Es ist das stetige Denken, verbunden mit dem Interesse an einem besseren Glauben, welcher nicht einzig den Begierden aller Art unterliegt. Gute Vorsätze erfühlen und nicht nachlassen, denn damit bleibt man stetig daran, an der selbst gestellten Aufgabe, sich aus dieser Gefangenschaft zu befreien. Es ist oft schmerzhaft, sich selbst kennenzulernen, aber ohne Leid – keine Freiheit. Gott leidet auch Ihretwegen so lange, bis Sie Ihre wahre Freiheit wiedergewonnen haben.

Was muss man wissen? (59)

Ich war schon immer ein Mensch, der ein gewisses Empfinden im Glauben an etwas „Höheres" in sich trug. Wäre ich in meiner Sturm- und Drangzeit in Bezug auf mein stark erwachendes Interesse für das Wahre, im Sinne des menschlichen Lebens, auf Schriften mit dem Inhalt, welche Sie eben lesen, gestoßen, es hätte in mir Interesse erweckt. Die Grundlagen für das, was ich später in Erfahrung bringen konnte, suchte ich mir in langwierigen Forschungen mühsam zusammen. Diese Vorgangsweise forderte viel Zeit und Energie, und ich konnte den sich sehr langsam offenbarenden Geheimnissen aus der Welt des Geistigen nur etwas holprig folgen. Einen nicht vermeidbaren ersten schweren Absturz musste ich in Kauf nehmen. Etwas ahnungslos wollte ich mich in einer sehr schwer verständlichen Art via Literatur über den Sinn des Todes nähern. Wir heutigen Menschen im Wahn von Glück, Lust- und Gewinnmaximierung wollen eigentlich mit dem Tod wirklich nicht zu tun haben. Die Angst vor ihm wird einfach verdrängt. Natürlich gibt es Menschen, die dem Sterben ruhig, oft glücklich entgegen sehen. Für sie bedeutet der

Tod die erhoffte Leidenserlösung. Andere, Todesmutige, die ihn einfach ahnungslos mit ihrer Einbildungskraft aufs Spiel setzen, dass damit ohnehin das endgültige Ende des Lebens gesetzt wäre. Ein Körper, der lebte, mit dem man sich mit allen Sinnen vertraut fühlte, den man auch liebte, dieser menschliche Körper ist einfach alles, was den Menschen in seinem Denken ausmachte. Wie schön er sich im Leben präsentieren konnte, ist bekannt. Wenn wir uns so leblos da liegen sehen, schauderhaft, schnell kommen wir da auf andere Gedanken. Man sieht, die Abwehrmechanismen gegen den Tod und das damit verbundene Sterben sind einfach gewaltig. Verständlich, wenn nach einem langen Dasein plötzlich kein Leben mehr wahrzunehmen ist, sich der eigene Körper nur mehr kalt präsentiert. Die Lebensenergie entflohen? Gott hat einen zu sich genommen? Den Körper? Nein, allein die Seele ist nur „oben", sie verkörpert das ehemalige Sein auf einer Wolke und sieht herunter zu uns. Es geht ihm gut dort oben, dem sich in Gedanken vorgestellten Körper.

Unterbrechen wir kurz: Ich habe vergessen, Ihnen vorweg zu sagen, dass Ihr Interesse, sich an diesem Thema zu beteiligen, freiwillig sein sollte, denn so etwas kann man nicht aufdrängen. Es muss das Gefühl mitmachen, das sagt, eine so sichere Tatsache im Leben, wie der Tod das eben ist, muss doch auch hinterfragbar sein. Es muss doch die Wirkung irgendeiner Ursache sein, und das sagt nicht nur das Gefühl, sondern auch der logische Gedanke. Das Gefühl empfindet, es muss doch noch etwas anderes da sein, etwas, was mit dem toten Körper gar nichts mehr gemein hat.

Die Projektion der Summe aller Leiden der Hinterbliebenen fokussiert sich auf eine tote Substanz, da der verstorbene Mensch in dieser sichtbar und mit den Sinnen erlebbar war. Wo sind sie geblieben, seine großartigen weit hinausreichenden Gedanken, seine Gefühle, seine Demut und Heiterkeit, seine Ausstrahlung und verständnisvolle Art, ausgestattet zur guten Menschenführung und Hilfsbereitschaft? Einfach seine Liebe zum Leben? All das jetzt auch tot?

Was getan werden muss ist dem Grunde nach einfach. Sie müssen das, was zum sterblichen Körper samt seinen Sinnen gehört und abstirbt, von dem trennen, was über bleibt. Körper,

Geist und Seele, folglich bleiben Geist und Seele über. Eigentlich auch logisch. An der Dreiheit ist nicht zu rütteln. Diese beiden übrig gebliebenen, als Leihgabe an den materiellen Körper, gehen dorthin zurück, wo sie eigentlich beheimatet sind. Der Geist war ein fixer Anteil des Körpers, sein „Ich". Es ist das „Ich", das nicht materiell und daher unsterblich ist. Sehen Sie, diese Unterscheidung müssten Sie erkennen, denn dann wissen Sie, dass Ihr „Ich" zeitlebens mit Ihnen die Befehlsgewalt über Ihren Körper besaß. Nur wer eine Befehlsgewalt ausübt, ist auch für alle Ausführungen verantwortlich. Da sind wir jetzt am Kern der Sache. Das „Ich" ist nicht mit dem Körper gestorben, es lebt in der geistigen Welt weiter, wird zum Rapport zitiert (in der vom sterblichen Menschen unerkannten geistigen Welt), und hier wird über die vielen im Leben gesetzten Taten bewertet und gerichtet. Sie wollen das nicht verstehen, aber trotzdem, der unsterbliche Geist, der ehemalige Befehlshaber über Ihren Körper, lebt nach dessen Tod weiter. Der, der weiterlebt, sind Sie selbst, aber eben ohne Ihren Körper aus Materie, und eben nur Sie selbst werden sich im Jenseits der dortigen Gerichtsbarkeit stellen müssen. Das ist es, was wir alle wissen müssen, und was dafür *vorher richtig* getan werden muss, versteht sich von selbst.

Die Trinität des Glaubens (60)

Es sind drei Erfordernisse, die ein Mensch in sich erleben muss.

- Der Glaube an Gott den Schöpfer.
- Der Glaube an seine Urschuld diesem Gott gegenüber.
- Der Glaube an die Eigenschuld sich selbst gegenüber.

In der Basis dieser Trinität ist all das enthalten, was ein Mensch in sich trägt und was ihm die Freiheit aus seinem eigenen Gefängnis bringen könnte. Alles unterliegt der Tatsache, dass der von Gott erschaffene Mensch einseitig seinen Arbeitsvertrag mit seinem höchsten „Chef" auflöste, denn jeder wollte sein eigener Chef werden. Diese abtrünnigen Menschen bekümmerte seine enorme Wichtigkeit für das kosmische Geschehen nicht mehr, sie verließen den gewaltigen Schutz der geistigen Harmonie und wählten den Schutz und geistlosen Gegensatz aus der Materie. Mit dieser Entscheidung luden sie sich eine gewaltige Schuld gegenüber dem geistigen Weltengeschehen und seinem Schöpfer auf. Diese Urschuld wurde bis heute nach achtzigtausend Jahren von keinem einzigen der 7 Milliarden Menschen getilgt. Jeder einzelne Mensch von heute erlebt sich in seiner Ahnungslosigkeit als unschuldig, damals ein Mitakteur gewesen zu sein. Urschuld? Was ist das? Eigentlich ein nicht definierbares ungutes Empfinden, das den Menschen oft für ihn grundlos unerklärlich überfällt, sich leidend als Weltenschmerz ausbreitet und wieder verschwindet. Meist nach schönem genossenen Erleben als Sehnsucht auftretend: „Ach, Glück, entschwinde nicht, verweile doch." Keine Geisteswissenschaft fände hier einen Zusammenhang oder gar einen Beweis. Die Urschuld des Menschen hat so lange Bestand, als dieser wieder an seinem von Gott zugewiesenen Arbeitsplatz erscheint. Als Lohn wird das Leid immer kleiner, je mehr man diesem Ziel nach oben näher kommt. In der Zwischenzeit in der göttlichen Seele die Existenz Gottes empfinden zu lernen, wäre dazu sehr hilfreich.

Nachdem Gott die geistige Energiezufuhr an die „Ichs" der abtrünnigen Menschen trennte, lebten diese mit dem noch vorhandenen geistigen (nicht mehr nachladbaren) Restposten ihr weiteres Leben. Die geistige unendliche Harmonie stand für diese jetzt nachparadiesischen Menschen nicht mehr zur Verfügung. Der Mensch konnte im Prinzip nur mehr mit seiner körperlichen, der aus Materie gehörenden, ungezähmten Gegensätzlichkeit agieren. Das geistlose, nur endlich seiende Denken konnte dieser Kraft der Polarisierung auf Dauer keinen Einhalt gebieten. Die Steigerung dieses Tuns erlebte sich im Totschlag von Abel durch seinen Bruder Kain, der erste Mord an der Menschheit wurde gesetzt.

Zur Eigenverschuldung: Die Handlungen der Menschen waren geprägt durch das geistlose materielle Prinzip des reinen

Gegensatzes. Das Verbrechen erhielt einen hohen, fast gesellschaftlichen Status. Dies führte zu Handlungen, die Leid verursachten. Die geistige obere Harmonie schlug zurück und traf den Verursacher im Umkehrschluss. So setzte sich das Gesetz von Ursache und Wirkung in Bewegung. Im Endlichen geschieht die Ursache und setzt eine Wirkung. Im Unendlichen wird diese Wirkung zur Ursache und setzt wieder eine Wirkung zurück an das Endliche. So breiten sich die Leiden billionenfach unter der Menschheit aus. In Wahrheit erlebt sich das Leid der gesamten Menschheit jedes Einzelnen am Eigenverschulden des Erstverursachers, und das ist jeder Leidende selbst, nur ist es ihm nicht bewusst. Sollte ein Mensch diesen für ihn so schwierigen Punkt der Eigenverschuldung knacken, den Sinn der Wahrheit über das Leid empfinden lernen, dann muss dieser nur mehr den Rest der Schuld ohne Neuzugang ableiden und wäre dann ein frei gewordener Mensch. Das Interesse des Menschen zu seinem Ziel muss geweckt sein, die Trinität des Glaubens muss sich als Empfindung *über* das Materielle erheben und sich als „führend" erleben.

Das Geistige und der Ungeist (61)

Das, was die Menschen als Geister empfinden, ist tatsächlich etwas Geistiges. Hätte der Mensch noch seinen damaligen Geist, könnte er mit diesen Geistern kommunizieren. Nicht wie üblich sinnlose Beschwörungen und Ähnliches. Für das Geistige gelten andere „Gesetze". Ganz konträr zu den menschlichen sterblich seienden Denkwelten ist das Geistige in der göttlichen Idee der unendlichen stofflosen Energie in der Zeit- und Raumlosigkeit in der jenseitigen Welt vereint. Geist ist dem der Endlichkeit unterlegenen Denken niemals verständlich. Das Endliche des Menschen stirbt ab, es ist seine reine Materie. Diese Materie verband sich einst mit Geist. Dieses Geistige kann man nur mit dem

„Ich“ als dem Körper Übergeordnetes bezeichnen. Das unendlich seiende geistige „Ich“ ist verbunden mit der Energie des Weltengeistes. Allerdings, wie schon so oft erwähnt, geriet exakt diese Energie für jedes menschliche „Ich“ in Verlust, als sich dieses „Ich“ von seinem Schöpfer abwandte, um sich nur mehr selbst als göttlich zu huldigen. Das, was in der menschlichen Denkenergie an Geistigem vor deren Abtrennung noch erhalten blieb, dieser kärgliche Rest, ist einer ständigen achtzigtausendjährigen Runderneuerung unterworfen und stellt die heutige endlich menschliche Denkbasis dar. Institute, Eliteschulen usw. arbeiten daran, alles aus dieser noch zur Verfügung stehenden Denkenergie herauszupressen, um den Gegensatz der Materie so richtig in Stoßrichtung des „Geistes der Harmonie“ in Schwung zu bekommen. Allerdings sind die Möglichkeiten begrenzt, bis der Tod sein Recht gelten lässt, ist weniger Zeit, als man denkt, und dann werden die Karten ohnehin neu im Jenseits gemischt.

Mit dem Geist bzw. mit dem Geistigen hat der Mensch seine Probleme. Das „Ich“ des Menschen, sein ursprünglich geistiger Part zu seinem materiellen Körper gehörend, hat die Verbindung nach „oben“ verloren. Sein körperlicher Part hat ganz andere Interessen, denn dieser ist auf das Wohlergehen seiner Sinne fokussiert und auf den Trip der Maximierung körperlicher Gelüste. Das frühere geistige „Ich“ hätte dieser Fehlentwicklung niemals stattgegeben, das heißt, es hätte niemals ein Verlangen nach diesen tierischen, oft perversen Neigungen in sich getragen. Dieses damalige „Ich“ war zusammen mit seiner Seele von einem kosmisch göttlichen Auftrag erfüllt. In der oberen Zentrale im Gehirn des heutigen Menschen, dort wo eigentlich das wahre befehlshabende geistige „Ich“ angesiedelt sein sollte, gibt es ein fleischliches Konzentrat an Denkenergie, welches mit einer wenig stark ausgeprägten Restgeist-Energie behaftet ist. Was sich unter der Gürtellinie im Bereich des stinkenden Abfalls befindet, bezeichnet sich fallweise als das Himmlische, das zu Glorifizierende, das, in welches auch fallweise die oberste Instanz des Restgeistes hinunterfällt und aus dieser Perspektive Lebens- bis Todesentscheidungen aus der hemmungslosen Abart einer maximierten Lustbarkeit fällt.

Im Zusammenhang mit Geist ist auch dies erwähnenswert, vor dem der Mensch mit einer gewissen Scheu spricht: Poltergeist, Killergeist, Rachegeist, Todesgeist usw. Alle Geschehnisse, die er ohne materielle Substanz außerhalb der Materie erlebt, macht dem materialgebundenen Ungeist des Menschen Angst, denn er findet zum entmaterialisierten, körperlosen Zustand einer Erscheinung keinen Zusammenhang. Alles, was als vorhanden empfunden, aber nicht erklärbar ist, erzeugt Angst. Angst macht klein und demütig, fleht um Hilfe. Begierden sind schon geflohen. Wer aber soll helfen? Die Not fleht indifferent nach oben, wo oben, wie weit oben? Niemand weiß Bestimmtes. Wir Menschen brauchen etwas zum Anbeten, was unserer Intuition entspricht, etwas, was mit unseren körperlichen Sinnen erfassbar ist, also etwas, das mit Materie zu tun hat. An so etwas können wir unsere Bitten besser anbringen. So richtet der Mensch an das materiell Seiende nach seinem Gutdünken und Empfinden seine Art Gebete. Wir, diese nachparadiesischen Menschen, finden keinen Anschluss an das alles beherrschend lebendige Geistige mehr. Aus all diesem Unverstand und Angst geschah das Unglaubliche. Mord an der höchsten Geistigkeit des gesamten Weltengeschehens, die Kreuzigung von Golgatha, es ist ein Synonym für feige Dummheit der gesamten gottlosen Menschheit geworden.

Der Geist, der gleich über den Ungeist des Menschen sein Unwesen treibt, ist ebenfalls ein Ungeist, nur nicht mehr materialgebunden. Das ist der „Ich-Ungeist“, der seinen Sinneskumpanen, seinen Körper, an den Tod verloren hat. Der „Ich-Ungeist“ hat sich in seinem jetzigen Alleinsein in seiner Körperlosigkeit nicht verändert. Er spielt nur auf furchtbar unglücklich, da ihm seine gewohnten Lustbarkeiten seiner körperlichen Sinne abhandenkamen. Sein einziges Denken ist, diese will ich wieder haben, und schwups, schon hat er sich in seiner ehemaligen Umgebung, deren Lebensgemeinschaft, eingefunden, um gewohnheitsgemäß mitmischen zu wollen. Funktioniert nicht, denn niemand sieht ihn mehr, und das kommt einer furchtbaren unverständlichen Katastrophe für ihn gleich. Er fasst es immer noch nicht, er wurde nicht gesehen, gehört, keiner erkannte ihn, er ist unsichtbar. Eine fatale Angelegenheit. Eines überrascht dieses „Ich“ in seiner jetzigen Situation, es wollte anfangs allen materiellen Hindernissen ausweichen, doch für den Geist existiert Materie nicht. Nach öfterem Nachdenken war klar, das „Ich“ eines Menschen kann gar nicht sterben, es ist unendlich geistiger Art. Das sind jetzt genau diese Geister, die nach ihrem körperlich irdenen Verschwinden umherschwirren. Fallweise bilden sie Erscheinungen, mahnen die Menschen im Leben an das Sterben, spielen Schicksal oder machen Angst. Die Palette ist groß an Möglichkeiten, sich die Zeit vor dem eigenen Prozess zu vertreiben. Das erfüllt auch diese „Ichs“ mit Angst, denn sie sehen nun, wie unwissend die Menschen in ihrem normalen Leben sich dem Geistigen gegenüber verhalten. Um ihre eigene Angst vor ihrem Prozess zu zerstreuen, machen sie sich jetzt gerne die Unwissenheit der Lebenden für ihre Späße und Bosheiten zunutze. Wie es vor oder hinter dem Tod weitergeht, ist immer ungewiss, bei beiden Lebenssituationen ist die Ungeistigkeit ein permanenter Begleiter. Wie sich das alles bei dem Ungeist weiter entwickelt, hängt vom Prozess und der Be- oder Verurteilung ab.

Der Ungeist im Leben und nach dem Tod muss dringendst mit dem wahren Geist belebt, mit der Energie des wahren Geistes rechtzeitig versorgt werden, und zwar in der Zeit des körperlichen Lebens, denn nur das zählt positiv bei dem nicht ausbleibenden Prozess.

Gottes Ratschlüsse (62)

Gottes Ratschlüsse, Gottes Entscheidungen über das Nehmen und Geben von Leben sind für den Menschen unergründbar. So scheint es zumindest. Der Herr bedient sich lediglich des geistigen Gesetzes von Ursache, Wirkung und einer vorausschauenden Logik. Der Mensch als Ebenbild Gottes vielfach zitiert ergäbe, der Herr wäre eine Grauenhaftigkeit, ein Mörder, ein Lügner, ein Verbrecher, ein Vergewaltiger, noch etwas? Danke, das reicht! Der menschliche Größenwahn kennt keine Grenzen, da der heutige Mensch sich als ungeistig, sterblich, tierisch und stinkend in reiner Materie darstellt, will er seinen Schöpfer auf dieselbe Ebene des eigenen Grauens herunterstufen.

Natürlich wäre es sinnvoll und ist auch wahrscheinlich, dass jemand in höchster Geistigkeit stehend im gegebenen Fall nicht eine schlechte Kopie, sondern ein möglichst treues Bild einer Schaffung, einer lebenden Schaffung von sich geben würde, noch dazu, wenn dieses Ergebnis „Leben" für eine gewaltige kosmische Aufgabe auserkoren ist. Der Mensch heute ist durch seine Überheblichkeit nicht in der Lage, sich selbst als elende Missgeburt auf Grund seiner sich selbst bestimmenden Evolution als göttlichen Menschen zu diagnostizieren. Gott erschuf wahrlich den Menschen heraus aus einer klaren Logik nach seinem Ebenbild. Er benötigte für die gestellte kosmische Aufgabe doch einen Partner und keinen sterblichen materiallastigen Kriecher. Eines sei den Verfechtern vom menschlichen „Ebenbild" Gottes gesagt, dieses bezog sich rein auf die Gesamtheit der Trinität, also sicher nicht nur auf die sterbliche Materie Körper. „Körper, Geist und Seele", das wird doch in Unwissenheit der Tatsache bei jeder meist unpassenden Gelegenheit so dahingesprochen. Sehen wir doch genauer die Reihung an, sieht man, typisch Mensch, er stellt das voran, wovon er überzeugt scheint, eben seinen Körper. Eigentlich aber wieder deshalb logisch, denn den Geist, der einmal sein bestimmender Partner war, den kennt er ja nicht mehr, nur in seinem Sprachgebrauch. Die Seele aber hat er an das Ende gesetzt, denn die hat der so „wichtige" Körper in sein Unbewusstes, in seine Lügenkammer verwiesen.

Da steht er nun, der vermeintliche Mensch als „Ebenbild" Gottes, eine Herrlichkeit seines Wahns, beschämend schön verpackt er seine fleischliche Sterblichkeit. So ein Wesen, dem die Energie des Geistes fehlt, kann niemals einem göttlichen Ratschluss folgen, wenn dieser sich auch noch so logisch nach dem Kausalgesetz aufbaute.

Die nostalgische Wahrheit (63)

Die Welt des Menschen, synonym von Adam und Eva, als diese plötzlich außerhalb des Paradieses sich wiederfinden, wurde eine andere. Sie widerstanden nicht der ersten „Korruption" der Menschheitsgeschichte. Ob eine gewisse „Langweiligkeit" oder der Wunsch nach einer eigenen „Freiheit" oder „Gottähnlichkeit", sich die Begierden anmaßend, einmischten oder die Gegensätzlichkeit der sterblichen Materie sich durch die hoch geistige unendliche Harmonie durchbrach, ist heute nach achtzigtausend Jahren schwer nachvollziehbar, und wenn, nutzlos, da nicht mehr rückholbar. Fakt ist, die damalige Menschheit, zumindest ein Großteil von ihr, sah sich plötzlich außerhalb ihres von geistiger Harmonie durchwobenen Lebensbereiches. Ein Raum, in dem Gott sie hineinschuf, einen Menschen nach seiner Idee. Geschaffen für eine große Aufgabe, in welcher das endlich materielle Sterbliche mit dem geistig Unsterblichen in einer gewissen Kooperation dieses zusammen bewältigen sollten. Von der Geistigkeit verlassen entschwand für diese Menschen auch das von Gott gegebene geistige Harmonieempfinden. Was blieb, war der Mensch als Materie, als reine Körperlichkeit, mit einer vorhandenen restlichen Geist-Denkenergie, bewaffnet nur mehr mit dem Gegensatz, mit der Polarisierung aus dem Bestand seiner eigenen Materie. Ohne Harmonieempfinden kombinierte sich zwangsläufig sein der sterblichen Materie zugehöriges Denkvermögen, den beginnenden Lebenskampf mit den Mitteln der Gegensätzlichkeit Gewalt, gegen den körperlich Stärkeren bestehen zu können. Nach dem Tod dieser abtrünnig gewordenen Menschen winkte auch nicht mehr in der Welt Gottes das ewige Leben in Glück und Harmonie, sondern der Tod stellte den Menschen „neu" vor ein geistiges Gericht. Hier steht nun als unsterbliche Energie sein „Ich", körperlos da abgestorben, und muss sich seiner Lebenstaten verantworten. Das „Ich" war zu Lebzeiten der wahre Täter, der Körper nur sein Befehlsempfänger. Zwei Strafvollzugsanstalten stehen je nach Urteil zur Verfügung, wir sagen dazu Fegefeuer oder Hölle.

Diejenigen, die sich den Himmel verdienten, die wenigen, erleben sich in den ehemaligen paradiesischen Riten. Himmel, Hölle, Fegefeuer, diese Aussage hat sich zigtausende von Jahren erhalten und hat heute die exakt selbe Gültigkeit.

Einem hohen göttlich geistigen Gesetz, geboren aus der Unendlichkeit, kann die sterbliche Lächerlichkeit des gepriesenen 21. Jahrhundert niemals den Rang ablaufen. Die absolute Wahrheit dieses göttlichen Gesetzes wird ihnen spätestens nach dem Tod ihrer ungeistigen Materie deutlich. Mit einer moderneren wissenschaftlichen Sichtweise ist dieser Wahrheit nicht beizukommen. Die Wahrheit bleibt immer dieselbe, sie ist Gottesgesetz und findet sich in der Nostalgie der Vergangenheit.

Die Projektion (64)

Das Tun oder Nichttun der Menschen besitzt eigentlich keine Projektion dorthin, wovon eine Rückmeldung über richtig oder falsch zu erwarten wäre. Wer weiß schon immer, was richtig oder falsch für einen selbst, eine Gruppe oder für ein ganzes Volk zu sein hätte. Die Projektionen weisen meist in die Vergangenheit, in Richtung Traditionen, verbunden mit Spekulationen, was von dort eventuell zu gebrauchen wäre. Da schreiben uns die Geschichtsbücher, die Philosophen, die verschiedenen Religionen so viel, das kein Mensch je in einem Leben dieses Konglomerat von Wissen und Unwissen nachempfinden, geschweige daraus etwas allgemein Verwertbares, Schlüssiges erkennen könnte. Zurückliegend würden sie auch niemals eine wahre Beurteilung über richtig oder falsch erhalten können, denn die Geschichte der Menschheit samt ihren Traditionen hat ja bewiesen, ihre Unfähigkeit auch dokumentiert, dass niemals nur eine einzige Generation weltweit von sich behaupten kann: „Hallo, schaut her, an uns könnt ihr euch ein tragendes Beispiel nehmen, nachahmen zu einem wahren richtigen segensreichen Tun für eure

Weltengemeinschaft." Keine Generation schaffte das jemals in der Geschichte der Menschheit, wohlgemerkt nach Adam und Eva.

Eine kleine Gruppe Jesuiten behandelten (als Eroberer) die Einheimischen wie Menschen ihresgleichen, „experimentierten" und führten mit einer Art übersinnlichem und friedlichem Verhaltensmuster einen „Miniaturstaat". Wie ein Wunder, es gelang für kurze Zeit. Das sogenannte „heilige Experiment", leider nur eine wunderbare Fiktion von einem genialen Denker. Der Gegensatz in der Materie Mensch lässt gegebenenfalls schon Gutes zu, aber nur zum Zweck für etwas noch Besseres, um es wieder zerstören zu können. Das liegt in der Natur der Materie, in ihrer Polarisierung, dadurch ist es niemals möglich, etwas zu erhalten, denn die Gegensätze müssen sich innerhalb ihres Selbst ausleben. Der menschliche Körper, kaum geboren, droht ihm ja schon die eigene Vernichtung. Er stirbt, aber er kommt immer wieder, stirbt auch immer wieder. Die Materie, aus welcher sein körperlicher Bestand ist, kommt nicht aus seiner eigenen Polarisierung heraus.

Der Mensch in seiner ursprünglichen Gesamtheit stellte eigentlich auch ein „heiliges Experiment" dar, eines nach der Idee Gottes. Nur diesem Menschen wurde seiner Materie noch etwas sehr Wichtiges beigefügt, nämlich das Geistige, und diese in der Art ihrer Harmonie, welche die Materie zähmte, und damit auch deren Gegensatz. So entstand ein Ideal nach dieser Idee, ward geboren und wurde von der Göttlichkeit beseelt. Dieses gelebte Ideal erlebte sich als körperliche Materie, eben in ihrem Gegensatz gezähmt, bestimmt vom Geist der Harmonie. Der wahre Mensch nach der Idee Gottes hat dort gelebt, was der spätere Mensch bis heute als das Paradies nachempfindet. Von diesem einst als gefallener Engel hinausgeworfen. Jetzt erkennen wir, wohin wir eigentlich unsere Projektion zu richten haben. Zu diesen einstigen Menschen, denn ein jeder von uns zählte zu diesen. Damals unterlag der Mensch einem gewaltigen Selbstbetrug und Fehleinschätzung von sich selbst. Seine Regentschaft selbst in die Hand nehmend, wusste er nicht von den Gefahren einer hemmungslosen Polarisierung in seinem Körper, in seiner Materie ohne die führende geistige Kraft der harmonisierenden, bezähmenden geistigen Energie. Ausgeschlossen von der Energie der Weisheit des Weltengeistes dümpelt der nachparadiesische Mensch im Leiden seiner endlichen Welt dahin. Ahnungslos von der Geburt bis zum Tod in hundertfachen Wiederholungen, so lange, bis ihm das Licht einer richtigen Projektion aufgeht, wenn ihn nicht die eigenen Gegensätze immer wieder zermürben. Alles ist nur eine Frage der Zeit, und Zeit gibt es nur wenig in der Welt der Materie. Nur die geistige Projektion leuchtet immer, sie ist zeitlos, göttlich unendlich.

Das Leid als Hoffnung (65)

Das Leid des Menschen erlebt sich aus einer geistigen Strömung und erklärt sich als Wirkung verschiedenster Ursachen. Allem Leid geschieht eine Wirkung, es schmilzt den Gegensatz. Nur ein Mensch mit gezähmtem Gegensatz wäre offen für das leidlose Geistige. Die Materie mit ihrem Gegensatz lässt den potentiellen Auflöser, die Energie des Geistes, schwer an sich heran. Der körperliche Mensch besteht aus reiner Materie, in sich das geistlose „Ich“ als gewordener Ungeist. Je stärker das Leid, umso schwächer der Gegensatz. Demnach kann sich der Mensch wahrlich nur über das Leid, mit dessen Energie, dem wahren Geistigen nähern. Alles hat seinen Preis. Die göttliche Energie des Geistes steht weit über der Materie als Ursache und legt diesen Preis für jeden einzelnen Menschen fest, eben in einer Wirkung. Das Leid stellt somit eine Art Energie einer intuitiven Wiedergutmachung der Materie Mensch an seinen Schöpfer dar. Der Mensch muss lernen, sein Leid richtig so anzunehmen, damit er es später nicht in Hass umwandeln möchte, sonst würde er wieder das berühmte Rad für sich selbst in Schwung bringen. Leid muss ohne offenen Gegensatz erlitten werden können, nur daraus kann ein Dialog mit dem menschlichen Unbewussten, mit der göttlichen Seele, die sich in Gefangenschaft der Materie befindet, begonnen werden. Ich weiß genau, wovon ich da rede.

Die Materie menschlicher Körper kämpft verbissen gegen ihren Erschaffer an, wohl wissend, dass sie sterblich sei und der Idee Gottes gemäß schon längst wieder in ihr NICHTS im Kosmos entmaterialisiert zu sein hätte. Ein aussichtsloser Kampf, denn die geistige Energie Gottes hat eine gewaltige Macht in der Art des unendlichen Leides an die Materie Mensch angesetzt. Das stark gepresste Leid fördert am Ende nur die Hoffnung einer Wiedereingliederung in die geistige Welt. Päppeln Sie nur weiter Ihre Kraftmuskeln mit Ihren Gegensätzen, hinter welchem sich bequem Ihre Begierde einnistet, Sie werden spätestens nach Ihrem Tod zu den Verlierern zählen, frei nach dem alten Spruch: „Gottes Mühlen mahlen langsam, aber sicher." Genau diese „Mühlen" haben ja keinen Zeitbegriff, nur das Leid schon, und das schmerzt sehr bis unendlich. Ein sinngemäßes Goethe-Zitat: „Sei froh wenn ‚Er' dich presst, und glücklich wenn ‚Er' dich wieder entlässt." Durch dieses Licht einer genial formulierten Wahrheit konnte sich die Dunkelheit der menschlichen Begierde nicht erhellen.

Gedanken von „oben" nach „unten" (66)

Oft empfinde ich meine Themen selbst schon in ihrer Negation den Menschen gegenüber als abgedroschen. Es gibt humane Kritiker an meinen Schriften, die mir vorwerfen, immer nur die Schlechtigkeit des Menschen an den Pranger zu stellen. Es gibt auch andere Kritiker einstweilen, noch lautlos, deren kommende Angriffe ich mir einstweilen noch nicht ausdenken möchte.

Zu den Humanisten: Wenn sie das Anklagespektrum in ihrer ganzen Tragweite mit der Geschichte der Menschheit nicht in ihrer blinden Glorifizierung, sondern in ihrer wahren perversen Unmenschlichkeit betrachten würden, wäre es in der Gesamtheit gesehen schwierig, einen humanen Gedanken zu bilden. Die Menschheit erwartet vom Herrn Humanität und signalisiert

Brutalität in ihrem Tun. Der Herr fordert vom Menschen lediglich Humanität nicht einmal ihm gegenüber, nein, es ist die Forderung für die eigene Spezies. Wäre das jemals wie damals noch in der paradiesischen Ära wahr geworden, wir alle befänden uns längst in einer anderen Welt, in einer ohne Leid, Krankheit, Angst und Tod. Sicher betrifft das auch mich, denn mein Leben lief im selben Stil wie bei allen anderen ab.

Ich habe mich einer Forschung über den Unsinn des menschlichen Lebens, man kann ruhig sagen auf Gedeih und Verderb, verschrieben, auf alles oder nichts. Heraus kam das alles ohne Gedeih – für mich. Das wahre Wissen über die tatsächliche Geschichte der Menschheit aus der oberen geistigen Perspektive gesehen ist in ihrer Negation gegenüber dem menschlichen Soll-Sein-Stand eigentlich unbeschreibbar. Trotzdem versuche ich es und muss es auch, einem höchsten Befehl gehorchend. Dieser höchste Befehlshaber treibt es meist bis zur Spitze, egal wie mich die Wahrheit auf Raten permanent zerbröselt. Hauptsache, ich bringe das alles zu Papier. Der Glaube an die Menschheit, der mich selbst dabei permanent auflöst und wieder zusammensetzt, mit vorgeführter Beweislage, darüber gibt es nicht den geringsten Einspruch, darauf setzt „Er" das Siegel des Göttlichen, da getraut man sich nicht mehr zu mucksen, da wird ein Menschlein so klein mit dem sehnlichsten Wunsch, gar nicht mehr da sein zu müssen. Die Gewalt des Göttlichen kann zerstören, Leiden verteilen, bis hinein in die Verdammnis einer Ewigkeit. Diese Gewalt kann auch lieben, als sei sie die größte Zuneigung, Zärtlichkeit verteilen, in die Lebenswurzeln eine allumfassende Sympathie der Harmonie verpflanzen. Dann sitze ich wieder zwischen Himmel und Erde, natürlich nur Erde, den Wunsch an „Ihn" herantragend, doch einen Weg zu finden, damit der Mensch möglichst ohne viele Probleme unter die Gunst Gottes fallen möge. Das ergibt ein eindeutiges „Nein".

Niemals kommt Gott mehr zu den Menschen, einmal ermordet zu werden, reicht. Also bleibt für den Menschen nur der Weg, sich selbst zum Herrn zu bemühen. Das ist eigentlich das Normalste im menschlich denkenden Dasein. Der, welcher Herr bei den Menschen ist, kommt niemals hinunter zu seinen verräterischen Untertanen. Gott tat es schon, aber eben nur einmal. Jetzt wird guter Rat teuer. Eines weiß ich aus meiner Erfahrung, der Herr kennt keine Kompromisse, kein Mitleid für das selbst verschuldete menschliche Leid. Gott hat in jedem Menschen einen Abgeordneten, einen Botschafter, einen göttlich Handlungsberechtigten eingesetzt, die göttliche Seele. Nur der Mensch hat seine göttliche Seele, seinen großartigen Verhandlungspartner in Sachen höhere Geistigkeit in sein Unbewusstes verbannt, damit er die Warnungen dieser nicht mehr so gut vernehmen kann. Der Mensch hat sein Gewissen lügenhaft brutal ruhiggestellt.

Beschäftigen Sie sich mit Ihrem Gewissen und werden Sie Ihrer Seele fündig, mehr braucht es nicht, einfacher geht es nicht mehr. Mut und Selbstüberwindung sind notwendig, denn ohne nichts gibt es eben nichts.

Der Sieg der Materie über den Geist (67)

Die „Lebensenergie" ist rein geistiger Natur, gleichermaßen für jede Materie gültig, unabhängig von ihrer Lebensdauer. Dieses Geistige bewegt die Materie und verhält sich bei Mensch und Tier gleich. Bei dem Vermehrungsprozess entsteht natürlich auch wieder reine Materie, welche auch wieder durch die geistige Energie am Leben erhalten wird. Jede Materie besitzt ein natürliches, allerdings sehr variables zeitliches Ablaufdatum. Der Mensch in seiner Sonderstellung ist mit einer zusätzlichen geistigen Energie ausgestattet, dem sogenannten „Ich" als sein Selbstbewusstsein, als Entscheidungsträger über seine gesamte Körperlichkeit. Diese geistige Energie, eingesendet in das materielle Gehirn des Menschen und von diesem umgesetzt, kanalisiert in Ideen, Handlungen, Tätigkeiten aller Art, erlebt sich allerdings reduziert. Der Grund dafür ist bekannt.

Die Materie in sich, naturgegeben durch ihren Gegensatz, zusammen mit der geistig stark dezimierten Energie als die

Führungskraft des Selbstbewusstseins bildet nun eine Lebensgemeinschaft. Die in sich gegensätzliche Materie, eine zeitlich begrenzte, das „Ich", allerdings über diese Begrenzung weit hinaus in das Unendliche reichend, aber unvollkommen in ihrer geistigen Potenz, sieht in dieser Zusammensetzung stark nach einer Unfähigkeit aus und ist es auch. Daher kann man nicht behaupten, dass der Mensch vollkommen sei. Hier sind Kräfte am Werk, wirken Energien, die alles können, nur eines nicht, sich harmonisieren. Es sind die gegensätzlichen, nur im Endlichen wirken könnenden Kräfte, vermengt mit der geistigen Lebensenergie innerhalb der Materie des menschlichen Körpers, gegenüber einer viel zu wenig vorhandenen geistigen Energie als Führungskraft im unendlich seienden „Ich". Dieses „Ich" hat durch ihre stark verringerte geistige Energie nicht die Kraft, den unverschämt extremen Wohlseins-Begierden und dessen maximierenden Parolen Widerstand zu bieten, zu schwach, um diesen geistlosen, oft perversen oder verbrecherischen Machenschaften der von den Begierden georderten Gegensätze zu widerstehen. Dieser Bestandsskizze Mensch fehlt eigentlich nichts, bis auf die Beantwortung der Fragen, wieso ist er da? Wem dient dieser Mensch eigentlich?

Diese Frage wurde von der Menschheit selbst noch nie schlüssig beantwortet. Die Dienstbarkeit des Menschen resultiert sich dem Grunde nach auf sich selbst, und das mit Nachdruck in der Willensbildung und Ausführung seines Größenwahns. Es regiert die Materie, eben in ihrer natürlichen Art des Gegensatzes. Damit geschieht das, was sich in der Menschheitsgeschichte dokumentiert. Aufbau – Zerstörung, Aufbau – Zerstörung. Zerstörung bis in alle Ewigkeit, wenn die Materie nicht ihrer Endlichkeit unterworfen wäre. Am Ende zerstört sich die Materie kraft ihrer Polarisierung selbst, zumindest der Mensch samt seinem Lebensraum Erde arbeitet fleißig an dieser Umsetzung. Im Einzelnen geschieht das ja ohnehin permanent, geboren werden, sterben. Geburt – Tod, unaufhörlich seit langer Zeit. Seine materielle Herkunft versucht der Mensch mehr oder weniger fündig sich selbst zu erklären, denn es gibt im Universum niemanden, der dafür Interesse zeigte. Eines ist klar, geistige Harmonieenergie hat beim Menschen kein Sagen, daher kommen wir wieder zu dem Schluss, der Mensch ist ein in sich total zerrissenes Wesen. Gäbe es eine Spezies seiner Ähnlichkeit, niemand könnte mit diesem Wesen eine geistig harmonische Lebensführung auf Dauer aufbauen. Die Verhinderung ist im Menschen der eingeborene Gegensatz, der eben in der von Gott erschaffenen Materie einverwoben ist. Der natürliche Gegner, der ungezähmte Gegensatz der geistig harmonischen Energie, kennt bei dem heutigen Menschen keine Gemeinsamkeit. So geht diese menschliche Wesenheit sinn- und nutzlos durch seine Geschichte und dient niemandem außer sich selbst und seinen Begierden. Aber auch dieser Dienst ist von Leid durchtränkt, ist endlich und endet mit dem Tod des so heiß geliebten materiellen Körpers. Es ist nicht schwer, in dieser Dramatik einen Fehlbestand festzustellen. Ohne die Energie des wahren Geistes ist keine Harmonie, keine Freiheit und kein Friede erreichbar. Das Leid, die Angst, der Tod sind Folgeerscheinungen der praktizierenden Polarisierung. Was fehlt? Eine starke Führungsrolle, die Stärkung der geistigen Energie, so stark, dass die kosmische Energie der Harmonie sich über den Gegensatz der Materie stellt. Der Idealzustand im Menschen wäre, seine Materie (den Gegensatz aus dieser) unterhalb der hohen geistigen Harmonie zu stellen. Damit wäre nicht der Körper, sondern zuerst der Geist in der richtigen Reihenfolge genannt. Das geistige „Ich" des Menschen geht als Kapitän eine Verbindung ein, eine harmonische Symbiose mit der gezähmten Materie. Genau diese enorme Energie, die aus dieser Verbindung ausstrahlt, benötigt die kosmische Welt. Der Mensch wäre somit ein gewaltiger Energieträger für die hohe Welt des Geistigen. Die göttliche Seele als geistige Überträgerin ist dann im Bunde mit Geist, Seele, Körper. Nicht mehr die vom Menschen gerne selbst konstruiert vorangestellte Benennung wie Körper, Geist und Seele.

Was fehlt nun dem heutigen Menschen? Er muss zu der Überzeugung kommen, dass sein geliebter Körper nicht der Anfang dieser geistigen Weltentrilogie, sondern ganz am Ende dieser steht. Wissen muss er, dass die Materie vom göttlichen Geist erschaffen wurde. Demgemäß entstammt auch der Mensch von demselben göttlichen Geist. Er entstand in seiner Trinität zu einem Drittel aus Materie und aus zwei Drittel Geist. Der heutige Mensch verhält sich genau so, als wäre das umgekehrt. Seine kränkelnde, schwächelnde geistige Energie hat längst seine lebenswichtige Aufgabe zu dem wahren Geist eingebüßt und ist dadurch Untertan seiner Materie geworden. Die große Schwäche des menschlichen Geistigen hat der Gewalt dieser Materie nichts entgegenzusetzen, deshalb regiert der Gegensatz aus der körperlichen Materie, und das spiegelt sich in der Urschuld Gott gegenüber, die auf jedem einzelnen Menschen wieder lastet.

Das menschliche „Ich" unterhalb der Materie (68)

Jede Tat, Wort und Empfinden eines jeden Menschen wird zerlegt, geprüft, gereiht und auf die Dauer seiner körperlichen Lebenszeit archiviert. Das ist ein hoch komplexer geistiger Vorgang. Dem nur endlich seienden ungeistigen Denkvermögen des Menschen bleibt dieser geistige Vorgang verborgen, obwohl sich dieses Geschehen innerhalb des Menschen selbst erlebt. Das wohl geistig seiende „Ich" des Menschen ist aber derart mit ungeistiger Energie angereichert, dass es am menschlichen Denken vorbeiläuft und sich der Materie verschrieb. Solange das materielle menschliche Denken mit dessen Energie seine geistigen Gefühle und Harmoniebedürfnisse nicht wahrnimmt, und das ein Leben lang, ist höchste Gefahr für dieses „Ich" im Verzug. Noch ist diesem „Ich" nicht bewusst, welche geistige Verantwortung es über seinen Körper und dessen Taten trägt. Dieses „Ich", das sich vom wahren Geistigen einmal abwandte und dadurch dessen voller Energie verlustig wurde. Noch ist es ahnungslos darüber, dass ihm ganz sicher eine Trennung von seinem geliebten Körper bevorsteht. Das menschliche Denkvermögen geht damit sehr locker um und schiebt dieses unangenehme Denken beiseite, merkt aber dabei nicht, dass der Anteil der Wahrheit über eine Kante fällt, und damit nach unten. Dieses Unten ist wieder ein rein geistiges und macht dem Denken manchmal großes Unbehagen. Es ist dieses Empfinden, das genau weiß, was sich da „unten" im menschlichen Unbewussten abspielt. Allein das materielle Ratio-Denken meidet schon das Wort „Das Unbewusste". Das Denken weiß eigentlich sehr genau, dass da etwas sei, wendet sich aber „Wichtigerem" zu. Wenn es Richtung Ende der Materie geht, lässt das „Ich" seine Gedanken wieder sprießen mit dem, was vielleicht doch im Unbewussten sein könnte. Egal wie immer, das Denken des Menschen kreist um den Tod mit Fiktionen, die eigentlich immer ins Nichts führen. Eine reale Denkvorstellung wird nicht in Erwägung gezogen, und genau die trifft ein. Der materielle Anteil trennt sich vom Geistigen des Menschen, genau wie dieser auch einst zusammengebaut wurde. Dass das „Ich" des heutigen Menschen wohl seine restliche geistige Energie verliert, aber seine Unendlichkeit behält, ist dem menschlichen Denken fremd. Der Tod trennt die endliche, nur auf Zeit bestimmte Materie vom unendlich seienden Geistigen. Der Nichtswisser dieser elementaren Tatsache ist einzig und allein der Mensch selbst, obwohl alles auch ganz allein ihn selbst betrifft. Nicht nur die göttliche geistige Seele, die bei Eintritt des körperlichen Todes diesem entflieht, sondern auch der Geist in seiner Unendlichkeit, das „Ich", das Bewusstsein des Menschen flieht, es wird einfach vom Körper allein gelassen und trauert um diesen. Warum dieses „Ich" trauert? Nun, einfach erklärt, es gibt keine kranke Materie in der Natur, es gibt nur einen kranken Geist, wenn er keine frische Zufuhr geistiger Energie mehr erhält, und das ist bei dem menschlichen „Ich" der Fall. Ein kranker Geist erhält seinen Körper auch nicht gesund, und da liegt das Problem. Zuerst muss die geistige „Geschäftsführung" gesunden, dann erlebt sich auch die „Belegschaft" als gesunder Körper. Einfache Schlussfolgerung: Ist der menschliche Körper krank, muss vorher sein „Ich" marod sein. Das ungeistig menschliche Denken hat seine Wurzeln im energielos gewordenen geistigen „Ich".

Nur in einem gesunden karmisch unbelasteten Geist wohnt ein gesunder Körper.

Der „Schnürlzieher“ (69)

Materie ist vom Geistigen aus gesehen wertlos, da diese sich in ihrer Endlichkeit auflöst. Auch ein normaler Mensch würde keinen Handel mit Materie betreiben, wenn diese früher oder später einfach vor ihm verschwindet, verständlich. Da aber ein Mensch sich mit seinem materiellen Körper sehr viel früher in ein Nichts auflöst, ist der Handel mit der ihn umgebenden Materie doch interessant, denn diese überlebt ihn meist um ein Mehrfaches. Würde umgekehrt die universelle Materie mit der Materie Mensch Geschäfte machen wollen? Sicher nicht. Der Bestand Materie Mensch ist unwertig und nur kurzfristig handelbar, außer Sklaverei und ähnlichen Diensten. Seine Auflösung findet bald nach seinem Entstehen statt. Gibt es sonst Handelbares im Universum? Eigentlich nur das, was für die materielle ungeistige Menschenwelt interessant erscheint. Der Mensch stapelt sich Materie von scheinbar großer Wertigkeit auf, aber diese wird auch einmal das Nichts erreichen. So ist das gedachte Wertige auch wieder unwertig. Vom Geistigen aus gesehen ist samt seiner Lebensenergie der Mensch wenig wert, denn was leistet er für die Welt? Er weiß nicht einmal, woher und warum diese Lebensenergie in ihm wirkt. Allerdings muss er ja wissen, dass sein Körper samt Lebensenergie keinerlei Wert besitzt, denn diese Körper werden immer wieder in Kriegen millionenfach einfach abgeschlachtet. Dann liegt er tot da, ein Nichts. Aber wo ist seine Lebensenergie, das Geistige, geblieben?

Leben ist Bewegung und erfordert Energie. Der tote Mensch hat keine Energie, also muss eine Energie irgendwo da sein, wie bei den Marionetten. Diese wissen auch nicht, wieso sie sich plötzlich wie belebt bewegen. Eine Energie von Oben? Beide, der Mensch und die Marionette, haben eines gemeinsam, sie sind Materie und wissen nicht, wer ihnen die Energie zur Bewegung vermittelt. Beide fallen wie leblos in sich zusammen, wenn diese Energie aufhört, sich für sie zu interessieren. Eine nicht erklärbare obere Kraft entscheidet jederzeit über Leben, Tod und das Leben nach dem Tod. Der Marionette ist es egal, denn sie kann ja nicht denken. Der Mensch schon, aber nur so viel, als sein verschwindend kleiner Anteil von Geist das zulässt, daher schiebt er das, was mit ihm geschieht, dem sogenannten Schicksal zu. Dass da oben jemand an den Schnüren seines Marionettendaseins an geistigen Fäden zieht, das vermutet er höchst angst- und demutsvoll.

Aber wie kann man diesen Schnürlzieher da oben freundlich, dieses Schicksals milde stimmen? Niemand weiß das. Der Schnürlzieher macht weiter mit seinen Marionetten, lässt sie milliardenfach in Kriegen fallen, durch Seuchen sterben, sie aus ihrem Elend heraus- oder weiter hineinfallen. Alle, jeder Einzelne wird wieder zu neuem Leben hochgezogen, nicht derselbe als Materie, aber doch wieder derselbe? Solange der Mensch das *Obere* nicht empfinden lernt, nichts darüber für sich in Erfahrung bringt, solange wird er immer wieder aufgezogen, fallen gelassen, in ununterbrochenen Zeitfolgen, dies seit achtzigtausend Jahren, und jeder von uns ist immer wieder mit von der Partie. Der Schnürlzieher da oben hat keine Freude mit seiner eigentlich für ihn leidvollen Tätigkeit, mit seinen Marionetten, die er immer wieder betätigen muss. Gerne hätte er, wenn diese endlich wüssten, weshalb er sie so behandelt. Hätten sie Mut, so könnten sie ja wenigstens versuchen, auf diesen Fäden, mit denen sie mit dem Höchsten verbunden sind, hinaufzuklettern, ihm näher zu kommen. Da würden diese Marionetten schön langsam erkennen lernen, worum es da denn geht, bevor sie sich weiter so drangsalieren lassen müssen. Sie wissen schon. Man muss rauf, hinunter kommt „Er" nicht mehr. Gott, der Chef, der Schnürlzieher hat seine sehr bedingte Meinung. Die, welche sich seinerzeit aufgrund ihres vermeintlichen Eigennutzes von ihm abseilten, sind gezwungen, nun mit dem Leben innerhalb der geistig geltenden Sanktionen ihr Auskommen zu finden. Abwechslung haben sie jetzt alle genug. Geburt, Leid, Angst, Elend, Tod … immer wiederkehrend. Der Gegensatz innerhalb der Materie erlebt große Freude, die Marionetten bekämpfen sich immer mörderischer. Der Schnürlzieher kommt kaum nach mit dem Aufziehen und Fallenlassen.

Diese gewaltigen, sinnlos vergeudeten Energien verdienten einen vernünftigeren Einsatz, nämlich langsam den Versuch zu unternehmen, selbst wieder das Seil in die Hand zu nehmen, um zu klettern. Je höher man kommt, umso mehr Übersicht und Erkenntnisse wird man gewahr, und das ziel- und planlose Leben bekommt großartige Perspektiven. Sie müssen nur so weit kommen, dass „Er" Sie wahrnimmt und Ihre Anstrengungen erkennt. Gott wird Sie als Heimkehrer mit seiner Liebe wärmend einhüllen. Der Mut einer gewissen Leidensfähigkeit und Zähigkeit muss allerdings Ihr Begleiter sein. Die „Schnürln" sind sehr glatt und dünn.

Das Gefühl der Empfindung (70)

Das Empfinden basiert auf einer fühlenden Erkenntnis. Das Erkennen eines Gefühls ist verbunden mit geistigem Empfinden. Fühlen und Empfinden erwächst nicht aus den menschlichen Sinnesorganen, ist nicht einer Materie zuzuordnen. Das Gefühl und die Empfindung sind zwei Wörter, welche die deutsche Sprache gut ausdrückt, um annähernd ein geistiges Geschehen damit zu verbinden. Ein für Materie im Zusammenhang stehender Wortschatz ist dagegen fast unendlich an Möglichkeiten. Philosophisch betrachtet wird über die beiden Wörter viel gedeutet. Sogar das menschliche Gehirndenken soll dabei eine Rolle spielen, also ein Denken aus der Materie. Nun, diese kann ein Gefühl sicher gar nicht erkennen, geschweige denn dieses in seiner Funktion bestimmen. Es gibt Menschen, die mit dem Ausdruck „Bauchgefühl" etwas anfangen können und dieses Gefühl auch zu ihrem Denken mitverwenden. Bauch ist Materie und es kann von diesem kein Gefühl ausgehen, daher ist dieses Bauchgefühl ein geistiges Empfinden. Das Denken beim heutigen Menschen hat seinen Platz im Kopf, im Gehirn, dort liegt die materielle technische Voraussetzung, belebt von der Lebensenergie, die dem wahren Geistigen untergeordnet ist. Da das menschliche Denkvermögen ein Materielles darstellt, ist es in all seinen Anwendungen auch ein Beweisbares. Dieses Denken erfuhr in den letzten fünftausend Jahren eine noch nie da gewesene Ausreizung seiner Möglichkeiten. Die Kompression der Evolution schaffte dem Gehirndenken die Erfüllung von Begierden, und das in einem immer größeren Ausmaß. Fast schon erschreckend, da die heutigen Wissenschaften schön langsam beginnen, Berechnungen anzustellen, die beweisen, dass das menschliche Denkvermögen eine Grenze haben muss. Das Gehirn ist Materie und besitzt daher ihr Ablaufdatum. Die Weitergabe von Denkenergie aus Tradition fütterte die jungen Neudenker. Das Ziel des Denkens zu allen Zeiten in der nachparadiesischen Ära unterlag meist einem Probieren. Den Anfang bildete manchmal eine Ursache, aber das Denken hatte niemals die Kraft, eine eventuell entstehende Wirkung vorausschauend zu erkennen, um rechtzeitige Gegenhandlungen danach setzen zu können. Diese Tatsache führt allerdings zu mehreren Ursachen, ohne Kenntnis einer Wirkung. Eine wäre da die Selbstüberschätzung des Menschen, gleichzusetzen mit Dummheit. Eine andere Folge der Ersteren, der Mensch überließ und lässt seinen Begierden freien Lauf.

Das Ergebnis: Die Welt der Menschen steht vor ihrem eigenen Abgrund.

Die Ursache des menschlichen Denkens zeigt in seiner Selbstvernichtung ihre Wirkung, die aber noch immer verdrängt wird. Die eigenen Begierden hatten ein leichtes Spiel mit ihren geistlosen Denkern. Im Kopf, im Gehirn befindet sich die Zentrale dieser Art zu denken, eben das Denken ohne Beihilfe eines Geistigen, ohne Energie derselben. Das wahre Geistige stellt eine Energie dar, zu welchem die Materie keinerlei Zugang besitzt, es benötigt auch keinen. Die Energie des Geistes befindet sich überall und nirgends, man kann sie nicht festmachen und mit den menschlichen Sinnen auch nicht orten. Nur ein Mensch, der bestimmte Eigenschaften in sich trägt, ist in der Lage, durch sein Gefühlsempfinden Geistiges in seine Gedankenwelt einfließen zu lassen. Damit kann er verschiedene Vorhaben anders beurteilen und unnötige, durch Begierden geforderte Härten entschärfen. Die geistige Energie der menschlichen Seele lässt über das Bauchgefühl empfinden. Das hat viele Menschen in allen Zeiten zu besserem Handeln bewogen. Denken mit dem Gehirn, damit ist der Mensch vertraut, und so macht er sich seine Gedanken und auch seine Taten bewusst. Den Chef des Denkens sollte eigentlich das „Ich“ des Menschen ausmachen, falls nicht seine Begierden das Kommando übernahmen. Dem Grunde nach entstammen alle Verbrechen am Menschen, an der Menschheit, einzig und allein den Gedanken, die das Gehirn unter der Anleitung ihrer Begierden formuliert, via Körper ausführt und ausführen lässt. Niemals ist hier ein wahres Geistiges involviert, genau wie noch so verbrecherische Gedanken, aus dem Gehirn stammend, niemals ein Geistiges sein können. Im heutigen Menschen manifestiert sich rationales Denken in allen Lebenslagen, es sei denn, dieser Mensch hat Zugang zu seinem „Bauchgefühl“. Dieses strahlt aus dem Unbewussten heraus, aus dem Exil des Geistigen, der göttlichen Seele.

Das für den Menschen Unbegreifliche, aber doch Empfindende ist nicht denkbar.

Das Begräbnis (71)

„Erde zu Erde, Staub zu Staub, Herr sei seiner Seele gnädig.“ Die Kernaussage für einen toten menschlichen Körper. Was geschieht jetzt mit der Seele? Da gibt es einen größeren Erklärungsbedarf.

Dem menschlichen materiellen Körper wurde die Lebensenergie entzogen, und somit der Weg, den jegliche Materie geht, freigemacht. Dieser Vorgang ist ein rein geistiger und fundiert sich in der meist getätigten Aussage der Hinterbliebenen, Gott habe diesen Menschen eben abberufen. Wenn dem so wäre, müsste Gott ja auch vorher denselben Menschen herberufen haben. Damit beginnt schon das Dilemma, warum hat „Er“ ihn her- und dann wieder abberufen? Doch sicher nicht deshalb, um auf den sogenannten letzten Weg in einem gepolsterten, edelhölzernen Sarg möglichst bequem gebettet zu werden. Materie zu Materie. Oder will man durch die Verpackung dem Empfänger besondere Wertschätzung kundtun? Die edle Verpackung soll lediglich den Begräbnisteilnehmern zeigen, wer denn die Hinterbliebenen sind oder der Verstorbene war. Demnach ist eigentlich in Wahrheit jeglicher Begräbnisprunk, soweit er die tote Materie eines gewesenen Menschen betrifft, vollkommen sinnlos, denn es gibt keinen Begünstigten außer der Prunksicht der Begierde. Für den Sarg mit dem toten Körper gibt es keinen Empfänger. Diese Aussage wirkt vielleicht pietätlos, trifft aber den Kern der Wahrheit. Wenn ich weiter daran denke, mit welchen Begierden meist die Erben zu dem Nachlass stürmen, vorher bei geschönten Grabreden und falschen Tränen sich selber leidtun, und weiter daran denke, welchen Sinn das Leben des Verstorbenen in sich trug, dann verzeihe ich mir gerne meine hier festgehaltenen Gedanken. Nun, die Materie des toten menschlichen Körpers hätten wir abgehandelt, allerdings sind diese den hohen Emotionen der Hinterbliebenen gegenüber, wenn diese mit wahrer Liebe im Zusammenhang stehen, unbedingt mit Ehrfurcht zu respektieren.

In einem von Touristen überfüllten Ort für ein Top-Besichtigungsprogramm im Süden musste sich ein örtlicher Leichenzug den Weg durch die Massen bahnen. Der Sarg mit einem einheimischen Verstorbenen zog mitten hindurch. Die Gesichter der vielen Umherstehenden waren entweder betroffen, wegschauend, blöd grinsend, oder ungehalten über diese Störung des Beiseite-rücken-Müssens. Ich denke, ich war der Einzige unter dieser Menschenmenge, der beim Vorübertragen des Kreuzes und Sarges intuitiv das Kreuz schlug und sich verneigte. Es war meine persönliche Empfindung, umgewandelt in die Emotion eines wahren Daseins und auch Nicht-mehr-da-Sein, es erlebte sich im Kreuz. Menschsein, und das erlebt sich im Kreuz. Der Menschheit fehlt das Empfinden für das Geistige, das „Bauchgefühl“. Es wäre Zeit, das Körperlich-Materielle-Endliche in Richtung „Herr sei seiner Seele gnädig“ zu verlassen. Denn in Wahrheit ist es nicht die Seele, zu welcher der Herr gnädig sein soll, sondern das geistlos seiende „Ich“ mit seinen Lebens-Taten, und zu diesem „Ich“ sieht der Herr nicht den geringsten Grund, Gnade walten zu lassen. Der Mensch fischt nur im Trüben seines Wunschdenkens.

Gedanken nach dem Begräbnis (72)

Nein, vorher noch kurz etwas vom Unbewussten. Das Unbewusste, welches sich weit unterhalb des menschlichen endlichen real geistlosen Denkens im Kopf einnisten musste. Der Kopf hat wie beim Tier die Stelle des Betrachters als Entscheidungsträger des Handelns. Das Problem, nicht das des Tieres, sondern das des Menschen, ist, er kennt sein eigenes Dasein nicht, weder seine wahre Zusammensetzung noch seine Aufgabe, weiß nicht einmal, wozu er überhaupt auf dieser Welt sei. Er kennt auch nicht die Zusammenhänge zwischen der endlichen materiellen und der unendlich geistigen Welt. Kein Wunder, dass so ein ziel- und planloses Wesen, wie der Mensch sich heute darstellt, von einer Überheblichkeit so überwuchert werden kann. Im Grunde eine Angelegenheit der Begierden. Die Wirkungen sehen wir ja allerorts auf dieser Welt, die reale Ursache lässt sich meist nicht festmachen. Diese legt sich gerne zwischen der Ignoranz einer geistigen Wahrheit, grenzenloser Dummheit und der Angst vor einer imaginär empfundenen geistigen Macht als mögliche große Gefahr gegen das eigene Leben.

Das Unbewusste ist die zwangsläufige vorübergehende Heimat der göttlichen Seele im Menschen (Bauchgefühl), und fallweise von diesem empfindbar. Der Geist, zugleich das „Ich“ des Menschen, hat sich seit jeher im Kopf der menschlichen Materie niedergelassen. Ich neige dazu, die grausamen Taten der Menschheit, leider zu viele, als Norm anzunehmen. Der Großteil der Menschen mit ihrem Tun fällt nicht in diese Kategorie. Es gibt hier ein leicht fassbares Schema zur Beurteilung von Menschen. In diesem sind zwei Points festgemacht. Einerseits das reale ungeistige Bewusstsein, das „Ich“ im Kopf, im Gegensatz dazu seine im Exil lebende Gefühlswelt aus der göttlichen Seele im geistigen Unbewussten. Je größer der Kontakt des ungeistigen „Ich“ zu seiner geistigen Seele sich aufbaut, umso wertvoller der Mensch. Was einst der Mensch in seinem Ungeist trennte, muss er wieder in eine Einheit zusammenfügen, in die Wahrheit von Geist, Seele und Körper.

Das Begräbnis ist noch nicht beendet. Die Frage, weshalb Gott ersucht wird, der Seele des Verstorbenen gnädig zu sein, ist aufgrund der vorliegenden Tatsachen eigentlich unverständlich. Die Seele war Mahnerin an das „Ich“, an das Gewissen des menschlichen „Ichs“ über dessen Taten, deshalb wurde die Seele auch von dem „Ich“ verbannt. Richtig müsste es also heißen: Herr, sei dem Verstorbenen, seinem ungeistigen „Ich“, gnädig. Würden Sie wirklich Gott bitten, Ihnen gnädig zu sein? Setzen Sie sich an die Stelle Gottes und beurteilen Sie sachlich und empfindend Ihr Urteil. Sie müssen nur darauf achten, dass Sie nicht dabei Ihre eigenen schlechten Lebenstaten mit ins Spiel hineinschummeln wollen, denn das könnte das Urteil verzerren. So ein Begräbnis wäre einer besseren Bekanntschaft mit der eigenen Seele wert. Das könnte der Beginn einer Veränderung in Ihrem seelisch empfindenden Denken werden.

Der Leichenschmaus allein bewirkt nur die Prolongation der geistlosen Unwissenheit in Richtung Verdrängung. Das Begräbnis ist der letzte Beweis, dass das Leben des Menschen der Endlichkeit unterworfen ist. Wenn man so an den toten, nutzlos gewordenen Körper denkt, wird einem schon etwas mulmig, schließlich irgendwann ist man selbst an dieser Schwelle, aber bis dahin sollte man doch lernen, was beim Sterben Sache ist. Verdrängen kann sich furchtbar rächen, dann, wenn das eigene „Ich“ (nicht die Seele) zur Verantwortung erwartet wird. Der Körper kann keine Hilfe mehr leisten, die göttliche Seele könnte aber schon, nur will sie nicht, da sie im Leben verdrängt und abgeschoben wurde. Bei diesem Begräbnis beobachtet nicht die Seele, nein, das verzweifelte „Ich“ tourt über dem Geschehen als unglücklicher Geist. Daher: „Herr, Gnade seinem Ich“ würde die Parole heißen.

Das Schicksal (73)

Das Schicksal als Art einer unberechenbaren schlagenden Verbindung bewirkt beim Menschen ein eher ängstliches Phantombild. Naturgewalten, personifizierte Mystik bis hin zur göttlichen Vorsehung, so werden die unbarmherzigen Schläge vom Menschen fiktiv zwangsweise zur Kenntnis genommen, mehr ist nicht möglich. Das Schicksal gnädig stimmen, Orakel befragen, Gebete an Gott richten, Opfer, auch Menschenopfer darbringen, alles wurde in der Menschheitsgeschichte schon versucht. Heute im glorreichen 21. Jahrhundert nimmt man das Schicksal nur mehr oberflächlich wahr, obwohl dessen Schläge noch brutaler geworden sind. Der heutige Mensch begnügt sich mit dem Ausdruck eines dumm dreinschauenden Gesichtes, und das meist verbunden mit einem raschen Vergessen, denn die nächste Abwechslung wartet schon.

Also, das mit dem Schicksal ist so eine Sache, es schlägt immer öfters mit grausiger Härte zu, zerstört Ländereien, Häuser, Tiere und Menschen. Nicht nur als Massenschicksal, es befasst sich auch gerne kräftig mit Einzelschicksalen. Jetzt ist die Geschichte der Menschheit so alt geworden, seit geraumer Zeit auch mit höchst gezüchteter Intelligenz aus Forschung und Wissenschaft, nur dem Schicksal gegenüber sind diese Wissenschaften wie eine lahme Ente, interessenlos und vor allem nicht wahrnehmen wollend, oder könnend? Deshalb der bequeme Verweis auf reiner Angelegenheit von Religion und Philosophie. Die einen schaffen Dogmen der Macht, die anderen füllen unendlich viel Papier mit Gedanken. Doch all das hat das Schicksal bis heute nicht im Mindesten beeindruckt, es schlägt weiter scheinbar und wahllos zu. Respektlos gegen jedweden menschlichen Einspruch und doch zugleich als Spiegelbild der heutigen Menschheit. Das Schicksal ist direkt oder auch indirekt die Macht über Millionen von Bestsellern, die schöne, weniger schöne, aber am liebsten die brutalsten Lebensbereiche von Völkern, Dynastien, Familien, Einzelpersonen aus dem Fundus der Menschheitsgeschichte nehmen, manchmal aus dem eigenen Erleben, aber meist des der anderen, oder oft mit perversen Fantasien in kriminalistischer Form präsentieren. Auch das Geschäft, aus dem „Schicksal“ boomt. Immer wieder von Neuem liefert die Menschheit täglich, stündlich den Stoff dazu. Dem Grunde nach immer die gleiche Thematik seit zigtausend Jahren. Gier zur Macht, damit verbunden Liebe, Hass, Leid und Tod. Auch das Thema könnte man als Rad einer Wiedergeburt bezeichnen, nur einer Sinnlosen, da der Sinn des Schicksals niemals hinterfragt wird, damit dieses Rad eben zum Stillstand kommen könnte.

„Dem Schicksal in den Rachen greifen“, Beethoven hatte den Mut und kämpfte mit seinen großartigen tönenden Waffen dagegen an. Die Mythen der alten Griechen führten mit den Naturgewalten ungeheuer fiktive Kämpfe, Machthaber wollten zu allen Zeiten das Schicksal erzwingen. Kein Sterblicher konnte jemals das Geheimnis „Schicksal“ aufklären. Niemand kam auf die Idee, das Schicksal als geistige Vernetzung des göttlichen Gesetzes, das Karma, zu identifizieren, dieses einfache Gesetz von Ursache und Wirkung. Das Schicksal ist für die Wirkung am Menschen verantwortlich und setzt eine Ursache voraus. Der heutige Mensch erkennt innerhalb seiner großen Masse nicht mehr, was er an Schlechtem gestaltet, da es die anderen doch auch so machen, und so setzt ein eigener gewaltiger Unverantwortlichkeitssinn ein. Er sucht die Schuld nicht mehr bei sich selbst, er projiziert diese einfach auf die anonyme Masse der anderen und schwups … er steht unschuldig und für sich selbst gerechtfertigt empfunden da. Das „obere“ Gesetz sieht das anders und beauftragt das „Schicksal“, die Wirkung einer Ursache gerecht zu bestrafen. So einfach arbeitet das Schicksal der Idee Gottes, entstammend als Sanktionen ungesühnter Straftaten von Menschen. Wenn man dem intelligenten Denken etwas Geistenergie dazugesellte, so ist hier die Logik des Kausalgesetzes zur Tatsache geworden und das Schicksal entmystifiziert. Also schlägt es weiter, wenn Menschen die notwendigen Ursachen dafür schaffen, unbarmherzig als deren Wirkung zu. Denken Sie an sich und kontrollieren Sie Ihr Tun auf eine eventuell für Sie unverständliche Wirkung.

Empfindung über „Höheres" (74)

Menschen, die in ihrem Bewusstsein das Empfinden fühlen, es müsste doch über diesem Dasein noch eine höher waltende Kraft wirken, und diese Kraft könnte auch eine göttliche Energie darstellen, diese Menschen müssen ihre empfindenden Gedanken weitertragen, hinein in ihr Unbewusstes, denn aus diesem heraus entstehen sehr gute Denkanstöße. Wir Menschen, allesamt ca. 7 Milliarden, befinden uns in einer einst selbstverschuldeten misslichen Lage. Dem Grunde nach sind wir zu dem Leben auf Erden immer wieder zwangsverpflichtet, verurteilt von einem Gesetz, von dem wir gar keine Ahnung haben können. Der größere Anteil der Menschheit lebt intuitiv in einer gemäßigten Lebensart, hat seine Begierden einigermaßen unter Kontrolle, liebt das unspektakuläre Leben eines harmonischen Zusammenseins, und das bewusste Empfinden der Menschen sagt etwas Erhabenes über sie seiend aus. Trotzdem erleben sich solche Menschen in einem gewissen Schwächezustand gegenüber dem Machtgehabe von vom Größenwahn gebissenen Mitmenschen, die teilweise auch sehr gefährlich dem Rausch der eigenen Vergöttlichung Verfallenen sind. Wohl eine Abart menschlichen Seins darstellend, können diese viel Leid unter die Menschen bringen. Da können schon Gedanken aufkeimen wie „Wieso bin ich nicht so wie die anderen, die durch brutale Gewalt viel erreichen und es dadurch viel besser im Leben haben?" Nun, es geschieht auf Kosten der schwächeren anderen. Da kann schon einmal die „obere" Gerechtigkeit an den Pranger gestellt werden, warum denn das so sei. Nur, man erhält keine Antwort. Der Mensch steht fallweise unter ängstlicher Spannung, solange er unwissend darüber ist, was im Geheimen über ihn „oben" gesprochen, geurteilt, oder gar eine drohende Verurteilung eingeleitet wird. Wir unterliegen zwei Gesetzgebungen im Leben. Das karmische und das jeweils vom Menschen in unendlichen Variationen selbst verursachte, es nach sich ziehende Gesetz. Das karmische Gesetz untersteht dem Göttlichen, der göttlichen Seele in jedem selbst. Der Mensch nennt das in seiner Unwissenheit, ich meine die Wirkungen für ihn daraus, „Schicksal". Das andere ist das irdische Gesetz, das dehnbar bis hin zur Selbstverständlichung von Verbrechen aller Art eigens anders verhandelt wird. Nicht so das göttliche, das unsichtbar geheimnisvoll über uns richtende Gesetz. Da bin ich der Meinung, dass ein Mensch Einsicht in seinen „oberen" Geheimakt bekommen sollte. Wer weiß die große Wahrheit schon, die hinter der Menschheit steht, hinter jedem einzelnen Menschen sich verbirgt? Es ist schon ein gewaltiges System, in welchem jeder durchsichtig dasteht. Es ist das, was unser Leben vollkommen in seinem Dirigat hält. In Wirklichkeit ist der Mensch sein eigener Dirigent. Was den Menschen in seiner Gesamtheit ausmacht, ist ein von Gott erschaffenes Kunstwerk aus Materie und Geist, befähigt, eine kosmisch wichtige Aufgabe zu tragen. Leider betrifft es nicht mehr den heutigen Menschen, denn dieser hat sich seiner ihm übertragenen Aufgaben entzogen, seinen Arbeitsplatz verlassen, um für sich allein unmündig, selbstständig zu handeln. Er wähnte sich fähig, mit seinem Erlernten nicht mehr für das Große in der Welt, sondern nur mehr für sich persönlich viel Besseres gestalten zu können. Mit dieser seiner ihn abwertenden Entscheidung störte er das hohe geistige Weltengefüge. Ein großes Vergehen gegen die Einheit der menschlichen Trinität. Somit gegen sich selbst. Dieser klägliche Versuch der Menschheit, sich selbst in den Mittelpunkt zu stellen, danach seine Handlungen zu setzen, musste scheitern. Manche Menschen erkannten ihre damalige Fehlentscheidung im Lauf der Zeit und kehrten den Weg zurück. Je weiter weg sie gegangen waren, umso länger und beschwerlicher war dieser Rückweg. Dieses Aufzeigen ist ein Ergebnis einer sehr langen, aufwendigen Forschung auf dem Gebiet des wahren Geistigen, und es stellt eine Tatsache dar. Diese geistige Energieleitung kippte, als der menschliche ungeistig gewordene Gedanke seine Aufgabe nicht mehr wahrnehmen wollte. Da brach das geistige System vorübergehend in sich zusammen, und die Energie des Geistes zog sich von der Materie Mensch ab. Der Geist im „Ich" sowie auch die göttliche Seele verloren ihre Aufgabe, lebten und leben aber nach wie vor, allerdings stark differenziert, in der zerbrochenen Einheit Mensch. Vom geistigen „Ich-Denken“ des Menschen zog sich die Geistenergie zurück, also blieb nur mehr das endliche Denken, das reale Gehirndenken übrig. Aus der göttlichen Einheit Mensch blieb nur mehr ein Torso. Nun, das sind jetzt die restlichen 7 Milliarden, die eine Rückkehr zu der geistigen Göttlichkeit nicht geschafft haben. All diesen Menschen waren die Schwierigkeiten zu groß, der Weg zu lang, dafür macht er ahnungslos weiter mit seinem begierdenreichen, von Angst, Elend und Tod durchseuchten Leben.

Wie funktionieren nun die innerbetrieblichen Abläufe bei dem heutigen Menschen, soweit man im göttlichen Sinn überhaupt noch vom Menschen sprechen kann? Bei unseren paradiesischen Vorgängern war der Ablauf linear ausgerichtet, Ziel-Aufgabe-Weg. Diese kosmisch geistige Geradlinigkeit änderte sich bei uns in das Gegenteil, nämlich in eine Abwärtsspirale. Ziel- (nicht definierbar) Aufgabe- (Dienst an seinen Begierden) Weg (verliert sich in seinen Gegensätzen). Der heutige Mensch mit seinem noch immer tierischen Körper und seinem ungeistig gewordenen „Ich“ wird nicht mehr von der Geistenergie geleitet, sondern vom Ungeist des Anhimmelns seiner selbst und der materiellen Werte, verbunden mit der Gier nach körperlichen Lust-Maximierungen.

Ich weiß schon, was ich hier behaupte, denn auch ich erlebte mein Leben genau wie ein anderer Durchschnittsmensch mit all seinen gegensätzlichen Facetten. Nur ich habe nach dem „Warum“ dieser Facetten geforscht und bin dabei in das geistige Denken geraten. Meine Empfindung von etwas „Höherem“ hat sich in diesen Fragen bestätigt.

Der Mensch vor dem Sündenfall (75)

Die Menschheit nach dem Sündenfall in ihrer sehnsüchtigen Rückschau nannten ihre Vorfahren die Menschen im Paradies. Bis heute hat sich nur mehr der Begriff „Paradies" oder das „Himmlische" erhalten. Betrachten wir das körperliche Dasein dieser Menschen. Die Materie der Körper dieser Menschen nach tierischer Art, im Prinzip gleich dem heutigen Menschen, nur mit einer intensiveren Naturverbundenheit ausgestattet. Nahrung rein pflanzlich, kein „Fleischfresser". Bekleidung je nach Standort und Jahreszeit aus dem Natürlichen entnommen. Lebensalter ca. 40 Jahre, Gangart auffällig gerade. Wohlwollend ausstrahlende Überlegenheit der Natur gegenüber. Durchschnittliche Größe ca. 1,60 m, schlanke, zähe Körper. Differenzierungen außer den Kernmerkmalen, keine. Gewalttaten, Krankheiten, Unfälle, Leid, Angst vor dem Tod waren keine Themen. Naturintensiver Familienverband, Gemeinschaftsversorger, Gesellschaften bildend, auch Einzelgänger. Sich erlebend in großflächigen Einzelgebieten rund um den Erdball gelegen.

Diesem aus Materie bestehende Konstrukt Mensch musste genau wie bei den Tieren ein geistiges als Lebensenergie beigesellt werden. Ohne Energie des Geistes kein Leben von Materie. Es war die lebende Materie, mit dem im Grunde nach vorhandenem Gegensatz in dieser, die sich mit diesen Menschen als Kernpunkt nach der Idee Gottes darstellte. Der kosmischen Bewegtheit fehlte diese geistig kontrollierte Kraft innerhalb des harmonischen Weltenseins. Dieses Prinzip, das die großen Weisen aus dem fernen Osten schon lange erkannten, war das Prinzip von Yin und Yang. Das Vorhandensein ist seit unendlichen Zeiten evident, nicht aber die Herstellungsrezeptur. Die kosmische Notwendigkeit führte daher zu dieser Umsetzung der Idee Gottes. Die Materie wurde mit Geist ausgestattet und identifizierte sich als das menschliche „Ich". Der Gegensatz konnte in der menschlichen lebenden Materie gezähmt werden. Dass unsterblich geistige „Ich" des Menschen wurde zum Verantwortungsträger, zu einer Art Geschäftsführer des menschlichen Konstrukts. Dieses menschliche „Ich“ erlebt sich von da an in einer kosmisch geistigen Aufgabe, in der es die Produktion des Gegensatzes innerhalb der geistigen Harmonie so zu gestalten hatte, dass die unkontrollierte Polarisierung innerhalb der Materie Mensch auf ein harmonisch erträgliches Maß gezähmt wurde.

Das Vorleben in der menschlichen Gemeinschaft war so gestaltet, dass niemand den Gegensatz in der Materie, das geistige Prinzip der Harmonie, durchbrechen durfte. Es gab keine Hierarchien, jeder Einzelne war sein eigener Verantwortungsträger, wahrgenommen vom geistigen „Ich“ seines Körpers. Die Familie und wachsende Gemeinschaft reduzierte sich immer wieder auf das verantwortliche Tun eines jeden Einzelnen. Das Absterben der Materie (Körper) in ihrer Endlichkeit bedeutete für die Menschen das Ende ihrer Aufgabe. Ein Menschenleben erfüllte das Prinzip von Yin und Yang, das Leben im Gegensatz innerhalb des Geistes der Harmonie. Die Materie, also der menschliche Körper, war in Wirklichkeit lediglich ein Hilfsmittel auf Zeit für dieses geistige Projekt. Wieso paradiesisches Leben? Dieses Leben von der Geburt bis zum Tode hatte natürlich auch einen praktischen Lebensablauf, aus welchem das geistige Bild entstehen konnte. Der menschliche Körper entwickelte eine Vertrauensbasis zu seinem Chef, seinem „Ich“, die Materie wusste, dass ihr kein wirklicher Schmerz und keine Krankheit zustößt, solange die Gegensätze im Zaum gehalten wurden. Der Tod hatte keine Bedeutung, Materie hat eben ein Ablaufdatum. Das geistige „Ich“ kannte keine Angst, denn vor wem auch? Es wurde lediglich aus seinem göttlichen Basislager für eben diesen Auftrag abkommandiert und kam nach dem Abgehen des Körpers wieder dorthin zurück. Die Lebensgemeinschaft der im Paradies lebenden Menschenwesen war eine sehr glückliche, denn es war von Angst, Schmerz und Leid frei. Nach der Idee Gottes war das ganze System für eine bestimmte Anzahl von Generationen, so ca. zwanzigtausend Jahre, vorgesehen. Was der Geist, die Energie Gottes nach seiner eigenen Idee schafft, ist für unser endliches Denkvermögen nicht nachvollziehbar. Die Erschaffung der Materie Universum ging der Schaffung der Materie Mensch voraus. Diese gewaltigen Zeitabläufe erleben sich nur im endlichen Denken des Menschen als präsent.

Die Forschung (76)

Über:

- Die Wahrheit der Schöpfung.
- Die Entstehung des Universums.
- Die Entstehung des Menschen.
- Das Warum seiner Entstehung.
- Die kosmische Tätigkeit des Menschen.
- Die Idee Gottes.
- Die Abtrünnigkeit des Menschen.
- Die Tätigkeit des Ich-Geistes.
- Die Tätigkeit des Lebensgeistes.
- Die Tätigkeit der göttlichen Seele.
- Die Sinnlosigkeit des menschlichen Lebens.
- Den Sinn einer dringenden Umkehr.
- Das Leiden Gottes.
- Den Hass Gottes an die heutige Menschheit.
- Die Gesetze Gottes.

Die Ergebnisse dieser Forschungen finden sich allerdings nicht in einer bestimmten Reihung geordnet in meinen Schriften, aber dafür sinngebend in vielen Varianten. Der Forschungszeitraum erstreckte sich in etwa auf 45 Jahre und gliederte sich in gröbere Abschnitte, oder auch ins Kunterbunt des Erlebens. Einige Wurzeln über das Interesse am Sinn des menschlichen Lebens reichen zurück hinein in den letzten Weltkrieg und deren Folgen in der Nachkriegszeit. Zweierlei findet sich in mir. Einerseits die Zähigkeit zur Selbstdisziplin und andererseits ein Empfinden für das Geheimnisvolle hinter dieser Disziplin. Das eindeutige Ziel dieser Forschung war nicht immer exakt erkennbar, es lag im Bereich eines Wissenwollens der Wahrheit. Eine Wahrheit kann nur eine Wirkung aus einer Ursache sein, nur ich kannte nicht einmal richtig die Wirkung. Ein Mensch, dessen Interesse ihm immer wieder begegnet, hinein in seinen Alltag, Beruf und Familie, lässt dieses Interesse entweder fallen oder er nimmt es auf und überlässt es seiner weiteren Forscherzähigkeit. Für einen Durchschnittsmenschen sind diese Ziele mit Ehrgeiz und stark mit dem Schwerpunkt Begierde besetzt. Oft wird dabei das Leben aufs Spiel gesetzt, dann als Todesmut bezeichnet, und als „Lohn“ ein gewisser Bekanntheitsgrad erworben. Dieser Todesmut ist allerdings von einer Ahnungslosigkeit dem wahren Tod gegenüber gekennzeichnet. Hier soll nur dokumentiert sein, dass, wenn sich zum Interesse ein zäher Wille dazuschlägt, der Ehrgeiz des Bekanntwerdens oder sonstige Vorteile eine Rolle zu spielen beginnen. Damit sammelt sich unwahrscheinlich viel Energie zur Bezwingung eines derartigen Zieles an. Die Ursache und Wirkung fallen in solchen Fällen meist zusammen. Aus meiner Sicht wird die Wirkung der heutigen Menschheit von Jahr zu Jahr sichtbarer, denn bei einem großen Teil der Menschen steigen das Elend und die Armut. Es muss daher eine Ursache über diese katastrophalen elenden Wirkungen auf die Menschen geben. Eine Ursache, die einst die Menschheit in ihrer Gesamtheit schuf. Niemand interessiert sich für diese in der Vergangenheit von Menschen geschaffenen Ursachen. Der heutige Mensch sucht Ursachen innerhalb seines irdischen Lebens, meist in einer schicksalhaften Selbstverschuldung oder in den entstandenen Bösartigkeiten anderer. Er sucht die Ursachen von allem Leid, Ängsten oder Tod nicht dort, wo die wahre Entstehung stattfand und immer wieder weiter stattfindet, und genau das ist die Tragödie unserer Menschheitsgeschichte. Diese Erforschung darüber brachte mir die damit verbundenen Erkenntnisse in ihrer letzten Konsequenz, aber dadurch auch eine für mich vernichtende Wahrheit. Es offenbart sich in dieser Wahrheit die furchtbare Urschuld, sowie eine ständige, durch Untaten entstehende Nachverschuldung dieser Menschheit. Wäre mein Forschermotor ehrgeiziger Erfolgstrieb gewesen, hätte mir das Geistige nicht die geringste Wahrheitseröffnung freigegeben. Jemand, der die höchste Wahrheit erkennen darf, darüber schreiben und wahrheitsgetreu darüber berichten muss, hat die Hölle, noch nicht den Himmel in sich erlebt. Es ist mein in Schrift gesetztes Wissen, das ich mir von ganz „oben“ einholen darf. In dieser meiner Tätigkeit ist weder Ehrgeiz, Reichtum oder Macht ein Thema, sondern eine mich niederdrückende Sorge. Werden Menschen das, was ich in meinen Schriften zu sagen habe, annehmen, vielleicht auch umsetzen? Oder geht mein Wissen unter, ohne eine Wirkung zu hinterlassen? Vielleicht aber könnte das Ergebnis meiner Forschung ein Nachdenken bewirken und den Beginn einer Umkehr in Bewegung setzen. Dass ich über viele Passagen von „oben" geschrieben wurde und noch immer werde, ist nochmals zu betonen.

Das sichtbare und das unsichtbare Bildnis des Menschen (77)

Es findet durch das gesamte Erdenleben hindurch ein geistiges Sichtbild am Menschen statt. Menschen mit entsprechenden Eigenschaften erkennen am körperlichen Umriss eine Art Umstrahlen des Menschen, die sogenannte Aura. Jedwede Art von Materie erlebt sich innerhalb so einer Strahlung. Dem Grunde nach eine Sichtbarmachung des Lebensgeistes in seiner energetisch geistigen Körperlichkeit. Hier wird das geistige Bildnis vom wahren Menschen, immer am letzten Stand seiend, dokumentiert. Nicht sichtbar, ein Mystikum über den Ungeist Mensch, aber von enormer Wichtigkeit und Bedeutung für diesen am Ende seines Lebens. Dieses geistige Spiegelbild des Menschen unterliegt einem Steuerungssystem der göttlichen Seele. Für gute Menschen zeigt dieses Bild Schönheit an Farben. Für alle anderen Abstufungen nach unten wird dieses Bild immer grässlicher, entsprechend den Untaten des Menschen. Die jeweilige Sichtbarmachung ist ein rein geistiger Vorgang. Das materielle Bild des Menschen ändert sich im Rahmen seiner naturgemäß zeitlichen Verbrauchserscheinung. Das geistige Bild sieht das etwas anders, dieses verändert sich mit den Taten während seines Erdendaseins, es kümmert sich keinen Deut um das geschminkt geschönt zurechtgemachte Bild der Körperlichkeit. Es ist das Bild des wahren Menschen-Wesens, und dieses Bild stellt der Tod im Auftrag der göttlichen Seele als Spiegel vor. Nicht vor dem tierischen Körper, dieser geht schon seiner Verwesung entgegen, nein, das Bild der Taten im Leben schaut aus diesem geistigen Bild, dem Ich-Geist, entgegen. Das nicht sterben könnende „Ich" steht schlotternd vor dieser oft grauenhaften Gestalt seiner selbst. Es ist nicht der Tod, die göttliche Seele projiziert lediglich die Verbrechen, umgewandelt in ein furchtbar anzusehendes Geist-Körper Bildnis. Dieses grauenerregende „Outfit" wird in Zukunft im Jenseits die Bekleidung für den grässlichen Ich-Geist sein. In diesem Aufzug werden alle vor das hohe geistige Gericht gezerrt. Die Gerichtsbarkeit benötigt keine verbalen Auseinandersetzungen, der Anblick sagt dem Richter alle Wahrheit, das Urteil kann rasch gefällt werden. Dieses Prozedere findet so lange statt, gezerrt durch das Rad der Wiedergeburt, bis eines Todes eine schöne weiße Gestalt vor dem „Ich" sich im Spiegel zeigt.

Aus diesem Angeführten müssen Sie etwas lernen. Die göttliche Seele mit ihrer gewaltigen Geistenergie erlebt sich tatsächlich in Ihnen, ob Sie daran glauben oder nicht ist reine Nebensache. Im irdischen Leben Ihr Unbewusstes, nach Ihrem Tod Ihr höchster Richter. Das ist das eine Geistwesen innerhalb Ihrer tierischen Materie-Mensch-Organisation. Das andere Geistwesen, Ihr „Ich-Geist" das „Ich bin", erlebt sich in Ihrem denkenden Gehirn, ist auch unsterblich, aber abgesunken in die sterbliche Materie als der Geist des gefallenen Engels. Umso furchtbarer treffen diesen „Ich-Geist" die Tatsache seiner Unsterblichkeit und sein verantwortungsloses Umgehen mit der einstigen Geistigkeit im menschlichen Denkprozess. Die göttliche Seele öffnet erst das Bewusstsein von diesem „Ich bin Geist" in dem Augenblick, wo durch den Tod die Trennung vom Körper vollzogen wird. Das jenseitige Leben rollt sich nicht körperlich, sondern rein geistig ab. Im diesseitigen Leben trägt der Mensch manchmal in Traumfantasie-Varianten mit seinem Gewissen kriegsartige Konflikte aus. Da kann es schon vorkommen, dass das Gewissen auch grauenhafte Bildnisse dem „Ich-Geist" entgegenhält. Keine Sorge, das sind nur Albträume, oder doch nicht?? Neu aufflammende Begierden sorgen dann schnell für die Scheinberuhigung. Nur wer annähernd die furchtbare Gewalt Gottes ahnt, kann prophezeien, dass alle Materie das geistige Nichts ausdrückt und in diesem Kontext der Begriff Hölle und ewige Verdammnis, heraus aus der Langzeitverdrängung, eine gewaltige Renaissance erlebt. Das geistige „Ich bin", auch Ihres, könnte sich in dieser wiederfinden. Das geistige Leid besitzt einen großen Unterschied gegenüber dem körperlichen Leid, es ist viel furchtbarer ausgeprägt, es fällt einer Unendlichkeit anheim. Das ist jener Zustand, in welchem das Sterbenkönnen keinen Trost mehr bieten kann.

Um all diesem Wahnsinn der göttlichen Gewalt auszuweichen bzw. diese Gewalt zu beenden, gibt es nur eine einzige Möglichkeit. Denken Sie an Ihr sicht- und unsichtbares Bildnis; nicht Ihr geschöntes, äußeres Bild zeigt Ihnen Ihre Wahrheit. Ihr inneres Bild, das Ihnen Ihre Seele zeigt, ist Ihr wahres Bild.

Der abgestürzte menschliche Geist (78)

Der Wert des ehemaligen göttlichen Menschen stürzte unter die Minusgrenze ab, als dieser sich mit seinem tierischen Körper verband und beide sich nur mehr von ihren Begierden beraten ließen und danach ihre Handlungen setzten.

Der Herr setzte ihm seine bisherige unendliche Energie der Geistigkeit auf das Niveau der Materie, nämlich auf das Sterblich-Endliche herab. Mit diesem geringen Torso an Geist wähnt sich der Mensch noch heute als geistig seiend. Sein Ungeist reicht nicht mehr hinein in die Unendlichkeit des wahren Geistes. Deshalb gibt es heute auch kein Wissen mehr über die Wahrheit, über den Sinn des menschlichen Seins.

Es gibt kein Wissen in der Philosophie über die Wahrheit ihres Ursprungs in der Metaphysik.
Es gibt kein Wissen über das Warum der menschlichen Erschaffung.
Es gibt kein Wissen über das, was hinter dem Tod steht.
Es gibt kein Wissen darüber, was hinter Leid, Schmerz und Angst des Menschen steht.
Es gibt kein Wissen, was sich der Mensch in seinem Nachjagen seiner Begierden aller Art einhandelt.
Es gibt kein Wissen über das geistig am Menschen angewandte Prinzip von Ursache und Wirkung, vor allem nicht in dessen Umkehrschluss.
Es gibt kein Wissen, was Gott in Wahrheit bedeutet.
Es gibt kein Wissen darüber, dass Gott die Menschen nicht liebt, sondern ob ihres Lebenswandel abgrundtief hasst.

Sie können jetzt millionenfache Gegenargumente aus Ihrer sterblichen Gedankenwelt heraus konstruieren. Kein einziges Argument kann die Wahrheit dieser Aussagen beleidigen. Der Ungeist des Endlichen, des Sterblichen, und der Begierden ist so schwach, dass er den hohen Geist der Unendlichkeit nicht begreifen kann und auch nicht will, aus Angst vor dem Inhalt seiner Verdrängung im Unbewussten. Solange der schwache Ungeist den Grund seiner Schwäche nicht erkennt, bleibt dieser eben das treue Futter zum Antrieb des großen geistigen Rades der Wiedergeburt nach dem kausalen Wahrheitsprinzip, welches dem Ungeist übergeordnet wurde. Sich im Nichtwissen zu suhlen ist gleichbedeutend mit der Maximierung seiner Lüste. Nur die Lüstlinge machen die Rechnung ohne Wirt. Die Rechnung wird in der momentanen Ahnungslosigkeit gegenüber dem Nachtodverfahren dem restgeistigen „Ich“ dort präsentiert. Nur das Nichtwissen aus Bequemlichkeit und Desinteresses konserviert, verschleiert dem Menschen die Sicht zu der auf ihn zukommenden gewaltigen Gefahr, vor welcher Hamlet sich schon mit seiner bangen Frage an den Tod ängstigte. „Sein oder nicht sein“ wird hier nicht zur Frage, es ist mit Bestimmtheit das „Sein“.

Zusammenhänge (79)

Besteht ein Zusammenhang zwischen der rasant ansteigenden Weltbevölkerung und den gewaltigen Kriegen, Naturkatastrophen und Seuchen?

Die menschliche Gesellschaft war immer ein ungeheuerlicher produktiver Lieferant von Verbrechen- und Machtmenschentum aller Art, samt deren Hilfswilligen durch alle Zeiten. In Gebieten der Langzeit-Verelendungen erfolgt Raum durch Abgänge, aber der Zustrom ist enorm und erhöht sich von Jahr zu Jahr zwangsläufig durch ehemalige Verursacher von Bösem im früheren Leben. Außerdem hat sich der Zeitraum zwischen Tod und neuer Geburt stark zurückgezogen, die Folge, das Rad dreht sich schneller, der Auswurf in die Wiedergeburt erfolgt immer rascher und die Neugeburten steigen vor allem in den Elendszonen aus den bekannten Gründen. Die gebietsweise hohen Lebenserwartungen werden kompensiert durch die Jungsterblichkeit anderer Regionen. Die kleinen und großen Verbrechen nehmen stark zu. Die Aussicht auf Läuterung ist fast am Nullpunkt angelangt, also wozu noch Versuche organisieren? Tod, Verurteilung, in dieser geringen Zeit wird das „Ich" körperlos von der Seele zur Verantwortung gezogen, anschließend kurz und schnell wieder rein in das Elendsleben geworfen, aufgrund von dem kausalen karmischen Grundgesetz. Kriege, Katastrophen und Seuchen kann es nur so lange geben, als das „Urgeschehen" von Kain und Abel nicht gesühnt ist. Erst wenn alle menschlichen Lebewesen sich am Sumpf ihres eigenen Elends erleben werden, dann hat kein Mensch mehr die Möglichkeit, sich dem Größenwahn einer Macht zu bedienen. Dort, wo eine Begierde samt ihren vielen Untertanen kein lohnendes Ziel mehr ortet, zieht Friede über die Erde. Das Rad der Wiedergeburt hat dann seine Tätigkeit eingestellt, keine Ursache schafft mehr eine Wirkung. Die Erde, übersät von 7 Milliarden verwesenden tierischen Körpern, die sich einst Menschen nannten. Die Materie Mensch hat ihren Kampf um Macht und Gloria endgültig verloren. Gott hat den fürchterlichen Lustmolch mit deren menschlichen Körpern unbarmherzig ausradiert. Diese Prognose hat zu viel Erfahrung an der bisherigen Menschheit und deren Tun gesammelt, sodass ein fauler Wunsch, dies sei nur eine Fiktion, nicht erfüllbar sein wird. Es muss jeder Mensch für sich selbst die Entscheidung treffen, ob er dieser unausweichlichen Verelendung wirklich unbewusst wie bisher entgegengehen will. Die eingangs gestellte Frage stellt sich nicht mehr, das Endprodukt wurde schon vorweggenommen. Die schwerwiegendste Tatsache im menschlichen Leben erlebt sich in einer kapitalen Verdrängung. Jeder einzelne Mensch im Elend hat selbst die Voraussetzung dazu für sich in seinem vorangegangenen Leben selbst geschaffen. Diese Wahrheit will man nicht wahrhaben, und genau das gibt den Begierden ihren Lebensunterhalt. Doch das Leben geht weiter, trotz der 7 Milliarden Leichen. Es war ja nur das endlich menschlich körperliche Leben, das Leben der sterblichen Materie Mensch.

Die Menschheit hat nicht begriffen, dass es ein furchtbarer Fehler war, sich von Gott abzuwenden, um selbst Gott „spielen" zu wollen. Daraus ist das wahre Drama unserer Menschheit geworden.

Diese lächerliche Endzeitspielerei mit Science-Fiction-Filmdarstellungen voll von Gewalt zeigt ja nur das Massensterben, aber nichts darüber, was dann weiter geschieht. Das Geschäft mit der Angst blüht. Der Mensch begibt sich gerne in Gefahr auf der Fernsehliege. Die *wahre* Angst kennt niemand, diese verhüllt sich dem Endlichen. Angst mit voller Berechtigung ist die, welche vom Geistigen, dem „Ich-Ungeist", angetan werden wird.

Gott hat nur ein riesiges Problem zu lösen. 7 Milliarden Leichen geben ja 7 Milliarden unfähige „Geist-Ichs" frei, die sich von der göttlichen Aufgabe abwandten, um ihr eigenes Süppchen zu kochen, ursprünglich mit ihren jetzt daliegenden Leichen. Der Körper Mensch wäre jetzt abgehandelt. Nicht aber das Geistige, in welchem sich das „Ich" des Menschen erlebt, allerdings seit seiner Abtrünnigkeit nur mehr geistig minimiert. Der „Ich-Geist" ist nach wie vor unsterblich geblieben, er ist ja ein geistiger Abkömmling, der sich einst mit dem sterblichen Körper verband, und darin liegt sein Problem. Das geistig unsterbliche „Ich" in der Art eines Energiewesens ist verzweifelt, niemals mehr Mensch mit Körper sein zu dürfen, nie mehr Macht oder Lustbarkeiten genießen zu können, aber auch nicht mehr im körperlichen Elend verrecken zu müssen. Diese ganzen 7 Milliarden körperlosen Geist-Einheiten befinden sich nicht mehr in der gewohnten diesseitigen Erdenwelt, sondern in der jenseitigen Himmelswelt. Die göttliche Seele rächt nun das Leid Gottes an den unendlich verursachten Leiden dieser „Ichs". Die Zusammenhänge zwischen den schlechten Taten im Leben und den zu Beginn angeführten Auswirkungen sind evident.

Jeder Mensch hat sein Unbewusstes, sein Bauchgefühl, fragen Sie das, aber nur, wenn Sie bereit sind, sich von Ihren Begierden zu befreien. Sie werden damit den besten Rat erfahren, nur der Wille dazu muss von Ihnen ausgehen.

Die funktionsuntüchtige Kommunikation (80)

Der heutige Mensch birgt in sich alles das, was ihn zum traurigen Nachfahren des einst göttlichen Menschen machte. Zwischen der Art dieser beiden menschlichen Wesen liegen Welten.

Das Hauptproblem liegt an der nicht mehr funktionstüchtigen Kommunikation zwischen Geist und Seele des Menschen. Des Menschen Liebling, sein tierischer Körper gepflegt, verhätschelt, verkleidet, mit tollsten zur Verfügung stehenden Mitteln jeglicher Art, eben allein sein Körper für das Statussymbol Mensch. Nun, tierischer Art bleibt er trotzdem, wenn auch sein „Gestank" minimierbar gemacht wird. Der Körper, zweckentfremdend, ist zusammen mit seinem Denkgerät Gehirn ein sinnloser Nachfahre geworden.

Nun zu den anderen zwei Komponenten, die das Menschsein ausmachen sollten. Es wird schwierig sein, außerhalb der Materie des hochgejubelten Körpers noch ein Interesse an etwas anderem zu orten als Geist und Seele. Diese beiden erleben sich lediglich in Benützung von oft hochtrabenden Redewendungen, bis hin zu einer vollkommenen Nichtvorhandenseins-Beurteilung seitens des nur körperbewussten Menschen. Das Denken des Menschen ist nicht in der Lage, das Prinzip Geist, geschweige dessen Aufgabe, zu formulieren. Dasselbe gilt für die Seele. Daraus geht klar die gewaltige Dominanz des ungeistigen Denkens des Menschen zugunsten der Materie seines Körpers hervor. Immer wieder gab es Abhandlungen über den Geist und die Seele, nur keine schlüssige, da bis dato die Entstehung und vor allem das „Warum“ der Werdung von Geist und Seele im dichten Nebel des menschlichen Denkvermögens liegt. Die Sinne des Menschen können nur Materie erforschen. Trotzdem, zum Interesse den Willen dazu gesetzt, das Denken komprimiert, damit können unvorstellbare Leistungen aufkommen. Dazu gäbe es unzählige Beispiele. Die Sinnhaftigkeit ihrer Ergebnisse sind leider sehr oft in Frage zu stellen, vor allem von nutzlos eingesetzten Höchstenergien, wenn diese nur in der Materie sich niederschlagen. So eine starke Interessenswillenskraft, falls diese sich mit der Weite eines fantasievollen und zielgerichteten empfindenden Denkens verbinden würde, entstünde eine Energie, die zaghaft vielleicht in das Geistige hineinschauen dürfte. Das Geistige ist diese Energie, welche sich hinter der Grenze des so gefürchteten körperlichen Todes in der Unendlichkeit des Kosmos beheimatet fühlt. Um hier weiterkommen zu wollen, ist Wille, Mut und Leidensfähigkeit gefordert. Wie bei allen extremen Vorhaben kann es gelingen oder alles zerstören. Dass der heutige nachparadiesische Mensch mit geistigen Begriffen nicht wirklich etwas anfangen kann, entspringt einer Maßnahme Gottes und ist das Produkt einer Rache des Herrn für die getroffenen Maßnahmen der Menschheit, die sich gegen den Willen des Herrn stellen.

Der Geist: In ihm befindet sich eine unsterbliche, unendlich unvorstellbare Kraft einer Energie, die, von der höchsten Zentrale ausgehend, gleichmäßig wirkend den gesamten Kosmos, die Welt Gottes, ausmacht. Die Materie des Körpers Mensch ist für geistige Energie in ihren gewaltigen, nicht ausdrückbaren Dimensionen gar nicht geschaffen, das heißt, Geist durchdringt jedwede Materie, als sei diese gar nicht evident. Es sei denn, hoch geistige Energieeinheiten nehmen sich bewusst bestimmter Materie an und setzen sich in Einheiten von diesen unerkannt für eine bestimmte Aufgabe fest. Materie, Körper Mensch, ist so eine materielle Einheit, die für geistige Energie eine Aufgabe darstellte und forderte. Der Geist hat somit die Materie Mensch in seine Obhut genommen. Jedem Körper seinen Geist im Sinne der Metaphysik. Diese Energie des Geistigen belebte die an sich schon lebende Materie Mensch zum Selbstbewusstsein. Die Energie des Geistes hat von der Materie nach der Idee Gottes Besitz ergriffen. Der materielle Körper erlebte sich bewusst kraft seines Geistes in seinem „Ich bin". Erst mit diesem geistigen Vorgang seiner Bewusstseinsbildung erhob sich der Mensch über seine bisherigen tierischen Artgenossen. Nicht körperlich, sondern eben nur geistig. Nach der Idee Gottes war damit die Erschaffung Mensch fertig und bereit, seine ihm zugedachte kosmische Aufgabe zu erfüllen. Die Materie erlebte sich unter der Führung des Geistes im Produkt Mensch mit seinen gezähmten Gegensätzen.

Noch ein starkes geistiges Energiewesen gesellte sich zu dem Duo Körper und Geist, es war die Seele. Sie, aus derselben hoch geistigen göttlichen Energiewelt stammend, war und ist nur mit einer anderen Aufgabe betreut. Die Seele wurde zur Mittlerin zwischen einerseits Materie-Geist und andererseits der göttlich kosmischen Welt bestimmt. Das geistige „Ich" des Menschen und die göttliche Seele bilden zwar eine geistige Energie-Einheit, aber eben mit verschiedenen Aufgabenstellungen. Der Mensch, wie er sich heute darstellt, ist nicht mehr ident mit dem paradiesischen Menschen. Mit den sich aus seinen schlechten Handlungen ergebenden Differenzen zwischen Körper, Geist und Seele ging auch seine werdende Geistlosigkeit einher, geblieben ist ein kleiner Rest von geistiger Energie. Der Mensch entwickelte sich vom sinnvollen kosmisch geistigen hinunter in das sinnlose materielle Tun. Der ehemals göttliche Mensch degradierte sich selbst zum heutigen „geistigen" Untermenschen. Die göttlich geistige Seele, vom „Ich" in das Exil gedrängt, verharrt dort noch immer fassungslos über das, was der „Ich-Geist" Mensch durch seine Abkehr von Gott aus sich gemacht hat. Sie als Botschafterin des Göttlich-Geistigen im Menschen hat auch in ihrer neuen Lage nun Stellung bezogen. Sie hat sich in Stellung gegen das ehemals geistige „Ich“ im Menschen gebracht. Zwei ehemalige Gleichheiten als göttliche Geistwesen sind nun „Gegner“ geworden. Das vom Geist abgefallene „Ich bin“ des Menschen verband sich mit seinem Körper und erfüllte dessen Begierden. Der von Gott abgefallenen „Ich-Geist“ des Menschen findet sich in der Mystik als der gefallenen Engel wieder.

Die göttliche Seele, unschuldig in dieses Dilemma geraten, konnte ihre ursprüngliche Aufgabe nicht wahrnehmen, formierte ihre Aufgabe neu und begann sich mit der Tätigkeit des geistig heruntergekommenen Konstrukts Mensch mit dessen Handlungen und Taten auseinanderzusetzen. Mit allen geistig göttlichen Vollmachten ausgestattet holt die Seele nun zum Gegenschlag gegen das ungeistig gewordene „Ich“, samt ihren geliebten tierisch-materiellen, sterblichen Körpern aus. Das „Ich“ des Menschen, enorm beschäftigt die Begierden seines Körpers, sowie damit, die eigenen zu erfüllen, nahm bis heute nicht so ganz seine Geistlosigkeit wahr. Die Seele erlebt Tag und Nacht in ihrer Menschgebundenheit alles, was geschieht. Jeder Gedanke, jede Tat, ob gut oder schlecht, jede Sekunde, alles wird registriert und bewertet. Täglich ergibt sich eine Gutschrift oder Belastung. Das ist die Tätigkeit der göttlichen Seele, denn wer sonst wäre besser dazu geeignet, alles Tun in ununterbrochener Kontrolle zu haben. Sie ist auch ein grandioser Verteiler von Ursachen und exakten Wirkungen, und das auf zwei Ebenen, diesseits und jenseits. Wie sich das in der Praxis umsetzt, darüber wurde berichtet. Das Prinzip im kausalen Zusammenhang ist, wer Leid sät, wird Leid ernten. Die Seele handelt wie die irdene Gerichtsbarkeit: Nichtwissen schützt nicht vor Strafe.

Die wahre Welt und die Scheinwelt (81)

Ihr Verstehen zu meinen Schriften könnte fallweise sicher schwierig sein, oder auch gar nicht einsetzen. Das Problem liegt darin, dass wir Menschen die ursprüngliche Welt, in der wir einst lebten (gemeint ist die paradiesische), verließen und uns eben die Welt nach unseren Vorstellungen aufbauten, die wir jetzt kennen. Seit wir uns von der göttlichen Welt trennten, sind bereits achtzigtausend Jahre vergangen. Der Ausdruck Paradies erinnert heute noch an den damaligen Bestand. Viele weise Sprüche werden über Geschehnisse zitiert wie über Adam und Eva, Kain und Abel, Himmel-Hölle-Fegefeuer, Engel, Teufel und viele mehr, sie alle haben die nachfolgenden Zeiten überdauert. Der Mensch hat in der Welt, in der er angeblich alles machen kann, mit seiner Technik vieles erobert. Die Wissenschaften und das daraus Entstandene, die Unkunst, die angeblich Kunst hervorzaubert, all dieses ständig von niemandem kontrollierte, voranstürmende und Sich-Pseudoerneuernde, wähnt sich für den Menschen als Sieg des Fortschritts, als unfassbar großartig, eben der Beweis, der Mensch sei die Krone der Schöpfung. Niemand denkt daran, dass jeder Einzelne von uns damals einen Vertragsbruch beging, als er sich seine eigene Welt baute und doch nicht von seiner wahren alten Welt loskommt, trotz aller Verdrängungs- und gottähnlich seienden Größenwahnprozessen. Der Mensch baute und baut seine Welt ohne Geist-Energie, sondern nur mit einem übrig gebliebenen Rest sowie dem mehr oder weniger stark ausgeprägten Denkvermögen aus der Materie in seinem Gehirn auf. Dieses Denken besitzt nur eine endliche Denkkraft, die eben mit dem Tod des Körpers erlischt. Seit seinem damaligen „Vorgehen“ trägt der Mensch nicht mehr das in sich, welches ihm die alten Fähigkeiten einer Geistigkeit vermittelt. Sein damaliges „Ich“ erlebte sich in dieser wahren unendlichen Geistigkeit. Unendlich ist sein „Ich“ auch heute, nur eben geistig energielos und an seinen Körper mit materiellem Denken gebunden. Aus dem ehemaligen Geist-Wesen des göttlichen Menschen ist heute nur mehr ein sterblich denkender geistloser Körper geblieben. Gott lässt sich nicht ungesühnt betrügen und beiseite schieben. Die Vergangenheit der damaligen Menschheit wird einfach als mystischer Aberglaube abqualifiziert, anstatt dieses Geschehen einer geistigen Forschung zu unterziehen.

Alles, was einmal da war, lässt sich erforschen, das beweisen zum Beispiel die Archäologen, nur all das hat zu der geistigen Vergangenheit der Menschheit keinen Bezug. Gerade aber diese Vergangenheit ist von enormer Bedeutung, denn in ihr ist eindeutig die paradiesische Vergangenheit und die dunkle Zukunft der Menschheit gespeichert ablesbar, aber nicht für Materie-Forscher, sondern eben für Menschen, die sich die Voraussetzung schaffen, das eigene Sein, den wahren Sinn des menschlichen Lebens zu erforschen. Da bei dieser Forschung der Tod mit seinem Wahrheitssinn die Hauptrolle spielt, getraut sich an dieses Forschungsgebiet fast niemand heran. Im Krieg würde das Feigheit vor dem „Feind" bedeuten. Lieber vor Angst schlottern und sinnloses Zeug erforschen, sich dabei noch groß feiern lassen, alles nicht leicht Erkennbare als nicht existent erklären und sich von den eigenen Begierden leiten lassen. So sieht die Intelligenz der heutigen Weltengesellschaft samt ihren „Sagern" aus. Interessen für Materie vertragen keine Interessen für Höheres, eben für Geistiges. Das Niedrige will nie das Höhere ertragen, dafür sorgen schon die Gegensätze innerhalb der geistlosen Begierden. Hier muss einem bewusst werden, der Mensch hat sich gemäß seiner Eigenmächtigkeit und Abwendung von Gott eine reine, nur der Materie und den Begierden dienende Scheinwelt geschaffen. Nur der heutige Mensch vergisst, dass seine ehemalige geistig paradiesische Welt in ihm nach wie vor evident ist, und zwar durch den geistigen Anteil, den des geistigen, aber energielos unsterblichen „Ich" und die göttlichen Seele. Also lebt der heutige Mensch wie in zwei Welten, in der ungeistig irdenen diesseitigen, und unbewusst in der geistig jenseitigen Welt, nur letztere will er nicht wahrhaben. Die Differenzierung dieser beiden Welten ist enorm. Eine Wiederzusammenführung wäre und ist die einzige Möglichkeit, um die Menschheit nicht in eine unendliche Katastrophe führen zu lassen. Jeder einzelne Mensch ist gefordert, mit seinem „Ich" innerhalb seines Hirndenkvermögens den Kontakt mit seinem im selben Körper beheimateten Unbewussten aufzunehmen. Die Rettung kann sich nur in der Wiederversöhnung zwischen dem wieder geistig werdenden „Ich" und seiner göttlichen Seele abspielen. Die Voraussetzung dazu ist, seine Begierden mit allen Nebenerscheinungen zu zähmen. Genau das muss dem Menschen durch konzentriertes Nachdenken bewusst werden. Er kann nur in einer Welt ohne Leid und Angst glücklich leben, und das ist nicht seine Scheinwelt, sondern die wahre geistige Welt Gottes.

Die zwei Welten (82)

„Ich bin", das „Ich" im Menschen, das „Ich" im Kopf des Menschen, das ist die Energie eines Geistes, der sagen kann, „Das bin Ich". Ich bin eben „Ich", und muss daher auch die Verantwortung darüber tragen, was ich und mein Körper so anstellen. Nicht immer war ich ein „Ich" im Menschen, denn ich erlebte mich in der hohen geistig kosmisch göttlichen Welt innerhalb riesiger Energien, die aus einem Strahlenzentrum in alle kosmischen Tiefen gelangten. Am Ende von Billionen von Strahlungsfeldern war ich als kosmische Energieeinheit zusammen mit vielen Partnerschaften im Gleichsein der göttlichen Harmonie als Engel zu Hause. Ein starker Eingriff in unsere geistige Lebenswelt erfolgte erst nach der Erschaffung einer Materie, eine Miniaturwelt, das Universum. Aus diesem heraus entwickelten sich Lebewesen, bis hin zur tierisch menschlichen Wesenheit. Zur Materie gesellte sich vorher die geistige Lebensenergie, und diese schaffte erst Leben in die an sich tote Materie. Endlichkeit für jegliche Materie vorprogrammiert, und das auch für den materiellen lebenden Anteil des Menschen, seinen Körper. Der Menschwerdung fehlte noch zur lebenden Materie das geistige Prinzip. Die Geistwesen als Energieträger der kosmisch göttlichen Welt gelangten nun in die Sphäre der Materie. Der neue Dienstvertrag mit Gott stellte diese in die Verantwortlichkeit über der Materie Mensch als sein geistiges „Ich". Der Mensch, erschaffen aus der Idee Gottes, war mit Körper und der Energie des Geistes entstanden. Der Geist bildete das „Ich" des Menschen und prägte dessen Gedanken und die Verantwortung über das gesamte menschliche Tun. Der Gedanke ist das „Ich" und der Gedanke ist geistig. Das geistige „Ich" prägt den Gedanken und dieser fliegt ein in das endlich seiende Denkvermögen des menschlichen Gehirns. Der göttliche Gedanke – ein Harmonie-Denken in wahrer Freiheit.

Das endliche Denken der körperlichen Materie trägt das Prinzip des Gegensatzes in sich. Es vereinigt sich hier das Wesen Mensch aus Geist und Materie. Das materielle Denken der Polarisierung ordnet sich unter das hohe geistige Denken der Harmonie. Es entsteht die Notwendigkeit, diese beiden Denkarten in ein praktizierendes menschliches Leben und dessen Handlungen einzubringen, um sozusagen einen anschaulichen Lebensgang zu gewährleisten. Das Menschsein nach der Idee Gottes ist der praktische Träger eines Wechselspieles zwischen Geist und Materie, zwischen Diesseits und Jenseits. Der einzelne Mensch zeigt in sich und durch das Zusammenleben mit anderen das Prinzip von Yin und Yang auf. Die Energie des geistigen Denkens aus dem göttlichen Kosmos formuliert im „Ich" des Menschen, dass die geistige Umhüllung der Harmonie vom Gegensatz der Materie keinen Schaden erleidet. Profan ausgedrückt symbolisiert sich dieses Prinzip mit einer gewissen Solidarität zwischen Materie und Geist im Zusammenleben zwischen den paradiesischen Menschen. Besser ist dieses Weltenprinzip von Yin und Yang nicht zum Verständnis zu bringen. Dass hier kein Ausbruch aus dieser umhüllenden geistigen Harmonie entstehen durfte und konnte, war die Aufgabe jedes einzelnen Menschen unter der Obhut seines geistig denkenden „Ich". Eine Gesellschaftsordnung, in welcher deren vorhandene Polarisierung niemals die Harmonie durchbrach, ist das, was die spätere Menschheit als das Paradies bezeichnete. Ein Mensch innerhalb dieser Gesellschaftsordnung würde niemals eine Ursache schaffen, die einen

Durchbruch seines Gegensatzes durch seine oder eine andere Harmonie zur Folge hätte. *Keine Ursache kann eine böse Wirkung schaffen.* Eine ideale Ordnung, in der Leid, Gewalt oder Angst niemals zum Thema wurden, welches seit unendlich langen Zeiten bis heute nur mehr ein Menschheitstraum geblieben ist.

Das mit geistiger Energie denken könnende „Ich" jedes einzelnen damaligen Menschen war Garant für das harmonische Mit- und Untereinander. Gott konnte mit diesem System des Gegensatzes innerhalb der Harmonie der Welt vorführen, dass ein Leben, eine Koexistenz von Materie unter der Führung des Geistes eben als das menschliche „Ich" sich als möglich darstellen kann. Das geistige „Ich" jedes Einzelnen ist damit Verantwortungsträger dieser Harmonie. So ist der Mensch für das gewaltig kosmische geistige Weltensystem ein Träger geworden. Der bekannte menschliche Bestand von Körper, Geist und Seele ist Wahrheit, richtiger ist Körper, Ich (Geist) und Seele, denn das „Ich" stammt ja aus dem unendlich Geistigen und hat ewig in seiner Unendlichkeit Bestand als ein göttliches Energiewesen, dem Menschen auf seine jeweilige Lebenszeit zugeordnet. Dieses paradiesische Leben ist nicht unbedingt mit einem körperlichen Wohlsein-Leben ident. Der Körper des paradiesischen Menschen ist tierischer Art und sollte auch so funktionsgerecht sein, Leben darstellen. Die Funktion des Lebensgeistes stellt sinngemäß die Energie des körperlichen Erhalts auf Zeit dar, und ist die höchst mobilisierbare Materie in deren existenten Polarisierung.

Wir befinden uns noch im paradiesischen Zeitalter, und die Welt zeigt sich noch im geistigen Umfeld der Harmonie des Kosmos und der göttlichen Harmonie.

Körper, Geist und Seele = Materie, Ich-Geist, Gott

Das „Ich" in seiner geistigen Energie erhielt einen gleichgestellten geistigen Partner, die Seele. Sie prüft das, was der Mensch lebt, nämlich den Gegensatz innerhalb der Harmonie, eben dieses Prinzip insgesamt zu vergeistigen und dem kosmischen Erfordernis einzuverleiben. Billionen von menschlichen Einheiten aus der menschlichen Trinität schafften es, dieses großartige Weltenprinzip zu gestalten und es in die kosmische Anwendung zu führen. Das hier Dargebrachte, soweit es das Geistige betrifft, in Beweise des endlichen Denkens zu bringen oder bringen zu wollen, wäre so unmöglich wie den Beweis eines Urknalls einem Verständnis dem geistigen Weltengeschehen beizumessen. Der heutige Mensch ist nicht in der Lage, geistige Zusammenhänge in das Prinzip der kausalen Gesetzlichkeit zu bringen. Ein Kind kann niemals in die Gedankenwelt von Erwachsenen eindringen, es kann nur staunend aufschauen zu den hoffentlich lieben Eltern und glauben, was diese ihm sagen, eben auch ohne Beweisführung. So ähnlich müssten Sie das für Sie noch geistig Unverständliche annehmen können. Die Idee Gottes war, solange der Mensch sich im Paradiesischen heimelig fühlte und seine kosmische Aufgabe wahrnahm, voll aufgegangen. Der kosmische Geist erhielt das, was er benötigte. Es hätte nicht mehr lange Materien-Zeit bedurft, und das gesamte göttliche Vorhaben hätte seinen erfolgreichen Abschluss gefunden. Materie entmaterialisiert, die geistigen Anteile setzen kraft ihrer Energie ihre engelhaften Aufgaben fort.

Die Veränderung (83)

Das, was die gesamte Welt der Materie Mensch veränderte, verändern musste, begann nicht mit einer universellen Katastrophe, es begann nicht in der Materie. Es begann im kleinsten gemeinsamen Nenner, in der Beziehung zwischen Geist und Materie in sich. Der Ich-Geist des Menschen konnte oder wollte den immer stärker werdenden Druck aus dem Gegensatz der Materie seines Körpers nicht mehr in allen Belangen standhalten. Die unendliche Energie der Harmonie des Geistes, unerfahren gegenüber der endlichen Energie des Gegensatzes aus der Materie, verlor an Durchsetzungskraft. Die Forderung der endlich denkenden Materie in Bezug auf ihre Selbstbestimmung wuchs, der menschliche

Körper forderte Mitbestimmung. Der Geist der göttlichen Seele kam dem „Ich“ zu Hilfe, nur dieses „Ich“ hatte selbst Gelüste auf Selbstbestimmung in seinen geistigen Gedanken zusammen mit seinem Körper bekommen. Die göttliche Seele konnte nur mehr warnen vor dem Vertragsbruch des geistigen „Ich“ gegenüber seinem Schöpfer. Die endliche Materie Körper-Mensch wuchs mit ihrem Gegensatz stark, darauf wurde die Energie des schwächelnden Geistes des menschlich unsterblichen „Ichs“ vom Herrn auf ein Minimum reduziert. Nicht auszudenken, was passierte, wenn hohe geistige Energie in die Befehlsgewalt der Polarisierung von Materie gerät. Die einstmalige geistige Führung des Menschen durch die Energie seines geistigen „Ich“ ist erlahmt und hat sich mit der endlich denkenden Welt des sterblichen Gehirns im menschlich tierischen Körper vereint. Das erklärt die ausgeprägte Körperlastigkeit der Menschheitsgeschichte seit Adam und Eva, seit dem Hinauswurf aus dem Paradies.

Der nachparadiesische Mensch, in dem Gott keine Basis mehr besitzt, ist nur mehr auf das endliche sterbliche Denkvermögen aufgebaut. Der Mensch beweist sich selbst diese Tatsache durch seine geistlosen mörderischen Taten, nachgewiesen in der Menschheitsgeschichte. Projektionen, die aus dem Geistigen herunterleuchten, sollten sie einfach in Glauben umwandeln und deren Logik folgen.

Das Denkpotenzial im Menschen (84)

Wie oft wird auch von Experten behauptet, der Mensch hätte ungeahnte Denkfähigkeiten, er müsste diese nur aktivieren. Außer dem immer höher werdenden Druck, der auf junge „Eliten“ ausgeübt wird, stößt das menschliche Denkvermögen doch schon auf seine Grenzen, ausgenommen derer, denen der Lebensgeist eine höhere Dosis Denkenergie gewährte. Auf sogenannte Genies wird sich gestürzt und diese gefördert, damit vielleicht mit noch effizienteren Forschungen die bisher nicht erfolgten Ziele schneller erreicht werden, welche die Begierden den Wissenschaften gerne vorgeben. Die Entstehung von Physik und Chemie aus der Alchemie benützte die Gier, um Forschungen nach künstlichem Gold, Schönheitsmitteln, Gesundheitswässerchen für Jugendlichkeit, Langlebigkeit und Sexualstärke anstellen zu lassen. Einerseits will die Chemie in ihrer künstlichen Natürlichkeit in die Natur der menschlichen Nahrungsgrundlagen entscheidend bei entsprechenden Erfolgen sowie den verheimlichten Misserfolgen eingreifen und mit einem Diktat einer gleichgeschalteten Massenernährung gleichermaßen für Mensch und Tier samt den dabei verschwiegenen Nebenwirkungen fortsetzen. Dass solche Nebenwirkungen in von wahrscheinlich nie beweisbaren Krankheiten münden, bringt wiederum die Pharmaindustrie auf den Plan. Die Chemie benötigt nicht mehr die alte Gier nach Gold, sie hat die doppelte Gewinnmaximierung mit ihren menschlichen Gehirnen entdeckt. Der nächste „Clou" ist die Jagd auf das Aids-Virus. Es steht nicht auf der Liste des am meisten Krankmachenden. Hier sind andere Prioritäten gesetzt, es geht hauptsächlich um die Profilaxe. Denn eines ist sicher, auf die Maximierung des hemmungslosen Sexes in allen Varianten will kaum jemand verzichten. Hu – eine arschwackelnde Bejahung beiderlei Geschlechtes wird sichtbar. Unvorstellbar, welches Kapital hier für diese Forschung eingesetzt wird. Niemand wird doch durch großzügige lustvolle Sexpraktiken sterben wollen. Unvorstellbar, welche Gewinnmaximierung durch Sexmaximierung erzeugt wird. Diese armen kleinen erfolglosen Goldmacher-Alchimisten des Mittelalters, die Urväter unserer heutigen, die Welt beherrschenden Chemiekonzerne, ob die das so wollten? Wenn man jetzt noch die gewaltige Errungenschaft der Technik bis hin zur Atomspaltung ansprechen will, und das alles nur zum Glück und Wohle der Menschheit, dann muss man nachdenklich werden, ob eine Ausweitung des menschlichen Denkvermögens noch als sinnvoll zu erachten ist, weil noch eine Maximierung schlagend wird, die der hemmungslosen Lügner. Tatsächlich trägt das menschliche Denkvermögen die Ausweitung in unendlich weisendes Denken in sich, aber nicht für den sterblichen Nur-Körper-Denk-Menschen der heutigen Art. Dieses Privileg war dem Menschen, der nach der Idee Gottes erschaffen wurde, im Sinne seines kosmischen geistigen Schaffens gegeben. Der Mensch erlebte sich damals als Maß aller Dinge.

Die heute vorhandene untermenschliche Abart dieses einst göttlichen Menschen erlebt sich im Wahn des Alles-Könnens, das Sich-über-Gott-Hinwegsetzens, und endet als Endprodukt in Krankheit, Leid, Angst und Tod. Alle Machthaber in ihrem Größenwahn sind im geistigen Umkehrschluss die heutigen, der Verelendung preisgegebenen Vorgänger und zugleich die Nachfolgenden dieser Elenden. Hier schlägt die Verursachende, Wirkung Schaffende, im geistigen unbekannten Umkehrschluss als Ursache verheerend zu. Nur das Leid in der Unendlichkeit, ohne Hoffnung, sterben zu können, wird bei jedem Einzelnen der jeweiligen vom Größenwahn Befallenen zum kläglichen Bitter um Leidenserlösung. Doch wer soll sie erlösen? Von dem, was sie selbst in ihrem Machtwahn darstellen wollten? Demnach wären der zu Erlösende und der Erlöser ein und dasselbe!

Als die Lüge noch sichtbar war (85)

Der Mensch zur Ansicht präsentiert sich in seiner aus Materie bestehenden Körperlichkeit, gut gewachsen, sich gerade aufrecht bewegend, seinen Kopf etwas mit wissendem Stolz tragend. Ihn begleitend, nein, ihn umrahmend eine Art Regenbogen-Farbigkeit, sichtbar für alle Lebewesen, seine „Aura". Diese Aura ist ein Produkt der Lebensenergie aller Lebewesen und fällt nicht in die Materie des Körpers. Diese Aura ist nicht greifbar, aber für alle Lebewesen untereinander sichtbar, und hat eine aussagekräftige Signalwirkung. Sie ist ein sichtbares Ausdrucksmittel für das, was in der Energie der Gedanken in einem Lebewesen vor sich geht. Dem Grunde nach ein Schutzmechanismus. Jedes Lebewesen zeigt mit der Farbgestaltung seiner Aura seinem Gegenüber, wie es diese Begegnung empfindet. Aggression oder Friede wird hier bewusst zur Schau getragen. Die Farbzusammenstellung zeigt den jeweiligen Gemütszustand dem anderen an. Zu der Materie des tiermenschlichen Körpers gibt es ein Beiwerk, das sicher nicht der Materie der diesseitigen Welt angehören kann, sondern der Lebensenergie der rein geistigen jenseitigen Welt, welches das innere Vorhaben eines Partners, eines Gegenübers oder einer Gruppe nach außen sichtbar macht. Das mit der nur endlich seienden Lebensenergie ist für den menschlichen Tierkörper schon richtig, aber außer seiner Materie erlebte sich noch etwas Geistiges, ein unendlich Seiendes, in Energieform seines Ichs. Sie wissen schon, das „Ich", das sagen kann: „Das bin ich." Das Produkt Mensch als Materie mit seiner geistigen Lebensenergie, die diesen Körper sein Leben auf Zeit leben lässt, dazu das ebenfalls geistig wichtige Kommunikationsmittel, die ihn umstrahlende Aura, ebenfalls als Leihgabe auf Lebenszeit, welche die Denk- und Gefühlskraft sichtbar als Aura nach außen trug. Dieser damalige göttliche Mensch konnte weder Hass noch Freude vor Außenstehenden verbergen. Er konnte nicht Bösartiges planen und Lügen verbergen, daher für ein gedeihliches Zusammenleben etwas Wunderbares, denn damit stand alles immer im Gleichgewicht. Keine Gegensätzlichkeit konnte sich unerkannt stark machen und so die geistige Harmonie des menschlichen „Ich" gefährden.

Trotzdem kam es anders, obwohl das niemals in der Idee Gottes zu finden gewesen wäre. Dieses sich selbst in den Mittelpunkt drehen wollende geistige „Ich" des Menschen machte dies so langsam und geschickt, sodass die Sichtbarkeit der Aura- Farben keine nennenswerten Veränderungen aufwies. Allerdings wurde immer mehr vor- als zurückgedreht. Plötzlich war es zu spät. Das „Ich" war bereits unterwegs mit seiner Selbstgefälligkeit zu einem Beginn eines werdenden Größenwahns der Begierden, die Aura verlor ihre Sichtbarkeit durch die Geburt der Lüge. Wie sich die einstige göttliche Menschheit durch diese Einschnitte änderte, als die Lüge des Menschen unsichtbar wurde, kann man bis heute in der Geschichte unseres bisherigen Lebens nachlesen und täglich erleben.

Aus Freund wird Feind – und wieder Freund (86)

Bald findet sich kein Thema mehr im Zusammenhang der Mensch-Werdung und des Mensch-Seins, das nicht schon aus irgendeiner Perspektive beleuchtet wurde. Aber genau hier sind die variablen Sichtweisen, die immer tiefer hineinleuchten in diese zwei Welten, wichtig, denn wir Menschen müssen uns wechselweise einfinden, ohne dabei gefragt zu werden. Einfach hineingeworfen zu werden, und das mit oder ohne unsere Körperlichkeit.

Schicksal hin – Karma her.
Paradies hin – Elend her.
Tod hin – ewiges Leben her.
Das Gute hin – das Böse her.
Angst hin – Freiheit her.
Leid hin – Freude her.
Himmel hin – Hölle her.
Jetzt reicht es!!!

Da wird gegensätzlich polarisiert auf „Teufel komm raus“, nun das zu Recht, oder kennen Sie jemanden, der hier Klarheit hineinbrächte? Ein richtiges Kauderwelsch, das alles bis nichts beinhaltet oder umgekehrt, das Problem dabei, der Mensch steht dem Nichts genauso ahnungslos gegenüber wie dem Alles. Dem Warum? Beginnen wir doch bei dem, was dem Menschen als das für ihn Wesentlichste erscheint. Seine eigene höchste Wichtigkeit, sein „Ich“. Da steht er, dieser doch aufgeblasene Tierkörper im Nadelstreif, und brüllt „Ich will“. Ein anderer mit seinem „Ich“ schaut dämlich und ist still. So extrem unterschiedlich stellt sich der Mensch in seinem „Ich“ dar. Dieses „Ich“ im Menschen bildet eine Macht bis Ohnmacht, von welchen beide die Welt sozusagen von sich aus als Mittelpunkt betrachten. Allerdings fühlt sich sein Nachbar mit seinem „Ich“ auch als Mittelpunkt. Jetzt haben wir 7 Milliarden Mittelpunkte und hinter jedem steht so ein „Ich“ und bildet bei jedem seine höchste Wertigkeit. Hier ist Polarisierung vorprogrammiert. Jedes „Ich“ will über das andere Befehlsgewalt ausüben und damit Macht begründen. Das alles ist in der Menschheitsgeschichte genügend dokumentiert. Die mächtigste Institution im Menschen stellt somit sein „Ich“ dar. Dieses hat seinen Sitz im Gehirn, der endlichen Materie Mensch. Dieses „Ich“ denkt, befehlt, liebt, hasst, entscheidet, richtet, tötet, mordet, alles meist zweckgerichtet zu seinem „Ich“ und seines Körpers Befriedigung. Also sind die Aktivitäten des „Ichs“ auf seinen eigenen Vorteil gerichtet. Wir kennen nun die vielen Funktionen des unmenschlich denken könnenden „Ichs“ in der Befehlsgewalt ihres sowie auch anderen Körpern gegenüber. Was dieses „Ich“ darstellt, welche Substanz oder sonst was es hat, das weiß der Mensch nicht, nur so viel, er kann am besten mit dem Ich-Ego seine Begierden befriedigen.

Was ist eigentlich dieses „Ich“, das mich mit meinem Körper in den Mittelpunkt stellt und somit alle anderen neben mir platziert? „Ich will“, was will ich, oder besser, was soll ich wollen? Was soll mein „Ich“ überhaupt? Wozu ist dieses „Ich“ mit meinem Körper in einer Einheit, wo es selbst doch als Materie gar nicht nachweisbar ist? Dieses mein „Ich“ ist was? Auf diese Frage bekommt man keine Antwort, von nirgends, von niemandem. Es ist ein Geistiges, nicht endlich, wieso? Stirbt mein „Ich“ mit meinem Körper? Das Gehirn, der Gedankenproduzent, nein, nur ein Gedankenformer, geht mit dem Körper in Verwesung über. Aber das „Ich“, dieses Unsichtbare, nicht Realisierbare, was ist es wirklich? Es ist der geistige Energielieferant für das Gehirn, stammend aus der geistigen jenseitigen Welt. Das macht den gewaltigen Unterschied aus. In der diesseitigen Welt steht dem „Ich“ lediglich die Energie aus der nur endlich seienden Lebensenergie des Menschen, seiner Materie, zur Verfügung. Die Lieferung der geistigen Energie aus der jenseitigen Welt für das „Ich“ wurde auf Weiteres unterbrochen. Das geschah nicht zufällig, sondern damals, als man uns aus dem Paradies zu der Zeit von Adam und Eva vertrieb. Ja, kein Irrtum, alle derzeitigen 7 Milliarden „Ichs“ sind noch genau dieselben geblieben wie damals, sie wechselten nur einige hunderte Male ihre Körperlichkeit. Daher, Ihr „Ich“, mein „Ich“, womit wir unseren Willen kundtun, ist unsterblich, eine geistige Energie aus der Zunft der göttlichen Engelwesen. Wir alle verloren das geistige Denken, die „Ichs“ konnten ab sofort nur mehr mit der Denkenergie der sterblichen Gehirne operieren, und das bis heute. Die Mystik bedient sich über dieses gewaltig geistig kosmische Geschehen mit den furchtbaren Auswirkungen eines einfachen kleinen Ausdruckes, „Der gefallene Engel“, allerdings in 7-milliardenfacher Auflage.

Die Trinität der von Gott geschaffenen Einheit Mensch brach vollends auseinander. Das geistige „Ich“ des Menschen hatte die Warnungen der göttlichen Seele nicht wahrhaben wollen. Der Hass zog ein in das Ungeistige der Menschenwelt, verstärkte den Gegensatz der Materie und durchbrach die Harmonie des Menschen. Die zwei geistig göttlichen, unendlich seienden Energiewesen Ich-Geist und Seele wechselten von einer innigen Freundschaft in eine gnadenlose Feindschaft. Die in das Exil verbannte, dem Göttlichen treu gebliebene Seele hatte nun zwangsläufig eine andere Aufgabe übernommen. So führt sie bis heute täglich, stündlich, sekundengenau Buch über alle Taten des heutigen so ungeistig gewordenen Menschen. Die göttliche Seele weiß genau, wann ihre Zeit der Abrechnung gegen ihre abtrünnige Ex-Freundin da ist, dann, wenn der Tod ihr den geliebten Körper wegnimmt, die Gedanken aus der Gehirn-Energie nicht mehr das Sagen haben und sich daraus eine gänzlich neue Situation ergibt. In der jenseitig geistigen Welt stehen sie sich dann gegenüber, durch den Tod als freigesetzte Geistigkeiten. Das „Ich“ körperlos schlotternd, ahnungslos dem gegenüber, was dann hier geschieht, und die Seele, jetzt aus ihrem Exil befreit, als Richterin über das irdene Treiben des „Ichs“. Das Nichtwissen, das Verdrängen von allem, was mit Gott, Seele und geistiger Wahrheit zusammenhängt, das Nachjagen nach sämtlichen Begierden, das rächt sich in dieser Situation, in der Sie, ich und alle 7 Milliarden Menschen nach dem Tod sich befinden werden. Diese Seele als ehemalige Freundin des „Ichs“ nimmt Rache für die Schmach, die ihr im körperlichen Leben angetan wurde. Der Mensch muss endlich sein Bewusstsein dahin steuern, dass sein „Ich bin“ einfach ihn selbst darstellt, denn er betrachtet es, wenn überhaupt, immer als etwas neben ihm Seiendes. Alle Entscheidungen, ob gut oder schlecht, tätigt einzig und allein dieses „Ich", also man selbst, nicht der Körper entscheidet, denn er ist nur ausführendes Organ. Die „Amtssitze" im Körper des Menschen zwischen dem Gehirndenken und dem Bauchgefühl sind nicht weit auseinander. Nur dann, wenn das Bauchgefühl keine Anwendung findet, geschieht alles nach dem Willen des nur real materiell denken könnenden, begierdenabhängigen Gehirn-Ich-Denkens. Dieses Denken beherrscht den Menschen in seinem Leben hin bis zur gottlosen Brutalität. Das Bauchgefühl, ident mit dem sogenannten Unbewussten, in diesem zu Hause der verdrängte und verbannte Geist des Seelischen als Gewissen und Mahner. Zwei dem Grunde nach extrem gegensätzliche Zentren. Das erstere dem Tod der Materie geweiht, das zweite geistig im Verbleib der Unendlichkeit, dem Göttlichen geweiht.

Diese jeweiligen Saisonen:

Das Gehirn-Ich-Begierden-Denken nur im körperlich sterblich materiellen Leben, also lediglich in einer Saison zwischen Geburt und dem Sterben.

Das geistig seelische im Menschen erlebt sich in beiden Saisonen, im diesseitigen und speziell ausgeprägt im jenseitigen Dasein.

Der Logik folgend sind zwei Saisonen wesentlich ergiebiger. Nur der Mensch hat das nicht intus. Die beiden Saisonen müssen wieder im Menschen eins werden. Das geistig unendlich seiende „Ich" des Menschen erhält wieder seine geistige Energie zurück, wenn es sich mit seiner früheren Freundin Seele verbindet und damit den Zustand vor dem Sündenfall herstellt. Das Wort Religion bedeutet auch „Das sich Wiederverbinden mit Gott". Bringen Sie Ihr Harmoniebedürfnis heraus aus Ihrem Bauchgefühl, aus Ihrem Unbewussten, hinein in Ihr reales Denkvermögen, so lange, bis hier ein Gleichstand stattfindet. Allerdings, die Begierden-Realität gibt sich erst dann geschlagen, wenn Ihr Bauchgefühl sich aktiv in Ihre Gedankenwelt einmischt. Begierden, die wahren Schlächter der Menschheit, sind nur durch den Geist der Wahrheit zu vernichten. Die Selbstfindung ist ein in ihrer Ausführung undefinierbares Wort des modernen Menschen geworden, genauso wie das Baumelnlassen der Seele.

Nur dahinter verbirgt sich etwas noch nicht Klares, aber die lagernden Wahrheiten im Unbewussten, wie immer sie aussehen mögen, sollten langsam ausgeleuchtet werden, nur das führt zur wirklichen Selbstfindung.

Die Schwierigkeit für einen guten Nistplatz (87)

Aus den bisherigen Schriften geht eindeutig eines hervor: Die Welt des unendlich seienden Geistigen ist in der Welt des nur endlich seienden materiellen Ungeistigen permanent im Dasein der Menschheit involviert, und das bei jedem Menschen. Viele vor sich hertragende „Selbstherrlichkeiten" lassen dieses Geistige allerdings nicht zu. Die Menschen, die sich von ihren Begierden nicht vollkommen unterjochen ließen, werden mir recht geben, denn sie können mit ihren Wünschen freiwillig haushalten, ihr Empfinden ist von den Begierden nicht total gestört. Gott sei Dank gibt es sehr viele, die dabei über sich eine viel höhere und mächtigere Welt in ihrem Inneren spüren. Diese Menschen treffen Entscheidungen nicht nur über das nur real denkende Gehirn, sondern nehmen auch ihr Bauchgefühl (Unbewusstes/Seele) zu Hilfe. Das „Ich" dieser Menschen hat mit ihrer Seele noch nicht gebrochen.

Dem Grunde nach will ich alle diese besonders ansprechen und sie bitten, das Denken ihres „Ichs" mit dem Empfinden ihrer Seele im Unbewussten einander näher bringen, denn wenn das „Ich" sich im Gleichklang mit der Seele befindet, dann kann die Angst, die hinter dem Tod steht, diesen Menschen nichts mehr anhaben. Sie haben es geschafft, am Tod vorbei zusammen mit der Seele in das göttlich kosmische Sein einzugehen. Ich muss voraussetzen, dass bei diesen Menschen das Selbstverständnis darüber so weit gediehen ist, dass für sie Materie (Körper) und Geist nicht ein und dasselbe sein kann, auch wenn es heute so gehandelt wird.

Was geschieht so alles im Prozess eines neu geboren werdenden menschlichen Körpers. Die Befruchtung können wir außer Acht lassen, diese unterliegt bei dem Tier natürlichem Reglement, bei den Menschen kann dieser Akt aber enorme Verschiedenheiten aufzeigen. Von Vergewaltigung bis Zufallsprodukt, Beweis von zwei Liebenden oder künstliche Befruchtung. Es liegt nicht an der vom Geistigen verliehenen Lebensenergie, sondern daran, dass die denken könnenden Lustbegierden des Menschen hier Regie führen können. Ein Kind, aus gemeinsamer elterlicher Liebe gezeugt, in diesem Sinne aufgezogen, erlebt sich wesentlich anders im späteren Leben, als wenn dieses Wesen durch Zufall „produziert" wurde. In dieser Differenzierung ist bereits ein kausaler Zusammenhang (Karma) aus dem vorangegangenen Leben deutlich erkennbar.

Bleiben wir bei dem Geburtsvorgang. Wer ist daran beteiligt? Gebärende, Kind, Geburtshelfer, die göttliche Seele, an ihrer Hand das geistige „Ich". Die Seele beseelt das neue Menschenwesen, das geistige „Ich" stellt sich als ihr „Ich bin" vor. So, da hätten wir nun Körper, Geist und Seele, der Neubeginn wäre startbereit. Ein Leben von der Geburt bis zum Ablaufdatum der Materie Körper. Das Einzige, was sich in dieser Trinität als wirklich sichtbar neu präsentiert, ist das aus fleischlicher Materie bestehende Baby. Der Geist, das ehemalige „Ich" eines Verstorbenen, zusammen mit der göttlichen Seele auch aus dem ehemaligen Leben dieses Verstorbenen herkommend, steht schon aus der Zeit des gefallenen Engels dem Menschen zur Verfügung. Hier ist ein neues Leben entstanden, alles komplett für den Beginn von einem neuen Lebenszyklus. Zwischen dem Tod des ehemaligen körperlichen Vorgängers und dieser Neuaufnahme des körperlichen Erdenlebens liegt eine lange Zeit von nicht irdischen Geschehnissen. Das Absterben des letzten irdenen Partners setzte das Geistige (Ich) und die Seele frei. Beide fanden sich in der Welt des Jenseitigen. Auf dieser gewaltigen Hinterbühne geschieht das, wovon der Mensch keine Ahnung hat. Die Aufenthaltsdauer in dieser jenseitigen, als die geistige Zwischenlebenswelt bezeichnet, liegt bei einem Mehrfachen des menschlichen Erdenlebens. Nach dem Tod des menschlichen Körpers ist das Erdenleben beendet und die Aufgabe der Materie wäre abgeschlossen, ist es aber nicht, denn wir behandeln hier nicht den paradiesischen, sondern den von Gott abtrünnig gewordenen nachparadiesischen Menschen.

Jetzt im Geistigen muss über das vergangene Leben erst Bilanz gezogen werden. Eine positive oder negative Bilanz. Körper, Geist und Seele. Der Körper ist bereits ausgeschieden, hat auch in der geistigen Ära nichts verloren. Zwei geistige Kontrahenten bleiben über. Der Geist (Ich) und die Seele. Das „Ich" befindet sich jedenfalls im Nachteil gegenüber der Seele. Das rührt von der Summe der negativen Lebenstaten des „Ichs" her. Die Seele rechnet für ihre Unterjochung im irdischen Leben ab. Je nach gelungener Läuterung des „Ichs" durch die Seele wird von dieser wieder auf die Rückkehr zur Erde spekuliert, um sich mit dem „Ich" wieder in ein Menschenkind zu inkarnieren. Jetzt kommt die schwierigste Aufgabe für die göttliche Seele. Das Aussuchen eines Zeugungspaares, welches dem geistigen „Ich", je nach seiner Läuterungsstufe, entsprechen sollte. Die göttliche Seele ist vor der Beseelung eines neuen Menschenkindes, also noch im Jenseitigen, die Gouvernante gegenüber dem geistigen „Ich", das sich aus ihrem Vorleben und seiner Taten wegen nicht aus dem Rad der Wiedergeburt befreien konnte.

Also daher nochmals das ganze Programm der Menschwerdung, und dies so lange, bis dieses „Ich" die Wahrheit erkennt und sich dadurch befreit. Die Seele hat den Wunsch, ihren Noch-Schützling (Ich) in einen moralischen Ausbildungsstand eines derzeitigen entsprechenden familiären Lebensverhältnisses einzuweisen. Ausschlaggebend für diese Schwierigkeit ist die noch übrig gebliebene karmische Belastung bzw. die aus dem kausalen Zusammenhang noch zu erleidende Wirkung des geistigen „Ich" zum Zeitpunkt der neuen Geburt.

Alle karmischen Werte fließen in eine von der Seele zu bestimmende Lebenswertigkeit, in ein neues Leben ein. Das neue menschliche Leben wieder mit dem geistigen „Ich" als Chef nimmt alle Handlungen auf wie gehabt. Daher ist man selbst ab einem gewissen Zeitpunkt für den Lebenswandel verantwortlich, denn das „Ich" entscheidet, wie sich das Leben nach dem

Tode des Körpers weiter entwickelt. Daher Vorsicht mit der Zuhilfenahme von Begierden, denn das „Ich“ verliert leicht die Kontrolle über diese Lebenszerstörer.

Nochmals zur Seele. Die Schwierigkeit, einen geeigneten „Nistplatz“ mit guten, gläubigen, Liebe gebenden, charaktervollen Eltern zu finden, ist in unserer begierdensüchtigen Wohlstandsgesellschaft enorm, fast schon unmöglich geworden. Andererseits gibt es auch immer weniger Interessenten aufgrund der schlechten karmischen Eigenwerte. Sie müssen diese Zusammenhänge mit der Logik Ihres Empfindens langsam zu klären versuchen, noch bevor sich Ihr „Ich“ seiner eigenen Tragweite und Verantwortung bewusst wird. Hilfestellung kann Ihnen nur Ihre göttliche Seele vermitteln, oder die zwischenmenschliche wahre Liebe, und die ist wieder Ausdruck des jeweiligen karmischen Befundes.

Das Allerwichtigste im Leben eines Kindes ist das liebevoll gestaltete Nest, von welchem aus es nicht in die Begierden-Welt der Erwachsenen allzu rasch gestoßen wird. Leider ist unser Schulsystem der schnellste Zerstörer vom eventuell vorhandenen geistigen Harmonieempfinden unserer Kinder.

Der Gegensatz innerhalb der Harmonie (88)

Auch so ein Begriff, dem man nur mit Schwierigkeit näher kommt. Harmonie ist ein geistiges, sich von innen nach außen tragendes Erleben, das Gegenteil von Polarisierung, diese ist nur ein äußerlich Aktives. Das von innen Kommende ist Geistig, das äußere Aktive ist Materie. Harmonie bedeutet Stillstand (Ruhe), Gegensatz ist Bewegung (Unruhe). Die geistige Ruhe benötigt die materielle Unruhe, den gezähmten Gegensatz aus der Materie, für die geistig kosmische Weltendynamik.

Der Idee Gottes zufolge ist nur das Wesen Mensch, bestehend aus seiner Zusammensetzung, fähig, diesen gezähmten Gegensatz zu erzeugen und in das Geistige umzusetzen.

- Der Körper = die Materie als der auf Zeit abrufbare Gegensatz
- Der Lebens-Geist = der Lebenserhalter des Gegensatzes
- Der Ich-Geist = das menschliche „Ich“ als Bestimmer über die menschliche Lebensart und als Zähmer des Gegensatzes innerhalb der Harmonie
- Der Geist der Seele = Das auf Erden im menschlichen Zusammenleben praktizierende Prinzip von Yin und Yang als Kraft, welche die Ruhe in der kosmischen Harmonie in kontrollierte Unruhe in eine Bewegung wandelt

Soweit der Begriff Mensch im Sinne der göttlichen Erschaffung. Dieses kleine Kapitel hat eine entscheidende Neuerung in die menschliche Zusammensetzung gebracht, die Trinität von Körper, Geist und Seele ist in Wahrheit eine Quaternität von Lebensgeist, Ich-Geist, Seelengeist und Materie (Gegensatz). Diese Tatsache entwickelte sich in der Logik der laufenden Forschung und zeigt deutlich die Hintanstellung der Materie gegenüber dem Geistigen auf. Dreimal Geist und einmal Körper zeigt den Menschen nach der Idee Gottes.

Das Ideal einer Idee (89)

Der Begriff *Ideal* steht für etwas gedanklich Empfindendes, nicht real Beweisbares. Eine *Idee* ist eine Vorstellung zu einer Umsetzung eines Idealen. Ein Ideal muss von einer geistigen Idee getragen werden, so, wie Gott das Ideal Mensch aus seiner geistigen Idee erschuf und alles dazu Erforderliche umsetzte.

Idealisiertes kann nie aus Materie bestehen, sondern nur aus der Energie des Geistigen. Somit ist ein Mensch ohne Geist auch niemals als Ideal vorstellbar. Trotzdem wurde in der Geschichte der Mensch tausende Male auf Grund seiner jeweiligen Machtausübung als idealisiert dargestellt. Endlichkeit unterliegt der

Sterblichkeit. Das Sterbliche ist niemals Träger einer Unfehlbarkeit und kann daher auch nicht idealisier wertig sein. Jemand mit einer Idee, ein Ideal zu entwerfen, muss die geistige Wertigkeit einer Unsterblichkeit besitzen. Der Mensch ist nur in der Lage, seine Ideale in die Sterblichkeit zu tragen, auch wenn die Erinnerung des Denkens Generationen übersteht. Die Materie kann niemals eine Idee in die Unendlichkeit einbringen, da jede Materie in ihrer Endlichkeit gefangen ist.

Ein Mensch kann sein Ideal nur über die Idee Gottes in die Unendlichkeit des Geistes bringen, da nur die Idee Gottes das Ideal eines Menschen darstellen kann.

Das Denken (90)

Alle Denkoperationen, die im Gehirn des Menschen im Laufe seines Lebens stattfinden, werden unabhängig von deren Umsetzungen in das Netz der geistigen Sphäre im Bereich des menschlichen Unbewussten eingespeichert und archiviert. Die weit über dem Menschen stehende geistige Vernetzung überlässt nichts, aber auch gar nichts dem Zufall. Für die geistige Energie ist jeder Mensch zu allen Zeiten und Zeitabläufen perfekt einsehbar, seine Daten jederzeit aus allen Lebensabläufen abrufbar. Für das Geistige ist der Mensch bereits seit achtzigtausend Jahren in Bezug auf die Kontrollmechanismen vollkommen gläsern und dadurch für die karmische Gesetzgebung in jede nur erdenkliche Richtung perfekt durchschau- und bewertbar.

In seiner einbetonierten Unwissenheit nennt der Mensch aus den Folgewirkungen dieser Tatsache, diese ihn betreffenden Vorgänge „Schicksal". Wirkungen, deren Ursachen er aus Angst nicht nachforschen will, denn er könnte vielleicht irgendetwas Schlechtes über ihn selbst herausfinden. Obwohl der Mensch ansonsten oft mit irrer Verbissenheit Dinge aus Materie bestehend erforscht, hier nach dem Grund von einem hintergründigen Sinn sucht, dieser aber dann nutzlos im Raum stehen bleibt. In Wahrheit ist kein einziges Forschungsergebnis des Menschen brauchbar, solange nicht die geistige Komponente ein OK für eine Forschungsursache gibt und die Wirkung nicht für eine menschliche Besserung seiner selbst steht. Dem Grunde nach begeilt sich die Forschung immer nur an ihrer Produkt-Wirkung. Das Fehlen einer geistigen Ursachenfindung wird einfach durch das Interesse via Begierde ausgeglichen. Die Energie der geistigen Höhe über den Menschen erkennt nicht die geringste Regung in Richtung Lebenssinn. Der Mensch muss glauben lernen, dass nach seinem Tod etwas geschieht, und er muss wissen, was geschieht. Dass das Nachtodgeschehen eine reine Angelegenheit der geistigen Welt darstellt, sagt ja nicht aus, dass dieses Geschehen für menschliche Gedanken nicht nachvollziehbar sein soll. Dieses Nachgeschehen unterliegt einer klaren, verständlichen Logik. Das menschliche Denken findet nur keinen Zugang zum geistigen Denken, welches den Blick zur Wahrheit freigäbe. Dazu fehlt einfach das Interesse. Nach der allgemeinen Meinung ist zu hören, dass man das jenseitige Geschehen niemals erforschen wird können, dazu habe der Mensch einfach keine Fähigkeit, und außerdem ja auch von Gott nicht gewollt. Noch niemand kam zurück aus dem Jenseits und gab einen Bericht ab. Gottes Wille zu hinterfragen wäre ja sündhaft, der Mensch solle sich an seinen grandiosen Fortschritten und an dessen Glauben begeistern, das sei ausreichend.

Mir begegnen solche Feststellungen von der Einfachheit bis hin zur Intelligenz ständig, wenn ein Gespräch den Sinn des menschlichen Lebens berührt. Meine grundsätzliche Gegenfrage lautet: „Sind Sie sich also sicher, dass unter den 7 Milliarden Menschen auf dieser Erde kein einziger dabei wäre, der eben von dieser jenseitigen Geistigkeit nicht doch ein Wissen hätte?“ Damit erschöpft sich dieses Thema von selbst. Das Denken dieser Menschen, vor allem das der Intelligenz, ist nur auf die für sie so scheinende, alles machen könnende Wissenschaft und Technik fokussiert. Es ist genau das, was täglich als gewaltige Errungenschaft zum Wohle der Menschheit verkauft wird, allerdings niemals zur Besserung der Menschen, dafür aber zu ihrer Vernichtung. Die Beweise dieser Macher liegen in den Versuchen, vorzeitig gute Ergebnisse aufzuzeigen, aber was ist nachzeitig? Schwups, die Wissenschaft korrigiert sich ständig selber, macht ja nichts, wichtig ist das Endprodukt, an welchem Ende? Kein Problem, am Ende steht ohnehin der Tod.

Eine Annahme: Bei allen diesen von der Wissenschaft erforschten und an die Industrie oder Unternehmen weitergereichten Erkenntnissen steckt immer eine immense Denkkraft dahinter. Dieses extrem komprimierte Denken in Hightech-Schulungen von Etwas-beweisen-Wollens findet mit gewaltiger Triebkraft statt. Angetrieben vom Willen und Ursprung des Interesses ausgehend, schleicht sich oft unerkannt das ein, was unter Begierde oder Gier zu verstehen ist. Schlicht und einfach besser zu sein als das Vorhandene. Damit sind aber alle Umtriebe wie Ausbeutung, Leistungssport, Kriege, Verbrechen bis Gewalt inkludiert. Dieses „Bessere" stärkt und schärft die endlich seiende Denkenergie der Menschheit, und das nennt man Fortschritt. Damit ist eine Weltwirtschaft verbunden, die eben auf dieses Prinzip des Immer-mehr-Wollens aufbaut und unter der wahren Herrschaft der Begierden sich aufschaukelt. Diese angewandte Denkenergie kennt, in ihrem Interessensgebiet konsequent verfolgt, keinen Unterschied zwischen der Gier der Macht auf allen Ebenen, und auch nicht im Nichts des menschlichen Elends. Das endlich seiende menschliche Denken ist dem Grunde nach durch seine Begierden bestimmt, und das nimmt die Gesellschaft längst nicht mehr wahr. Die Tradition ist hier sehr hilfreich, an ihr lässt sich der Fortschritt der Begierden am besten messen. Hier wird nur der Kapitalmaximierung gedient, aber niemals dem Menschen selbst. Das Denken lässt sich meist bestimmen und nimmt grundsätzlich den Weg, der für jeden einzelnen Menschen als das für ihn am angenehmste erscheint, und darüber wird mit aller Energie nachgedacht. Was gäbe es dann für einen Sinn, über das Jenseits nachzudenken, oder was nach dem Tod geschehen könnte. Vielleicht wäre es schon interessant, aber was hier fehlt, ist eindeutig die Motivation der Begierden, denn die sehen auf diesem Gebiet überhaupt keinen Handlungsbedarf. Wo gibt es da materielle Vermögenswerte oder sonstige körperliche Lustbarkeiten zu entdecken? Wo liegt hier überhaupt der Nutzen? Das mit den wissenschaftlichen Beweisforderungen ist ja auch demselben Denkmuster zuzuordnen. Das Denken in diese Richtung lohnt sich einfach nicht, kein messbarer Erfolg, kein Gewinn, keine Anerkennung, vor allem keine Macht. Nicht jetzt unser Religionssystem anführen, denn das strotzt ja nur so von einer fast zweitausendjährigen Machtausübung. Nur eines darf man hier nicht vergessen, bei deren Anfängen regierte noch die numinose Wahrheit, bevor sich langsam die menschlichen Begierden darüber setzten und diese nach Gebrauch für sich verfälschten. Trotzdem sind die Religionen die einzigen Fundgruben für die geistige Forschung.

Sollte vielleicht irgendein komprimiertes, nicht auf Reingewinn und reine Lust orientiertes Denken sich dahin wenden, wo die anderen viel zu feige sind, weil es nicht nur nichts bringt, sondern sogar gefährlich für Leib und Leben werden könnte, dann wäre das ein kleines Wunder in unserer Welt des sich ständig prolongierenden Begierden-Wahnsinns. Gerade dieses Denken benötigt auch Energie. Die Energie des Empfindens, des Suchens, des Glaubens an das Höhere, damit die einbetonierte Menschheit nicht mehr denkt, das Beste zu sein. Es ist die geistige Energie des Auffindens der göttlichen Wahrheit über das Wissen, dass das Geistige des Menschen den Tod noch unendlich weit überlebt. Die Energie von dem Wissen, dass in jedem Menschen etwas Unsterbliches steckt. Bauen Sie ein Interesse in Ihrer Denkenergie auf, Interesse an dieser Forschung, was alles in dieser geistigen Welt zu finden ist, brach liegt und nur auf Ihr Suchen wartet. Tausende Ansätze und Weiterführungen liegen in Schriftform in der menschlichen Vergangenheit. Verfasst von Wissenden, die hineinschauen durften in die jenseitige Welt, ihre Sicht allerdings meist verschlüsselt hinterlassend.

Eine Maxime in Ihrem Denken muss Platz greifen: Es ist dem Grunde nach egal, wie, wodurch oder wann Sie sterben. Aber es ist nicht egal, wie Sie im Geistigen aufwachen werden und wie Sie diese Reise vom Leben durch den Tod in das neue ewige Leben in der geistigen Welt vollziehen werden.

Darüber nachzudenken, nachzufühlen wäre man im irdenen Leben ohne Wenn und Aber verpflichtet.

Vom Glauben (91)

Das, was Gläubigkeit, Glaube in seiner inneren Tiefenwirkung wirklich für sich selbst und andere meint, ist dem Sinne nach nicht ausdrückbar. Der Grund dafür liegt in der nicht schlüssig zu führenden Beweiskraft. Der Glaube unterliegt in all seinen Bekenntnissen lediglich Überlieferungen, die durch viele Generationen hindurch nicht geradlinig, sondern oft verbogen in das Heute gelangten. Genau deshalb fehlt für Suchende sowie für Zweifelnde, Besserwisser, Intellektuelle und auch wieder für Interpreten die wahre Haftkraft. Es fehlt ihnen die Antwort auf das „Warum", und weshalb alles so ist, wie dieses leidvolle menschliche Dasein mit all seinen Ängsten es darstellt. Der Glaube allerdings gibt die Hoffnung für ein himmlisches Leben nach dem Tode allerdings auch nur andeutungsweise frei. Die sehr wenigen Menschen, bei denen der Glaube an Gott zur Wahrheit werden durfte, schweigen meist über ihr Geschehen und sind mit tiefem inneren Glück vereint, das ihnen ihr Glaube brachte. Allerdings, diese Fälle gehen unter in der Masse der Irritationen über das Menschseinmüssen. Eine sehr gute philosophische Aussage, welche auf das menschliche Denkvermögen umgesetzt ist, hat Karl Jaspers geprägt: „Glaube sei nur dann echt im Denken, wenn dieses Denken ständig von der Unruhe des Unglaubens erschüttert wird." Der wahre Glaube ist nicht von außen übertragbar, auch nicht von der schändlichsten Gewaltanwendung pseudoreligiöser Tätiger. Glaube hat nicht im Kopfdenken seine Wurzeln, sondern im Unbewussten des Menschen, in seiner Seele. Von dort muss sich Glaube bis an die Materie Gehirn hinaufarbeiten. Wenn das stattfindet, dann ist der Mensch befreit von Begierden, Leid, Angst und Tod. Diese Freiheit zu erkennen ist die wichtigste Aufgabe, welche diese Schriften vermitteln sollen und müssen. Der Glaube benötigt eine Schlüssigkeit, eine Logik, und die beginnt nicht mit der Frage, wie wurde der Mensch erschaffen, sondern dem „Warum"? Das Warum entstammt der Idee Gottes, das Wie ist eine Folge dieser Idee. Gott hat die Komplexität des Menschen umgesetzt. Der Geist dieser Idee fabrizierte die Materie, aus dieser evoltierte sich der Körper, exakt nur der materielle Körper Mensch, dem Grunde nach alles tote Materie. Diese Wandlung, von der Energie des Geistes Materie zu entwickeln, entsprach eben einer göttlichen Idee. Materie galt im Kosmos als nicht vorhanden, deshalb auch die lange Dauer ihrer Entstehung aus irdener Sicht betrachtet. Das Geistige kennt den Begriff Zeit und Raum nicht. Jetzt, da sich Materie als vorhanden stellt, erwies sich der *weitere* Aufbau Mensch als nicht schwer. Geistiges war ja bereits als Lebensenergie für die gesamte Materie im Universum vorhanden. Es gebar sich das geistige „Ich" und die göttliche Seele im Menschen, somit war das Ergebnis der Quaternität als Produkt Mensch nach der Idee Gottes zu seiner körperlich-geistigen Aufgabenstellung entstanden. Wenn wir das irdene Zeitrechnen benützen, so stellte sich der Mensch vor ca. hunderttausend Jahren seiner Aufgabe, angedacht für einen Zeitraum von etwa zwanzigtausend Jahren. Danach hätte sich das Zeitfenster für die Materie in ihrer Endlichkeit geschlossen, und alles wäre vom Gegensatz innerhalb der Harmonie für das kosmische Prinzip nach der geistigen Sinngebung von Yin und Yang erfüllt gewesen. Dass dieses Geschehen bis knapp vor seiner Vollendung scheiterte, dafür zeichnete eine Idee vom geistigen „Ich" des Menschen, das sich mit dem körperlichen Verlangen zu einer neuen Einflussnahme mit den Begehrlichkeiten von Geist und Körper vereinigte, in der Symbolik von Adam und Eva, den Begierden.

Wie soll nun dieses „Warum" nach der Idee Gottes, das nicht durch die Abtrünnigkeit der Menschheit zu Ende geführt werden konnte, einfließen in eine Gläubigkeit der heutigen Menschen? Was bietet uns Gott? Vom verlorenen Paradies war und ist oft die Rede. Da müsste man jetzt achtzigtausend Jahre Menschheitsgeschichte zurückwandern bis in die Zeit vor Adam und Eva, bevor diese aus diesem verbannt wurden.

Der Glaube ist das, wenn man eine Ur-Ahnung des geistig göttlichen Geschehens aus seinem Unbewussten empfinden darf, denn dort ist die Wahrheit der Menschwerdung aufbewahrt, und nicht im sterblichen Gehirn des Begierden-Menschen. Die Geschichte der Menschheit ist außer seinen grausamen Taten auch immer wieder voll von edlen Weisheiten und Symbolen, die keiner Beweiskraft, sondern einfach ihres Glaubens bedürfen. Beweise benötigt nur der sterbliche Gedanke aus Feigheit und Angst der eigenen glaubenslosen Wahrheit gegenüber.

„Der Wert des Glaubens empfindet seine Wahrheit aus dem Geist der Seele."

Die Suche nach der Wahrheit endet im Geist (92)

Das Göttlich-Geistige hatte eine Entscheidung getroffen und diese auch gleich umgesetzt. Es war die Hereinnahme eines empfindenden geistigen Wissens in das menschliche Denken. Eine gar nicht so kleine Anzahl von Menschen bewegt sich in einer Art Warteschleife diesem Geistigen gegenüber. Diese Menschen tragen ein sehr starkes Fühlen in sich, es müsste über dem Menschen eine numinose, eine göttliche Kraft existent sein. Eine Kraft, die mit dem Denkvermögen von materieller Substanz, so wie das menschliche Gehirn sich darstellt, niemals festzumachen ist. Ein dem Endlichen preisgegebenes Denkvermögen, sei es noch so hoch trainiert, kann niemals einem dem unendlichen zugehörigen Geistigen kompatibel sein. Die Überwindung unendlich seiender fiktiver Fantasie kann nur die Energie des Geistes bewältigen, niemals die Energie der Materie. Menschen, die in ihr Denken das geistige Empfinden aus ihrem Unbewussten ihrer Seele einfließen lassen können, erhalten dadurch eine Ahnung von freigesetzter geistiger Energie. Im Mittelpunkt dieses ahnungsvollen geistigen Empfindens steht ein Monolith, auf welchem sich das Wort „Warum" eingemeißelt zeigt. Warum kam der Mensch in seiner Materie in diese Welt? Warum erlebt er sich in Leid und Todesangst? Diese beiden „Warums" münden in die Frage, wer zeichnet dafür verantwortlich? Der nur endlich denken könnende Mensch hat dafür tausende hypothetische Antworten, der geistig Denkende nur eine einzige.

Ein anderes „Warum“. Wenn empfindende geistige Denker bei so vielen Menschen als latent erscheinen, weshalb wird von diesen nicht eine Gemeinschaft der eben anders Denkenden, der sogenannten Querdenker gegründet? Aus Angst vor den Begierden der Materie-Wissenschaften, wäre eine Antwort. Bei dem Materialdenker finden sich tausende, meist unnötige Vereinigungen, die alle nur ein Ziel verfolgen. Die sie umgebende, als lebensnotwendig empfundene Welt wollen sie für ihre kurzfristigen materiellen Ideen ihrer Begierden ausbeuten und zerstören. Bei diesem idiotenhaften Gebaren vergessen sie aber, dass sie selbst aus sterblicher Materie bestehen. Alle möglichen Leute haben denselben sich wiederholenden Baldower: es muss etwas geschehen, bevor alles zu spät ist. Es scheint so, als sei die Macht (Ohnmacht) des endlichen Denkens die Lösung. Wenn dem so wäre, hätte die geistige Komponente eine viel effizientere Lösung parat, nämlich in Bruchteilen von Sekunden aller Materie ihre Lebensenergie zu entziehen. Das käme dann ohnehin einer im Raum stehenden Entmaterialisierung gleich. Für den aus Materie bestehenden tierischen Körper Mensch wäre dieser Weg eine gute brauchbare Lösung. Nur was geschieht mit den geistigen Anteilen des Menschen?

Es liegen von mir Schriften vor, die Ihnen die Welt der beiden „Warum“ und ihre Verantwortlichkeit näher erklären. Sie müssen nur dem Empfinden ihres Unbewussten, ihrer Seele nachfolgen, und um der Wahrheit willen dieses geistige Studium angstlos beginnen. Die einzige Rettung der Menschheit liegt in den Händen derer, die das Empfinden von etwas Höherem, etwas Göttlichem in sich tragen und bereit sind, diesem ihrem Empfinden nachzugehen, denn dann wird das „Ich-Denken“ dieser Menschen sich dem geistigen Denken ihrer Seelen annähern. Sie werden die Wahrheit über den Unsinn des nachparadiesischen Menschen erkennen und zugleich die Sinngebung der Idee Gottes erfahren. Dann geschieht das, was bisher durch die Begierden-Lüge erfolgreich verhindert wurde, das Erkennen der einzigen Wahrheit. Glauben Sie einfach an die Führung ihrer frei werdenden göttlichen Seele, sie möchte das bisherige materielle „Ich-Denken“ mit Geistigem harmonisieren und den Menschen zurückführen zu seiner Einheit, in der nicht Materie-Körper, sondern die Energie des Geistes dominiert.

Die Geister (93)

Der Bestand von Geistern ist unvorstellbar vielzählig, jederzeit und überall wirksam. Unterziehen wir einmal die durch ihre Bemerkbarmachung sogenannten Poltergeister einer Untersuchung. Als „Personen" betrachtet entpuppen sie sich als das geistige, nun körperlos gewordene „Ichs" verstorbener Menschen. So ein „Ich-Geist" lebt bereits im jenseitigen Bereich, kann sich aber in der materiellen Welt bewegen, da Materie für ihn nicht existent ist. Das Geistige empfindet eben nicht Materie. Der Zustand eines „Ich-Geistes" nach dem Tod seines geliebten Körpers ist erbarmungswürdig. Er hat nie gelernt, dass der Körper lediglich der ungeistig seienden Materie unterliegt und in Wahrheit er, der „Ich-Geist", der Chef über die Materie sein sollte. Nun erlebt er sich, der zum Ich-Ungeist Gewordene, in seinem Geistkörper-Dasein. Dieses vermittelt ihm als Phantom seine ehemalige Körperlichkeit aus Materie mit allen Gelüsten aus seinem ehemaligen materiellen Leben dazu. Nur diese Lüste erfüllen sich nur nicht, sondern erfahren ein wahnsinniges Verlangen nach Erfüllung. Die Begierden steigern sich in der Erinnerung zum Wahnsinn. Das ist die Ausgangsposition eines Ich-Ungeist-Geistkörpers im Nachtoderleben.

Durch die feste Vereinigung des „Ich-Ungeistes" mit seinem Körper der Materie vergaß dieser seine ursprünglich große Vorherrschaft über das endlich Seiende und ergab sich der Meinung, der körperliche Tod würde auch seinen geistig seienden bedeuten. Eine fast angenehme Meinung, die bis heute gewaltige Irritationen und Verdrängungswettbewerbe auslösen, und dies vor allem in der intelligenten sogenannten kultivierten Welt, der Run zum Atheismus. Genau das ist jetzt der Punkt, weshalb das geistige „Ich" des ehemaligen Menschen, nun materiell körperlos seiend, in Verzweiflung versinkt. Die Trennung vom geliebten Körper, der so viele schöne Momente einem angedeihen ließ, Schönheiten frönend, um damit möglichst seine rein tierische Herkunft zu vertuschen. Noch weiß diese „Trauerweide" eines Ich-Ungeistes nicht, was im Zusammenhang der verbrachten Lebenstaten es erwartet.

Was will dieses „Ich“? Es will einfach zurück in das gewohnte irdene Dasein. Kein Problem, es kann sich ja ungehindert blitzschnell dorthin bewegen, wo zuletzt das körperliche Leben stattfand. Dort, wo all die Trauernden, auch eventuell nicht Trauernden vorzufinden sind. Dieses „Ich“ schmiegt sich an ihre Lieben und redet, aber Entsetzen, es wird nicht wahrgenommen. So geht das einige Monate. Ichs, die willentlich mehr Energie einsetzen können, schaffen es, gewisse leichte Gegenstände zu Fall zu bringen, Klopfzeichen zu verursachen, sich bei Séancen bemerkbar zu machen oder sich in Lichtnuancen zu zeigen. Da wird von Poltergeistern geredet, die aus Mangel an eigem gewesenen Terrain auch in Fremdes sich begeben. Fallweise aus Spaß, denn noch nicht haben der Ernst und die Zeit des richterlichen geistigen Gerichtes eingesetzt. Poltergeister wollen nicht erschrecken, sie wollen nur wahrgenommen werden, und man kann mit ihnen auch kommunizieren. Dazu muss allerdings beim „Irdenen“ eine gewisse an Geistigkeit grenzende Sensibilität vorhanden sein. Denker, die ihre Denkenergie an Geistiges annähern können, Konzentrations- und Meditationsbegabte, von welchen sich auch gerne einige in der minusbelastenden schwarzen Magie umhertreiben, können einen meist sinn- und nutzlosen Kontakt erwirken. Das Einzige, was in diesem Zusammenhang einen ehrlichen Sinn ergibt, ist die Hilfestellung, die man so einem „Ich“ in diesem Stadium seiner größten Irritation geben kann. Eine mögliche Aufklärung über das, was dieses „Ich“ für sich tun kann, um sich sein Los zu erleichtern. Die üblichen Gebete der Hinterbliebenen an Gott den Herrn, er möge der Seele des Verstorbenen gewogen sein und diese in sein Reich aufnehmen, erreichen nicht ihr Ziel. Es müsste nicht der Seele geholfen werden, diese hat ja im menschlichen Leben keine schlechten Taten begangen. Eine typische Verdrängung, der Mensch schiebt seine Ich-Taten auf die Seele.

Das „Ich“ des verstorbenen Körpers muss sich in seinem vergangenen Leben in seiner Körperlichkeit, von seinen Lieben trennen, es gibt kein Zurück, sondern nur ein Vorwärts in seinem geistigen Leben. Leider weiß das „Ich“ es nicht, und deshalb sollte die Aufklärung an den Ich-Geist so sein: Lerne wieder, das Vaterunser zu beten, die Gebote Gottes nachzuempfinden, ehrliche Reue über das Getane zu zeigen, Gott dafür um Verzeihung zu bitten. Wird dies überzeugend konzentriert in meditativer Art mitgeteilt, so ist dies die einzige wirkliche Stütze für dieses armselige „Ich", wenn es diese Hilfe bewusst annimmt, versteht und umsetzt. Funktionieren kann das allerdings nur dann, wenn der Mitteiler selbst an das glaubt, was er vermittelt. Die Gesetze im Jenseitigen laufen ganz anders ab, als das im Diesseits geahnt wird, dort existiert wahre Gerechtigkeit, von welcher auf Erden nur „geträumt" werden kann. Tatsache ist, dem Geist eines Verstorbenen (seinem Ich) kann geholfen werden, denn er muss einen neuen Bezugspunkt für sich und das Zukünftige im jenseitigen Leben finden. Diese Hilfe muss von einem irdenen Menschen ausgehen, aber wer kann helfen? Nur die göttliche Seele im Menschen.

Man sollte sich rechtzeitig auf Erden mit den eigenen sündhaften Handlungen auseinandersetzen, um diese selbst noch abbauen zu können. Wenn nicht, erledigen diese Arbeit Energien in der geistigen Welt nach dem Tod, und diese sind nicht zimperlich im Umgang mit Schmerz und Leid. Sie und Ihre Nachkommen sollten in der Lage sein, ein gutes, sinnvolles und gottgerechtes Leben zu führen. Ein Leben, in dem nicht die Begierden das Erziehungsziel bestimmen, denn nur so kann Ihr „Ich" im Jenseits sich besser erleben.

Die Willensgeister bzw. Killergeister können dagegen wahrlich mörderisch sein. Es sind Geister, die in furchtbaren elenden jenseitigen Leidensarten leben müssen. Das sind „Ichs", die tausende von Jahren in ihrem schrecklichen Strafvollzug vegetieren. Manche von ihnen sind an schreckliche Örtlichkeiten aus vergangenen Geschehnissen verbannt und treiben dort ihr Unwesen. Die meisten sind freie Aggressive. Alle diese kennen nur ein Ziel, das Befreit-werden-Wollen aus ihrem schon unendlich dauernden Leid und Elend. Hilfe könnte auch nur von „Irdenen" erfolgen, die sich aber meist damit beschäftigen, selbst eigene Voraussetzungen zu schaffen, um auch einmal in dieser „Gemeinschaft" zu landen.

Diese sogenannten Killergeister haben ein einziges Feindbild: Das „Ich-Geistige" von Menschen, die meist schon durch ihr

Vorleben sich positive karmische Werte schafften. Genau diese „Ichs" sind Angriffsziele aus Neid und Hass, denn diese konnten ihr reales Gehirndenken möglichst weit mit ihrem seelischen Fühlen kompatibel gestalten. Killergeister versuchen das über den Gegensatz stehende Harmonische im „Ich" eines Menschen zu stören, auch zu töten, vor allem bei Neugeborenen, in welchen sich deren geistiges „Ich" zusammen mit der göttlichen Seele im Sinne einer guten Menschwerdung harmonisiert, die deswegen oft als sogenannte „Schreikinder" erlebt werden. Hier kommen Erinnerungen aus den biblischen Versuchungen mit den Werken des Teufels ans Licht. Nur Menschen mit starkem Charakter im Glauben an die Wahrheit Gottes tragen genug Abwehrkräfte in sich, gegen diese aggressiven Killergeister gewappnet zu sein. Aber was macht ein Baby, ein Kind im Falle eines Angriffes? Sein Denken ist noch nicht ausgeprägt, der Geist des „Ichs" noch zu schwach. Wo gäbe es da Hilfe? Leider keine. Eltern und Ärzte stehen diesem geistigen Phänomen hilflos gegenüber. Der Wert des jeweiligen elterlichen Karmas erscheint zu gering, um der richtigen Aufzucht so eines meist geistig wertvollen Babys gerecht werden zu können. Es ist eben Schicksal, der nicht erklärbare plötzliche Kindstod. Der Killergeist leistete ganze Arbeit, aber wem glaubt man da schon? Doch lieber dem Schicksal als einer geistigen Wahrheit. Killergeister agieren immer im Doppelpack, einer allein ist zu feige, aber zusammen fühlen sie sich stark, deswegen sind sie so gefährlich für den Menschen, eben auch lebensgefährlich. Die richtig angewandte Kunst einer ihnen nahegebrachten Erklärung ergibt den Erfolg, dass Killergeister von ihren Opfern ablassen. Man muss bedenken, tausende von Jahren ein Unendlichkeitsleid ertragen zu müssen, und dies ohne Aussicht auf eine Verbesserung der armseligen Situation, das macht auch diese „Ich-Ungeister" mürbe. Daher würde ein glaubwürdiger Strohhalm genügen, und die Therapie hätte gewonnen. Nur leider hier auf Erden, in unserem sinnlosen menschlichen Dasein, findet sich kaum mehr ein Mensch mit der geistigen Energie für diese Fähigkeiten.

Was glauben Sie, warum die Jugend immer wieder opponiert? Warum geschehen Revolutionen? Die Menschheit in jungen Jahren, noch nicht von der Welt der Begierden total verseucht, empfindet immer wieder, da ist etwas faul. Der Sumpf, in welchem die Alten als Sager schwimmen, stinkt, ihre Begierden stinken. Weshalb sterben fast alle Revolutionen in sich selbst? Einfach, weil keine geistige Durchsicht auf ein Ziel über das Wahre durch Gott besteht. So gesehen ist die gesamte Menschheit nicht nur vom Rad der Wiedergeburt gedreht, sondern auch immer wieder von ihrer eigenen Sinnlosigkeit umgewälzt. Eine ausweglose Situation. Die Frage ist nur, wer hat den Mut, zu beginnen, sich selbst zu retten? Die Geister, die Polterer, die Killer, sie alle wären glücklich, gerettet zu werden. Aber niemand kann einen anderen retten, bevor er sich nicht selbst rettet. So fatal haben die menschlichen Begierden die Ungeister der elenden „Ichs", der menschlich tierischen Körper mit deren Süchten ineinander, miteinander, gegeneinander verstrickt, dass niemand in der Lage ist, diesen gordischen Knoten auseinanderzulösen, ohne zu hacken. Wir, auch Sie, jedes Wesen, das zu sich „Ich" sagen kann, muss an seinem eigenen Knoten arbeiten und diesen lösen, die Kettenreaktion würde die rettende Veränderung in der gesamten Menschheit bedeuten.

Der Traum (94)

Der menschliche „Ich-Geist" von heute erlebt sich ohne Frischzufuhr von geistiger Energie aus der jenseitigen Welt. Dieses „Ich" des Menschen muss sein Auslangen mit dem Denkvermögen aus dem mitbekommenen Lebensgeist finden, und von einem aus uralten Zeiten fallweise noch übrig gebliebenen geistigen Denken. Nur dieses geistige Denken ist bereits abgestanden und bewegt sich als in sich geschlossenes Perpetuum mobile. Die beiden Denkarten zusammen können einem Training unterzogen werden, einer Schulung, in welcher die Welt der Begierden als wahres Ziel gilt. Demnach also ein Real-Zweck-Denken des „Ich-Ungeistes", dessen Operationen sich im Gehirn des Menschen abspielen und an die Materie des Körpers zur jeweiligen Umsetzung weitergeleitet werden. Dieser Rest „Ich-Geist" hat längst seine wahre Herkunft aus der Welt Gottes, dem himmlischen Jenseits, vergessen, aufgrund seiner neuen, den Begierden zugewandten Interessen einfach verdrängt. Diesen Verdrängungsmechanismen des menschlichen „Ich-Ungeistes" fiel auch die göttliche Seele zum Opfer. Der energielose menschliche „Ich-Ungeist" hat seine eigene Regierungsart zusammen mit seinem tierischen Körper, einer sterblichen Materie, begründet. Es wurde eine Fusion von sterblicher Materie mit dem wohl unsterblichen, allerdings geistlos gewordenen „Ich-Ungeist" eingegangen. Es gibt keinen einzigen Gedanken, keine einzige Tat, ob gut oder schlecht, welche im „Ich-Geist" geboren, von dessen Körper ausgeführt wurde und nicht in der geistigen Computerzentrale des Unbewussten registriert wurden. Anlässlich des Todes der Körperlichkeit kommt es immer zu einer gewissen Säuberung dieses unbewussten Lagers. Der Weg zum Thema „Traum" wäre auch bald vergessen worden. Der Traum ist dem Grunde nach ein geistiges Aufmerksammachen an den „Ich-Ungeist" im Gehirn, aufgezeigt aus der geistigen Verdrängungskiste, dem menschlichen Unbewussten. Das Unbewusste, die göttliche Seele, macht aus ihrem Exil den „Ich-Ungeist" in verschlüsselter Form auf etwas aufmerksam. Je größer der Abstand von Seele zum „Ich-Geist" des Menschen, umso unverständlicher für diesen, was ihm seine Seele aus dem Unbewussten heraus sagen will. Je weiter der Mensch Gott von sich wegschob, umso undeutlicher empfangen sich diese Warnungen. Träume sind dem Grunde nach eine Aufarbeitungs-Aufforderung des im Unbewussten von der Seele bewachten Taten-Gerümpels an den „Ich-Geist" des Menschen. Das Nicht-verstehen-Wollen der Seele macht Probleme, einerseits von nicht angenommenen Wahrheiten, die vom „Ich-Ungeist" bzw. Begierden zurückreflektieren, in Turbulenzen von Albträumen münden, um andererseits später im Nachtodverfahren, wenn der „Ich-Geist" in seiner materiellen Körperlosigkeit verzweifelt umherirrt, sich dieses Ich-Taten-Gerümpel auf einen Schlag über ihn schüttet. Das bedeutet dann eine sehr lange, sehr schmerzhafte Zeit der Aufarbeitung in dem Leben nach dem Tod, und hin bis zu einem Einsatz in einer neuen Geburt. Deswegen sind die Aufenthaltszeiten im jenseitigen Leben so variabel in ihrer Leidensdauer gestaltet.

Die oft grauenvoll erlebten Träume bringen Unruhe in den Menschen, nur er steht diesen Zeichen aus seiner eigenen verdrängten geistigen Welt ahnungslos gegenüber und verdrängt somit auch seine Warnträume. Die Traumdeuterei hatte ja zu allen Zeiten in der Menschheitsgeschichte ihre hohe Beachtung. Heute, in so glorreichen Zeiten der technisierten Wunderwelt, ist es den menschlichen Begierden noch mehr gelungen, die geistige Wahrheit vom Menschen fernzuhalten. Die Materie, somit auch der Mensch mitsamt seiner Technik, lebt vom jenseitigen Geist und stirbt auch durch diesen. Aus nichts ist nichts, nur der Geist mit seiner Energie gebiert aus dem Nichts Materie.

Wenn Sie sich also bemühen, die derzeitige Entfernung Ihres „Ich-Geistdenkens“ zu Ihrem Unbewussten Ihrer Seele zu verringern, dann könnten Ihnen Ihre Traumaussagen sehr hilfreich werden. Nur stark müssen Sie sein, denn Ihre Begierden werden das nicht zulassen wollen, und schon haben Sie wieder den schwarzen Peter. Denken Sie besser nach, sonst bleibt er Ihnen, achten Sie mehr auf Ihr Leben, denn es ist mit dem Tod nicht beendet. Handeln Sie treu nach dem alten Spruch: „Hilf dir zuerst selbst, dann erst hilft dir Gott.“ Ein Feigling, der sich nicht gegen seine Begierden zu kämpfen getraut.

Das Sprachdenken (95)

Wer trägt die Sprache und dessen Inhalt?

Drei Denk-Spracharten des paradiesischen Menschen:
Die *erste* steht im Zusammenhang mit der materiellen sterblichen Ebene, mit dem täglich Lebensnotwendigen und dessen Beschaffung sowie der Lebensverbreiterung und Erhaltung.

Die *zweite* steht im Zusammenhang mit der geistigen Ebene, mit der Aufgabe der Arbeit dem Kosmischen gegenüber.

Die *dritte* Denksprachart steht im Zusammenhang mit einer gewissen Regulierung, einer Umformung aus den Ergebnissen von eins und zwei. Die geistige, unsterbliche Ebene der göttlichen Seele bedient die resultierende Energie für den göttlichen Weltenkosmos. Zwei Denk-Spracharten bilden zusammen eine Voraussetzung für die dritte und wichtigste, eben für die Energie des seelisch göttlichen Ausdruckes der Harmonie des Geistes über dem Gegensatz der Materie, als dessen Dynamisierung. Das ist die Sprache des Menschen nach der Idee Gottes.

Das Denken und Sprechen des nachparadiesischen Menschen nimmt eine ganz andere Richtung:

Diese besteht nur aus einer, der *ersten* Denksprachart, und zwar im Zusammenhang innerhalb der materiellen, sterblichen Ebene. Die zweite und dritte Ebene besteht fallweise allerdings in dezimierter Art bei geläuterten Menschen. Die Sprache des Menschen nach der Idee Gottes ist das nicht. Diesen Menschen fehlen, oder sind kaum anzutreffen, die wesentlichen Bestandteile, nämlich die geistige Energie und das Wissen um die göttliche Seele. Also kann diese Sprache lediglich vom Ungeist der Materie Gehirn stammen, und das ergibt dann den geistlosen Unsinn ob dem sinnlosen Dasein gemäß der Menschheitsgeschichte seit Adam und Eva.

Das Leid (96)

Dem Grunde nach muss man das Leid, das jeden einzelnen Menschen mehr oder weniger, aber dafür mit absoluter Sicherheit in seinem Leben befällt, als Zwangstherapie betrachten. Diese erfüllt die Wirkung einer bestimmten vom Menschen gesetzten Ursache gegenüber Gott, seinem Schöpfer. Die Loslösung jedes einzelnen damaligen Menschen vom Herrn aus Eigennutz wandelte sich in ein Leid Gottes. Von da an wurde das kausale Gesetz wirksam und gleich anwendbar. Der Mensch lieferte durch seine Selbstherrlichkeit dem Geistigen gegenüber eine Ursache, die seinem Schöpfer zum Leid gereichte. Nun stellte Gott sein Leid in eine Ursache für eine Wirkung, und diese Wirkung trifft den Menschen ähnlich dem Leid Gottes. Das ist keine Strafe, sondern nur eine Maßnahme laut der biblischen Aussage „Aug um Aug, Zahn um Zahn", jedoch ausgeführt in zwei ganz unterschiedlichen Welten. Gott überträgt sein ihm vom Menschen unterschiedlich angetanen Leides an diesen zurück, eben als wirkenden Umkehrschluss. Also zwangsweise ein Leidensaustausch von der diesseitigen in die jenseitige Welt und retour.

Es stellt sich noch ein anderer Leidensaustausch vor, verursacht vom Menschen in der diesseitigen Welt. Die Wirkung erfolgt ebenfalls diesseits, nur ist in diesem Fall noch eine jenseitige Beobachtungsenergie tätig. Hier ein Beispiel. Ein Mensch fügt einem anderen Leid zu, also eine Ursache mit einer Wirkung. Die jenseitige geistige Energie nimmt diese Wirkung auf, wandelt sie ihrerseits in eine Ursache, aus welcher der Erst-Verursacher das, was er bewirkte, eben als Wirkung zurück erhält. Dem Grunde nach ein von der geistigen jenseitigen Welt gesteuerter todsicherer Bumerang-Effekt, der die Leiden der gesamten Menschheit rasant ansteigen lässt. Man muss nicht besonders intelligent sein, um diese Tatsache zu erkennen, und zwar im Wahnsinn der steigenden Gewaltanwendungen, Kriegshandlungen, Krankheits- und Seuchenbildungen sowie den daraus verursachten Leidens-Zweigstellen. Täglich trifft ein unsagbares Leid die Menschheit in unvorstellbaren Ausmaßen. Der menschliche Ungeist nennt das Schicksal, aber hinter jedem Leid steht eine Ursache. Das Leid wird immer stärker steigen, so lange, bis kein Mensch mehr Leidensverursacher darstellt und dadurch kein Leid mehr setzen kann. Was dann, werden Sie fragen? Eine Unmenge von leidenden Menschen, die in Todeswehen stehen, denn der Träger der Leiden ist und bleibt als Hauptverursacher immer wieder nur der Mensch, übernimmt dann der Tod alle nicht zur Gänze abgetragenen, nicht geläuterten Leiden und führt diese Verursacher zur weiteren Behandlung über die Schwelle, führt deren „Ichs" in das Jenseitige.

Ich getraue es zu wiederholen. Jeder einzelne Mensch, der in einer Leidens- oder Todesangst in Verzweiflung seines Lebens steht, ob körperliches oder sogenanntes seelisches Leid ihn plagt, das geistige Wissen könnte ihm genau zu dem Punkt seiner Tat oder Taten führen, verursacht im früheren oder jetzigen Leben. Im Angesicht dessen, was so ein Mensch anderen einst zufügte, würde es ihn rasch läutern, um sein ihn im geistigen Umkehrschluss getroffenes Eigenleides zu beenden. Sie können diese unwissende Furchtbarkeit gedanklich in allen Facetten durchspielen, Sie landen immer wieder in derselben Schieflage von Ursache und Wirkung. Um diesem erschreckenden Wissen über die Wahrheit der Menschen auf die Spur zu kommen, schickte mich der Herr wahrlich durch die erbarmungslose Hölle, von ihm eigenhändig gesteuert. Erst als der Mensch das Leid Gottes und die Ursache dessen im Menschen selbst erkannte, eröffnet sich die Liebe des Herrn. Das Leid, der Hass, die Liebe aus dieser Ursache erleben sich sehr eng aneinander, zu deren Wirkung sagt der Mensch fälschlich Schicksal.

Das Töten (97)

Den Körper eines Menschen töten heißt, den Anteil der Materie Mensch zu zerstören, allerdings nicht die geistigen Anteile. Diese sind unzerstörbar und ewig in ihrem Dasein, natürlich in der jenseitigen geistigen Welt beheimatet. Hier auf Erden erleben sich diese nur im Verein mit der Materie, dem tierischen Körper genannt Mensch. Das Problem aller Mörder auf dieser Welt, auch derer der gesamten Menschheitsgeschichte, ist, dass der Mensch nicht zerstörbar ist und die Mörder der falschen Ansicht sind, sie hätten diesen Menschen vollkommen mit dieser ihrer Tat ausgerottet. Der Mörder trifft alle seine Opfer wieder, ganz sicher dann, wenn sein „Kadaver“ stirbt, denn dann ist auch sein „Ich-Geist“ allein gestellt und vor Angst schlotternd. Im Leben ein Mächtiger und hier ein Nichts. Genau diesen Zeitpunkt warten alle ermordeten „Ich-Geister“ ab und empfangen ihren Mörder dann, wenn dieser ohnehin mit seiner ahnungslosen Verzweiflung kämpft. Da wird es sehr haarig um ihn. Mord lohnt sich niemals, die Strafe ist grauenhaft. Auch nicht lohnend ist ein Selbstmord, denn auch damit beendet der Mensch nicht sein Leid, denn er tötet ja auch nur seinen Körper und nicht sein „Ich-bin“. Dieses „Ich“ ist eben unsterblich und trägt auch das vom Karma aufgetragene Leid mit sich, von dem sich der Selbstmörder befreien wollte. So ein Leid muss im irdenen Leben abgelitten werden, es verjährt niemals. Das Problem liegt darin, dass der Mensch der Meinung ist, sein Bestand sei nur sein Körper, obwohl immer von Körper, Geist und Seele ahnungslos gesprochen, aber nicht darüber nachgedacht wird.

Die Menschenrechte (98)

Menschenrechte sind eine sehr zwiespältige Angelegenheit. Dem Grunde nach nimmt sich der Mensch ohnehin das Recht, seine Begierden einer Erfüllung zuzuführen. Die Menschheitsgeschichte zeigt das sehr deutlich. Der Mensch nimmt einfach das Recht für sich in Anspruch, Lustbarkeiten oder materielle Werte durch mehr oder weniger große Gewalteinsätze sich anzueignen. Er nimmt sich auch das Recht, Gesetze zu verdrehen, Wahrheiten zu verleugnen, Verbrechen hinter Lügen zu verstecken und auch nach Lust und Laune zu töten. Das ist die eine Seite, die andere zeigt Leid und Armut in ihrer Rechtlosigkeit. Es kann auch geschehen, dass Machterzeuger in Machterleider wechseln müssen, allerdings meist erst nach ihrem Tod. Wo ist der Menschenrechts-Exekutierer? Wie stark ist seine Macht? Da kommt jetzt ein großes Schweigen, denn den gibt es nämlich gar nicht, genauso wenig wie Menschenrechte von Menschen wirklich niemals erfolgreich eingefordert werden können, eben wegen ihrer Machtlosigkeit den Mächtigen gegenüber. Der Menschenrechtsgedanke ist bestenfalls ein Menschenhilfsgedanke, und dieser zeigt auch seine großartige Wirkung in seiner Hilfsbereitschaft Menschen für Menschen. Wir stehen wieder wie schon bei der Erschaffung des Menschen vor dem Warum, vor einem gewaltigen WARUM! Warum gibt es immer mehr Reichtum für wenige und Armut für viele Menschen? Ist diese Frage jemals von der Wissenschaft überhaupt angedacht worden bzw. der Mensch gewillt, eine Erklärung darüber anzunehmen? Sicher schon gar nicht, wenn diese gegen ihn gerichtet sein könnte und eine Selbstschuldigkeit aufweist. Damit kommen wir wie immer zum Kern des Menschheitsproblems. Alle Religionen trafen für den Menschen aus den Ursachen ihres Glaubens heraus das richtige Lehrbild. Sie versuchten, geistige Wertigkeiten in das menschliche Denkvermögen einzuschleusen, doch den Mensch beschäftigt eine sehr wirksame Zensureigenschaft, das sind seine lieb gewonnenen großen und kleinen Begierden. Alle guten geistigen „oberen" Einflüsse bleiben in diesem Gewirr der Begierden-Zensur stecken, dringen zwar schon vor bis zur im Exil des Unbewussten lebenden Seele, von da aber nicht bis in das Gehirndenken des Menschen.

Menschenrechte, wer fordert diese? Wer hat überhaupt das Recht, Menschenrechte zu fordern? Für wen?

Die Armen für die Reichen? Die Reichen für die Armen?

Die Armen für die Armen? Die Reichen für die Reichen?

Sicher nur so lange, als ein Armer reich oder ein Reicher arm wird. Ein Menschenrechtsgesetz? Der Körper ist Materie, gleichermaßen für Tier und Mensch, ergo ist der menschliche Körper auch ein Tierkörper. Aus dieser Ecke ließ ihn ja auch der Schöpfer als Materie entstehen. Wenn man also ein Gesetz für die Rechte von Körpern andenkt, müsste man eigentlich richtigerweise ein Tierrechtsgesetz, zumindest ein Säugetierrechtsgesetz installieren. Das käme dann ein und derselben Materie zugute. Demnach wäre das Einzige, welches der Mensch für sich allein in Anspruch nehmen könnte, ein „Ich-Geist"- oder „Ich-bin"-Gesetz, also ein Gesetz, welches auf die „Ich-Denkenergie" zugeschnitten wäre. Wenn auch der Mensch nicht wahrnimmt, dass das, was seine Gehirnwindungen belebt, keine Materie ist, sondern geistige Energie mit Ideen, Überlegungen, Machbarkeits- und andere Studien, und einen geistigen Einfluss in das materiallastige Gehirn des Menschen darstellt. Dieses wirkt wie ein Transformator und setzt das geistig Gedachte um, allerdings meist in materielle Tätigkeiten des Körpers, seiner Sinne, und die sind begierdenlastig.

Das einzig wahre Recht allerdings, über dem Menschen stehend, ist ein vom Geist gestaltetes Recht. Diesem unterliegt jeder einzelne Mensch, trotz seines geistlosen Wissens. Es beinhaltet kein Menschenrecht, aber dafür ein gerechtes Recht jedem Menschen gegenüber, exekutierbar im Erdenleben oder im Nachtodleben. Es ist das gnadenlose Recht aus dem göttlich geistigen Gesetzeswerk.

Gedanken über das Denken (99)

Der Mensch muss mit seinem Denken in eine Klausur, denn er muss lernen, seine Gedanken zu empfinden und zu fühlen. Knallhartes materielles Denken kann keinem Empfinden zugeordnet werden. Dieses Denken ist nur mit Polarisierung zur materiellen Macht und deren Begierden in Einklang zu bringen. Es durchbricht Harmonie, die ohnehin schon längst in Frage gestellt wird. Solche Gedanken kommen aus dem Sterblichen nicht heraus, sie zerbrechen am Ende an einer nicht mehr möglichen Durchführbarkeit, sie sind unbewusst für den Denker im Lager der grenzenlosen Dummheit einzuordnen. Ein Mensch benötigt Gedanken, die sich fallen lassen können, denn wenn sie am Boden liegen, können sie schwerlich Gegensätze nach oben verbreiten. Diese fallen gelassenen Gedanken kann man dann in Ruhe von oben beobachten und sehen, wie diese am Boden anfangs noch umherpurzeln, immer langsamer, ruhiger und schläfriger werden. Das ist genau der Punkt, an welchem die Energie des Denkens dem Zwang des Gierigen, nur real betrachteten Denkens nicht ausgeliefert ist. Das Denken ist frei, solange die da unten liegenden „Polarisierer" im Schlaf sind. Dann erlebt sich das Denken plötzlich empfindend und solidarisiert sich mit dem Unbewussten der göttlichen Seele. So entwickeln sich wahrhaft freie Gedanken, hinaus über das sterbliche Endliche, und empfinden etwas von geistigem unsterblichem Denken. Wenn man wieder in der Realität zu Hause sein muss, dann wird sich vielleicht schon in dem materiellen Denken ein wenig Geistiges einmischen. Das könnte der Beginn des wahren freien Denkens für jeden Menschen werden. Die Gedanken müssen befreit werden von der erdrückenden Last ihrer eigenen Begierden-Vorstellung. Das Denken benötigt die Freiheit einer geführten Fantasie.

Bildung, Wissen, Disziplin (100)

Es gibt sicher sehr wenige Menschen auf der Welt, die eine wahre geistige Bildung in Bezug auf die Wahrheit des menschlichen Daseins ihr Eigen nennen dürfen. Die, welche sie tatsächlich in sich trugen oder tragen, erwarben die Wahrheit in irdenen Leben. Diese Menschen können sich nach ihrem Tod vom Rad der Wiedergeburt verabschieden, ihr Tod winkt sie durch in die geistige Welt des unendlich göttlich Seienden. Nicht ihr Körper, nein, lediglich der wichtigste Part des Menschen, ihr „Ich-Geist", dieser wird an der Grenze zwischen Dies- und Jenseits durchgewunken.

Reden wir über die geistige Bildung vom Menschen aus Geistigem, Körper und das Wissen darüber. Diese Bildung erlebt sich dem Grunde nach aus der geistigen harmonischen Disziplin gegenüber dem Körper Materie und dessen Begierden als Gegensätzlichkeit. Der „Ich-Geist" formt und zähmt die Triebwünsche des tierisch-menschlichen Körpers auf ein Maß, das mit der Harmonie des Geistes kompatibel läuft. Damit ist der edle Zustand im Menschen Gott gegenüber auf der Schiene vom gezähmten Gegensatz innerhalb der Harmonie als der paradiesische Mensch gegeben. Eine andere Bildung wäre für den Menschen nach der Idee Gottes nicht im Sinne des Schöpfers.

Betrachten wir die Bildung eines Menschen, dessen tierischer Körper umschlungen mit dem schwächelnden „Ich-Ungeist" sich darstellt. Der heutige nachparadiesische Mensch ist wohl Körper, der Geist energielos, die Seele von diesem in das Unbewusste verdrängt, also ein Abklatsch von dem wahren Menschen nach der Idee Gottes. Dieser Mensch spezialisierte sich auf das Wohlergehen und Aussehen seines Körpers, sein ungeistiges Denken ausgerichtet auf Erfolg und Macht. Disziplin meist nur machtvoll, fantasielos ausgedrückt, Selbstdisziplin eher eine Ausnahme, und wenn, dann seinen Begierden gegenüber. Maximierung aller lustvollen Annehmlichkeiten, soweit dies nur möglich ist. Die Bildung als eine Anhäufung von Wissen, das nur aus der Materie ihre Grundlagen zieht. Verhaltensregeln, welche sich verschiedene Gesellschaftsschichten in unterschiedlichen Zeiten als Kennzeichen und Zierrat ihrer gewollten Erhabenheit aneigneten, dies alles zeugt von einer sehr wechselhaften Ego-Macht-Spielerei. Da wäre der Bildungssinn eigentlich Unsinn. Wo kein wahrer Geist, da auch keine wahre Bildung. Menschen mit dem wahren geistigen Bildungswissen bleiben lieber im Geheimen. Sie wollen sich nicht der Dummheit von vielfachen Varianten des gesellschaftlichen Unsinns, auch Kultur genannt, ausgesetzt wissen.

Die eigene Disziplinlosigkeit verlangt im Schulwesen Disziplin von der Jugend. Diese Jugend erkennt, erahnt, dass eigentlich dieses Verhalten eine Schwäche von Eltern, Schulen und deren Gesetzgebern darstellt, und rebelliert. Das System der Kultur-Gesellschaft mit ihrem aufgestapelten ungeistigen Wissen über das Alles-Sein der Materie ist seit Generationen unter dem Code Tradition einbetoniert. Die Jugend wird somit gezwungen, oder sie fällt aus der Gesellschaft. So schließt sich der Kreis nach jeder neuen Generation immer wieder im Sinne ihrer Sinnlosigkeit. Die Bildung kennt keinen Ausbruch aus der Stagnation, sie weiß auch keinen, da der Geist und der Mut für die wahre Denkfreiheit fehlt. Niemand predigt ihn, und wenn doch, wird dieser Geist abgelehnt, da er die Selbstdisziplin des „Ich-Ungeistes" verlangt. Er müsste seine ach so wunderbaren Begierden disziplinieren. Bildung bedingt wahren Geist als Voraussetzung für die Kunst der Erziehung.

Die Erziehungsmethoden gestalteten die jeweiligen Gesellschaften nach den verschiedensten Strickmustern von brutaler Autorität bis zum Idiotismus der bequemen, verantwortungslosen Do-it-yourself-Methode. Nachwuchs von Katzen, Kühen, Pferden, Wölfen, Vögeln etc., deren Mütter haben ihre harmonische Aufzucht-Kunst im Zeitraum seit ihrer Erschaffung niemals geändert. Sie besteht aus Wärme, Fürsorge, Liebe, Führen und Aufzeigen. Der Mensch stellt sein eigenes Tun nie in Frage, er tut es immer wieder neu mit der Disharmonie geistloser Muster. Er greift seiner Machtbegierden und seinem Unwissen über eine geistige Wahrheit zuliebe gerne in selbstzerstörerische Geschehnisse gegen seine eigene Spezies ein. Auf allen Gebieten stellt sich eindeutig der Mensch als ein schlechtes Wesen dar, das sich einbildet, es sei geistig mündig, handelt mit dem vollen Bewusstsein danach und erkennt dabei gar nicht seinen Größenwahn, seine Unfähigkeit, den wahren Sinn des Lebens zu erkennen. Wie glücklich sind Tierkinder zum Unterschied von Menschenkindern.

Eine Bildung, die in ihrem Ursprung keinerlei Bezug auf das Wahre, auf das Harmonische, auf die Liebe kennt, wird eine Bildung von Gegensätzen aus dem Urgrund der Materie. Sehen Sie, und so sieht auch die Erziehung der Spezies Untermensch aus, denn wer selbst nicht zur Erziehung Liebe und Harmonie wenigstens in Spuren hat, kann auch an keinen jungen Menschen die nötige Vorbildhaftigkeit übertragen. Die kläglichen Versuche fast aller Staaten samt ihren Gesellschaftsformen, Grundbildung für wahre Menschen zu formulieren, sind zum Scheitern verurteilt. Eine Gesellschaftsform, die sich von ihrer Ursprünglichkeit so weit entfernte und keinen Zusammenhang zurück zu seinen Wurzeln mehr erkennt, ist eben eine entwurzelte Vereinigung. Diese erkennt nur mehr ein Lebensziel, und das geben ihr ihre Begierden vor. Die Rettung der Spezies Mensch (Untermensch) kann nur aus zwei Altersgruppen erfolgen:

Der alte kranke Mensch in seiner Angst vor dem Tod kennt keine Begierden mehr. Er beginnt vielleicht zu jemandem zu beten, den er gar nicht kennt, aber sein Gefühl aus dem Unbewussten sagt ihm, es muss doch noch irgendwer da sein über dieser Welt, besser als das, was der Mensch ist. Das Leben, dem Tode nah, lässt Gedanken zu, die früher niemals zu Wort kamen. Ganz einfach, der Platz für Gedanken ist frei geworden, die früheren Wertigkeiten zu den Begierden sind jetzt nicht mehr existent. Jetzt können die Gedanken frei ihr Thema wählen. Vielleicht gibt es doch einen Gott? Was ist nach dem Sterben? Das Gefühl von Helle und Freude, ein inneres Sehen, vielleicht ist das alles gar nicht so schlimm, das „Hinübergehen". Hier kann auch Folgendes passieren: „Man fasst es nicht, irgendwelche Idioten verhindern meine neue Wanderschaft in die unendliche Höhe. Ich werde zum Weiterleben auf Erden verurteilt, mein körperliches Leid wird prolongiert, meine seelische Freude verhindert.

Was sind das doch für geistlose Entscheidungsträger, die mich nicht sterben lassen wollen?“ Sehr viele Menschen konnten in Todesnähe eine Empfindung von innerer, nicht dokumentierbarer Schönheit mit zurück auf Erden nehmen, ein Strahlenlicht, etwas nicht erklärbar Erhabenes. Der Mensch in Not beginnt im Gespräch vom Gehirn zu seinem Unbewussten, seine göttliche Seele aufzubauen, das funktioniert immer dann, wenn die Begierde auch kurzfristig am „Ich-Geist“ des Menschen sein Interesse verliert. Die Begierde kennt sehr genau ihre Patienten und zieht Leine, wenn Leid, Schmerz, Angst oder Tod in das Spiel kommen, denn das sonst so stark ausgeprägte Begehren nach mehr im Leben verliert sich ganz von selbst.

Dann wären wir bei der Jugend:

Wenn das Erleben all dieser vor dem Sterben Stehender, vor allem deren Empfindungen darüber, in die von der Gier noch nicht angefallenen Jugend einfließen würden, dann könnte ein Wunder entstehen. Das Wunder der Selbstdisziplinierung ihres künftigen Lebens, es so zu gestalten, dass ihnen das Leid, die Angst vor dem Tod einmal erspart bliebe. Diese Selbstdisziplin ist Selbstachtung, ist wahre Bildung, in der die jenseitige geistig göttliche Welt eine Hauptrolle spielt. Sie bringt Freude, Harmonie und Wahrheit in den Sinn des Lebens, eine Bildung, aus ihren Seelen stammend.

Selbstdisziplin ist Disziplin gegen sich selbst nach innen, nicht nach außen gerichtet.

Das geistige Vorauswissen (101)

Jeder Mensch erlebt sich, allerdings ohne sich dessen bewusst zu sein, in einer Art Netz, ähnlich dem Faraday'schen Käfig. Dieses Netz besteht nicht aus einer Vernetzung mit Stahl, also Materie, sondern ist eine Vernetzung von geistiger Energie, intensiv verbunden mit 7 Milliarden Vernetzungen von menschlichen Wesen, deren geistige Zentralen in ihren seelischen Unbewussten beheimatet sind. Dem Grunde nach richtet sich dieses geistig seelische Energiekonzentrat gegen den „Ich-Geist". Dieser „Ich-Ungeist" ohne Energie des Geistigen ist ja der Verursacher des Dilemmas Mensch-Gott.

Der von Gott abtrünnig gewordene, gefallene Engel ist ident mit dem „Ich-Geist" jedes Menschen. Es ist dieses „Ich", nicht der Körper, sondern das, welches in dem Gehirn die Gedanken bildet und auch diese in die Tat durch den Körper umsetzt, also der wahre Täter. Die Gedanken sind Angelegenheit geistiger Energie und bilden sich aus der Lebensenergie des sonst toten Körpers sowie der kleinen Restenergie, die das geistige „Ich" nach seinem Fall behielt. Alles, was sich als geistige Energie bezeichnet, stammt aus dem Jenseits. Wird dem Körper die geistig seiende Lebensenergie entzogen, ist dieser ja auch tot. Sie kennen den Spruch: „Essen und Trinken hält Leib und Seele zusammen?" Naja, das stimmt doch, denn damit beziehen Sie ja eigentlich die rein geistige, noch dazu göttliche Seele in den Energiebedarf mit einer Bratwurst mit Kraut und Knödel ein und setzen Ihren Körper auf die gleiche Energieschiene. Dass Ihr Körper vielleicht dieser energievollen Aufnahme dieser deftigen Speise bedarf, ist unbestritten. Aber die Seele? Haben Sie im Urlaub (wo doch die Seele baumeln soll) noch nie an eine Seelenfütterung mit Speck und Most gedacht? Man spricht doch auch viel über Körper, Geist und Seele. Bekannt ist dem Menschen lediglich sein Körper, über Geist und Seele fabulieren Religionen, Philosophen und Psychologen, ohne durchgehenden schlüssigen Zusammenhang. Die in der billionenfachen geistigen Vernetzunge stattfindenden Vorausschauungen, das geistige Wissen, das heute schon Kenntnis davon hat, was mit dem „Ich-Geist" z. B. in 30 Jahren geschieht? Was mit der Masse von „Ich-Geistern" eines bestimmten Volkes in 100 Jahren geschieht? Für das Geistige ist es ein Leichtes, die geistlosen Gedanken eines Menschen und seine daraus entstehenden Handlungen bis zu seinem Tod und erst recht darüber hinaus vorauszuwissen. Im Zeitraum zwischen dem Tod und der Wiedergeburt, in der Zeit, in welcher der „Ich-Geist" sich als körperloser Geistkörper erlebt, fallen vorausschauend wesentliche Entscheidungen. Bestimmend für diese Entscheidung ist das Verhalten des „Ich-Geistes“ in dieser rein geistigen Zwischenwelt. Das Endresultat daraus kann ein neues karmisches Belastungs- oder auch Entlastungsbild ergeben. Auch das ist schon längst im Voraus via geistig unfehlbare Computertechnik bestimmt. Nun beginnt die Auswahl, in welcher Art, in welcher Gesellschaft, in welchem Elend der „Ich-Geist“ sich in einer Neugeburt involviert, und trägt den Grad seiner karmischen Belastung mehr oder weniger mit sich. Aus dieser geistigen Tatsache heraus kann im erfolgten neuen Menschenleben das Warum in der Vielfältigkeit der Möglichkeiten seines hineingeborenen Werdens verifiziert werden. Menschen mit höherem geistigen Empfinden können problemlos die karmische Belastung bzw. das karmische Guthaben exakt im Zeitraum der Geburt dieses Menschen bestimmen oder bestimmen lassen. Jetzt aber kommt für manchen Menschen eine grauenhafte Tatsache ans Licht, die er schwer begreifen kann. Alle, ob schrecklich arm in ihrem Leiden, egal, ob auf der Flucht oder vor ihrem Tod stehend, ob Kind oder Greis, jeder Einzelne von ihnen hat sein Karma, seine Belastung eingeprägt in seinem „Ich-Geist“. Alle tragen aus ihrem Vorleben und getätigten Taten diese Last mit sich, stammend aus Ursache und Wirkung. Das Grausame daran ist es, den Menschen mit dem Nichtwissen dieser Tatsache zu schlagen. Fakt ist, das Rad der Wiedergeburt wird nach dem immer brutaleren Verhalten der Menschen gegeneinander sich in ein Rad der steigenden Verelendung und ohne Aussicht auf Verbesserung zeigen. Die Herrschaft über die Menschheit wird nicht mehr Begierde heißen, sondern wird nur mehr aus Leid, Schmerz und Angst sich benennen. Diese Leidensgesellschaft ist der wissende Beginn einer göttlichen Läuterung, entstehend aus der Energie des Leides.

Der Mensch und das große Geheimnis in ihm (102)

Das Unbewusste bildet die Mystik im Menschen. Die reale Bewusstheit ist lediglich ein „Übriggebliebenes“ aus der Zeit, als sich beide noch als eine Einheit erlebten, die Einheit des Geistes über den Körper. Der „Ich-Geist“ ist ident mit dem gefallenen Engel, dem Abtrünnigen von Gott. Er hat die Einheit zwischen ihm und der göttlichen Seele zerbrochen. Beide stammten aus demselben „Stall“, als Engelwesen aus der kosmischen Energie. Das Zerwürfnis von „Ich-Geist“ und Seele war vorprogrammiert, als eben dieser „Ich-Geist“ des Menschen sich selbst eine Gottähnlichkeit, zusammen mit seinem Körper, beizumessen begann. Die Seele ging auf Konfrontationskurs zu den beiden und mutierte zur göttlichen Botschafterin im menschlichen Sein, in ihrer geistigen Zentrale dem Unbewussten eines jeden Menschen. Der bösartige „Ich-Geist“ konnte seine ehemalige Verbündete nicht ausschalten, aber dem menschlichen Denken gegenüber wenigstens ein Exil anweisen. Der Mensch erlebte sich in einem Status quo der extremen Gegensätzlichkeit. Der zum „Ich-Ungeist“ gewordene, verbunden mit der Materie des menschlichen Körpers, baute sich mit diesem gemeinsam als wichtigster Mittelpunkt in Selbstherrlich- und Gottähnlichkeit sich sehend auf. Er wurde ein permanenter Harmoniezerstörer, ein reines nur sich selbst liebendes Begierden-Wesen ohne wahren Geist und Gott.

Die göttliche Seele, die Trägerin der geistig kosmischen Harmonie, kann nur mehr aus ihrem gewaltsamen Exil heraus dieses wahnsinnige Treiben von Körper und „Ich-Ungeist“ beobachten und erst nach dem Tod der menschlichen Materie erschreckend darüber Zeugnis ablegen. Hier wird sie diesem plötzlich allein gelassenen „Ich-Ungeist“ unter einem Umkehrschluss unterliegenden Verhältnis begegnen.

Diese skizzenhafte Darstellung gibt einen Einblick in die Dramatik des menschlichen Lebens, das sich nur im Inneren des Menschen in einer Mystik ohne Erkennen der geistigen Wahrheit abspielt. Was hier dem Menschen geheim bleibt, ist die Tatsache, dass dem „Ich-Ungeist“ bei seiner Abtrünnigkeit gegenüber Gott die Energie des Geistes abgenommen wurde. Man könnte sagen, ein Racheakt Gottes mit gewaltigen Auswirkungen für die Menschheit. Die Energie des Geistes liegt bei jedem Menschen in der Obhut der Seele, die im Exil leben muss. Bis heute profilieren sich der „Ich-Ungeist“ und Körper mit aus alten Zeiten mehr oder weniger noch vorhandener Restgeistigkeit, als Welten-Beherrscher in seiner alternierenden konfusen Gegensätzlichkeit. Dieses heutige „Duo Mensch“ kapiert noch immer nicht, dass all ihr Tun und Handeln aus ihrer Geistlosigkeit entspringt. Bei manchen großen, mehr der Harmonie zugetanen Denkern meldet sich bereits das Unbehagen gegenüber diesen Handlungen. Die anderen Polarisierenden brauchen länger für diese Erkenntnis. Die Vorstellungskraft, dass innerhalb dieses Tier-Mensch-Fleischs, genannt Körper, sich ständig ein geistiges Drama zwischen „Ich-Ungeist“ einerseits, und göttlicher Seele andererseits, eben zwischen Gegensatz und Harmonie, abspielt, ist dem realen Denken des Menschen kaum möglich. Dieses Drama ist eine Ursache, die Wirkung daraus Leid, Angst und Tod. Der Mensch in seiner Verdrängungskunst nennt das Schicksal, nur dieses Drama hat nach dem Tod eine furchtbare Fortsetzung. Ansatzweise ist bei manchen Menschen ein Angstempfinden gegenüber dem Sterben erfühlbar, denn spätestens nach dem Tod wird er Farbe bekennen müssen. Dieses hohe Weltengericht kann an den geistigen Aura-Farben sofort die Wahrheit seines vergangenen Tuns erkennen.

„Farbe bekennen“, ein Spruch, der sich im Sprachgebrauch erhalten hat, stammend aus einer Zeit, als *jeder* Mensch die Farben an seinen Mitmenschen und damit dessen Absichten im Farbenspiel seiner Aura erkennen konnte.

Das Leben der Menschheit in zwei Daseins-Abschnitten (103)

Der Inhalt meiner Schriften nimmt Bezug auf *zwei* Abschnitte in der Geschichte der Menschheit.

Der *erste* Abschnitt hinterfragt das Warum der Menschwerdung, und zu welchem Zweck.

Die Menschwerdung unterlag einer bestimmten kosmischen Notwendigkeit, dem Grunde nach einer Idee Gottes. Der Tätigkeitsvollzug Energie Mensch gliedert sich zu einem Viertel auf die Notwendigkeit des Vorhandenseins von Materie, eben des menschlich tierischen Körpers, drei Viertel von Geistigem: dem Lebensgeist, dem „Ich-Geist" des Menschen und dem göttlichen Seelengeist. Somit steht in der Verantwortung der Geist oben, über der Materie Körper. Die Seele war dem Grunde nach im Gesamtsystem Mensch im praktischen Leben eigentlich eine Nebenakteurin. Geist und Körper waren Hauptakteure, denn diese erlebten sich in ihrer Zusammenarbeit als Träger des Prinzips vom gezähmten Gegensatz innerhalb der Harmonie. Die Materie Körper als Polarisierer, das geistige „Ich" als harmonischer ausgleichender Zähmer dieser oft unkontrollierbaren Gegensätze der Materie. Die Aufgabe der Seele bewegte sich im Erkennen der Urprinzipien aus Materie und Ich-Geist, formte diese in kosmische Geistigkeit im Sinne von Yin und Yang. Die Abfolge in der Fauna, speziell im Affen, hat wohl Materie in die Welt gebracht, aber noch keinen Geist. Als logische Folge musste der Affenmensch zu seiner Materie ein Geistiges dazu bekommen, nämlich sein „Ich". Damit wusste erstmalig ein aus Materie und geistiger Lebensenergie zusammengesetztes Wesen, dass es wahrhaftig im „Sein" sei. Zugleich geschah noch etwas hoch Geistiges. Dieser nun neu geborene Mensch wurde beseelt. Der mit geistiger Lebensenergie behaftete Körper eines Säugetieres mit der ihm innewohnenden Polarisierung hätte sich ohne die geistige „Ich-Ober-Hoheit" zu einer Katastrophe entwickelt. Dem Grunde nach wurde dieses entstandene Lebens-System in dem damaligen menschlichen Dasein, als geistig körperliches Prinzip im immerwährenden göttlichen Licht lebend, getragen. Schwer vorstellbar, eine mit Geist versehene tierische Körperlichkeit in ihrer Komplexheit als Mensch wird zum Träger einer göttlich kosmischen Aufgabe bestellt. Die praktische disziplinierte zwischenmenschliche Lebensweise erfüllte die Voraussetzung für ein Dasein voller gezähmter Gegensätze, die aber nie den Mantel der geistigen Harmonie durchbrach. Das bedeutete Achtung für jeden, kein Leid für sich und andere, ein begierdenfreies, angstloses und glückliches Weiterleben auch nach dem Tod, nach dem Absterben der Materie Körper. Übrig blieben Ich-Geist, der auch heute noch derselbe ist, jedoch mit anderen Vorzeichen behaftet, Seelen-Geist und der Lebensgeist. Diese drei durften fortan in der Welt Gottes in Freuden ihr Engeldasein im kosmischen Sinn weiter gestalten. Die gesamt geschaffene Materie im Universum galt fast als ausgedient und erwartete schon bald eine Vergeistigung in ihrer Entmaterialisierung. Die menschliche Höchstleistung ging schon bald ihrer Vollendung zu, denn die benötigte geistige Energie für den Kosmos galt schon als fast abgeschlossen. Wenn dieser erste Abschnitt von den damalig lebenden Menschen im Paradies bis zum Ende erfüllt geworden wäre, hätte sich die Geschichte der Menschheit erübrigt.

Das Hinterfragen des *zweiten* Abschnittes der Menschheit kann man getrost der Logik überantworten, dem schon viel erwähnten Prinzip von Ursache und Wirkung. Ganz einfach, die Menschen erlebten sich in der Abtrünnigkeit ihrer Aufgabe dem Schöpfer gegenüber und schafften damit eine Ursache. Gott setzte eine geistige Strafgesetzgebung dagegen als Wirkung wie Leid, Schmerz, Angst und den Tod ein. Nun wäre der Mensch längst wieder am Zug, eine Ursache gegen diese furchtbaren Wirkungen zu setzen. Der Druck der von Gott gesetzten Wirkung auf die Menschheit verstärkt sich zusehends. Das Schreckliche ist die Ahnungslosigkeit des Menschen über das, was auf ihn zukommt. Die Intelligenz der Menschheit bildet bis heute keinen Begriff über die Frage, warum und zu welchem Zweck er erschaffen wurde. Lieber wird gefragt, wie der Mensch entstand, man beschäftigt sich mit sündhaft teurer Forschung über die Entstehung des Universums, anstatt bei der Forschung über das Jenseits anzusetzen. Nur Geist ist nicht beweisbar, deshalb wollen die heutigen Menschen den Geist nicht, da sie Angst vor ihm haben. Geist liebt eines nicht, Dummheit und Feigheit.

Die Einheit Mensch (104)

Das Zeitalter, in welchem dieses noch immer sagenhafte Paradies sich eingebettet hatte, ist unschwer zu bestimmen. Irgendwann entstand neben dem Neandertaler ein Menschenwesen, von welchem man über die Herkunft zwar spekuliert, sie aber nicht kennt, das sich aber im Aussehen als wesentlich mehr Mensch zeigte. Ein denkender, empfindender „Machermensch" steht plötzlich als Anfang und Gestalter der Menschheitsgeschichte im Raum. Alle Wesen der anderen Art zogen sich aus der weiteren Geschichte der Menschheit zurück. „Er" blieb erhalten, warum und woher dieser an edler Gestalt gezeichnete Typ noch mit Denken bewaffnet wurde, das verliert sich im Schleier der geistigen Mystik. Eigentlich eine echte Revolution in der Grabungsforschung, die wirklich brauchbare Fakten liefert. Fakt ist, der Mensch eignete sich vor ca. fünfzig- hundertfünfzigtausend Jahren den Beginn seiner Intelligenz an. Das wissen wir jetzt, und das ist Grund genug für wissenschaftliche Freude. Ein tierischer Körper wurde intelligent. Das ist eine auf den Punkt gebrachte Tatsache. Aber wissen wir mit diesem Wissen alles Wissen?

Grob gesehen wäre damit die Geschichte der Menschheit von Beginn bis heute abgehandelt, wenn da nicht noch einige Fragen Antworten fordern würden. Hier hüllt sich die Wissenschaft in Schweigen, warum ein Tier intelligent wurde? Wer hat das zu welchem Zweck veranlasst? Die Archäologie hat ein Ergebnis als Wirkung erfolgreich herausgefunden, aber wo befindet sich die Ursache für diese Wirkung? Woraus besteht intelligentes Denken? Sicher nicht aus der tierischen Materie, eventuell aus

Geist? Aber was ist Geist? Wer produziert und woher kommt die Energie des Geistes? Aus dem Gehirn? Sicher auch nicht, denn dieses ist in seiner Zusammensetzung reine Materie. Ich weiß, diese Fragerei nervt.

Das Paradies entstand in diesem Zeitraum vor ca. hunderttausend Jahren, belebt durch den Menschen nach der Idee Gottes. Diesen damaligen Menschen wurde ganz gezielt geistige Energie zugeführt – die Denkenergie. Das war die Geistigkeit, die diesen tierischen Körper veranlasste, sich selbst zu erkennen und damit sagen zu können, das bin ich. Die Materie Körper erhielt ihr geistiges Bewusstsein und damit den Grundstein, intelligente Handlungen ausführen zu können. Der Beweis über solche Handlungen wurde ja wissenschaftlich ausgegraben. Was aber das Geistige anbelangt, darüber schweigt die Wissenschaft verschämt und wird weiterhin verdrängt. „Beweise, Beweise", ruft die Dummheit, natürlich, denn hier fehlt ja der Geist, um Geistiges zu erkennen. Wenn Gott auf seine eigene Glaubwürdigkeit durch den Menschen warten müsste, hätte er sich einen sehr langen Urlaub leisten können. Geistlose Dummheit ist lediglich ein menschliches, aber kein kosmisches Phänomen, deswegen kann es auch die Wahrheit nicht berühren. Vom Vorhandensein von Geist und Seele ist doch die Spezies Mensch überzeugt. Essen und Trinken soll ja Leib und Seele zusammenhalten, nur bei dieser landläufigen Annahme ist der Geist schon durch den Rost gefallen. Aber immerhin wurde die Seele zum Leib gesellt, betrachtet aus Überzeugung? Kleiner Irrtum. Die Seele lässt sich niemals von einer sterblichen Materie einvernehmen.

Gott und seine geistige kosmische Weltenenergie fügte diesem Homo sapiens nicht nur einen aufrechten Gang, sondern zwei Geistenergien zu. Der eine bezeichnet sich als „Ich-Geist", der eigentlich als Kontrollorgan über Gegensatz innerhalb der Harmonie wirken soll. Der Verantwortungsträger gegenüber der tierischen Materie Mensch. Das macht ja den Unterschied zum Tier aus. Das denkende Tier wird Mensch, somit wäre die Materie Mensch fähig, ihre in sich vorhandene Polarisierung mit Hilfe der durch den „Ich-Ungeist" vorhandenen Denkenergie beliebig zu erweitern und in Folge den Durchbruch durch die im Kosmos gegebene geistig göttliche Harmonie zu zerstören. Die menschliche Materie Gehirn ist lediglich Behälter für das Einfließen geistiger Energie und könnte so ohne Kontrolle das vorhin erwähnte Horror-Szenario bilden. Dem anderen wahren „Ich-Geist" mit seiner Energie ist eine andere Aufgabe übertragen, eben das Gegenteil, den geistigen Einfluss auf die Denkenergie des menschlichen Gehirns so zu steuern, dass das Ausmaß eines Gegensatzes niemals das geistig harmonische Schutzschild beschädigen kann.

Der Mensch im Zusammenleben mit Einzelpersonen, Gruppen oder Gesellschaften ist durch seine materielle Substanz automatisch polarisierend und strahlt von seinem Mittelpunktdenken seine Gegensätze aus, das machen aber alle. Das zu erwartende Ergebnis einer solchen Drunter- und Drüber-Polarisierung hat der „Ich-Geist", also Sie als Einzeldenker, zu verhindern. Polarisierung, Gegensatz ja, aber im Einsatz einer geistig kultivierten Gesellschaft entsprechend.

Die zwei Denkarten (105)

Gedanken müssen in eine Sprache eingebettet und formuliert werden, erst dann ist über die Güte bzw. Wertigkeit eines Gedanken zu befinden. Welche Instanz bewertet diese Gedanken? Jedenfalls andere fremde Gedanken tun das, damit sind Probleme vorprogrammiert.

Wir müssen wohl vorher zurück zum Ursprung, zur Ursache eines Gedankens und klären, welche Wirkung soll dieser Gedanke auslösen? Bei einem selbst oder bei anderen? Wer oder was, welche Energie gibt den Impuls für einen Gedanken? Abzuklären ist vorher noch, von welcher Energie ist der Impulsgeber als der Verursacher gesteuert? Stammt diese Energie aus dem Lager der Materie oder dem des Geistes, und vor allem, welchen Interessen fühlt sich die Denk-Energie verbunden? Der nachparadiesische Mensch empfindet sich fast zur Gänze seiner Körperlichkeit zugeordnet, also kann die Energie sich lediglich materieller Interessen bedienen. Materie unterliegt einer Endlichkeitsbestimmung. Wenn die Ursache des Interesses sich an der Materie festmacht, so ist die Wirkung dieser Ursache naturgemäß ebenfalls nur endlich. So gesehen ist das Interesse für Ursachen lediglich im Unwert von Materie handelbar. Das geistlose Denken des heutigen Menschen ist geprägt von Ursachen als Interesse an seiner körperlichen Wohlheit und dem Sich-Anreichern mit materiellen Scheinwerten. Dieses geistlose Denken entstammt dem Grunde nach der endlichen, sterblich vorhandenen Gehirn-Denkenergie des Menschen. Diese Energie setzt den ständig höher liegenden Mehrwert-Gedanken aus dem Lager der Begierden in Bewegung. Materie kann sich nur aus dem Endlichen heraus, also aus sich selbst heraus befriedigen. Die Endlichkeit dieses Denkens erklärt jeder Folge einer Generation das Recht, sich traditionell an körperlich beweglicher und unbeweglicher Materie zu bedienen. „Aus nichts kommt nichts", also muss die noch vorhandene Materie auf allen Gebieten zur Befriedigung von materiellen körperlichen Bedürfnissen und Begierden eben ausgebeutet werden. Die Ausbeuter stammen aus der ungeistigen Denkenergie ihrer eigenen endlichen Materie. Ob das dem Sinn von geistigen Gedanken entspräche?

Stammt die Denkenergie aus dem Lager des Geistes, dann kann das Interesse des Denkens eben nur diesem Geistigen gewidmet sein. Das geistige Denken bewirkt im Körper des Menschen einen gegensätzlichen Ausgleich gegenüber dessen permanentem Mehrwertbestreben, das ja letzten Endes zu seinem eigenen frühen Untergang führen würde. Dieses geistige Denken setzt dem verstärkten körperlichen Polarisierungsbestreben das kosmische Harmonieempfinden gegenüber. Gegensätzlichkeit, soweit diese harmonieverträglich bleibt, ist das Gedankengut des geistigen Denkens, und zwar aus einem göttlich kosmischen Interesse heraus. Die Energie des Geistes bestimmt sich als Regulator im Sinne des Weltenprinzips aus Yin und Yang. Diese Wahrheit entspricht voll und ganz dem wahren Sinn des Gedankens. Dieser Gedanke ist keine Materie, er ist Geist, wogegen der Gedanke der sterblichen Materie lediglich eine geringe Abart aus der in jeder Materie mehr oder weniger vorhandenen geistigen Lebensenergie des sterblichen, nicht geistigen Gehirn-Denkens ist.

Die Suche nach dem Geist im Leben wäre die überlebenswichtigste Aufgabe des Menschen im Sinne seiner eigenen Wahrheit, die hinter seinem endlichen geistlosen Gehirndenken steht, eben als die Metaphysik des sich befreienden Denkens.

Die Welt vor unserer Welt (106)

Vor der Vertreibung aus dem Paradies vor Adam und Eva hat niemand eine Menschheitsgeschichte aufgezeichnet. In dieser Zeit erschütterten keine menschlichen Untaten aus ihrer Gegensätzlichkeit heraus die Welt. Damals erlebte sich die menschliche Einheit in ihrer überwiegenden Geistig- samt Körperlichkeit in ihrer hohen Aufgabe dem kosmischen Geist gegenüber. Wenn es etwas zu berichten gäbe, dann über das Leben in dem von Geist gezähmten Gegensatz der körperlichen Materie innerhalb der göttlichen Weltenharmonie. Der paradiesische Mensch fiel aus dieser Gnade heraus, denn sein „Ich-Geist" wurde abtrünniger Ungeist. Ab da nahm die Geschichte der Untermenschheit ihren Verlauf und mit ihr ihre furchtbaren Untaten. Der Ungeist vermählte sich mit der sterblichen Materie und damit auch mit dem ungezähmten Gegensatz. Das göttliche Maß aller Dinge Mensch stellte sich nicht mehr als die geistige Einigkeit gegenüber der Materie dar, sondern erlebte sich nur mehr in ihrer Körperlastigkeit, zusammen mit einer nur endlich seienden Denkenergie des gefallenen Engels, des ehemaligen Ich-Geistes. Wenn diese Untermenschheit ihre Geschichte zurückverfolgt, nur zehntausend Jahre, fällt auf, dass durch immer wieder bei verschiedenen Völkern von außen einwirken sollende Verhaltensregeln für den Umgang der Menschen untereinander sowie ihrem Schöpfer gegenüber Menschen wieder zu ihrer Ur-Wahrheit gelangen sollten. Der Untermenschheit sollte klar gemacht werden, dass die Folgeerscheinungen ihrer Abtrünnigkeit von Gott sich für sie immer furchtbarer auswirken werden. Leid, Schmerz, Angst und Tod werden extrem stark zunehmen. Die einzige Rettung wäre das Wiedererreichen des ehemals verlassenen wahren Menschentums. Diese äußeren geistig göttlichen Einwirkungen erreichten ihren Höhepunkt am Kreuzesmord von Golgatha, vollstreckt am fleischgewordenen Gott, trotz der klaren Hinweise auf ein geistiges Weiterleben nach dem Tod. Seit Golgatha bis heute hat sich der Zustand des untermenschlichen Seins weiter verschlechtert. Die „Tierkörper" mit dem Ungeist als Denkenergie für das nur Materie seiende Gehirn sind in ihrer totalen Begierden-Abhängigkeit noch mehr zusammengewachsen. Dieser Untermensch bewertet, erklärt, handelt, alles aus dem rein realen materiellen Begierde-Denken heraus. Die angestrebte Maximierung von Macht, Reichtum, Grausamkeiten und Trieb aller Art unter Zuhilfenahme gewaltiger Computersysteme, welche die Schwachstellen im menschlichen reinen Denken sofort aufdecken und diese korrigieren, zum gesundheits- und wirtschaftlichen Verderb ganzer Völker.

Betrachten wir nochmals dagegen den tierisch menschlichen Körper in seinem gewesenen paradiesischen Sein, der im Besitz seines geistigen Bewusstseins und seiner göttlichen Seele war. Nahrung und Bekleidung lieferte die Natur. Dieses Wesen war kein Fleischfresser. Die paradiesische Menschheitsgesellschaft erlebte sich auf zwei Ebenen. Aus dem Lebensgeist der körperlichen Materie, mit dem in ihr eingeborenen Gegensatz, bildete sich die materielle irdene Ebene, in welcher sich die Körperlichkeit bewegte, mäßig dachte und harmonisch lebte. Die zweite Ebene, in der sich dieser Mensch voll bewusst mit der Energie des göttlichen Geistes erlebte, um die vom Herrn erwünschte kosmische Aufgabe in Erfüllung zu bringen.

Der heutige Mensch geht intuitiv noch aus einem Grund auf Distanz zu seinem Schöpfer, denn er begreift nicht einen Gott, der so eine Missgeburt seiner selbst ohne Sinn und Ziel in die Welt von Elend, Angst und Tod gebracht haben soll. Derselbe

Mensch begreift nicht, dass er selbst es war, der sich diese Welt erworben hat. Die Welt vor unserer Welt war die gottgewollte. Unsere Welt ist die menschgewollte.

Als „alles“ begann (107)

Wie wir wissen, unterliegt dem Grunde nach jede menschliche Tat einer Ursache. Der Logik folgend muss es in der Menschheitsgeschichte eine erste Tat mit einer Ursache gegeben haben, auf welche sich alle Folgen aufbauten. Der Beginn der Geschichte der Menschheit kann nur ab dem Zeitpunkt des Hinauswurfes aus dem Paradies datiert werden. Dieses Geschehen erfolgte nicht plötzlich, auch nicht in einer Art eines Massen-Exodus, sondern entsprach eher einer Einzel- bis Gruppendynamik, je nach Infiltrierung der Gedanken für den Aufbau einer Ursache. Die Trennung vom paradiesischen Leben bedingte bei jedem einzelnen Menschen eine Ursache. Genau in diesem Geschehen ist der Beginn des kausalen Gesetzes zu suchen. Die Tat, welche die erste Ursache begründete, war eine Begierde des geistigen Anteils des „Ichs“ am Menschen. Dieser Ich-Geist, der ja aus den himmlischen Sphären seinem Ursprung nach als Engel herstammte, erwies sich als der Täter. Das geistige „Ich“, der Geist, welcher der Materie Körper als dessen Chef zugeordnet wurde, also die höchste Instanz des Menschen, erwies sich somit als Begründer der 1. Ursache in der Menschheit. Die Begierde als Ursache zielte auf das Selbst-göttlich-werden-Wollende dieses Ich-Geistes. Das ursprünglich göttliche Wesen Mensch wandelte sich zu einer sträflichen Gemeinsamkeit von Endlichkeit mit der Unendlichkeit, von sterblicher Materie mit der unsterblichen Geistigkeit. Das bedeutete den Bruch des gefallenen Engels mit dem Erschaffer von allem, mit Gott. Diese unselige Verbindung von niemals kompatibel seienden Einheiten erfüllte sich die Begierde des menschlich geistigen „Ichs“ und sprang auch gleich über auf die Wunschliste der körperlich lebensgeistigen Sinnen-Materie. So präsentierte sich jeder einzelne nachparadiesische Mensch seiner neuen Welt, die Welt seiner Begierden.

Jetzt wissen wir, wer der erste Ursachen-Schaffer in der Geschichte der Menschheit war. Da kommen wir bereits zur zweiten folgenschweren Tat, in der hauptsächlich die körperliche Begierde unter der Regie des ungeistig gewordenen „Ichs" stattfand. Der erste Mord an einem fremden Körper: Kain erschlug seinen Bruder Abel aus Gier. So kann sich nun jeder der 7 Milliarden Artgenossen betrachten, um festzustellen, jeder Einzelne war der 1. Täter seines „Ichs" vor achtzigtausend Jahren. Ihr unsterblich ungeistiges „Ich" ist seit dieser Zeit immer dasselbe geblieben, bis heute, dasselbe, womit sie immer noch sagen können: „Ich bin, ich will, ich will nicht." Zu dem ewig seienden „Ich" wird immer wieder, wenn der alte Körper abgestorben ist, durch den natürlichen Zeugungsvorgang ein neuer Körper hinzuprojiziert, den Sie immer wieder als Ihr „Ich" für Ihre Begierden benützen. Ein ewig scheinender Kreislauf, falls Ihr „Ich", also Sie selbst, diesen nicht während der sterblich körperlichen Lebenszeit unterbrechen. Das hier Berichtete gibt einen groben Überblick über eine Wahrheit, mit der Sie sich auseinandersetzen sollten, ich sage, irgendwann auseinandersetzen müssen. Nämlich über Ihr tatsächliches Menschsein, nicht nur das von der Geburt bis zum Tod, sondern auch über die Rückführung Ihres derzeitigen Ungeistes in die unendliche Welt des wahren Geistes. Den selbstgegebenen Größenwahn mit gottähnlicher Macht sich selbst damit auszustatten, und in dieser Funktion stellvertretend für Gott Massenmorde, verbunden mit unvorstellbaren Grausamkeiten im Rausch des Blutes sich der willfährigen gedungenen Mörder zu bedienen, ist keine Neuheit. Die Geschichte der Menschheit ist voll von diesem Mensch-Körper-Vernichtungswahn. Alle diese Macher haben eines gemeinsam, sie studierten niemals das auf sie passende Kapitel in der Menschheitsgeschichte. Jeder für sich begann allemal das Rad neu zu erfinden, indem er sich einbildete, seine Glorie würde die Welt verändern, aber sicher nicht die Menschen. Ihr Wahn verliert sich in alle Richtungen, nur in kein sinnvolles

Denken von Logik. Man hätte doch irgendwann merken müssen, nach noch so vielen menschlichen Vernichtungsakten, dass die menschlichen Körper in ihrer Zahl rascher wuchsen, als diese je vernichtet werden konnten. Die derzeitigen Kriegsherren und sonstige eigenernannte Mordbefähigte können daher in der Materie Mensch zum Töten nur so wühlen, sind doch genug da, eigentlich viel zu viele in ihrem sinn- und zwecklosen Dasein, voll von falscher Denkart der geistigen Wahrheit gegenüber. Außerdem, getötet wird ja nur Materie und nicht der Ich-Geist, der erst nach dem Tod geoffenbart wird. Die Natur produziert, begräbt alles unter sich als Dünger für Neues. Ist doch interessant, dass andere Tierkörper leichter vom Aussterben bedroht sind als der tierische Körper des Menschen. Dieser hat als einziges aller Tierwesen die Hilfestellung für eine große Überlebenschance erhalten, da seine denkende Lebensenergie immer neu bei der Geburt erworben wird, mit einem neuen Körper.

Im jenseitigen geistig Geheimen steht eine ungeheure Armee von verurteilten „Ichs", die sich seit zigtausend Jahren sammelten und sehnsüchtig auf eine erneute Menschwerdung warten. Elende, die in die unendlichen Leidenszonen verbannt wurden, den Schmerzen hingegeben seit unendlichen Zeiten, für mordend Getanes büßend. Sie würden mit Freude den Tod erwarten, aber der kommt nicht mehr, er war schon lange da. Ein unvorstellbares, nicht zu verbesserndes Verzweifeln, ohne Gnade. Sie wissen, wen ich da meine? Alle Geister, die sich zu Lebzeiten als Gottherrlichkeiten empfanden und diese in ihrer Macht samt ihren Gehilfen in Massentötungen und sonstigen Gewalten austobten. Diese sind in der geistigen Zone des ewigen Verderbens, in der unendlichen Verdammnis. Da der Mensch das nicht weiß und auch keinen Glauben daran finden kann, ist das nicht ein Problem der Wahrheit, sondern ein Problem von Feig- und Dummheit der Menschheit, obwohl alle Religionen auf ein und dasselbe Nachtodprinzip hinweisen wie Himmel, Hölle, Fegefeuer. Nur diese Aussagen passen in unsere Top-Zeit nicht mehr hinein, also werden sie verdrängt.

Zustande gekommen ist das alles, weil sich das Prinzip von Ursache und Wirkung im Menschen eigendynamisch vervielfältigte. Dieser körperliche, in seiner sterblichen Materie „Geringwertige“ hat es geschafft, das hochwertig unsterblich Geistige in seine Vorherrschaft zu bringen. Das hohe geistige Niveau ist dem sterblichen Gehirn, dessen ungeistigem Denken, Untertan geworden. Der Körper besitzt nur jeweils ein Leben, das ist das Los der Materie und von der Schöpfung auch so gewollt, so erlebte sich der paradiesische Mensch als einlebig, was auch so geblieben ist. Der Ich-Geist schaffte in dieser Menschart von damals seine kosmische Aufgabe auch im Zeitraum eines einzigen irdenen Lebens. Der nachparadiesische Ich-Ungeist tourt dagegen schon über hunderte Leben und findet seine eigene Wahrheit nicht. Das Leben des menschlichen Körpers lebt mit einem nicht vorausahnenden Ablaufdatum, der geistige Part, das „Ich“ ist der Unsterblichkeit der Unendlichkeit preisgegeben. Das „Ich“ kennt den Tod nicht, aber es muss sich dem Nachtodverfahren als verantwortliche Instanz stellen und wird, je nach seinen Taten gemessen, in die Mangel genommen. Deshalb der enorme Verunsicherungswert vom ewig seienden Ich-Leben, Ihrem „Ich bin“, seit damals, wo alles vor achtzigtausend Jahren begann. Seit dieser Zeit dreht sich auch das Rad der Wiedergeburt in ununterbrochener Folge und wird aus der Energie von karmischen Wertigkeiten betrieben.

Hat Harmonie Existenzberechtigung? (108)

Nur dann berechtigt, wenn diese Harmonie nicht von den Gegensätzen permanent durchbrochen werden würde. Genau darin liegt das Drama Mensch begründet. Der heutige Mensch hätte ein sehr hohes Harmoniebedürfnis, nur woher nehmen? Da steht er nun wieder, der Mensch als „Mittelpunkt-Standpunkt“. Die Harmonie hätte doch gefälligst von außen und von anderen an ihn herangetragen zu werden. Harmonie kommt jedenfalls von außen, vielleicht vom Himmel oder eben aus der Umgebung des Mittelpunktes, aber das ist nicht möglich, denn das ist man ja in sich und nur für sich. Harmonie mit Gewalt, das könnte nur der ungeistige Hirngedanke herbeischaffen. Dieser allerdings kennt wieder den Begriff Harmonie nicht. Jemand, der Harmonie erbringen möchte, steht wie ein „Dritte-Welt-Helfer" dem Grunde nach auf verlorenen Posten.

Sollte jemand in der Lage sein, sein Harmoniebedürfnis für sich selbst zu erwerben, die eigenen Gegensätze und Begierden zurückzustutzen, so wird garantiert jemand von außen polarisierend andocken wollen. Sich nur dem Gefühl der Harmonie hingeben zu wollen bedeutet den Ausschluss aus der polarisierenden Gesellschaft. Nur der Stärkere zählt, der die am meisten noch vorhandene Harmonie des jeweiligen „Objektes" einer Zerstörung zuführt. Ein gutes Gleichnis dazu ist Fritz Hochwälders „Das heilige Experiment". Der Körper des Menschen besteht eben aus Materie, und danach rechnet sich der Grad des Gegensatzes, der Konfrontation von selbst. Wäre der geistige Part des Menschen nicht seiner eigenen machtlosen Degeneration eines Ungeistes hingegeben, die Harmonie des Weltengeistes hätte die Gegensätze der Materie längst auf ihre Plätze verwiesen. Solange der Mensch sich nicht aus seiner vom Ungeist geprägten Polarisierung befreit, geschieht hier die nächsten achtzigtausend Jahre oder mehr auch nichts Besseres. Fast alle menschlichen Handlungen entspringen dem Gedankengut aus dem Gehirn mittels der Energie des dezimierten „Ich-Ungeistes", also dem Grunde nach einem reinen materiellen Begierden-Zweckdenken im Bereich des endlichen Menschendaseins. Materie ist polarisierungslastig, dementsprechend auch das reale Denken. So treffen die gegensätzlichen Denkenergien der Menschen aufeinander. Dem Grunde nach erlebt sich die körperliche Menschheit in diesem Zustand der Selbstzerstörung, da eben das materielle Denken dies einfordert. Wenn in dieses Denken geistige Harmonie zum Mitmischen käme, dann könnte der Gegensatz gezähmt werden. Je mehr die Gegensätzlichkeit innerhalb der Obhut der Harmonie ihren Aufenthalt fände, umso mehr käme das dem ehemaligen paradiesischen Zustand der Menschheit nahe. Dem realen Gedanken des Gegensatzes muss eine Grenze gesetzt werden, und dies ist Angelegenheit eines jeden einzelnen Menschen. Der Mensch muss lernen, wie weit die Speerspitzen seines realen Denkens in das Harmoniegefüge seiner selbst sowie zu den anderen eindringen dürfen, um keine Ursache im karmischen Sinne auszulösen und damit auch keine Wirkung im Umkehrschluss entstehen zu lassen.

In der Wirklichkeit von Ursache und Wirkung steht die Polarisierung gegen das Harmonische Pate. Wenn sie dieses gesamte Chaosprinzip in menschliche Partnerschaften, in Liebesbeziehungen hineinprojizieren, dann fokussiert man die Wahrheit dieses Ego-Geschehens ohne Geist und auch ohne Harmonie. Die Menschen verzweifeln, weil sie das Warum nicht identifizieren können. Die Suche nach Harmonie endet im Gegensatz. Warum?

Die geistigen Drei-Einigkeiten (109)

Lebensgeist, Ich-Geist, Seelengeist, mit ihrem Erschaffungsprodukt Materie (Körper)

Es ist der tierische Körper, welchem der Mensch seine vollkommene Aufmerksamkeit schenkt. Seiner Gesundheit, seinem Wohlergehen, seiner Schönheit, seiner dem Geschmack entsprechenden Verpackung, seinen Vergnügungen mit oft erschreckenden Perversionen, seiner Glücksgefühle mit kurzfristigen Hallelujas, seiner Selbstverherrlichung, seiner Gewaltbereitschaft, seiner Mordlust in kleinen oder größeren Dosierungen, manchmal auch seiner Hilfsbereitschaft, und die weiß auch oft nicht, wem sie da hilft.

Welche Kraft, Energie und Macht steuert diese Eigenschaften im rein säugetierischen Körper des Menschen? Eigenschaften, die in keinem Tier der Erde in dieser Konzentration zu finden sind. Wer ist die treibende Kraft hinter diesem heutigen

Schreckgebilde Mensch? Gott sicher nicht, er ist lediglich der Leidtragende an dieser sich Mensch nennenden Spezies. Er ist der Ertragen-Müssende über die totale Verkommenheit seiner durch die göttliche Idee einst erschaffenen Wesen. Der göttliche Mensch, das Maß aller Dinge auf Erden, hat sich selbst im Größenwahn göttliche Macht zugeordnet und ist deshalb in das Chaos seiner eigenen Machtlosigkeit abgestürzt. Welche Energie dieses Chaos in der Menschheit steuert und antreibt, ist eine gewaltige Kraft, es ist die brutale nackte Gewalt der Begierden, angeführt von der göttlichen Verdammnis des Geistes der gefallenen Engel. Hinter jedem Menschen stand ehemals dieser hoch geistige, von Gott in den menschlichen Körper einverwobene „Ich-Geist" als Geistkörper. Dieser „Ich-Geist" im Menschen alias gefallener Engel oder Geistkörper steht heute nach wie vor hinter der menschlichen Körperlichkeit. Heute aber befehligt ein Ungeist den tierischen Körper des Menschen. Die alten Mystiker erkannten diesen Ungeist, der hinter jedem menschlichen Körper steht. Es ist „der Teufel" als Selbstzweck seiner Begierden. Er ist der große Maschinist, welcher die Begierden im Menschen zu höchster Entfaltung anheizt. Was ist übrig geblieben von der hohen Quaternität Mensch? Lediglich der sinnliche Körper, befehligt von seinem Ungeist. Der göttliche Botschafter im Menschen, die Seele, sie wurde vom Ungeist in das Unbewusste des menschlichen Geistkörpers verbannt. Die ehemals von Gott stammende rein geistige „Dreieinigkeit" wurde von Lebensgeist, Ich-Geist und Seelengeist aus einem schlechten Gewissen Gott gegenüber uminterpretiert in Vater, Sohn und Heiliger Geist. So schlau war der menschliche Ich-Ungeist und hat der menschlichen Dummheit eine neue falsche Drei-Einigkeit aufgedrückt. Ein enormer Verdrängungsakt der Religion. Wer immer predigt, dass Gott die heutige Menschheit liebt, steht dem Geistigen ahnungslos gegenüber, er predigt lediglich sein eigenes Wunschdenken. Liebe erfordert andere Voraussetzungen, die liegen einige Etagen höher und sind sicher nicht durch ein frommes Unschuldslamm-Gejammer festzumachen. Gott liebt nur den Menschen, der so im Leben annähernd steht, wie seine Idee ihn erschuf. Der Mensch weiß nicht und will auch nicht wissen, wie er Gott gegenüber dastehen sollte, wie auch, wenn er Gott verleugnet, ablehnt und belügt. Nur der wahre „Ich-Geist“ kann sich in Gott erleben und nicht als ein von der Materie beherrschter Ungeist-Bastard.

Der Gottesdienst (110)

Die Kirchen beherbergen zu ihren Gottesdiensten immer wenige und dann meist nur ältere Menschen. Was geschieht eigentlich bei so einem Dienst an Gott oder für Gott? Dem Grunde nach erwartet sich der Mensch bei einem Gottesdienst etwas von Gott für sich bzw. für seine Lieben. Der Mensch betet, bittet, wünscht für etwas, was Gott tun soll oder vielleicht auch schon getan hat.

Weshalb hauptsächlich ältere Menschen, die hier zusammen kommen? Das Alter trägt durch eine Vielfalt von Erlebtem bei, sich leidender zu fühlen. Das Alter ängstigt sich vor den zu erwartenden Geschehnissen. Die gewohnte zwischenmenschliche Kommunikation von Freunden und Verwandten fällt teilweise aus verschiedensten Gründen weg. Selten, dass Gespräche mit Menschen unterhalb der Oberfläche stattfinden können. Ein großer Schmerz und große Angst lassen sich nicht immer in Worte fassen. Der Mensch sucht einen Gesprächspartner, von welchem er annimmt, dass dieser ohne viele Erklärungen weiß, wie tief ein Leid sitzt. Dazu ist das schwerfällige, einen oft wenig interessierende Irdische nur ganz selten in der Lage, zu helfen. Das weiß der Mensch von sich selbst in einem gedachten Umkehrschluss. Hilfe kann nur vom Geistigen kommen, das bekanntlich alles durchdringen kann und eben von sich aus alles weiß. Die höchste Zuständigkeit dafür bietet Gott in seiner alles vom Menschen Gedachte verzeihenden Güte und Liebe. Dieser Irrtum in der menschlichen Anschauung liegt in einem anderen Irrtum begründet. Der Mensch empfindet sich als einmaliges Lebensereignis innerhalb von Geburt bis zum Tod und steht der

Tatsache seines bereits hundertfachen geschehenen Lebens einfach nicht wissend gegenüber. Das verstärkt ihn in der Meinung, dass sein Leben dem Grunde nach von seiner Seite aus gesehen ordentlich verlief. Trotzdem aber Leid und Angst. Seine Erwartung, von Gott Hilfe zur Linderung seines Leides zu erhalten. Aber das sieht jetzt schon nach „Verkehrtheit" aus, denn demnach ist das nicht ein Dienst an Gott, sondern Gott sollte den Menschen dienlich sein, er sollte ihn von Leid und Ungemach im Gottesdienst befreien. Wenn der Mensch im Sinne der göttlichen Gebote, im Sinne des einzig wahren Gebetes, des „Vaterunser", unverfälscht sein Leben darauf aufbaute, dann, und zwar nur dann, wäre es ein Dienen für Gott. Nur dieses Gottesdienstdienen hätte sich dann von selbst erledigt, nämlich durch das Leben mit und nicht für Gott. In der heutigen Art des Gottesdienstes sind enorme Spannungen zwischen Gott und Mensch vorprogrammiert, deshalb sind die Gottesdienste auch von Leere bedacht, weil Gott die lockere Moral der Menschen nicht in seiner Gesetzgebung befürwortet.

Das geistige Denken an Gott wäre ident durch das Sprechen mit der göttlichen Seele im Menschen selbst.

Die göttliche Seele kennt „ihren" Menschen sehr genau, ist sie doch im Unbewussten während seines ganzen Lebens höchst aktiv. Wenn der hirnreal denkende Mensch den Mut hätte, sich seiner eigenen Seele anzuvertrauen, ihr sein schlechtes Gewissen offenbarte wie in einer Beichte sich selbst gegenüber, dann wäre das ein Gespräch mit Gott, aber nur so lange, als der Beichter bei der Wahrheit bleibt. Seine göttliche Seele deckt jede Lüge sofort auf, die sich im Gehirndenken breitmachen will. Belügt man den „Seelen-Beichtvater", wird eben vieles nicht aufgedeckt und wartet bis zum Nachtodverfahren.

Der Beichtvater erlebte sich in früheren Zeiten auch als Spion für die Mutter Kirche und natürlich als Gebühren-Eintreiber für erwiesene Absolutionen, die eben ihren Preis hatten. Also ist das Beichten an sich als höchst fragwürdig zu betrachten, wäre auch nur dann gültig, wenn der Ich-Geist zu einer Einheit fände. In Wahrheit gibt es für den Menschen nur ein Ziel, das, welches ihm die Freiheit von Elend, Leid, Angst und Tod garantiert. Es ist das die aufrechte Hinwendung an das einzige Ur-Gebet von Gott an den Menschen gegeben, das Vaterunser als Meditation, allerdings wurde auch diesem Text eine Verdrehung angediehen. Es schlagen die Begierden sofort Alarm und sind vor Ort, lassen dieses „Tunwollen" gleich in den Abgrund von längst nicht mehr zeitgemäßem uraltem Unsinn fallen, denn wir leben ja bereits in einer von der „göttlichen" Technik geschwängerten Zeit des 21. Jahrhunderts. Vielleicht ist es doch einen Versuch wert, das reale ungeistig endliche Gehirndenken dem unendlich geistig fühlenden, empfindenden Denken des Bauchgefühls näher zu bringen. Das wäre der von Gott gewollte Dienst, nicht an „Ihm", sondern an einem selbst. Der Herr ist erst dem dienlich, der sich selbst in seiner Seele sucht und findet.

Übermensch-Mensch-Untermensch (III)

Alle „drei" haben in gewisser Weise ihre Nenn-Berechtigung. Der Begriff Mensch stellt das Idealprodukt aus seiner Erschaffung, nach der Idee Gottes, dar. Eben der Mensch in seiner geistig körperlichen Einheit von Lebensgeist, Ich-Geist, Seelen-Geist und Körper. In dieser Zusammensetzung vereinigen sich das Warum und der Zweck seiner Erschaffung. Das Wie hat hier keine Relevanz, es ist einzig und allein Sache des Schöpfers. Sein Werk, „das Maß aller Dinge", stellt den Geist über der Materie dar. Die Materie menschlicher Körper als Träger der Gegensätze, diese von der Energie des Geistes gezähmt und von der göttlichen Seele innerhalb der kosmischen Harmonie einverwoben in den göttlichen Weltengeist. Hier stellt sich der Mensch in seinen jeweiligen Aufgabenbereichen vor. Gott erschuf ihn für einen hohen geistig kosmischen Weltenauftrag.

Aus einem sündhaften Abtrünnigkeitstrieb des Ich-Energiegeistes für seinen Selbstzweck göttlich sein zu wollen, zeigt uns die Mystik diesen Menschen als gefallenen Engel auf. Aus dem Ideal seiner Einheit mutierte er durch diesen Akt zu einer Abart Untermensch, nur mehr mit Körper und Ungeist versehen. Dies hat sich bis heute nicht geändert. Seit diesem Geschehnis sind bereits, wie schon oft erwähnt, achtzigtausend Erdenjahre vergangen, und der Mensch erkennt immer noch nicht, dass sein Geist ohne die erforderliche Energie sich zum Ungeist wandelte. Gott hat reagiert und dem werdenden Untermenschen die kosmisch geistige Energiezufuhr gekappt. Wenn es in der Menschheit irgendjemand schaffen würde, gewisse Eigenschaften an wahrem geistigem Denken in Wort und Tat umzusetzen, würde ihm sicher das Prädikat Übermensch zuteil.

Das Leid Gottes, das Leid der Menschen (112)

Engel, Teufel, gefallener Engel, Mensch, Adam und Eva, Kain und Abel, Vaterunser, zehn Gebote, Golgatha, Kreuz, Himmel, Hölle … Das sind die Begleitbegriffe für die Menschheit, die seit der Abtrünnigkeit der Engel geprägt wurden. Wahrheitsgetreue Begriffe, die sich durch zigtausend Jahren bis heute in einem empfindenden Denken als Wahrheit durchschlängelten. Allerdings, seit die „Intelligenz" der Menschen anwuchs, erlebten sich diese Begriffe nur mehr für die sogenannten unteren Schichten der menschlichen Gesellschaft, für die Armen. Die Intelligenz wurde zu intelligent, um sich mit schemenhaften nebulosen Vorstellungen aus der grauen Vorzeit auseinanderzusetzen. Diese Intelligenz schaffte es mit Restenergien aus der Zeit vor der Zeit, diese mit Hilfe von komprimiertem Denken so zu verdichten, um sich daraus geistig wissend zu wähnen. Das führte zur Ablehnung von nicht Beweisbarem und damit auch zur Verdrängung des Gottesbegriffes zugunsten eines falschen Fortschritt-Glaubens. Beweise kann immer nur Materie liefern, diese ist polarisierend und mit mehr oder weniger Lebensgeist behaf-

tet, also kann Ablehnung von Nicht-Materie unmöglich einen Pseudo von Geist ergeben. Den vom Menschen zitierten Geist hat sich die Intelligenz lediglich selbst verordnet. Fazit, der Ungeist ist der falsch spielende Geist, der die wahren Begriffe aus der Urzeit der Menschheit für nicht relevant erklärt. Bis auf wenige wahre Geister hat dieser Ungeist die Menschheit voll und ganz im Griff, aber auch nur so lange, als der Genuss ihrer Lebenszeit sich gut anfühlt. Leid, Angst und Tod lehnt dieser Ungeist trotz noch so hoher Intelligenz ab. Das Leid des Menschen nimmt diese uralten Begriffe oft aus Verzweiflung wieder auf, denn Leid will Erlösung und beginnt zu beten, in der Hoffnung, erhört zu werden. Es ist nicht die geistlose Intelligenz in ihrer selbstgefälligen Selbstherrlichkeit, die angefleht wird, nein, eine Anonymität wird beschworen, die hinter dem Leid doch eine geistige Wahrheit vermutet. Gott wird um Hilfe angefleht. Das Leid gibt der Frage nach Gott eine Antwort. Gott hilft dem Menschen über sein zu ertragendes Leid dann, wenn in diesem nicht mehr die Begierde nistet und die Macht keine Rolle einer Entfaltung spielt.

Im Leid ist nur mehr die Demut vor dem zu spüren, dem Hilfe zuzutrauen ist. Das sind manchmal die „Götter" in Weiß, je nach Schwere fallweise auch Gott. Schwierig ist es für die Gottesanzweifler, denen bleibt dann nur mehr die Angst, weil ihnen Demut auch nie gegeben wurde. Das Leid stammt aus der Idee Gottes, es ist ein „Weichmacher" für das reale Gehirndenken und führt zur Befreiung der göttlichen Seele diese aus ihrem Exil. Das Leid trifft den Körper und den „Ich-Ungeist" gleichermaßen. Körper und Geist sind hier die gefragten Leidenserdulder. Der Körper allerdings nur so lange, als seine Lebensenergie ihn trägt. Damit ist sein Leid seiner Endlichkeit unterworfen. Anders trifft das Leid den „Ich-Ungeist", denn dieser ist keiner Endlichkeit unterlegen, er hat Ewigkeitswert. Diesem kann sich auch das Leid nach dem körperlichen Tod weiter anschließen. Das Leid stellt somit den einzigen Glücksfall für die noch immer abtrünnige Menschheit dar, als der Weg, um zu Gott zurückzufinden, allerdings nur für jene, die sich dessen auch als bewusst erweisen. Umso mehr sich der Mensch in seinem Leben der Gottesfrage annimmt, umso mehr schmilzt auch sein von ihm zu tragendes Leid. Es ist das parallele Leid, welches der Mensch dem Herrn durch seine erfolgte Abtrünnigkeit zufügte.

Es gibt noch ein Leid, das der Mensch zu tragen hat. Es ist das, welches er sich selbst mit schlechten Taten an schuldlosen Menschen gegenüber zufügt. Hier ist wieder seine geistige Ahnungslosigkeit erkennbar, denn er weiß nicht, dass er selbst sein Leid über eine Ähnlichkeit, den Umweg Rentabilität, verursacht. Diesen Umweg trägt die Energie des Geistes als Umkehrschluss wieder auf den Menschen als Wirkung zurück. In seiner Ahnungslosigkeit nennt der Mensch das sein unabwendbares Schicksal. Unabwendbar ist richtig, Schicksal ist falsch, denn nach der Tatsache: Verursache niemals ein Leid bei anderen, wenn du selbst leidfrei bleiben willst. Die ostischen Religionen, die uns an offenbarendem Wahrheitsgehalt Überlegenheit zeigen, nennen das Karma. Dieses bildet auch das Reglement für das ebenfalls göttliche Gesetz der Wiedergeburt.

Der Mensch leidet fallweise an zwei voneinander unabhängigen Leidenseinheiten.

Das *eine* Leid, welches Gott für jeden Einzelnen von uns seit seiner Abkehr von ihm erleiden muss. Es unterliegt dem geistigen Umkehrschluss von der Doppelheit des Kausalgesetzes. Es ist das Urleid der Menschheit aus seiner Urschuld gegenüber Gott.

Das *zweite* Leid bildet das selbst gestrickte karmische Leid, es entspricht einer Logik, dass das Leid in der Menschheit so allgegenwärtig erscheint und stark im Zunehmen begriffen ist, und das so lange, als der Mensch es benötigt. Nicht das Schicksal, sondern er selbst als Verursacher stellt sein Leid her. Zeit ist im Geistigen kein Begriff. Solange der Mensch keine Anstalten trifft, seine eigene Wahrheit zu finden, verlängert und verstärkt sich eben sein Leid durch ihn selbst.

Gott gewährt eine große Gnade dem Menschen, der in der Lage ist, das selbst verschuldete karmische Leid abzubauen, und den Weg zurück zum Herrn sucht. Die Gnade dabei ist, Gott erlässt diesen Menschen auch seine Urschuld, sein Urleid als Willkommensgeschenk.

Der zweigesichtige Gott ist der Stärkere (113)

In der gewaltigen geistigen, unendlich seienden Energie Gottes hat sich zwangsläufig durch die menschliche Negativevolution auf Grund seiner Abkehr zu der vorhandenen unendlichen Energie der Harmonie auch der ungezähmte Gegensatz eingenistet. Mit dieser groben Polarisierung durchbrach der Mensch die göttlich geistige Harmonie und forderte den Gegen-Gegensatz, den Hass Gottes, gegen die Menschheit heraus. Diese Tatsache schmeckte dem begierdenfixierten Lauf des menschlichen Größenwahns ganz und gar nicht. Die einzig mögliche Maßnahme, um im Sinne dem typisch menschlichen Beweiskraftverlangen Rechnung zu tragen, müsste die Möglichkeit eines Probesterbens eingeführt werden. Nun, wer meldet sich freiwillig zum Erleben des Nachtoderfahrens? Niemand? Verständlich. Wenn doch, käme das dem Mut einer Ahnungslosigkeit gleich, nur dieser Mut erlebt sich rasch in seiner Auflösung. Zuerst muss der Mensch seine Liebe zu seinen Begierden, die Dummheit seiner Eigenliebe samt seiner Ahnungslosigkeit der geistigen Wahrheit gegenüber, besiegen. Sein Unbewusstes mit seiner Seele in Bewegung setzen, dann wandelt Gott seinen abgrundtiefen Hass gegen den Menschen in eine harmonische wunderbare Liebe. Der leidvolle Ausflug in eine für den Menschen verbotene Welt hätte sich nach achtzigtausend Jahren beendet und sich in der Weltenenergie seines ehemaligen Engeldaseins wieder als Lebensgeist, Ich-Geist und Seelen-Geist gefunden.

Es muss gesagt werden, dass es natürlich eine Differenzierung von Mensch zu Mensch gibt, die das Jenseitige exakt zu handeln weiß. Es ist der Grad der jeweiligen karmischen Belastung eines Menschen, welcher eben sein Leidensausmaß ausmacht. Der Herr mit seiner geistig hohen kosmischen Energie-Organisation bestimmt dieses Ausmaß jedes einzelnen Menschen. Keiner hatte es geschafft, den Rückweg in das wahre Menschsein zu erreichen. Viele haben es versucht und versuchen es auch heute noch, doch wenn der Kampf gegen die Wünsche der Begierden zu schwer wurde, zeigte sich das Ende dieses Versuches. Gott legte zu seiner Idee für die menschliche Erschaffung so viel geistige Liebe hinein, damit das Wesen Mensch ihn in vielem gleich sein sollte, stammten doch die Hauptzutaten für dieses neue Wesen Mensch aus seinen eigenen göttlichen Energiewesen, Engel genannt. Diesen wurde Materie beigegeben, der „Mix“ dreimal Geist, einmal Materie. Ausgerechnet ein Geistiges, der „Ich-Geist“, das „Ich“ des Menschen, wurde der Verräter der Idee Gottes. So bildete ein göttlicher Engel, der biblische „gefallenen Engel“, mit Milliarden von Gleichgesinnten eine Gemeinschaft und zündeten die Revolution gegen diese Idee Gottes. Man fragt sich, warum? Nun, wie bei allen Revolutionen, man wollte sich nach der eigenen Vorstellung eine für sich angenehmere Welt schaffen. Durch den Einfluss der ungezähmten polarisierenden

Materie Körper verlor sich das Empfinden für den ohnehin bestandenen, weltbesten göttlichen Lebenssinn, eben einer ohne Leid, Angst und Tod.

Der wahre Hintergrund des Aufstandes nannte sich „die erstmalige Lebensgier". Einem Abkömmling der sterblichen, ungezähmten polarisierenden Materie gelang es, das unsterbliche geistige „Ich" zu manipulieren. Es begann mit dem Vorgaukeln wunderbarer Wunscherfüllungen an Adam und Eva, welche die Begierde erweckten, und erweiterte sich am ersten Mord von Kain an Abel. Der Herr hat den Menschen nun das gegeben, was sie wollten. Allein über sich selbst entscheiden zu können. Es zog aber eines mit sich, sie erhielten zum abziehenden Himmel jetzt die Hölle und das Fegefeuer, karmische geistige Energie für Lebensaufzeichnungen, verbunden mit dem Rad der Wiedergeburt und ein Leben mit Leid, Angst und Tod. So sitzen jetzt die vielen Milliarden Menschen wie in einer riesigen Arche Noah bei äußerst stürmischem Wellengang, ohne Führung, ohne Kapitän. Sie wissen von ihrer Unfähigkeit, wollen diese aber nicht aufgeben, jedenfalls nicht um den Preis, ihrer Begierden verlustig zu werden.

Gott ist aber der Stärkere im Hass gegen die, welche wegen ihrer Selbstsucht, ihres Größenwahns, ihrer Mordlust und Gewaltanwendungen abtrünnig wurden. Seine Mittel gegen diese Verräter, die seinen kosmischen Plan boykottierten, sind sicher nicht mit Liebe bestückt. Das Endziel der kosmischen Aufgabe wurde durch diesen Verrat abgebrochen, und im geistigen Weltengeschehen hielt etwas noch nie Dagewesenes seinen Einzug, das Böse. Der Herr musste seine Weltenliebe spalten und den Hass gegen das Böse in sein Gesicht einbringen. Es erlebte sich der zweigesichtige Gott in seinem Leid ob dieser von „seinen Menschen" verursachten Katastrophe. Nur eines ist sicher, in diesem geballten Gegensatz gibt es nur einen Sieger, und das ist sicher nicht das sich selbst artfremd gewordene Produkt des heutigen Untermenschen. Durch das sterbliche, rationale, materielle und brutale Denken des Ich-Ungeistes in seiner göttlich seienden, größenwahnsinnigen Selbstherrlichkeit im eigenen gottlosen Fortschrittsglauben, setzte sich das Böse in die Welt.

Auch „Ich“ bin ein „Ich bin“ (114)

Dem Grunde nach bin ich natürlich auch ein Säugetierkörper, zu welchem mein Ich-Ungeist „Das bin ich“ sagen kann. Ausgestattet mit den fünf Grundbedürfnissen, gleich einem Säugetier. Auch ich habe meine Probleme, dem Empfinden nach eine Trennung von Körper und Geist zu vollziehen. Dem Diesseits als Materie das Sterbliche, dem Jenseits der Geist, das Unsterbliche. Mein Vorstellungsvermögen dem Geistigen gegenüber entsprach in etwa dem einer gewissen Hochachtung zu den Geisteswissenschaften und zu den Religionen. Ein Sammelsurium von Nichtwissen, Erahnen, Lügen, Glauben, Annehmen, Mut, Ängsten, Dummheit, Feigheit und natürlich Enttäuschungen. Was da für ein Wirrwarr auf einen, der sich dem wahren Geistigen demütig nähern will, einströmt, ist dem Grunde nach fast ein Drama. Das innere Empfinden, dass da doch noch irgendetwas sein muss, „da oben“, teile ich sicher mit dem Großteil der Menschheit. Bis heute ist auch davon ein Teil müde geworden, wirft das sogenannte Handtuch und schließt sich freudig der angenehmsten Meinung an, die das heißt: „Du lebst ja nur einmal“, und da muss die Sau raus, und schon blühen die Begierden in herrlich verführerischen Farben.

Das Thema Geist wird in Wahrheit wie eine heiße Kartoffel behandelt, jeder will sie schnell loswerden, um sich nicht zu verbrennen. So etwas könnte ja auffallen, dass sich da einer nur mit einer heißen Kartoffel abmüht. So wie Sie stand auch ich hilflos da, rundum Chaos. Nur ich erhielt schon das Gefühl, dass mit diesen „Ein-Leben“ begründeten menschlichen Lebensgenüssen etwas nicht stimmen kann. Aber wer gab Auskunft? Das Suchen nach Antworten gestaltete sich äußerst mühsam. Weit und breit keine Schlüssigkeit, was nicht Materie betrifft. Unendlich viele wertvolle Aussagen, Anregungen, Gleichnisse, Geschehnisse, Wunder, Mystiker, viele getragen von Göttern und menschlichen Größen. Sie alle bildeten allerdings nur einen offenen gewaltigen Horizont. Dieser Horizont endet an der Grenze zwischen Diesseits und Jenseits. Selten, dass etwas durch diese Grenze in das Geistige hinaufragte. In jahrzehntelanger Kleinarbeit musste von mir alles, was Prioritäten aufwies, von unten bis zu diesem Horizont immer wieder erforscht werden, so lange, bis sich ein schlüssiger Aufbau bis hinauf zur Wahrheit, zu Gott, bildete. Allerdings, alles in der endlichen Welt der Materie hat seinen Preis, und vor allem, wenn man in eine Welt eindringen möchte, die für Sterbliche als Tabu gilt. Der Preis dafür ist ein eigenes schwer definierbares Leid, ein Leid, das den Tod schon überwand und den Weg in die Unendlichkeit andeutet. Das ist der Preis für einen Sterblichen, der sich die Voraussetzung schaffte, diese Grenze zwischen Hier und Drüben zu überschreiten, um das endliche mit dem unendlichen geistigen Denken zu verbinden. Das „Ich bin mein Ich-Geist" kämpfte sich zurück zu seinem Ursprung. Eigentlich nach dem Willen Gottes, dass durch diese meine Schriften die so lange mit Gewalt verdeckte Wahrheit an das Licht gebracht wird.

Meine eigene Bauart (115)

Bauart: Materie, tierischer Körper.

„Ich-Geist": Offene Energiezufuhr aus der geistigen Welt, und das so viel, das zum Erkennen des sinnlosen Daseins der nachparadiesischen Menschheit sowie zu dem Wissen über das Warum und Zweck der Mensch-Entstehung erforderlich ist.

Das Wesentliche: Die notwendige Geistenergie, die zur Kommunikation mit dem Herrn nötig ist, wurde mir erteilt. Eine weitere Einsicht in das göttlich geistig-kosmische Sein ist mir aus gutem Grund noch verwehrt, ich würde mich sonst meines tierischen Körpers entledigen wollen.

Die Agenden meiner Seelenenergie übernahm der Herr nach meinem Ableben am 24. 8. 2010 sozusagen als Chefsache. Dieses Ableben vollzog sich in meiner Materie als Todeserleben, mit gleichzeitiger Wiederbelebung durch die geistige Lebensenergie, auf Anordnung von „oben". Mein weiteres denkendes Dasein erklärte sich zur Chefsache. Mir wurde schon damals von höchster Stelle eine Art experimenteller Status zugewiesen. Mein Sein hat sich von einer achtzigtausendjährigen Mittäterschaft in eine göttliche Mitwissenschaft gewandelt. Eine körperliche Materie Mensch erhielt von Gottes Gnaden so viel geistige Energiezufuhr in seinen „Ich-Geist", dass dieser die Fähigkeit erreichte, die gesamte Wahrheit über die Menschheit von der Idee Gottes angefangen bis heute vollkommen offen zu ersehen. Über die schwer fassbaren Leidensprüfungen, die meinen Weg in den letzten fünf Jahren begleiteten, darüber wurde teils schon berichtet. Das Warum dazu: Ein Mitverursacher wurde ein Mitwisser vom Leid Gottes, und damit auch ein Mitträger dieses Leides, das diese Menschheit in ihrer Geschichte auf Gott abgeladen hatte und bis auf Weiteres betreibt.

Am 1. Oktober 2014 wurde mein eigener Bestand durch eine Protokollnachricht von „oben" mit folgendem Inhalt festgelegt: „Ich bin ident mit der Wahrheit über die Materie des Seins." Meine nachträglich bestätigte Intuition darüber lautete: „Ich weiß, dass ich das Geheimnis über den Sinn des menschlichen Lebens in seiner Wahrheit durch meine Forschungen knacken konnte (durfte)."

Wenn man bedenkt, vor zig Jahren begann ich aus reiner Neugierde eine Forschung anzustellen, welche ins unbedingte Nichts führen musste. Wie soll eine Möglichkeit bestehen, den Sinn und das Leid der Menschheit zu erforschen, um dieses dann schlüssig offen darlegen zu können? Mein heutiges Wissen hat auch Nebenerscheinungen. Das Schlimmste ist, das Leid des Herrn und seinen Zorn auf diese abtrünnige Menschheit erfahren zu müssen, noch dazu, wo diese in ihrer Selbstherrlichkeit selbstverständlich annimmt, Gott liebe sie. Dummheit kennt eben keine Grenzen. Die Freude über mein schwer gewonnenes Wissen, über diese Wahrheit, hält sich auch sehr in Grenzen. Da steht plötzlich ein Mensch da, der achtzigtausend Jahre lang mit den Wölfen mitheulte und jetzt erkennen muss, dass jeder Wolf seine ureigene Beute darstellt. Auf den Menschen übertragen ist die Katastrophe die, dass dieser erst nach seinem Tod mitbekommt, dass er geistig gesehen sein selbst angerichtetes Leid auffressen muss. Wenn ich daran denke, wie viele Menschen sich mit dieser Wahrheit, die hier schriftlich vorliegt, befassen werden, dann tu ich mir selber leid, diesen Weg meiner Forschung gegangen zu sein. Meine Frau ist diesen Weg mit mir gegangen, ich zolle keinem Menschen auf dieser Welt mehr Achtung als ihr. Meiner Familie muss ich danken, dass sie ehrlich versucht, sogar mit Erfolg, mich zu verstehen. Fast kein Mensch bisher, ob intelligent, atheistisch, mächtig oder ähnlich, zeigt wenigstens Anzeichen eines Minimalverständnisses, eines Denkens über den Zustand dieser Menschheit und über sich selbst. Am ehestens noch Menschen, die ihren Begierden nicht so folgen konnten oder wollten, könnten sich diesem neuen Bekennen Gott gegenüber nähern. Auch Menschen, welche der Frage „Sein oder nicht sein“ im Sinne Shakespeares ernstlich nachgehen. Menschen, die durch ihr Leid demütig wurden, aber nicht nur so lange, bis das Leid wieder beendet war. Auch solche, die bei aussichtslosen Situationen lebensrettende Hilfe erhielten. Menschen in dieser Welt, denen täglich mit sichtbarem Wahnsinn Unrecht geschieht. Allen diesen sollte die Frage „Warum“ wert sein, sich der höchsten geistigen Instanz zuzuwenden. Nur vorher müssen die vielen „Warum“ einer Klärung zugeführt werden. Diese Erklärung liegt offen vor Ihnen. Erst wenn Sie zusammen mit dem Empfinden Ihrer göttlichen Seele diese vielen Fragen erkennen, müssen Sie sich bis dahin selbst helfen. Dann allerdings hilft Ihnen zur Beantwortung Gott weiter. Diese Hilfe erlebt sich als etwas Wunderbares. Für Gott sprechen nur mehr Fakten, und die müssen Sie erst liefern. Sie können mir Glauben schenken, mein Weg hat mich gelehrt, was die Sache der jenseitigen Welt offenbart, wie lächerlich dagegen das „Gehabe“ auf der diesseitigen, der ahnungslosen Welt sich darstellt.

Wer bin ich, der ich mir so erscheine? (116)

Eine wahrlich bemerkenswerte Frage des Philosophen Paul Häberlin. Hat diese Frage bis heute jemand für sich schlüssig klären können? Nochmals diesen Satz im Spiegelbild? Aber was zeigt mir mein Spiegelbild? Einfach die nackte Wahrheit eines tierisch mehr oder weniger geschönten Körpers. Das ist eine Tatsache. Die Verdrängungs-Geschicklichkeit des Verschönerungs- und Verkleidungsstrebens sei aber jetzt hier nicht die Sache.

Egal in wie vielen Spiegeln, von welchen Seiten, nackt oder verkleidet, man bleibt von der Geburt bis zum Tod als bestehende Tatsache ein Säugetier. Wie erscheint man sich sonst noch? Gescheit, intelligent, dumm oder bösartig? Nur, das sieht man einem kaum an, also ist das Genannte nicht das Erscheinungsbild, auch das nicht, wie man sich in der Denkwelt als Erscheinung präsentieren will. Mehr Schein als Sein? Einem Affen könnte man selbige Eigenschaften zuschreiben, vielleicht auch anderen Tierarten, aber alle haben eines nicht, das menschliche Denkbewusstsein. Das Denken ist aber nicht sichtbar in einem Spiegelbild. Wer ist man also wirklich, der so im Spiegelbild erscheint? Eine Materie mit der geistigen Energie eines Denkvermögens? Erscheinen kann man nur als Materie. Denkenergie ist nicht sichtbar und kann deshalb auch nicht in Erscheinung treten. Also so, wie man sich erscheint, könnte auch das Tier in Erscheinung treten, eben als Materie, darüber besteht kein Zweifel.

Der Mensch als Materie wäre damit abgehandelt. Nicht abgehandelt ist das „Wer bin ich". Aus der Sicht der Materie schon eindeutig ein Tier, gleich dem Affen, aber da ist doch noch etwas anderes, das uns befähigt, uns schön zu machen, zu bekleiden. Essen mit Besteck, Kochen mit Geschmack, Häuser bauen mit Stil (nicht immer), Raketen schießen, Macht ausüben, Kriege führen, endlos wäre ein Aufzählen. Als Finale uns bald selbst abschaffen. Das nennt sich unsere Evolution. Ist es schon klar, wer man wirklich ist und warum man so ist, wie man ist? Vielleicht will man das gar nicht wissen. Tatsächlich sind wir dem Grunde nach ein Tier mit mehr oder weniger stark ausgeprägtem Denkvermögen. Das wäre doch eine allgemein brauchbare Formulierung für das Wesen Mensch. Im Spiegel erscheint sichtbar ein Kapitän, ein Angestellter, ein Minister, ein Arbeitsloser, ein König, aber alle nur erkennbar in Verkleidung ihres Körpers. Aussagen im vorübergehenden Zeitfenster.

Nun, ich denke, das „Wer bin ich" müsste schon bei der Geburt geklärt sein, nicht ob Bub oder Mädchen. In diesem Zustand müsste doch der Samen für das spätere Denken schon vorhanden sein. Wer wird das? Ein Körper, der denken kann, woher kommt aber der Gedanke? Ganz einfach, aus dem Gehirn, das aber besteht wiederum aus Materie. Materie hatte keine Bewusstseins-Energie, bevor sie zum Leben kam. Aus nichts wird nichts, also müsste die Energie, welche die Materie mehr oder weniger denkend belebt, von außen stammen. Niemand kennt die Energie, welche Materie zum Leben und zum Denken bringt. Das Nichts, das tatsächlich etwas Gewaltiges bewirkt, hat sehr viele Namen, über welche unendliche Diskussionen geführt werden, aber es bleibt eben immer nur bei Namen ohne Wahrheitsbeweis. Versuchen wir, zu den vielen Namensgebungen noch einen hinzuzufügen, denn es wäre die letzte Möglichkeit, um der Wahrheit willen diese gewaltige Energie, welche das gesamte Weltengeschehen beherrscht, als die Energie des göttlichen Geistes zu benennen. Diese Energie lässt sich von einer nur endlich denken könnenden Materie niemals festmachen. Die endliche Materie Mensch ist nach dem Verlust seiner Lebensenergie samt seiner Denkenergie tote Materie, denn diese gewesene Energie war lediglich eine Leihgabe für den menschlichen Körper, gedacht für sein jeweiliges Leben und seine ursprüngliche Aufgabe. Jede Materie endet in ihrer Endlichkeit. Die Leihgabe dieser geistigen Energie kann demnach nur eine unendliche Lebensdauer in sich tragen. Zu dem nicht wirklich beantwortbaren „Wer bin ich" gesellen sich noch logische Fragen wie „Warum" und „Zu welchem Zweck sollte ich wer sein?" Dieses „Wer bin ich, der ich mir so erscheine" zusammen mit den beiden Zusatzfragen ist ident mit der menschlichen Seins-Frage. Solange diese nicht geklärt ist, wird man nie wissen, wer man in Wahrheit ist. Eines können Sie sich sicher sein, das, was Sie genau scheinen möchten, ohne Geist in trüben Gedanken-Sinnen, da wird Ihre Zeit nutzlos verrinnen (Goethe).

Das Allerheiligen-Denken (117)

Das ist ein Tag von 365 Tagen, an welchem viel über das Sterben geschrieben, gefilmt, gesprochen und nachgedacht wird, eben nur ein Tag unter diesen vielen. In 50 Jahren wären es 50 Tage gegen 18 250 Tage, an welchen über den Tod, das Sterben, das eventuelle Weiterleben nach dem Tod mehr oder weniger bis nicht mehr nachgedacht wird. Nach Allerseelen meist alles vorüber, das reicht, Pflicht erfüllt. Der menschliche Gedanke erlebt sich als äußerst sprunghaft, flexibel und ist schwer einzubremsen, es sei denn, es setzt sich Interessantes auf ihn drauf. Das Interesse bedient sich einer Energie als Triebfeder, die sich meist materienbedingt auf ein Habenwollen fokussiert, und das in tausenden Variationen, in allerlei zukunftsorientierten Maximierungen. Ein Interesse für den Tod hält sich in engen Grenzen, er schaut nicht nach Zukunft aus, die Gedanken huschen über diesen Abgrund schnell drüber, um wieder bald festen Boden zu erlangen. Wenn wir da das Zahlenspiel herannehmen und uns vorstellen, dass man in 50 Jahren leblos ist, sich nur pflichterfüllend mit dem Sterben befasste, so wird es einem doch etwas zu denken geben, zumindest die Zahl 50. Mit der Lebenszahl 40 könnte man sich noch ganz gut rechnerisch arrangieren, die Hälfte von 80, das ist heutzutage ein realisierbares Altwerden. Aber 50? Naja, Hundertjährige gibt es immer wieder, aber will man das? Die Lebenshälfte also bereits mehr oder weniger schon weit überzogen. In zehn Jahren vielleicht schon ein Lichtblick der Pensionierung, vielleicht hat man dann mehr Zeit zum Nachdenken über das, was ja immer schneller auf einen zukommt, besser gesagt, worauf man hinkommt. Aber zeigt sich noch immer kein Interesse am Sterben, obwohl dieses die einzige absolute Sicherheit im Leben bildet? Wie oft haben wir unsicheren Interessensgebieten eine volle Aufmerksamkeit gegeben, beim Altwerden allerdings ist alles in Verlust geraten. Denken Sie schon nach, was Sie wem vererben werden, es auch widerrufen, da Sie wissen, es wird ohnehin gleich alles verscherbelt? Sicher bald nach dem Ihnen zu Ehren abgehaltenen Streit-Leichenschmaus. Haben Sie sich schon den Grabstein mit all Ihren erworbenen Titeln eingerichtet, vorgestellt? Die „Ruhesanft"-Särge mit Probeliegen besichtigt? Man merkt, das Interesse liegt nicht am Sterben direkt, aber dem nach außen gerichteten Drumherum. Nach innen kann man nichts richten, denn das ist Sache des Verwesungsprozesses. Doch schade um so einen schönst verkleideten tierischen Körper mit geschlossenen Augen, nichts mehr wert. Wozu war dieser Körper eigentlich auf der Welt? Warum waren ich und all die anderen auf dieser Welt, wo diese doch wissen, dass das sterbende Schicksal wieder alles Leben tötet und nicht gerade der Mensch selbst tödliches Schicksal spielt. Trotzdem wäre es gut, wenn der menschliche Gedanke öfters Allerheiligen mit der Frage im Visier spielen würde, nämlich, weshalb das alles so sei, wie es ist. Dieses einmalige Leben mit dem Sterben als unabänderliches Finale. Was ist nachher? Dieses Allerheiligen-Denken, alles Materie, der tote Körper, der Sarg, die Erde, die Blumen und Kränze, die Reden über Gewesenes, die Erinnerung. Wenn man dieses Denken in Interesse umwandelt, was hinter den Toten-Ritualen noch so alles sein könnte? Vor allem das Warum des Sterbens und des Vorher-Geboren-Werdens?

Den Allerheiligentag mit dem Allerseelentag in engere Beziehung bringen, die göttliche Seele im Unbewussten fragen, denn diese wüsste alles, dafür würde sich ein Nachdenken schon für diesen 1 Tag im Jahr als wertvoll erweisen.

Die Gedanken über die kleinen und großen Begierden verwischen schnell dieses Denken ohne Zukunft, obwohl erst nach dem Sterben die große Zukunft wartet, nicht für den Körper, aber ganz sicher für den menschlichen Ich-Ungeist. Auf diesen wartet eine sehr, sehr lange Zukunft, genau darüber müsste der Mensch mit seinen unsteten lockeren Gedanken konzentrierter nachdenken, nicht nur an einem Tag im Jahr, zu Allerheiligen.

Der Begriff „Geist“ (118)

Meine Hochachtung vor den Geisteswissenschaften begann zu schrumpfen, als ich durch meine langjährigen Studien darauf stieß, dass durch verschiedenes Wunschdenken zufolge des Begriffs Geist in eine Macht bzw. in eine Unwissenheits-Manipulationsschiene geraten ist. Auch Religionen benützen den Begriff „Geist“ in einer verhandelbaren Placebo-Rolle, eben das, was heute alles mit „Geist“, „geistig“, natürlich auch mit dem besser klingenden Namen „mental“ bezeichnet wird. Der Geist erschuf Materie, demnach müsste der Mensch erst seinen Erschaffer/Schöpfer erkennen und annehmen können, dann würde sich ihm das wahre Geistige zeigen. Die polarisierende Materie Mensch aber muss vorher entmaterialisiert, also tot sein, um der Wahrheit des Geistes zu begegnen. Nur der Mensch hat Angst vor dem Tod, obwohl er trotzdem stirbt. Erst im körperlosen Nachtodverfahren erklärt sich der Begriff Geist dem menschlichen Ungeist seines unsterblichen Ichs.

Das Recht des Menschen auf „alles“, was ihm guttut (119)

Unsere Werte der Freiheit gehen von einer falschen Voraussetzung aus. Freiheit hat einen Unendlichkeitswert, unsere Freiheit erlebt sich in den Grenzen unserer Sterblichkeit. Darin liegt intuitiv der Grund, soviel Freiheit wie nur möglich, im Lebenszeitraum bis zum Sterben, zu genießen. Die tausendfache Verschiedenheit von selbst erschaffenen Recht-Unrecht-Systemen aller Gesellschaftsordnungen dieser Welt, zeigen ja sehr deutlich die Unfähigkeit des Menschen, eine übergeordnete Rechtsprechung zu erwerben um danach zu handeln. So gesehen ist es für Begierden von Einzelnen oder Gruppen nicht schwer, in den Begriff

Recht, diese als graue Eminenz einzubinden. Die vom Menschen sich selbst verschriebenen, sogenannten Rechtsansprüche, verlieren sich im Begierden-Dschungel verschiedenster, von den Sinnen getragenen Abarten. Der Begriff Menschenrechte verliert sich in viel Oberflächlichkeit schwammiger Hohlheit und schön geformter Worte. Die stärksten Kräfte im menschlichen Körper, angestachelt vom Ungeist der Begierden, fokussieren sich im Ausdruck Erotik als Sexualtrieb, geschminkt mit dem Beiwort Liebe.

Zum Beispiel ist das Management einer heutigen Gesellschaftsart so stark, dass sie bei Menschen die Angst vor dem Sterben vollkommen durch das Versprechen ausblenden, im Leben nach dem Tod Herr über die wunderbarsten Liebesspiele mit den schönsten Frauen, natürlich im göttlichen Ambiente, zu werden. Das bringt andere Wohlstandsgesellschaften wieder zum Staunen, wo sie sich doch selbst längst lustmaximierend über alle Tabus hinwegsetzen. Wie verschiedenartig doch die Rechtsbegriffe sind, die einen erwarten sich den Lusthimmel nach dem Sterben, die anderen holen sich diesen schon auf Erden, und werden dafür auch gesegnet.

Was bleibt dann nach dem Sterben? Ein Recht auf „alles“, was gut-tut?

Weltanschauung (120)

Wir können unsere Welt mit all unseren Sinnen betrachten, weil diese Welt aus Materie besteht. Nicht nur die Welt, sondern auch unser materieller tierischer Körper. Das Universum, größer als wir es je betrachten können, ist in seiner Uneinheitlichkeit ebenfalls Materie. Dem Grunde nach ist alles Materie, was unter dem Geist der Metaphysik seinen Standort hat, besser gesagt, jedwede Materie vom kleinsten Atom bis zu den größten globalen Gebilden untersteht einer Energie des Geistigen, eben der Metaphysik. Diese bildet den geistigen Urgrund für die Physik der ungeistigen Materie.

Der Mensch betrachtet, untersucht, rechnet, misst, zerstört, baut die Welt der Materie mittels seiner ungeistigen Denk- und Muskelenergie auf, schaut sie und sich dabei an, seine Welt, die ungeistige Sinnen-Welt. Diese Anschauung ist fast so zahlreich, wie es Menschen gibt, denn fast jeder sieht und schaut seine Welt anders an. Der eine nimmt sie an, wie sie sich eben zeigt, der andere möchte eine Änderung. Die vielen verschiedenen Wissenschaften haben die Welt betreffend auch ihre differenzierten Vorstellungen, die Philosophie reizt die denkbaren sterblichen Grenzen aus, Religionen leben aus angenommenen Ansichten, dass hinter den gedachten Grenzen doch auch noch „Einer", der weit über dem selbst ernannten Stellvertreter als Schöpfer des gesamten Welten Geschehens steht, sein könnte. Die jeweiligen Anschauungen zur Welt zeigten in der Menschheitsgeschichte immer ihre gewaltigen Differenzierungen an allem und jedem bis heute. Solche Weltanschauungen betrafen alles, was beweisbar ausgegraben wurde, alle Gesellschaftsformen, was sich nicht beweisbar zeigte, wurde diesen überlassen, die damit recht und schlecht zurechtkamen. Man könnte sagen, die Weltanschauung liegt in ihrem Chaos noch weit entfernt von einer Ordnung. Der Mensch weiß einfach viel zu wenig über die Welt von „drüben" und „herüben", er kann sich selbst nicht richtig wahrnehmen, geschweige eine Welt zu begreifen. Wie auch, wenn er nur mehr ein Schatten seiner selbst geworden ist. Der heutige Mensch ist nicht mehr der nach der Idee seines Erschaffers. Er besteht nicht mehr aus seiner ehemaligen Formation, sondern nur mehr aus Körper und dem Ungeist des gefallenen Engels, seines ehemaligen Ich-Geistes. Somit hat er auch den Sinn seines Daseins verloren. Kann ein Mensch schlüssig erklären, warum und zu welchem Zweck er in diese leid- und angstvolle Welt hineingeboren ist? Dass es Gottes Wille sei, ist richtig, aber das Warum an diesem Willen Gottes? Diese Frage ist zu klären, dann wäre die Sichtweise einer Weltanschauung des Menschen nicht mehr seinem undefinierbaren Schicksal unterlegen, sondern einer Schlussfolgerung der Logik, entsprechend dem Gesetz von Ursache und Wirkung.

Kritik (121)

Die Energie der Kritik innerhalb der menschlichen globalen Gesellschaft bildet die ihr angeborene Polarisierung. Materie unterliegt der Polarisierung. Der menschliche Körper ist Materie. Je stärker ein Mensch sich körperlastig empfindet, umso mächtiger sein Gegensatz in sich, und umso umfangreicher wirkt seine Kritik auf seine Umgebung, allerdings niemals auf sich selbst. Bei Menschen, die in sich noch einen eher harmonisierenden „Ich-Geist" tragen, ist es eine kontinuierliche Arbeit, den Gegensatz so weit klein zu halten, dass dieser unter der harmonischen Grenze noch Platz hat. Das ist geistige Selbstdisziplin, leider selten anzutreffen. Hier unterliegt das Kritisieren einem Denkprozess der Ausgewogenheit. Allgemein gesehen, wenn wir wieder das Jedermann-Mittelpunt-Syndrom anwenden, übt jeder Kritik an dem anderen, nicht oder sehr selten an sich selbst. Kritik aus der Polarisierung ist eine große Hilfskraft, die Macht der Begierden auszuweiten. Kritik hat auch immer den Beigeschmack, jemand anderen, vor allem Nahestehende, nach dem Geschmack der eigenen Begierde umzuformen. Das erklärt auch die Unbeständigkeit von Partnerschaften. Zuerst Wonne mit der so in Mode gekommenen himmlischen Seelenverwandtschaft und Sex. Aufwachzimmer, Kritik, aus und da capo anderswo zur Probe. Kritik lebt in der Koexistenz mit dem Gegensätzlichen unter dem Motto, ich bin der Mittelpunkt. Das Ego „Ich", die Begierde, transformiert alles nach außen. Umgekehrt wäre Selbstkritik das Stutzen des eigenen Gegensatzes mit Selbstdisziplin, mit dem Nach-innen-Schauen zur Harmonie, dort, wo das Geistige ihren Anfang zeigt. Der ewige Kampf mit den Begierden, die immer nach außen drängen, um möglichst viel Materie unter ihre Kontrolle zu bringen, inkl. der Materie Mensch. Diesen ewigen Kampf gewinnen immer die Begierden, da der Mensch seiner Selbstkritik immer ausweicht.

Unsere Spezies vergisst vollkommen, dass sie, und zwar jeder Einzelne für sich, einer permanenten, absolut ehrlichen, exakt unfehlbaren Kritik ausgesetzt ist. Diese Kritik ist für den Menschen meist vernichtend. In Abstufungen geordnet vom hohen Geist der Schöpfung, vom Tod vorgetragen, da wird der im Leben praktizierte menschliche Gegensatz zum Umkehrschluss, zum Bumerang. Nicht für den Körper, sondern für den „Ich-Ungeist" des Menschen. Bei einiger Kritik nach seinem Inneren würde der Mensch diese Wahrheit empfinden lernen.

Gott stellt auch seine Kritik nach außen gegen die Menschheit, nur diese Kritik basiert auf Wahrheit, ist geistig, artikuliert sich im menschlichen Unbewussten durch die göttliche Seele und zeigt sich vernichtend, wenn die Materie Mensch bereits ihrer Verwesung entgegengeht. Der Mensch scheut eine Kritik gegen den Tod, denn sein Urinstinkt lässt ihn empfinden, die Abrechnung erfolgt nach dem Sterben. Um diese göttliche Abrechnung zu mildern, gibt es ein Rezept: ehrliche Selbstkritik, aber nur im irdenen Dasein wirksam schlagend.

Das Denken (122)

Im Menschen nach der Idee Gottes erlebte sich das Denken in der Einheit von Harmonie über den Gegensatz, unterstellt der göttlichen Energie des Geistes. Eine Symbiose, in welcher Leid, Angst und Tod kein Thema bilden konnten. Die Menschheit, aufgeteilt in vielen kleinen Gesellschaften, empfand sich im Gleichgewicht trotz ihrer gezähmten gegensätzlichen Unterschiede. Die Harmonie läutert den Gegensatz. Die Energie, die das Denken im menschlichen Gehirn entfaltete, wurde vom „Ich-Geist" und der Seele gleichermaßen bedacht, jedoch dem „Ich-Geist" die Verantwortung über das richtige Zusammenspiel vom endlichen Gegensatz innerhalb der unendlichen Harmonie vom Herrn übertragen. Zusätzlich eröffnete die Energie des Geistes, Mensch-göttliche Seele-Kosmos. Das wurde die Schiene, weshalb Gott die Idee Mensch gebar. Das vom Menschen gelebte Prinzip von harmonisiertem Gegensatz, umgewandelt in geistige Energie, einverwoben in den kosmischen Bewegungs-Rhythmus. Das war die kosmisch veredelte Aufgabe des Menschen. Das Gehirndenken im heutigen Sinne erlebte sich damals mehr als geistiges Empfinden. Dieses Gehirndenken, der Materie unterlegen, entwickelte sich erst nach dem Verlust des Paradiesischen, als der Mensch vom Geist sich hin zur ungeistigen Materie bewegte.

Der Mensch entwickelte sein Begierden-System, wo das Empfinden und Fühlen keine Wertigkeit hatte. Der Gedanke fokussierte sich einzig und allein auf den Willen des Habenwollens und des Mächtigwerdens. Das gefühlvoll geistig empfindende Denken wurde vom realen Begierdendenken abgelöst, das Geistige mit der Seele in das Exil des Unbewussten verbannt.

Das Geboren- und das Altwerden (123)

„Werdet wie die Kinder", nicht werdet wie Kinder. Dem Grunde nach ist das menschliche Leben geprägt von Disharmonie, allerdings noch nicht im Kind. Neugeborene erleben sich in einer extremen Mehrschichtigkeit. Der rein körperlich säugetierische Geburtsvorgang durch das Hinaus in die Kälte, Fremde, ist schon anstrengend genug. Die Nachbehandlung eines menschlichen Säuglings, weg von der Mutter, ist der erste brutale Gegensatz wider die Natur, und seine Beseelung und Vergeistigung via „Ich-Geist" macht dem kleinen Körper auch noch zu schaffen. Drei zu bewältigende eindrucksvolle Vorgänge zum Lebensbeginn der Materie Mensch. Die geistige Beseelung eines Menschenkindes steht mit dieser einen Unvernunft im körperlichen Werden eines Menschen auch im Gegensatz. Der Geburtsvorgang entspricht logischerweise einem Anteil Materie und zwei Anteilen Geistigem und einem Anteil von dem schon vorher vorhandenen Lebensgeist. Dass diese Einheitsbildung im Geborenwerden stattfinden muss, ist tatsächlich bedingte Logik. Die Zusammenführung Produkt Mensch in seiner Quaternität erfolgt eben im Geburtsvorgang. Die Materie Körper entwickelt sich unter der Obhut des harmonisch seienden Geistigen. Das Werden des Körpers hat seine Schlüssigkeit, das Geistige entzieht sich dem menschlichen rein materiellen Denken. Dieses Werden des Menschen geschieht trotzdem immer von Neuem. Neu ist immer wieder der endliche Körper, alt kommt immer wieder dasselbe unendlich seiende Geistige an diesen Körper. Der „Ich-Geist" aus dem geistigen Zwischenreich der Läuterung aus dem vorangegangenen Leben unter der Patronanz der Seele zieht wieder ein in die Körperlichkeit als Chef der Quaternität. Meist konnte der „Ich-Geist" seiner vorangegangenen Läuterung gerecht werden, die neue Einheit Mensch war somit ein karmisch positiv Wertiges, um in das neue Leben zu gehen. Weiß die neue Umgebung von diesem geistig positiv wertigen Jung-Menschen? Weiß diese Umgebung wie Eltern, Kinderbetreuer, Lehrer, Professoren usw. überhaupt etwas vom Geist an der Materie Körper? Wusste bei Ihrer eigenen Geburt jemand aus dem Sie umgebenden Kreis Ihres jungen Daseins etwas, außer Ihrem eigenen, säuge- tierischen Geburtsvorgangs? Schlicht und einfach sicher nein! Materie produziert wieder Materie, Körper zeugt Körper. Aber im allgemeinen Sprachgebrauch nennt sich die Einheit doch auch Körper, Geist und Seele. Der Lebensgeist unterliegt einer allgemeinen Vernachlässigung. Die göttliche Seele führte seit dem letzten Tod des Körpers, dem dadurch freigesetzten, vom göttlichen Gericht verurteilten „Ich-Ungeist" durch eine geistige Zwischenzone mit dem Ziel, diesen Ungeist einer gewissen Läuterung für die Wahrheit zu unterziehen. Dies kann je nach Fall sehr schmerzhaft geschehen. Die Religion hat dafür einen wahrheitsgetreuen Begriff als „das Fegefeuer" bestimmt. Aus diesem heraus trifft dieser „Ich-Geist", oder auch Ich-Ungeist, aufgrund des Systems der Wiedergeburt auf einen neuen Körper in einem neuen Leben, wieder als Oberhaupt von Körper, Geist und Seele.

Öfters tritt ein körperlicher Mensch mit einem geläuterten „Ich-Geist" in sein neues Leben. Was erwartet ihn da? Eltern, Erzieher, Lehrer, und sofort: Was wollen diese von dem neuen Erdenbürger? Sie pflanzen diesem neuen Menschen ihre „Traditionsgene“ für das sogenannte zu erlernende Leben ein. Hier wird nur Wissen als Vorbereitung eingehämmert, wenn überhaupt brauchbar, dann nur Wissen auf Zeit, den Begierden folgend, um das Überleben bis zum Tod möglichst gut zu sichern. Das macht dann die Alten stolz, wenn die Materie wieder einmal den Sieg davontrug. Es folgt das übliche Prozedere. Eigentlich wollte ich ja auch über das Altwerden berichten, aber das lässt sich nur über das Geborenwerden besser erklären.

Bei dem alten Menschen fallen die Begierden fast automatisch ab. Dafür gibt es genug Gründe. Genug, um darin baden zu können. Krankheit, schwindende Kräfte, verlorene Befehlsgewalten, Angst vor dem Sterben, Sehnsucht nach Schönem aus der Vergangenheit. Also wieder der Fokus auf die Materie Körper gerichtet. Der „Ich-Ungeist“ hat Angst, weil er sich von dem so lieb gewonnenen Körper bei Todeseintritt trennen muss. Was er nicht weiß, ist, schon wieder ein sinn- und nutzloses Leben geführt zu haben. Am Anfang des Lebens hatte der gut geläuterte Geist nicht die Kraft, sich den Gewohnheiten der Traditionen entgegenzustellen. Die Begierde, welche über die Erziehung Einlass fand, war stärker, also auf in die nächste Wiedergeburt. So läuft das Rad seit achtzigtausend Jahren. Seit dieser Zeit wartet der junge neue Körper mit seinem alten geläuterten wahren Geist auf Eltern, die den Mut hätten, mit der Tradition der Begierden zu brechen. Nur dadurch könnte der so wichtige Umkehrschluss als Rettung der Menschheit seinen Anfang nehmen. Warum werden Kinder erzeugt, um diese spätestens vor dem Tod unglücklich zu wissen? Und so jagt eine Sinnlosigkeit die andere. Man muss sie nur erkennen lernen, um dieser Chaos-Schere und dem Rad der Wiedergeburt zu entkommen.

Die Kritik an der Gerechtigkeit (124)

Millionen Unrechtsempfindungen werden an den Pranger gestellt. Es betrifft Politik, Banken, Industrie, Gewerkschaften, Religionen, Wirtschaft, unser oder Ihr Tun bzw. das Nichtstun aller. Alles wird immer mehr oder weniger von verschiedenen Seiten und Standpunkten einer Kritik unterzogen. Auf verschiedenen „Bühnen" sammeln sich Stimmungen gegen die Asylpolitik der jeweiligen Länder und deren Regierungen. Warum will jemand seine Heimat verlassen? Warum handeln viele so, dass sie sich gegen diese Macht in ihrer Heimat stellen? In fernem Spektrum selbst eine Macht angeblich mit Freiheit gründen zu wollen? Die meisten Revolutionen enden mit vielen Toten im Chaos einer noch schlechteren Freiheit, als es vorher in einer geregelten Diktatur war. Da beginnen erst die Kämpfe um die Macht. Warum ist die Sucht nach Heldentum, für eine nebulose Freiheit sein Leben aufs Spiel zu setzen, so gewaltig? Immens mitreißend, um aktiv an der Zerstörung seiner Heimat und am Tod anderer als Akteur beteiligt sein zu wollen? Wenn die beidseitig geführten Zerstörungen nicht zu beenden sind, keine Verbesserung sich ankündigt, will man die Heimat, wenn das möglich ist, verlassen. Zurückblickend war diese Möglichkeit gar nicht gegeben, allerdings hätte es auch keinen Sinn gemacht, denn diese betroffenen Massen würden nirgends auf dieser Welt empfangen worden sein. Wenigen ist es damals trotzdem gelungen. Ein Umkehrschluss von Tätern und deren Geschädigten erlangte nachher in anderen Ländern eine unwahrscheinliche Gemeinsamkeit im friedlichen Sinne, ein Beweis des vorangegangenen Wahnsinns.

Der Mensch sucht immer nach besseren Lebensbedingungen, nur ist niemand in der Lage, mit diesem Begierden-System fertig zu werden. Millionen wurden getötet und die Bevölkerung dezimiert, vollkommen sinnlos, oder doch nicht? Wenn man bedenkt, dass die Zündschnur dieses Wahnsinns mit zwei nicht in Einklang zu bringenden christlichen Glaubensrichtungen das Pulver für diesen unseligen Vernichtungskrieg suchte und fand, dann wäre der Zweifel an Gott was? Wer war der Schuldige?

Meist der, welcher den Widerstand machtbesessen provozierte. Die Toten aller Kriege sollen mahnen, tun sie aber nicht, da die nächste Auseinandersetzung bereits vor der Haustüre geschieht. Der Tod in Massen hat nur einen Haken, nach einer gewissen Zeit erscheinen die Getöteten alle wieder, demnach ist es vollkommen egal, ob sie heute auf der Flucht sind oder andere an Überfüllung sterben. Gestorben wird auf alle Fälle. Leider wird die Geschichte der Menschheit nie in diese Richtung interpretiert. Das ganze Mensch-Weltentheater stellt sich nur deshalb so dar, weil jeder sein Leben in den Mittelpunkt stellt und für ihn dieses Leben die einzige Möglichkeit darstellt, nur einmal zu leben und sich eben in diesem einen Mal zu profilieren. Devise, räumen wir ein paar andere weg, dann ist für uns mehr Platz. Solange der Mensch nicht kapiert, dass sein Leben unter dem Patronat der zeitbedingten Materie steht und mit einem Ablaufdatum versehen ist, früher oder später ohnehin, allerdings in einer anderen Art wieder erscheint, solange ist er der Gefangene seiner eigenen ungeistigen Dummheit. Die Menschen kämpfen um die Verbesserung ihres Lebensalltages und um ihr Leben, aber im Grunde ist dieses Leben zu versäumen, es ist so wie bei einem Zug, der einem wegfuhr, der nächste kommt aber wieder, so kommt auch das Leben wieder. Nur dieser Vorgang unterliegt einer eigenen Gesetzlichkeit und die kennt der Mensch nicht, deshalb kann er auch nicht daran glauben, dass ein gewaltiges Netzwerk mit der reinen Energie des Geistes in ihm und über ihn wirkt. Dieses Geistige trägt die wahre Gerechtigkeit in sich und präsentiert es dem Geistigen im Menschen, seinem „Ich-Geist“, allerdings erst dann, wenn die sterbende Materie in den Tod übergegangen ist, denn da stehen sich ehemals Ebenbürtige gegenüber. Der „Ich-Ungeist“ des gefallenen Engels und der göttliche Geist der Seele, und hier hält der göttliche Geist über den „Ich-Ungeist“ die Rechtsprechung, und zwar nach dem einzigen Recht, dem Recht Gottes unter Ausschluss der wertlos gewordenen Materie, des menschlichen Körpers.

Das Warum der Unfähigkeit einer einheitlichen klaren, für jedermann geltenden Rechtsprechung innerhalb der Menschheit unterliegt einer Aufklärung. Der „Ich-Geist“ als „Ich bin“ eines jeden Menschen hat durch seine Abtrünnigkeit von Gott seinen

Chefstatus im Sinne seiner Geistigkeit eingebüßt. Eine Gegensätzlichkeit, die sich nicht mehr in der kosmischen Harmonie bewegt, wirkt zerstörerisch auf alles und jedes. Der Mensch selbst ist das Produkt einer von der Gegensätzlichkeit zerstörten Harmonie, deren bisheriges Wirken sich physikalisch in der Kernspaltung, im Zerstörungswahn seines Selbst wiederfindet. Aus einer angeborenen Konfrontationswilligkeit kann niemals ein sinnvolles Rechtssystem entwickelt werden. Das kann nur der Tod regeln, damit auf der geistigen Ebene Materien frei, Gegensatz frei, die Verhandlungen aufgenommen werden können. Allerdings, dieses Nachtodverfahren, das der Mensch ängstlich im Leben verdrängt, kann für den „Ich-Ungeist", und das sind allemal Sie selbst, in Ihrem Denken mehr oder weniger großes Leidensinferno auslösen, zumal in der geistigen Welt, in der sich das alles abspielen wird, kein Zeitbegriff, kein Anfang und kein Ende herrscht. Man nennt das Ewigkeit. Der „Ich-Ungeist" ist somit in seinem Leid einer Ewigkeit ausgeliefert.

Wer bin ich, wer soll ich sein (125)

1. Materie
2. Lebens-Geist
3. Ich-Geist
4. Seelen-Geist

- Materie: beinhaltet Polararisierung, diese ist Gegensatz in sich, führt zur permanenten Explosivität.
- Lebens-Geist: ist kosmisch göttliche Energie, erschuf für eigene Zwecke die Materie, den Körper des Menschen.
- Ich-Geist: ist der Geist der Gegensatz-Zähmung.
- Seelen-Geist: die Zusammenfassung der Energie der Materie innerhalb der Energie des Geistes und der Logistik, beide in das Zentrum der kosmischen Energie-Bewegungsfortsetzung geführt.

Das hier Gesagte waren wir, auch ich, fast ein Leben lang in der paradiesischen Welt, so lange, bis der Geist, der „Ich-Geist", sich von der vorgegebenen Aufgabe abwandte, dadurch im mystischen Sinne zum gefallenen Engel wurde und somit den Beginn der post-paradiesischen Ära einleitete. Mein „Ich-Geist" sündigte, indem er als Zauberlehrling selbst sich meisterlich wähnte und damit gegen ein ehernes Gesetz verstieß und gegen das göttliche Gesetz der Weltenharmonie zu handeln begann. Die Aufgabe des Menschen in seiner Erschaffung bedeutete die Stärkung des göttlich kosmischen Geschehens und nicht das entstandene Gegenteil, die Materie des Körpers in seiner Polarisierung gegen die Harmonie in Stellung zu bringen. Das war dem Grunde nach meine Ursünde dem Schöpfer gegenüber. Zusammen mit all denen, welche heute noch immer auf dieser Erde mit mir ihr Dasein immer wieder von Neuem fristen müssen. 515-mal wurde mein „Ich-Geist" mit einer neuen Körperlichkeit versehen, in die Welt der Materie zurückgeworfen, so oft wieder geboren in einem Zeitraum von 80 450 Jahren. Ein einziges Mal erlangte mein „Ich-Geist" eine bleibende irdene Bedeutung, es war meine letzte vergangene Lebenszeit als … (als wer, das weiß ich, aber ich belasse es als mein Wissen). In diesem jetzigen Leben war es mir möglich, mein endliches Materien-Denken mit dem unendlichen geistigen Denken in Einklang zu bringen. Diese Tatsache befähigt mich, all diese Schriften zu verfassen und das zurück bis in das paradiesische Menschheitserleben zu dokumentieren. Mir wurde und wird der Zugang zu allem Wissen über die Menschheit, zum Warum und zum Zweck seiner Erschaffung so zuteil, dass ich eben so fähig bin, darüber zu schreiben, wie eben ein Forscher auf seinem Gebiet berichten würde. Der Unterschied liegt nur im Thema des zu Erforschenden, ich wählte einfach das Thema, was hinter dem Leidenschaos der Menschheit als Wahrheit steht. Nach zig Forschungsjahren wurde mir Gott als diese Wahrheit präsentiert, das war wohl meine größte Überraschung, denn ich forschte nicht nach Gott, sondern nur nach einer Wahrheit über den Sinn, eigentlich Unsinn, des menschlichen Lebens. Dass Gott eben alles sei, wird ja oft genug betont, aber geglaubt? Nun, da fehlen doch die Beweise. Die nicht vorhandene Beweisführung liegt lediglich in der Tatsache, dass diese nur in der geistigen, sagen wir in der jenseitigen, in der nach dem Tod sich befindenden Sphäre zu finden ist. Das ist aber nicht die Schuld dieser höchsten Welt, wenn das nicht mehr geistig denken könnende Menschlein in der endlichen Welt der Materie einen Beweis fordert, den es gar nicht fähig wäre zu erbringen. Nur wer einen schwierigen Berg erklimmt, sieht unter sich Dinge, die von unten eben nicht bemerkt werden können. Allerdings darf diese Sicht keine Momentaufnahme bleiben, nur die Sicht, die nicht wieder absteigt, beinhaltet die Wahrheit über das untere enge Geschehen im menschlichen Getümmel. Noch etwas sehr Wichtiges: Man muss Gott mögen, dann offenbart der Herr sein Leid, das ihm die Menschheit bescherte und noch immer beschert. Erst mit diesem Leid konfrontiert und miterlebt beginnt die Liebe Gottes zu einem Irdenen, nur endlich Seienden. Mein Weg zu dieser Höhe wurde beschrieben. Heute ist es so, dass ich mit meinem höchsten „Chef" auch Diskussionen führen darf und sehr viele Antworten auf heikle Fragen erhalte.

Heute weiß ich, wer ich bin, dass ich dem hohen Wahrheitsgesetz als Energie der göttlich kosmischen Welt unterstehe, und das so lange, wie meine Trinität mit der Materie meines Körpers anhält, bis hin zu meinem letzten Tod, um dort heimzukehren, wo ich schon vor über achtzigtausend Jahren vom richtigen Weg abkam.

Fehlschluss (126)

Dass Gott die Menschheit liebt ist ein gewaltiger Fehlschluss. Der Grund dafür ist ein realitätsfremdes Wunschdenken der Menschen, welche da glauben, Gott verzeiht ihnen ihre Sünden. Es stellt sich ja ohnehin gleich ein Problem ein, nämlich, kennt der Mensch überhaupt seine Sünden, die er Gott präsentiert und zur Vergebung übergeben will?

Die Wahrheit ist, genauso wenig wie der Mensch sich selbst erkennt, genauso wenig kennt er seine Sünden. Die meisten lagern ohnehin gemütlich verdrängt im Unbewussten. Also denkt der Mensch, ich habe jederzeit die Möglichkeit, Gott zu bitten, mir meine Sünden zu verzeihen. Es gab Zeiten, in der Sünden-Ablässe käuflich zu erwerben waren. Vielleicht noch heute? Alles eine Frage des Preises.

Damit wäre Gott in der bequemen Denkweise der Menschen sogar käuflich. Das scheint wohl begründet, da der Mensch ja doch ein Abbild Gottes darstellen soll. Dieser Gedanke wäre nur dann kein Fehlschluss, wenn der Herr dieselbe Meinung wie der Mensch darüber hätte.

Aristoteles (127)

Aristoteles hat mit seinen endlich seienden Gedanken die Schallmauer zwischen Diesseits und Jenseits durchbrochen und sich damit das rein geistige Denken angeeignet. Die Metaphysik als Logik, Gott als die höchste Wirklichkeit. Was er nicht dachte, ist die Urschuld der Menschen, die karmische Belastung jedes Einzelnen und die Rückführung des Menschen zu seiner wahren Einheit, seiner Geistigkeit, nur damit zurück zu seiner Bestimmung kommend. Man muss Aristoteles als den am Weitesten in die wahre Geistigkeit des Jenseits hineinforschenden Philosophen bewundern, und das bis heute.

Die Leistung des „Ich-Geistes" (128)

Körper, Geist und Seele, unser menschlicher Bestand, darüber sind wir uns doch einig? Oder? Von Geist und Seele ist unser Vokabular doch voll, oder alles nur Gerede? Die Wissenschaft gibt keine konkrete Abhandlung über diese beiden angeblich im Menschen Seienden. Die Ärzteschaft steht diesem Phänomen auch eher ablehnend, zumindest hilflos gegenüber. Essen und Trinken hält Leib und Seele zusammen, das ist schon was, der Spruch drückt doch eine notwendige Energiezuführung für den Bestand von etwas teils nicht Sicht- und Greifbarem aus. Ob das doch nicht nur für den Körper Geltung hat? Wie will man den Geist oder gar die Seele mit Schweinsbraten und Bier füttern, vielleicht im Urlaub auch noch die Seele baumeln lassen können? Der Geist fällt durch den Rost, der bekommt nichts, oder doch? Dieser „Ich-Geist" partizipiert doch am Wohlsein, an den Lustbarkeiten der Sinne, die der menschliche Körper bietet. Er steuert geschickt die Gegensätze aus der Materie des Körpers und suhlt sich im Chaos seiner von ihm gesetzten Begierden. Eine totale Fehlleistung ist, dass dieser „Ich-Geist" sich in seiner Umarmung mit der Materie und sinnlichen Gelüsten befindet. Unwürdig eines Geistwesens aus der Energie des Allgeistes, aus der Energie Gottes, aus der Riege der Engel stammend. Tief ist er aus seinen himmlischen Höhen gefallen, dieser Engel, und nur, weil er selbst gottähnlich werden wollte und um das im Menschsein praktizieren zu können. Der „Ich-Geist" vollbringt seine Leistungen im menschlichen Leben in Gemeinschaft mit seinem geliebten Körper, nur wenn diese endlich seiende Materie abstirbt, bleibt er eben als geistiges Produkt der Unendlichkeit verhaftet über. Er muss seine Leistungen im gewesenen materiellen Leben vor dem Gericht Gottes immer wieder aus Neue verantworten, so lange, bis das ihm übertragene Leid so läutert, dass sich dieser „Ich-Geist" wieder auf seine wahre Herkunft und seine wahre Aufgabe besinnt. Achtzigtausend Jahre sind schon ohne diese Besinnung verstrichen. Wie lange noch die Erfüllung seiner Begierden mit dem Nachtod-Leid eintauschen?

Solange die menschlichen Begierden es schaffen, die Wahrheit über das wahre Leben zu vernebeln, ist das Nachtodleid ein furchtbares Thema, das eben erlitten werden muss. Die Begierden verschleiern dem Menschen auch diese Tatsache schon deshalb, weil damit sein Wiederkommen gesichert erscheint. So eine Bestie wie die Gier stirbt sicher nicht freiwillig aus, eher schon der Mensch. Das wieder würde die Situation des „Ich-Geistes" in seinem Strafausmaß fürchterlich treffen. Strafe erzeugt Leid, und dieses Leid wird sich dann eben in die Unendlichkeit ausdehnen. Die einzig richtige Leistung des „Ich-Geistes" wäre: sich von seinen Begierden, die sein Körper vorgibt, zu trennen, um sich selbst richtig erkennen zu können, dann wird es nach dem körperlichen Tod kein Leidensverfahren mehr geben. Diese Chance besteht eben nur im materiellen Leben, um sich für das geistige Leben entsprechend vorzubereiten. Dieses geistige Leben findet allemal unter Ausschluss des Gegensatzes innerhalb der Materie statt. Dieses geistige Leben als Zielprodukt besteht aus Harmonie, unter dem der Gegensatz als Miniatur Partner existieren darf bzw. muss, damit wäre das Leistungsziel des „Ich-Geistes" erreicht.

Die leidvolle Wahrheit (129)

Was sind die Wunschinteressen der Menschen, die in einem relativ guten Wohlstand leben? Persönliches Wohlergehen, Erfolg im Beruf, Anerkennung, Macht über andere, Sport, gutes Aussehen, Geselligkeit, Sex, Reisen, Partnerschaft, Familie bis hin zu allen praktizierten Abartigkeiten, ruhigem Alterssitz, viele schöne Erinnerungen und die Sehnsucht danach, dann aber kommt die Angst, mit dem Leben abschließen zu müssen. Aus, Schluss! Wie unromantisch gegenüber den vielen Generationen vorher. Damals dachte man noch an ein Weiterleben nach dem Tod und trug dafür auch Vorsorge. Die Grabbeigaben, Schmuck und Wegzehrung, sogar die Dienerschaft wurde mit auf den Weg gegeben, auf den Weg nach wo? Irgendwo jedenfalls, dort im ewigen Leben, wo erneut wieder Glanz und Glorie für die Verstorbenen warten, denn sie hatten doch vorgesorgt, jeder nach seiner Möglichkeit.

Dieser Glaube ist dem Grunde nach der bessere, denn er schloss das Weiterleben nach dem Tod mit ein. Gedanken, welche der Sterbende als Trost mit auf den Weg bekam, herunterleuchtend aus der Zeit vor Adam und Eva, ein kleiner Schein von Wahrheit. Damals war es eine selbstverständliche Tatsache, dass das Ableben des Körpers das Ende einer kosmischen Aufgabe darstellte, mit dem Einzug in ein wunderbares geistiges Leben. Nicht für den Körper, sondern für die Trinität der Geistigkeiten. Der Auftrag nach der Idee Gottes war erfüllt, die Einheit Mensch aufgelöst. Es war das Einmalleben ohne Leid, Angst und Tod.

Der Hinauswurf der „Gescheiterten" aus dem Paradies, die sich den göttlichen Regeln entziehen wollten, es war nicht ihr Körper, es war ihr geistiger Anteil, ihr „Ich-Geist", der durch die Tat als gefallener Engel eine gewaltige Zensur im menschlichen Dasein schaffte und die Geschichte der Menschheit einläutete. Dieser „Ich-Geist", der auch heute noch immer unser Leben, meist im Negativen, bestimmt, wandte sich sozusagen fünf vor zwölf, vor Beendigung seiner ihm übertragenen Aufgabe, von dieser ab. Der „Ich-Geist" wurde aus der Riege der von Gott gesegneten geistigen Energiewesen ausgestoßen, und so lebt in jedem Menschen seit dieser Zeit sein eigener „Ich-Ungeist" in seinem jeweiligen Körper. Die Leidenssumme in der Geschichte der Menschheit, die Angst und der Tod, diese sind die Auswirkungen dieses Fehlverhaltens. Dieser Geist ist es, der das menschliche Leid in die Welt setzte und laufend prolongiert, der Geist, welcher mit dem sterblichen Körper gemeinsame Sache macht, aber immer nur ein sterbliches Leben lang.

Die Aufgabe des Geistes (130)

Eine Geburt zu einem neuen Leben ist meist schmerzlich schön im menschlichen Dasein. Auf derselben Ebene erleben sich im Dasein auch die geistigen Erkenntnisse. Die Geburt geistiger Erkenntnisse ist fast ein Lebensprozess, oder doch mindestens viele Jahre hindurch andauernd. Jede einzelne Erkenntnis gebiert sich zuerst mit Leid und später mit immer wissenderer Verständlichkeit. Die Oftmaligkeit, die Intensität und die zu erreichende Höhe ist abhängig von der disziplinären Zusammenführung zweier Geist-Energiewesen im Menschen. Es ist der „Ich-Geist", um sich mit der göttlichen Seele wieder zu vereinigen, denn diese beiden sind seit der Zeit von Adam und Eva in gegensätzliche Interessen geraten. Der „Ich-Geist" wurde im Diesseits zum Täter, der Seelengeist im Jenseits zum Strafenden. Der sterbliche Körper wurde vom unsterblichen „Ich-Ungeist" in eine grob fahrlässige Umarmung zur Befriedigung ihrer beidseitigen Lust-Begierden genommen. Im Bewusstsein ihrer neuen Machtmöglichkeiten setzte diese unselige Verbindung den Seelengeist außer Gefecht und in die Verbannung in das menschliche Unbewusste während der irdenen Lebenszeit. Das Trio nach der Idee Gottes von Körper, Geist und Seele (der Lebensgeist bleibt durch seinen anderwärtigen Aufgabenbereich hier ausgenommen) verlor durch diese Verbindung sein Gleichgewicht von Gegensatz und Harmonie. Die Elendsgeschichte Menschheit, inszeniert von den Sinnen-Begierden einer sterblichen Materie, im Zusammenspiel mit einem geistigen, unsterblichen Ungeist, nahm ihren schicksalshaften Lauf.

Es sind nun die zwei Geistwesen nach Gottes Willen gefordert, ihre Aufgabe zu vollbringen. Die Seele muss den gefallenen Engel (Ich-Ungeist) zur Besinnung bringen, dieser muss sich allerdings vorher selbst von seinen Begierden, die er zusammen mit seinem Körper bisher maximierte, lösen. Es ist immer der Geist, der dem Gehirn seine Wünsche und Begierden zum Umsetzen in die Körperlichkeit anleitet. Einfach gesagt, jeder Mensch ist verpflichtet, sich seines wahren göttlichen Menschseins bewusst zu werden, sich mit seinem „Ich-Geist und seiner Seele“ im Unbewussten ins Einvernehmen setzen. Genau das ist die höchstpersönliche Aufgabe jedes Menschen, die Aufgabe seines „Ichs“, um sein Rad des immer wiederkehrenden Erdenlebens endlich einmal zum Stillstand zu bringen.

Die Aufgerichtetheit des Menschen (131)

Wenn im Fernsehen bildliche Darstellungen über den Homo Sapiens, sozusagen unseres körperlichen Stamm-Vaters, sichtbar sind, dann ist dieser Mensch ein geradliniger Aufrechtgeher. Das Bild zeigt den Menschen, den Körper, die Materie nach der Idee Gottes. Es ist das jenes Wesen, das in die Trinität von Körper, Geist und Seele seinen Bestand in der Menschwerdung erhielt. Dieser Mensch konnte auch Gott, seinem Schöpfer, gegenüber aufrecht bleiben, er verneigte sich vor dem, welchem er diente. Dieser Mensch war ein Dienender gegenüber der göttlich kosmischen Welt, aber auch ein Mitgestalter durch seine von Gott so gewollte Werdung als ein Körper, wissend seines Geistes und seiner Seele. Dieser Mensch in seiner hohen geistigen Aufgabenstellung kannte weder Leid, Angst noch Tod. Er stand mit seiner ihm angeborenen, auf Grund seines aus Materie bestehenden Körpers mit dessen Polarisierung unter dem Schutzmantel einer göttlich kosmischen Welten-Harmonie. Er war durch seine Aufgabe Teilnehmer eines großen komisch geistigen Projektes. Dieser von Gott erschaffene Mensch in seiner Sterblichkeit stellte seinen Gegensatz, der aus seiner Materie heraus Bestand hat, in den Dienst der Weltenharmonie. Das Materien-Geistwesen Mensch in seiner Einheit liebte seinen Vater, und dieser liebte das gelungene Werk seiner Idee. Diese göttliche Idee Mensch hatte keinen Grund, sich seinem Gottvater gegenüber unterwürfig zu zeigen, auch nicht der körperliche Part, denn dieser erlebte sich in Gemeinschaft mit Respekt gegenüber seinem Ich-Geist und seiner göttlichen Seele. Die Materie Körper und deren Gegensätze würden niemals die Grenze gegenüber der kosmischen Harmonie ausreizen oder gar durchbrechen. Die Idee Gottes, dass der sterbliche Mensch mit seinem Gegensatz innerhalb der Harmonie des unendlichen Geistes lebt und mit diesem Prinzip vergeistigt in das kosmische Geschehen Einzug hält, ist segensreich aufgegangen. Der seinem inneren Wesen in seinem Handeln, sich selbst und Gott immer treu bleibende Mensch war der göttliche Mensch, dieser vor der Zeit von Adam und Eva. Es war das die paradiesische Zeit für das Menschsein.

Der Nachfolge-Mensch verlor seine Aufrichtigkeit, er sündigte Gott gegenüber durch seine Abtrünnigkeit. Seine Seele mahnte sein Gewissen und legte das Gefühl einer Ursünde in seinen „Ich-Ungeist". Dieser begann jedoch seine Schuld zu verdrängen, damit er die erwachende Kraft seiner Begierden keiner Störung aussetzen musste. Die Verdrängung von Untaten wurde gesellschaftsfähig und erfuhr durch die Lüge den Meineid. Die göttliche Seele machte in ihrem Unbewussten dagegen mobil und ließ den menschlichen „Ich-Ungeist" in der Tiefe seines Fühlens das intuitive Unrecht wirken. Sein schlechtes Verhalten und Gewissen Gott gegenüber zwingt den heutigen Menschen in die Knie, wenn er Hilfe benötigt, wenn er leidet. Die aufrechte gerade Demutshaltung dem Herrn gegenüber ist nur mehr Geschichte aus der Welt, in welcher der Mensch Anteil am geistigen komischen Geschehen haben durfte.

Die Logik (132)

Ein Begriff mit vielen Varianten in ihrer Anwendung. Hervorgegangen aus dem Prinzip von Ursache und Wirkung und deren Schlussfolgerungen.

Ursache: gefallener Engel, Sanktionen Gottes, die Wirkung.

Keine Logik, dass der Mensch so tut, als hätte er mit diesen Sanktionen Gottes nichts zu tun. Der Mensch hat kein Empfinden dafür, dass er selbst, sein „Ich", diesen gefallenen Engel darstellt, eben sein „Ich-Ungeist" von diesen Sanktionen betroffen ist. Dieses „Ich" des Menschen verdrängt einfach diese Tatsache. Seinem Leid, seinem Schmerz, seiner Angst und seinem Tod gibt er lieber einen vollkommen sinnlosen Namen, bekannt als „Schicksal", um ja nicht daran glauben zu müssen, dass er derjenige selbst, sein „Ich", unter diese Sanktionen gefallen ist. Der Mensch mit seinem gewordenen „Ich-Ungeist" ist der Abtrünnige. Dieser „Ich-Ungeist" ist nicht mehr in der Lage, seinen ursprünglichen Auftrag als Verantwortlicher von Körper und Seele wahrzunehmen. Hier hat die Logik im geistigen Eigendenken des Menschen total ausgesetzt. Durch das Verdrängen von geistigen Tatsachen hat das kausale Prinzip dem Menschen gegenüber eine neue Richtung, nämlich die der göttlichen Sanktionen, übernommen. Wenn „ich Mensch" einem anderen Menschen keinen Schaden zufüge, so werde ich auch keinen Schaden im geistigen Umkehrschluss erleiden müssen. Das wäre die richtige Verhaltenslogik des Menschen, wenn der Mensch sich dieser Logik stellen würde. Er schädigt und weiß nicht, will nicht wissen, dass diese Schädigung auf eine für ihn nicht bekannte Art auf ihn selbst als Schädigung wieder zurückschlägt. Seine eigenen Begierden verkaufen jeden Menschen für dumm, da diese ihm die Logik von Ursache und Wirkung als wahren menschlichen Lebenssinn verschleiern.

Das Leid und die Begierden (133)

Aufgrund der Wirkung göttlicher Botschaften innerhalb des religiösen Empfindens der Menschen bildeten sich Orte der Sammlung von Gedanken und Gefühlen dem numinosen Empfinden gegenüber. Dieses Empfinden, geleitet vom Unbewussten der Seele, sagte, dass in der Handlung der Menschen etwas falsch gelaufen sei und weiterhin läuft. Dies sollte in das menschliche Denk-Bewusstsein gehoben werden. Genau auf dem Weg des fühlenden Denkens vom Unbewussten zum Bewussten, von der göttlichen Seele zu dem von ihr getrennten realen Denken des „Ichs“, dieser ungeschützte Weg war und ist leicht Angriffen ausgesetzt. Dort lauern die Begierden, um die Gedanken daran zu hindern, eben ihr fehlendes Empfindungsdenken in das Reale des reinen Gehirndenkens (Ich-Denken) einzuverleiben.

Die Orte der Sammlung waren zugleich Orte einer Versammlung von Menschen geworden, die einzeln sich nicht in der Lage fühlten, den genannten Prozess zu bewältigen. Ihre Begierden erwiesen sich im Alltag meist als die stärkeren. In der Versammlung zur inneren Sammlung, angeführt von einem Auserwählten, dem Ich-Geist, füllte sich das Bewusste hinein in die geöffnete göttliche Seele mit wunderbaren Empfindungen, hin zum Göttlichen gezogen. Die Menschen rückten ab von dem nur realen Begierden-Denken aus dem Gehirn. Die Träger von Religionen schafften es oft aus ihrer Überzeugungskraft heraus, vielen Menschen den richtigen Weg zu weisen, diesen auch gehen zu lassen, zurück in Richtung Ihres Schöpfers. Die großen Geister und Mitbegründer, die Aufbauer und Verbreiter göttlich übertragener Wahrheiten konnten ihr numinoses Erleben nur erzählend an die nachfolgenden Generationen weitergeben, aber nicht das Erlebte übertragen. Genau dieses machten sich die lauernden Begierden in jedem Menschen kreisend zunutze. Nur der sich „Selbsterlebte“ hatte die Kraft für Veränderungen in sich. Die Nachkommenschaft begann, um sich auch zu profilieren, lediglich an Halbwahrheiten herumzubasteln, und dabei ging früher oder später immer mehr an der wahren Geistigkeit verloren.

Nicht alle Orte der Sammlung büßten ihr göttliches Charisma ein, aber die Träger schafften nicht mehr, diese charismatische Einigung der Versammlung zum wahren göttlichen Gemeinschaftsverhältnis zu bringen. Die Menschheit muss noch immer und noch lange an ihrer eigenen Geschichte schreiben. Die Allmacht der menschlichen Begierden wähnt sich noch immer mächtiger als Gott, deshalb waren die göttlichen Rettungsversuche bisher an der Menschheit von wenig Erfolg gekrönt.

Gott hat trotzdem die besseren Karten gegenüber den menschlichen Begierden. Diese hassen nämlich Schmerz, Leid und Tod beim Menschen, denn damit können sie keine Begierden mehr erwecken und flüchten von ihren Opfern. Die Menschheit erlebt sich schon weitgehend in diesen Szenarien, doch noch viel zu wenig, um die Begierden gänzlich zu zähmen. Aber der Herr arbeitet am Leid der Menschheit emsig, um seinem sicheren Ziel einer nicht begierdenlastigen Menschheit näherzukommen.

Geistiges Wissen (134)

Geistiges Wissen kann dem Menschen nur sein „Ich-Geist" vermitteln, wenn dieser selbst noch an der geistigen Strömung des Weltengeistes angeschlossen wäre. Gott hat seine gefallenen Engel von dieser Strömung abgekoppelt. Der heutige „Ich-Geist" des Menschen kann geistiges Wissen nicht mehr vermitteln. Dieses geistige Wissen lässt sich nicht durch das menschliche materielle Gehirn erzeugen. Dem Grunde nach geht es ja nur darum, das auseinandergedriftete der zwei ehemals engelhaften Geistwesen wieder zusammenzuführen. Die göttliche Seele und der „Ich-Geist" im Menschen müssen ihr gemeinsames Wirken im Sinne von Körper, Geist und Seele zum Wohle eines kosmischen Auftrages wieder „Eins" werden lassen. Damit haben wir ja schon den Kern des geistigen Wissens vor uns, der dem nachparadiesischen Menschen abhandengekommen ist. Als Tatsache ist festzustellen, dass zwei von der Trinität sich zusammentaten, um den Dritten zu verdrängen. Der „Ich-Geist" als gefallener Engel hat sich mit der sterblichen Materie Körper in ein enges Verhältnis begeben, eine verbotene „Liebschaft" zwischen Geist und Materie, zwischen Unsterblichkeit und Sterblichkeit, zwischen Tod und ewigem Leben. Beide hatten das gleiche Ziel, ihre jeweiligen Begierden zu maximieren und ihre Lüste auszuleben, eben bis der Tod sie scheidet. Die göttliche Idee der Einheit von Körper, Geist und Seele mit ihren erforderlichen positiven Wirkungen auf die kosmischen Erfordernisse wurde dadurch zerstört. Das Duo Körper und „Ich-Geist" im Verfall zu ihren Begierden, im Gegensatz zur göttlichen Seele stehend, zerstörte und zerstört noch immer die kosmisch göttliche Harmonie. Das Wissen über diese kosmische Katastrophe Mensch ist geistiges Wissen. Der „Ich-Geist" eines Menschen kann dieses Wissen in seiner Abgründigkeit nicht vermitteln, weil er es missachtete. Es bleibt nur mehr die in das Exil verdrängte göttliche Seele im menschlichen Unterbewusstsein, die dieses Wissen in sich trägt. Das kosmisch Geistige, welches dem Menschen aus seiner paradiesischen Vergangenheit als kleiner Rest in seinem Materien-Hirn verblieb, benützt dieser nicht dazu, um das wahre Geistige wieder zu erlangen, sondern nur, um zu eigenen Zwecken der Befriedigung seiner Begierden zu dienen. Das wahre geistige Wissen kann nur die göttliche Seele vermitteln, wenn der im Sumpf des Materiellen wühlende, von Gott degradierte menschliche „Ich-Ungeist" endlich sich seiner eigenen Wahrheit besinnt und danach handelt. Dieses Handeln kann nur ein einziges Ziel haben, sich mit der göttlichen Seele wieder zu verbinden, zur Rückführung der von Gott gewollten Trinität von Körper, Geist und Seele. Die einzige wahre Sinngebung ist die Wiedererlangung des geistigen Wissens innerhalb der menschlichen Gedankenwelt.

Harmonie-Energie (135)

Das kosmisch-geistig-göttliche Weltengeschehen formt sich in sphärenhaften Energie-Wellen voll Harmonie. Die Wellenenergie ist in dessen Ursprung nicht rein geistiger Natur, sie stammt aus einem Zusammenspiel von Materie und Geist, einverwoben in gezähmte Gegensätze innerhalb des harmonischen Weltengeschehens. Der Mensch erlebt sich alternierend im Weltenschmerz, ebenso wie in der Weltenharmonie. Den Schmerz gebärt der Gegensatz aus der Materie, die Harmonie gebärt sich aus dem Geist des Göttlichen. Der Gegensatz beherrscht das „Ich-Geist-Real-Denken“ im Kopf des Menschen und entspringt der Materie des Sterblichen.

Das geistige Empfinden erfährt sich aus dem Unbewussten der Seele des Menschen.

Harmonie entspringt dem Fühlen des unendlichen Geistes der Seele.

Der Störfaktor im menschlichen Leben entstammt dem blanken Gegensatz seiner Begierden, er ist der Harmoniezerstörer. Harmonie kann nur geschehen, wenn sich der untergeordnete Materien-Gegensatz innerhalb des Harmonie-Geistes bewegt. Das geschieht aber sehr selten und erlebt sich nur in besonderen Menschen, bei solchen, die ihre Begierden harmonisch disziplinieren können.

Idealismus (136)

Der Begriff Idealismus ist nicht teilbar in Materie oder Geist. Alles, was aus dem Gegensatz des Materialismus geschieht, also im irdenen Leben, kann niemals wahrer Idealismus sein und werden. Im Gegensatz der Materie hat nichts Bestand, unterliegt der Sterblichkeit, dem Tod. Alle noch so großen Ideale innerhalb der Menschheitsgeschichte waren bestandslose Momentaufnahmen und haben sich von selbst wieder abgeschafft. Idealisierte Menschen in ihrer gewaltigen Vielfalt waren niemals imstande, der Menschheit das zu geben, wonach alle suchten. Nach Frieden und Harmonie. Das Gegenteil geschah immer wieder, Kriege. Die kleinen vielfältigen Hilfsideale der Menschen sind höchstens mehr oder weniger ausgeprägte Interessensbereiche.

Wahrer Idealismus kann nur das Höchste im Bereich des Unsterblichen zum Ziele haben. Ein Ziel, das sich niemals selbst aufgibt, in welchem auch niemand aufgegeben wird, im göttlichen Geist der Harmonie. Der Begriff Idealismus findet sich einzig und allein im Geistigen gut aufgehoben. Solange der Mensch dieses Geistige nicht in sich selbst findet, schreibt sein fehlgeleiteter Idealismus lediglich Weltgeschichte, aber keine Geistesgeschichte der Menschheit.

Der Wille und sein Ziel (137)

Dem Begriff Wille muss man ein Interesse voraussetzen. Dieses Interesse muss ein Ziel formulieren, dann kann der Wille erst zum Ziel ansetzen. Nicht der Weg ist das Ziel, sondern das Interesse ist das Ziel.

Im Bereich des Lebens, in der Materie, im Körper, mit dessen „Ich-Ungeist" werden Ziele und Interessen vorgegeben. Für beides als Ziel seiner Interessen sorgen die Begierden des Menschen, die Gier übernimmt hier das Ziel. Der Wille ist ein verlässlicher Partner der Selbstdisziplin. Vorgegebene Ziele, die nur auf Zeit existent sein sollen, sind nur im irdenen Menschenleben anzulegen. Solche „Weichwerte-Ziele" sind keine Willensziele. Der wahre Wille strebt ein Ziel außerhalb der vom Tod beherrschten Welt der Materien-Gegensätze und des tierisch menschlichen Körpers an. Das wahre Willensziel ist die Welt des Geistigen, die Welt, welche sich nach dem Tod für den „Ich-Ungeist", meist zu dessen Schrecken, auftut.

Das Interesse, der Wille, das Ziel ist im Leben des Gegensatzes die göttliche Seele im Unbewussten. Wenn Sie Ihren Willen den Begierden zum Untertan machen, dann liegen Sie falsch, grauenhaft falsch. Ändern Sie daher Ihr Interesse, Ihren Willen zu einem Ziel, welches unendlich weit nach dem Tod in die wahre Welt der Energie des Geistes hinausreicht.

Die „Co"- der Menschheit (138)

Der Mensch in der Formung nach der Idee Gottes, in seiner Einheit von dreimal Geist und einmal Materie, benötigte keine Reserve-Götter. Dieser damalige Mensch erlebte sich in vergeistigter Materie, und seine Handlungen waren durchdrungen von dieser Tatsache. Gott bedeutete für ihn das, was Gott eben für ihn war, der liebende Vater nach dem Ende seines körperlichen endlichen Lebens.

Die für unser gegensätzliches Denken unvorstellbare Energie des Geistes verkleidet in:

Liebe und Hass,
in alles und nichts,
in Macht und Elend,
in Treue und Verrat,
in endlich und unendlich,
in Kosmos und Mikrokosmos,
in Tod und Erlösung,
in Krieg und Frieden,
in Lüge und Wahrheit,
in sichtbar und unsichtbar,
in Gewalt und Hilfe.

Diesen Gegensatz hat der Herr aktiviert, nachdem „sein Mensch" sich zu einer untermenschlichen, begierdenlastigen Missgeburt Gott gegenüber entwickelte, seit Adam und Eva, seit dem gefallenen Engel, dem Rauswurf aus dem Paradies und dem ersten Brudermord aus Gier. Das sei den Psalmern und Beweihräuchern als Tatsache über das wahre Verhältnis Mensch/Gott in ihr Gästebuch geschrieben. Gott hilft nur jenen, die sich aus eigener Disziplin, aufrichtig und ehrlich den Weg zu ihm zurück suchen. Der Großteil der Menschheit dürfte dies empfinden, sonst würde sie sich ja nicht in solche Demutshaltungen Gott gegenüber begeben, als Erwartungshaltung einer göttlichen Hilfestellung. Der Mensch mit seinem Empfinden aus dem Unbewussten weiß, der

Abstand zum Herrn ist so groß durch das Absinken der Menschheit in die reine Welt der Materie, gegenüber der geistigen Welt geworden, sodass hier eine direkte Kontaktnahme nicht mehr erfolgen kann.

Die Menschen schafften sich Ersatzgötter, Götter aus ihrer Welt der Materie. Ihre Fantasien kannten keine Grenzen über Form, Farbe oder Größe. Vom kleinen Amulett bis zu den hohen Bergen, vom Holzkreuz und Tierarten, eben alles, was Materie zu bieten hatte. Die verschiedenen Glaubens-Interpreten, Träger und sonstigen Machtvereinigungen sagten dann den Menschen, wie sie am besten an Götter oder Gott herankommen könnten, natürlich mit allen möglichen Opfern und Gaben verbunden. Egal wie man dies alles betrachtet, vorhanden ist allemal Angst, Verzweiflung und Demut, dem Unbewussten gegenüber sündig zu sein.

Interessanterweise findet sich immer nur der Arme, der Kranke, der Geknechtete, dem Unrecht getan wird, in der Sünderrolle, meist nie diejenigen, denen es gut geht. Wer oder was ist eigentlich im Menschen leidend, der um Hilfe bittet? Der Körper oder der diesem anhaftende Geist als „Ich-Ungeist"?

Der Mensch unterscheidet seine Leiden in zwei Gruppen, den körperlichen Schmerz und das seelische Leid. Etwas verwirrend stellt sich auch fallweise noch der sogenannte Weltschmerz ein. Um hier Klarheit über das seelische Leid zu bekommen, ist festzustellen, dass nicht die Seele leidet, sondern ihr geistiger Widersacher, der „Ich-Ungeist", das „Ich bin" des Menschen. Die Seele ist wohl die Verursacherin dieses Leides, denn sie zwingt fallweise das „Ich" des Menschen, zumindest intuitiv über die geführte sündhafte Lebensweise nachzufühlen, welche im Gegensatz zum Willen der göttlichen Seele steht. Wir haben es hier mit einer Auseinandersetzung zwischen zwei Geistenergien innerhalb unserer Materie des Körpers zu tun. Die Gott treue, eben göttliche Seele gegen den Ungeist, der sich zum Untertan des tierisch körperlichen Menschen dessen Gegensätze machen ließ. Im Unbewussten ist die geistig göttliche Seele beheimatet und diese sammelt alles Tun im irdenen Leben, versucht es bewusst zu machen, und dieser Vorgang erzeugt das „seelische Leid" im

Menschen. In Wahrheit ein „Ich-Leid". Setzt die Seele noch die Urschuld im Bewusstmachen dazu, dann ergibt dies den Weltschmerz. Körperliche Schmerzen aus Unfällen, Krankheiten, Überfälle oder Katastrophen vergibt die Seele direkt auf Grund übler Taten, die der Körper zusammen mit dem „Ich" in diesem oder vorhergegangenen Leben tätigte, via karmisches Gesetz. Die göttliche Seele ist es auch, die das oft daraus resultierende körperliche Lebensende bestimmt. Sie ist es ebenfalls, die nach dem Tod den körperlos in Verzweiflung geratenen „Ich-Ungeist" in Empfang nimmt. Hier wird auch das Unbewusste geöffnet und die Schandtaten ans Licht gebracht. Die göttliche Seele ist es auch, die das Strafausmaß gegen den „Ich-Ungeist" in Umsatz bringt. Das alles sind geistige Wahrheiten, denen der Mensch in seinem sterblichen Dasein ahnungslos und dadurch hilflos gegenüber steht. Er kennt nur seinen Schmerz und sein Leid, kennt aber nicht deren Ursachen.

Nun zu den Co-Gottheiten, die in ihrer Materie von den körperlichen Sinnen fassbar, sichtbar, hörbar, auch empfindbar sind. Alle Religionen tragen dem Sinne nach die Rechnung, nur die Träger selbst nicht immer dafür die geistige Verantwortung. Eine gewisse Rückführung fand ja immer mehr oder weniger statt, der wahre Feind aber aller Hilfsgötter und der Schöpfung gegenüber ist die Begierde des menschlichen Ich-Ungeistes. Die Co-Götter sind stützende Wegweiser, gehen muss der Mensch diesen Läuterungsweg mit seinem Ich-Ungeist selbst, und mit seinem Willen zur geistigen Wahrheit.

Pelagianismus (139)

Die Lehre des Mönches Pelagius (ca. 400) sagte unter anderem: „Der Mensch ist von Natur aus zur Sündlosigkeit und Vollkommenheit fähig." Ein Satz aus dem geistigen Superlativ. Damit wurde auch der Sinn einer Erbsünde in Frage gestellt, und die natürlichen Kräfte des Geistes im Menschen einem Beweis nahe gebracht. Diese Lehre wurde am Konzil von Ephesus verdammt, daran schlossen sich auch Augustinus und die späteren Reformer an. Die Erbsünde, Ursünde sei Bestand des menschlichen Lebens, denn ohne die sogenannte Erbsünde hätte keine westliche Religion eine Existenzberechtigung, und schon gar keine Vollmacht zur Machtentfaltung. Diese Konzil-Teilnehmer waren in ihren oberen Rängen große Schlaumeier. Sie ließen die damals aus dem fernen Osten herrührende, wohl bekannte karmisch geistige Gesetzlichkeit samt deren logischen Auswirkungen einfach unter ihre dicken „Konzilskutten" fallen. Die Machtstrategen erkannten, dass diese Art von karmisch wirksamer Sünde im Zusammenhang mit dem Rad der Wiedergeburt im Widerspruch zur eigenen Machtentfaltung stehen würde. Die Erbsünde und die aus dem menschlichen zusammengekreuzten Leben entstehenden Sünden lassen sie besser aus machttechnischen Gründen handeln. Der oder die Stellvertreter Gottes auf Erden samt ihren Institutionen erklären sich von Gottes Gnaden als Sündenerlass-Berechtigte. Diese Machtanmaßung in ihrer Selbstherrlichkeit wird ihnen der Geist der Mystik aus den Upanishaden niemals verzeihen, Gott auch nicht.

Dieser großartige Mönch, Pelagius, erkannte in seiner gnadenvollen Rückschau das Leben der Menschen, die sich aus der Idee Gottes entwickelten. Die menschliche Gesellschaft vor Adam und Eva. Dort lag die Mystik dieser großartigen Aussage begründet, im Paradies. Es war die Zeit, bevor noch die Menschheit den Grund ihrer heutigen Ursünde begründete. Pelagius wusste damals schon, das Heil der Menschen liegt nicht in der forschen evolutionstechnisierten Zukunft, sondern in der Wahrheit ihrer eigenen Vergangenheit begründet, in einer Welt vor dem Beginn der Menschheitsgeschichte. Die Ursünde wurde erst nach dem Fall in die Sünde, ab dem gefallenen Engel, schlagend.

Bewusstsein (140)

Das Unbewusstsein im Menschen unterliegt einer unsterblichen, geistig harmonischen Gefühlswelt und ist mit der Welt vom Nur-endlich-denken-Könnenden nicht erfahrbar.

Das Bewusstsein des Menschen unterliegt dem reinen Denkprozess des Gegensatzes aus Materie und ist sterblicher Natur.

Bewusstes Denken hat als Grundlage aus der sterblichen Materie heraus keinen Zugang zum geistigen, unsterblich unbewussten Denken. Der Ausspruch von Goethe: „Ach, zwei Seelen wohnen in meiner Brust" ist dem Sinne nach richtig, der Beschreibung nach falsch.

Der zweigeteilte Mensch ist nicht nach der Idee Gottes so geworden. Dieser ward als Mensch in seiner geistigen Trinität von Lebensgeist, Ich-Geist und Seelengeist, mit dem Anteil ungeistiger Materie, erschaffen. Heute stehen wir vor einem zweigeteilten Menschen deshalb da, weil sich der materielle, tierisch sterbliche Körper mit seinem geistig unsterblichen Chef zu einer Einheit des Gegensatzes vereinigte. In dieser Vereinigung erhielt die sterbliche Materie gegen das unsterbliche Geistige die Oberhand im Menschen, verdrängte den wahren Geist der Seele in das nur scheinbar wirkungslose Unbewusste. Aus dieser neuen, aber falschen Einheit im Menschen, der Einheit der Polarisierung, stammt die Denk-Energie für das Bewusstsein im fleischlichen Gehirn des Menschen. Die in jeder Materie mehr oder weniger vorhandene Lebensenergie, zusammen mit einer geringen geistigen Restenergie aus der Zeit, als die Einheit Mensch nach der Idee Gottes noch das Sagen hatte, bildet die heutige menschliche Denkenergie nur mehr einen kleinen Bruchteil dieses Geistes. In diese ursprünglich starke Energie des wahren „Ich-Geistes" konnte durch die erfolgte Abnabelung von der Energie des harmonischen Weltengeistes die oft gegensätzlich wirkende Energie der Materie großen negativen Einfluss nehmen.

Kurz und gut, eine Energie des Gegensatzes mit allen Negationen unter dem Kommando der Begierden übernahm ab einem gewissen Zeitpunkt die Herrschaft über das Tun der

Menschheit. Diese Energie des Gegensatzes hat im Gehirn des Menschen Platz genommen und steuert seit ca. achtzigtausend Jahren die Menschheitsgeschicke. Das menschliche Bewusstsein in seiner unseligen Zusammensetzung und der daraus resultierenden Wirkung zeichnet verantwortlich für das Chaos, für das Leid, für den Schmerz vor und auch nach dem Tod eines jeden Menschen. Das ist die Wahrheit über den Begriff Bewusstsein, das reine Gehirndenken mittels seines negativen Energieeinflusses aus dem kümmerlichen Restgeist des abgestürzten Engels aus der Mystik.

Die göttliche Seele in ihrem Exil, im Unbewussten des Menschen, hat der Stärke der Materie in ihrer Vereinigung mit dem Ungeist im tierisch menschlichen Körper wenig entgegenzusetzen. Der Mensch im Empfinden seiner oft inneren stattfindenden Zwiespältigkeit erkennt nicht die wahren Machtverhältnisse in ihm, seine rasant arbeitenden Begierden lassen ihm dazu keine Zeit, diesem Problem nachzufühlen. Nicht das Nachdenken allein, das Gehirn-Denken unter Zuhilfenahme des Gefühls aus dem Unbewussten, aus dem Bauchgefühl, könnte für jeden Menschen eine Erleuchtung über die wahren Verhältnisse in ihm selbst erbringen. Der „Ich-Geist" muss wieder zu seiner Seele finden, das Bewusstsein zum Unbewussten, es zusammenführen zur ursprünglichen Einheit.

Das Gehirn und der Geist (141)

Alles, was mit dem Aufbau des Gehirns im Zusammenhang steht, wirkt auf den Nichtfachmann ungeheuer kompliziert, was es auch sicher ist. Entsteht dort doch alles über das Tun oder Nichttun jedes einzelnen Menschen, von der groben Idee bis zur deren exakten Ausführung. Die Gehirnforschung im heutigen Ausmaß bedingte einen Vorlauf von achtzigtausend Jahren. Das Produkt dieser Forschung zeigt im Grunde was, wie, wo, wann in den einzelnen „Kopf-Elementen" geschieht und wie der Fluss von der Denk-Energie verläuft, bis eine Aussage via Sprache entsteht. Alles, was vom Gehirn präsentiert werden kann, ist einzig und allein Materie und dient der Aufnahme von geistiger Denkenergie. Materie kann keinen Denkprozess erzeugen, sondern lediglich diesen zur körperlichen Verwendbarkeit umformen. Das Denken selbst ist eine Energie, die aus dem Geistigen kommend in das Gehirn einströmt. Die geistige Energie setzt im Gehirn Gedanken frei, und diese sind dann meist den körperlichen Sinnen dienlich. Die Umsetzung von Gedanken obliegt der Materie des tierisch menschlichen Körpers. All das, was hier als geistig bezeichnet wird, stammt nicht aus unserer sterblichen Welt. Die Energie des Geistes gehört eben einer anderen Ebene an. Diese Ebene ist dem Menschen heute unbekannt, da sie ihm einst entzogen wurde. Der wahre Mensch nach der Idee Gottes in seiner Zusammensetzung benötigte keinen Geist aus der anderen Ebene, er erlebte sich in seiner Gesamtheit als durchlässige Verbindung zwischen dem Dies- und dem Jenseits. Der Lebensgeist, der ebenfalls aus dem Stall der anderen Ebene stammt, gab dem Menschen vor Adam und Eva so viel Geistiges mit, eben etwas mehr als der übrigen Fauna und Flora, dass dieser sich durch sein Bewusstsein, welches ihm dieser Lebensgeist verlieh, gegenüber allen anderen Arten sich herausgehoben fühlen konnte. Das Gehirn dieses Menschen war nur so groß, dass dieser eben nur für das vom Lebensgeist Zugedachte auskommen konnte. Seine Aufgabe war es, eine Gesellschaft ohne wesentliche Gegensätze zu bilden und zu leben. Dieser Mensch kannte keine Anforderungen, die ihn zwingen würden, irgendeinen Lehrsatz entdecken zu müssen. Geistige Erfordernisse standen allemal via Ich-Geist zur Verfügung.

Der heutige Mensch sollte sich eher nichts über seine so vergrößerte Gehirnmasse einbilden, diese entspringt einer Zwangskonstruktion aus der Evolution der nachparadiesischen Ära. Der Geist aus der anderen jenseitigen Ebene stand nicht mehr zur Verfügung. Das Warum bedarf wohl keiner Erklärung. Für die Belange des tierisch menschlichen Körpers blieb als materieller Systemerhalter nur mehr der Lebensgeist übrig. Der „Ich-Geist" hatte eine unehrenhafte Verbindung mit der sterblichen Materie aufgenommen und alle seine Geistenergie fast verloren. Der Mensch musste Ideen entwickeln, mit welchen die geistig führerlos gewordene menschliche Gesellschaft überleben konnte. Die ungewöhnliche Anforderung an den Ich-Ungeist im Gehirn des Menschen wurde schlagend. Ein Gehirn, das nur mehr aus dem Lebensgeist und einem minimalen Restgeist aus der paradiesischen Ära ihr „Futter" erhielt; so stand die Materie Mensch vor einem Problem. Das segensreiche Konstrukt nach der Idee Gottes erlebte sich durch die Untat des „Ich-Geistes" in ihrem eigenen Zusammenbruch. Die in der Materie Mensch vorhandene stark minimierte Geist- und Lebensenergie wurde im Verlauf von zigtausend Jahren ohne Zugang neuer Geistenergien von den wachsenden Denkansprüchen immer wieder komprimiert durch die Gehirnwindungen gejagt. Die Evolution reagierte mit einer stetigen Vergrößerung des menschlichen Gehirns und förderte Denkprozesse, die aber immer wieder nur im Rahmen der Welt der Materie ihre Interessen und Zielführungen suchen konnten. Die immer höher werdenden Denkprozesse dürften bald an ihre Grenzen der Machbarkeit stoßen. Die wenigen noch vom wahren Geist infiltrierten Menschen sehen genau das Ziel der Begierden, getarnt als alles könnende Machbarkeitsritter aus Technik und ihre Verwandtschaften, die sich einbilden, ihr Handeln sei der hohe Geist des Fortschritts, in Wahrheit aber ein Rückschritt zur Selbstvernichtung der Menschheit.

Für das Diesseits ist das Gehirn im Kopf für das Ungeistige verantwortlich.

Für das Jenseits zuständig ist die allgeistige Aussage der Seele im Unbewussten.

Die Unschuld (142)

Der Begriff Unschuld ist äußert schwer einem Wahrheitsbeweis zu unterziehen. Im Diesseitigen gibt es verschiedenste, oft schwer definierbare Gesetze, mit deren schwammigen Anwendungen die Unschuld gerne der Schuld unterliegt.

Im Jenseitigen unterliegt der Unschuldsbeweis klaren, exakten, durch nichts zu beeinflussenden Gesetzesregeln.

Im Diesseits ist die sterbliche Materie Mensch in ihrer verstümmelten Zusammensetzung von Körper und Ungeist der Gesetzesmacher, der Richter und zugleich der Vollstrecker.

Im Jenseits ist die unsterbliche Geistigkeit Gottes Gesetzgeber, die Richterin und Vollstreckerin dieses Gesetzes die göttliche Seele, die ja genaue Kennerin der diesseitigen Welt und ihres jeweiligen Menschen ist.

Im Diesseitigen wird durch Medien die Unschuld in tausenden von Fällen einfach bestimmend erwähnt. Die derzeitigen Schreckensszenen in der Welt beweisen das. Durch bloßes Zusehen oder Lesen lässt sich Unschuld nicht verifizieren, nicht einmal wenn man Direktzeuge eines Geschehens wäre. Viele unschuldige Menschen fielen einem Ereignis zum Opfer. Zahlen spielen keine Rolle, denn es geht immer um den Einzelnen, der betroffen ist oder getroffen wurde. Es gibt niemanden, der hier die Unschuld eines Einzigen, schon gar nicht einer riesigen Masse bewerten könnte. Ob Attentate oder Naturkatastrophen menschliche Körper vernichten, darüber kann einfach von außen niemals über die Unschuld dieser Betroffenen befunden werden. Man sieht ja, wie labil Beurteilungen aus einer gewissen Unfähigkeit der menschlichen Urteilskraft heraus getätigt werden.

Das Diesseits, das Jenseits, zwei gigantisch sich differenzierende Welten. Wenn man bedenkt, dass der Mensch nach der Idee Gottes einst in den beiden Welten sein Zuhause fand, ist dies aus heutiger Sicht unvorstellbar. Der Mensch von heute hat seit seiner Abwendung von Gott die jenseitige Welt der geistigen Unendlichkeit, die einzig wahre Welt, verlassen und sich der sterblich nur vorübergehenden Welt der körperlichen Sinne und deren Begierden anvertraut. Der ehemalige Geist des Menschen, sein „Ich-Geist“, wählte seine Selbstverherrlichung bis hin zum Blutrausch der Macht über andere und wurde zum „Ich-Ungeist“. Symbolisch sind bei Adam und Eva die Würfel gefallen. Deren Entscheidung brachte den Menschen den Stempel der Schuldhaftigkeit gegenüber Gott. Kein einziger Mensch auf dieser Welt trägt Unschuld in sich, sonst wäre er nicht hier auf dieser mit viel Leid und Angst durchtränkten Erde. Seine Unschuld kann jeder Mensch nur in seinem Erdenleben wieder erlangen, aber nur dann, wenn er seine Schuld erkennt und bereit ist, diese mit Hilfe seines Unbewussten, seiner göttlichen Seele, abzutragen. Allerdings bedeutet das Kampf gegen die Überbordung seiner Begierden, also gegen sich selbst. Dem in der Materie gegebenen Gegensatz, in der Evolution des Menschen ausgereift und stark geworden, muss durch Selbsterkennen den Platz unter dem geistigen Schirm der Harmonie angewiesen werden. Nur dann hat die Schuld der Menschheit eine Chance, zur Unschuld zu werden.

Die Geschichte der Menschheit (143)

Ereignisse treffen eine Einteilung in die Begriffe Krieg und Frieden. In einem Zeitraum der letzten zehntausend Jahren war die Menschheit zu 80 % mit Krieg- und Gewaltmaßnahmen unterwegs, 20 % mit Frieden, um sich jeweils die Wunden zu lecken und die nächsten Schlachten vorzubereiten. Dieser Wert betrifft in etwa die gesamte Menschheit rund um den Globus. Der Gegensatz im Menschen, in seiner geistlosen Materie gefangen, triumphiert und feiert einen Sieg um den anderen, Arm in Arm mit seinen Begierden. Dem Grunde nach hätte es die Geschichte der Menschheit niemals geben dürfen. Von der Schöpfung des Menschen war diese Art einer Folgegeschichte niemals angedacht. Nach der Idee Gottes war für die Durchführung des an den Menschen gestellten Auftrages ein Zeitbegriff von max. dreißigtausend Erdenjahren vorgesehen. In diesem Zeitraum kann man nicht von einer Menschheitsgeschichte, sondern von einem vom Geist durchdrungenen Menschsein im Paradies sprechen. Es war die segensreiche Zeit, als das Produkt Mensch zu drei Teilen Geist und einem Teil Materie im Sinne seiner Zusammensetzung bestand. Das Geistige benötigte keine Geschichte und der Anteil Materie (Körper) stand unter der Obhut dieses Geistes. In diesem paradiesischen Zeitfenster schaffte niemand eine negative Ursache, somit konnte auch keine Wirkung daraus entstehen und sich auch keine Geschichte ergeben. Um das wellenförmige, dynamische Geschehen in der ruhenden Harmonie der Energie des Geistes im Kosmos zu erhalten, war der Gegensatz ein Thema. Allerdings, diese in ihrem Wesen nach unkontrollierbare Energie der Materie benötigte eine Umwandlung geistiger Art für die kontrollierte Einbringung innerhalb der geistig kosmischen Harmonie für das ewige göttliche Weltengetriebe. Ein Produkt, in dem das Sein vom kontrollierten Gegensatz innerhalb der geistigen Harmonie des Menschen in seiner Gesellschaft lebte. Diese von Gott gewollten Merkmale zeichneten den Menschen im Paradies aus.

Damit die Geschichte der Menschheit überhaupt geschrieben werden konnte, musste es vorher eine Ursache dazu geben, und diese Ursache unterliegt einem Geschehen. Das zu beschreibende Geschehen kann sich nicht mehr im geistigen Bereich der paradiesischen Welt abspielen, sondern dort, wo das Prinzip des Kausalen anwendbar erscheint, nämlich in einer ungeistigen Welt der Materie. Nur dort sind Ursache und Wirkung zuhause. Die Begierden einerseits und die geistig strafrechtliche Aufarbeitung andererseits sind die Triebkräfte einer Schaffung von Ursache und der dazugehörigen Wirkung, allerdings wirkend im geistigen Umkehrschluss. Also musste es zum Bruch einzelner, mehrerer, vieler Menschen mit der geistig paradiesischen Welt gekommen sein. Sich einer geistig kosmischen hoch verantwortlichen Tätigkeit zu entziehen, noch dazu aus so einem niedrigen Motiv, das ist schon eine gewaltig verantwortungslose Angelegenheit.

Für die nachparadiesische Lebensart wurde dem Grunde nach ein Engel des Herrn als verantwortlicher „Ich-Geist" im Menschen abkommandiert und noch ein Engel als göttliche Seele im Gebilde des menschlichen Körpers inkarniert. Es sind die „drei" von Körper, Geist und Seele. Der „Ich-Geist Engel" als der Chef dieser Trinität entpuppte sich von der Mystik her als der „gefallene Engel". Erst jetzt durch den gefallenen Engel, durch Adam und Eva, durch Kain und Abel symbolisiert kommt Bewegung in die Geschichtsschreibung. Die Begierde eines göttlichen Geistwesens, der gefallene Engel als Ich-Geist, schaffte die Ursache für die Geschichte der Menschheit. Die daraus entstandene Wirkung liefert Kriege und Gewalt mit wenig Frieden. Der Triumph des gefallenen, geistlos gewordenen Engels und seines Mentors, die Begierde, begleitet die Menschheitsgeschichte bis heute.

Wenn des Öfteren Diskussionen über die Entstehung der Welt oder der Menschen geschehen, gibt es einige immer wiederkehrende Schlagworte und Sätze dazu wie: „Urknall, Zufall, Glück, das werden wir vielleicht hoffentlich einmal aufklären, dahinter gibt es noch etwas uns nicht Bekanntes, vieles noch unerforscht, eine höhere unbekannte Kraft usw." Hitler verstieg sich sogar zu seiner „göttlichen Vorsehung" in seinem Sinne. Am Begriff Gott wird sich vorbeigeschlichen. Die Philosophie mit hochtrabenden Ausführungen von nicht mehr nachvollziehbaren Denkgebäuden, welchen das Fundament gar nicht gegeben ist und die keinem Zuhörer ein Gefühl von heimeliger Wahrheit vermitteln kann. Dem Grunde nach wollen alle Spekulationen nur Gott und dem Tod ausweichen.

Die 4 Tatsachen (144)

Gott hat durch diese Schriften die Menschen angeklagt, hat den Menschen ihr wahres unrechtsmäßiges Tun bewusst machen wollen. Das gewaltige Leid der bereits Verurteilten sichtbar werden lassen, und das Wichtigste, die Wahrheit des Geistigen in der zweiten Ebene (über der irdenen) eingeblendet. Damit wurden dem Menschen alle Mittel für sein neues Denken in die Hand gegeben. Für die, welche diese Ausführungen nur mit Häme und müdem Belächeln bedenken, erleben sich ohnehin in der Einsamkeit ihrer falschen Denkart, sie sind auch für den wahren Menschwerdungsprozess zu vernachlässigen. Der heutige Mensch benötigt weltweit eine allgemein verständliche Ausrichtung für das Wohin mit seiner Sehnsucht nach einem Leben ohne diese Leiden und den Tod. Nach einem Leben in Liebe und Harmonie.

Der Preis dafür ein Leben mit gezähmten Begierden.

Diese Kernaussage bedingt eine Kernforderung. Die Begierden eines Menschen werden an der Größe ihrer Harmonie-Beschädigung gemessen. Denken Sie darüber nach, wie Sie Ihre Umwelt oft behandeln? Sie kennen Ihre Art, sich durchzusetzen oder Menschen zu verletzen. Verbrechen und ähnliche Machtdelikte will ich hier gar nicht anführen. Wenn Sie durch Ihr Handeln und Reden das bestehende harmonische Klima verletzen, ohne den Schaden rasch zu reparieren, läuft bereits die Uhr für Sie in Richtung Ursachenbildung. Erfolgt eine Entschuldigung aus der Wahrheit heraus und wird diese vom Betroffenen ohne negativen Nachklang angenommen, stoppt die Uhr und läuft zurück auf null. Wenn das nicht funktioniert, haben Sie an einen oder mehreren Menschen Leid oder Schmerzen verursacht. Sie sind Ursache, das Leid des anderen die Wirkung. Sie fühlen sich sowieso im Recht?

Der Umkehrschluss in der geistigen Welt bildet aus der entstandenen Wirkung eine eigene Ursache, vor allem dann, wenn der Geschädigte nicht die Möglichkeit einer gleichartigen Revanche hat, und schlägt auf den Erst-Verursacher zurück. Wenn Gegensätze der disziplinierten Art aufeinandertreffen, wird Harmonie nicht in Mitleidenschaft gezogen. Dieses Thema lässt sich in einer ungeahnten Vielfalt ausbreiten. Aber dieser Grundaussage ist nichts hinzuzufügen.

Ich kann mich noch sehr gut erinnern, in den Kriegsjahren gab es in allen öffentlichen Räumen ein Plakat an den Wänden mit folgendem Spruch: „In diesem Raum hat jedermann die Pflicht, in Höflichkeit zu reden und zu handeln“, und das trotz der Furchtbarkeit von leidvoller Erfahrung durch Bombenkrieg und den Verlusten von Vätern, Männern, Brüden an der Front. Da waren neben Leid auch der Hunger und die Kälte ein Begleiter. Ein gerissener Schachzug der damaligen Machthaber, er funktionierte.

Nun zurück, die Anklagen des Herrn liegen in diesen Schriften auf. Was fängt der Mensch mit den berechtigten Vorwürfen seines Schöpfers an? Er muss sich diesen Vorwurf erst in sein Bewusstsein heben, heraus aus seinem Unbewussten. Zu diesem Bewusstmachungsfeldzug wäre zu bemerken: Der Mensch lebt in zwei Welten, in der endlichen seiner Körperlichkeit und in der unendlichen seiner Geistigkeit. Die Zusammensetzung des Menschen von Körper, Geist und Seele wird niemand leugnen, zwar wirklich nicht verstehen können, außer seinem Körper. Wenn diese Tatsache nicht geleugnet werden kann, ist die unendlich geistige Welt Wahrheit, wenn sie auch nicht als verständlich erscheint. Wenn die Akzeptanz vom Bestand zweier Welten vom Unbewussten der göttlichen Seele hinein in das menschliche Bewusstsein gegeben sein wird, rollt sich die Wahrheit über den Unsinn des heutigen menschlichen Daseins von selbst auf. Der Mensch muss die Ursache seiner Abtrünnigkeit von Gott kennenlernen, erst dann kann er die Wirkung, die ihn selbst aus dieser Ursache trifft, begreifen, und dann erst seine Maßnahmen über eine eventuelle Rückkehr treffen.

Hier die 4 zusammengefassten Tatsachen:

1. Die wahre Zusammensetzung des Menschen von Körper und Geistigkeit nach der Idee Gottes im Leben von endlich und unendlich als Tatsache annehmen
2. Das urmenschliche Leben im Paradies als Tatsache begreifen
3. Dass das abtrünnige Leben innerhalb der Geschichte der Menschheit eine permanente Wiederholung ihrer Ursache ist
4. Dass die wahre Erkenntnis zur Umkehr aus der Welt der Begierden in dieses verlorene Paradies zurückführt

Grundrecht des Menschen (145)

In den paradiesischen Lebenszeiten der Menschen, also vor dem Sündenfall, hatte ein Recht keinen Grund, da zu sein, denn es erlebte sich schlicht und einfach kein Unrecht.

In der nachparadiesischen Welt des Menschen verlor der Gegensatz aus der Materie seine Disziplin, der wahre „Ich-Geist" mutierte zum Ungeist und dadurch wurde Unrecht geschaffen. Heute werden für und von Menschen, die hauptsächlich von ihren Begierden gesteuert sind, Grundrechte eingefordert. Um diesen Forderungen nachkommen zu können, müsste erst das Unrecht gekillt werden. Wer ist eigentlich auf dieser Erde für das von den Menschen geforderte Grundrecht zuständig? Da werden fallweise Staatsgesetze geformt, ein Grundrecht auf Papier geschrieben, und die menschlichen Begierden kugeln sich vor Lachen, genauso über die Werte der Wohlstandsgesellschaft. Die Begierden rüsten sich, plustern sich genießerisch auf, denn das nächste Leid, der nächste Krieg zeigt sich fast schon an, und da werden die meisten Begierden der unteren Kasten auf Schmalkost gesetzt bzw. ausgehungert. Noch mehr Leid wird über die Menschen einziehen, wie schon so oft in der Menschheitsgeschichte. Das Leid kennt keine Begierden, das ist das Gute am Leid.

Auf die Generationen nach dieser Leidensgesellschaft lauern bereits schon wieder die Begierden und werden höchst willkommen geheißen. Nur einige Floskeldrescher werden wie immer wiederholen „Nie wieder", und merken gar nicht, dass die Neuen schon wieder bis in die Hüften in diesem drinnen stecken, man merkt, es will keiner wirklich hinsehen. Wo sind diese Grundrechte? Wo sind sie zu finden? Doch nicht im Sumpf der sich ständig wiederholenden Ursachen mit ihren fatalen Wirkungen.

Warum glauben Sie eigentlich, dass Sie da auf diesem Platz Ihr Dasein zugeordnet bekamen? Nicht einer Tradition oder sonstigen Einflüssen, nein, nur dem karmischen Gesetz aus der geistigen Wirklichkeit folgend sind Sie hier, sterben und kommen wieder. Darauf haben Sie fast keinen Einfluss, und sei Ihre momentane Macht noch so groß. Ihr persönliches Leid kann noch in diesem Leben Einzug halten und wirken, egal wie immer, der Tod bringt Ihnen das unendlich seiende Leid, erforderlichenfalls in der Sicherheit des Umkehrschlusses. Das viel wichtigere im menschlichen Leben wäre, kein Unrecht zu schaffen, dann müsste auch kein Recht gefordert werden. Das gilt für jeden Einzelnen von den 7 Milliarden, egal ob reich oder arm, gesund oder krank. Wird von niemandem kein Unrecht geschaffen, benötigt niemand ein Recht.

Um das richtig begreifen zu können, müssen Sie das geistige Leben nach Ihrem körperlichen Tod unbedingt miteinbeziehen, denn sonst kann Ihr wahrer Lebenslauf niemals als geschlossen betrachtet werden, und Ihr Denken bleibt immer nur ein Torso. Sich nur hinstellen und vor dem Tod in Angst zu leben ist zu wenig.

Jede Angst hat einen Grund, und um diesen zu erforschen, wären die Geisteswissenschaften gefordert. Sie müssten herausfinden, dass sich das menschliche Leben in der Unendlichkeit fortsetzt.

Eines hat uns Gott verwehrt, nämlich das „Probesterben" mit anschließender Diskussion am runden Tisch. Die Menschen müssten sicher nicht mehr ihre nebulosen Grundrechte einfordern, es würde kein Unrecht von niemandem mehr, nicht einmal angedacht, schlagend werden.

Die Taufe als Erleuchtung (146)

Die Taufe stellt im Grunde nach ein metaphysisches Geschehen dar. Eine absolute Grenzwertigkeit zwischen dem Ende der Materie, dem Tod und dem Beginn des Geistigen, dem Nachtoderleben. Die Metaphysik steht hinter der Materie und stellt ihr Geistiges über diese. Zwischen dem Übergang von der absterbenden Materie in die Geistigkeit liegt ein greller Lichtstrahl. Dieser präsentiert noch einmal die sich auflösende Materie Mensch als strahlende

Lebensenergie, einige Sekunden später wird dieser Körperlichkeit die Energie zum Leben entzogen (ein geistiger Vorgang). Der sterbende Körper des Menschen wird bis zum Strahlenlicht des Geistigen geführt, erlebt es kurz und wird wieder in den Läuterungsprozess zur Vorbereitung für das nächste sterbliche Leben in veränderlichen Licht-Ton-Erscheinungen hingeführt.

Was hat die Taufe damit zu tun?

Ein Mensch, der sich damals einer Taufe hingab, musste sich auch in einer höher denken könnenden Weisheit befinden. Die Taufe war sozusagen die letzte Prüfung für das Erkennen der Wahrheit über das geistige Leben nach dem Tod, eben das ewige Leben.

Die berühmte Jordantaufe: Der, welcher tauft, muss bereits ein Erkennender sein, und Johannes der Täufer war ein Erkennender. Jesus von Nazareth noch nicht. Die Taufe war ein Ritual, den Täufling so knapp an den Tod heranzuführen, bis das geistige Licht diesen durchströmte. Danach sofort wieder auftauchen lassen, denn einige Sekunden später wäre man, so auch Jesus, des Lebensgeistes entzogen worden.

Die Taufe erfordert ein Untertauchen in das Wasser bis knapp vor dem Ertrinkungstod, bis zum Erkennen des geistigen Lichtes. Mit diesem Taufakt erlebte sich Jesus von nun an als Geistiger, als Christus. Sein Ich-Geist vereinigte sich mit der Energie seiner göttlichen Seele. Er wurde als göttlicher Mensch am Kreuz von der Gier und Dummheit der Menschheit ermordet. Von denjenigen, deren Begierden niemand über sich dulden wollte. Das Göttliche wird täglich bis heute von der Gier der Menschen gemordet.

Die Taufe erhebt den Menschen in das Wissen vom Geistigen im Göttlichen. Der Heilige Geist: Als Folge der Taufe und des Erkennens der Wahrheit erhält der „Ich-Geist" seine Verbindung wieder mit der göttlichen Seele, heraus aus ihrem sich durch Läuterung aufgelösten Exil. Der Heilige Geist Gottes ist der Wiederhersteller des Menschen in seiner von Gott gewollten Einheit von Körper und Geistigkeit. Menschen mit dieser Art des Erkennens empfinden die Wahrheit über die Sinnlosigkeit des menschlichen Lebens von heute bis zurück zu Adam und Eva.

Kosmos-Universum-Mensch (147)

Entstehung, Bestand, Funktion, alles Fiktionen von Menschen, die nur über das endlich seiende Denkvermögen verfügen, d. h., dass sie die über ihren Tod hinausreichende geistige Wahrheit nicht erahnen können.

Der Idee Gottes gemäß musste Materie für die Menschwerdung im Kosmos erst erschaffen werden. Über diese Notwendigkeit wurde genügend berichtet. Eine geballte Ladung endlich seiender Materie, aus der Energie des unendlichen kosmisch göttlichen Geistes entstanden, sollte man als absolut möglich annehmen. In den unendlich kosmischen Weiten manifestierte sich ein Brocken Materie mit dem ihr eingeborenen Gegensatz. Ihre Polarisierung sorgte für die Aufteilung von Materie in sich selbst, und das in einer permanenten Folge. Was hier in Millionen von Jahren geschehen sollte, war die Aussiebung von Planetensystemen, in welchen sich erdähnliche Planeten bilden konnten, wieder lösten, um dann endlich als Träger von Leben Verwendung zu finden. Der Begriff Zeit und Raum war und ist für kosmische Verhältnisse kein Thema. Vielmehr ist ein Thema die Herausbildung von „Globen", die sich als Lebensträger eigneten, sieben an der Zahl, um den Körper der Materie Mensch aufzunehmen und weiter zu gestalten. Den Menschen nach der Idee Gottes aus Materie und Geistigkeit in das Leben mit einer vorgesehenen kosmischen Aufgabe zu bringen. Diese billionenfach zerbröckelte Materie, wir nennen sie Universum, erlebte sich durch ihre eigenen Gegensätze in ständigen Explosionen. In diesem universellen gewaltigen Wirrwarr gab es zwischenzeitlich nur noch einen für den Menschen zu beladenen Planeten, die Erde. Diese Erdenmenschen stellten sich einst gegen ihren Schöpfer und segeln bis heute deshalb auf ihrem Planeten ebenfalls ziel- und planlos als Materie durch ihre stoffliche Welt. Diese Menschen haben sich selbst von ihrer hohen kosmischen Bedeutung und Aufgabe abgesetzt, um in ihrer Miniwelt in oft verbrecherischer Dummheit denen nachzulaufen und zu huldigen, die sie letztlich in ihr Unheil führen werden, die Demagogen ihrer Begierden.

Nach der Idee Gottes hätte vor ca. siebzigtausend Jahren die lediglich auf Endlichkeit aufgebaute materielle Welt des Universums in das kosmisch Geistige wieder zurückverwandelt, entmaterialisiert werden sollen. Das wurde durch die Abtrünnigkeit des Menschen von seinem göttlichen Auftrag verhindert.

Dass diese gewaltige, universell materialisierte Welt auf die paar Erdenbewohner warten muss, bis diese ihre wahre Geistigkeit wiederfinden, ist ein unvorstellbares Novum im geistig kosmischen Weltenlauf. Die kosmische Geistigkeit kennt den Begriff Raum und Zeit nicht, der Mensch allerdings schon. Diese Tatsache könnte einmal das furchtbarste Verhängnis für die Menschheit darstellen, denn der Kosmos wird sich seines Fremdkörpers, der Materie, trotzdem wieder entledigen, und über bleibt der „Ich-Ungeist" als gefallener Engel des Menschen in der geistigen jenseitigen Straf-Vollzugswelt, der ewigen Verdammnis.

Das Leben opfern (148)

Der Mensch betrachtet sein Leben als das für ihn höchstes Gut. Es gibt verschiedenste Möglichkeiten, sein Leben einzusetzen und im Extremfall dieses auch zu opfern und es verlieren. Die edelste Art dabei ist die Rettung eines oder mehrere Leben anderer. Die anderen Arten sind meist vom „Unsinn" geprägt, sei es für einen Fahneneid, für machtgeile Politpersonen, für ein Liebesleid, für das Sich-um-jeden-Preis-berühmt-machen-Wollen und ähnliche Vollzüge ohne Wert. Dem Menschen bedeutet das Opfer seines Lebens deshalb so viel, da er der Meinung ist, er hätte eben nur dieses eine Leben zur Verfügung. Opfer bedeutet Verzicht. Bei einer bewussten todesmutigen Handlung ist kein Opfermut vorhanden, sondern der Unwert sinnloser Aktionen. Ist Begierde im Spiel, so ist der Einsatz des Lebens für eine Bereicherung oder für eine besondere Anerkennung möglich. Auch das Heldentum lässt fallweise diesen Grund erkennen. Der Selbstmörder opfert sein Leben einer Fiktion, nämlich seinem Leid und Schmerz zu entkommen. Hamlet versuchte es nur mit seiner Frage an das Schicksal, „Sein oder nicht Sein“, er ließ es sein, es störte ihn das „Sein“. Man kann das Leben auch einer Idee opfern, wenn diese Idee keine Spur eines materiellen Machtgewinnes für niemanden aufweist. Die Apostel der Idee Gottes!

Man kann sich auch dem Leid der geistigen Erkenntnis opfern, wenn es dem Begreifen des Todes dient. Letzteres wäre die sinnvollste Opferung für den Menschen, da das entstandene Leid eine Begierden-Freiheit entstehen lässt und der Weg zurück zum Geist Gottes führt.

Nicht das Leben opfern, sondern sich dem Leid opfern, das ist die wahre Abbitte an Gott für das Leid, das jeder Einzelne von uns durch seine Abtrünnigkeit ihm einst antat.

Der Fanatismus (149)

Meist ein abartiges Ziel einer Begierde im Leben der geistminimierten Materie Mensch, aufgebaut auf das blinde Vertrauen in eine vorgegebene Fantasie, hinter der sich die Begierden-Monster aller Art verbergen. Die Begierden-Fantasie von Fanatikern erlebt sich in einer eigenen Welt-Verbesserungstheorie, angeführt von noch höheren Fantasten, die gerne mit Machtspielen zündeln und diese auch oft zur Explosion bringen. Dem Grunde nach ist Fanatismus eine Art, den engen Gürtel der menschlichen geistigen Unfähigkeit zu sprengen, seinem eigenen Leben gegenüber einen Sinn zu geben. Nur nach dieser Sprengung bleibt außer einer Leidensausweitung alles beim Alten. Die gesamte Menschheit sitzt in einem Käfig voller Narren. Fallweise schießen besondere Sprengmeister Gefährten aus ihren Käfigen, um einen eventuellen, noch irgendwo vorhandenen ähnlichen oder gleichen Käfig mit (oder ohne) Gleichgesinnten zu orten, vielleicht einen Käfig sogar ohne Inhalt. Das wäre doch auch etwas und käme den aufkeimenden Fluchtgedanken mancher wissenschaftlichen Schlaumeier sehr zu recht. Doch im Endeffekt wäre das nur der Wechsel in einen anderen Käfig mit denselben Narren. Die Schwere der eigenen tiermenschlichen Materie bildet das Hindernis, in eine Welt der Schwerelosigkeit, ohne Energie aus der Materie, auszubrechen. Auch das ungeistige Denken im Gehirn des Menschen ist ein Gefangener dieser seiner Energie aus der Materie. Solange sich der Mensch selbstherrlich nur in seine selbstverliebte Körperlichkeit einhüllt und denkt, ist und bleibt dieser ein sterblich, materieller, ungeistiger Brocken seiner selbst. So gesehen wird der Mensch seinem eigenen Gegensatz immer schutzlos ausgeliefert sein.

Der Fanatismus als Extremist knallt erbarmungslos immer wieder, jeder für sich, an die Käfigwand seiner sinnlos gewordenen Materie. Die Materie Mensch ist dem gefallenen Engel in die Gefangenschaft seiner eigenen Begierden gefolgt und verhindert seine Schwerelosigkeit für den Geist seines Lebens. Materie benötigt Energie, um ihre Schwere kurzfristig verlassen zu können. Diese Energie entwickeln zwar die Wissenschaftler brav wieder aus Materie, die aber letztlich wieder sterblich und daher endlich ist. Der Kreis der menschlichen Unfähigkeit, aus seinem materiellen Käfig zu entfliehen, ist somit geschlossen. Auch eine noch so große Macht wie Fanatismus wird an diesem Gefüge nichts ändern können. Die nur endlich seiende Materie müsste sich selbst auflösen können, um an das Unendliche zu kommen, an die Freiheit, eben an das vom wahren Geist dominierte Geschehen im göttlich jenseitigen Kosmos. Diese Selbstauflösung der Materie Mensch geschieht auch durch seinen Tod. Das wäre die Chance für den „Ich-Geist“ des Menschen, an seine ureigene kosmische Vergangenheit wieder anzukoppeln. Doch dieses „Ich“ des Menschen trauert lediglich um seinen tierisch materiellen Lebenspartner, der aber seiner Verwesung und Auflösung entgegengeht.

Der Fanatismus-Anhänger sollte sich zum Begierden-Killer aufmachen, aber er müsste vorher bei sich selbst beginnen. Nur ein begierdengezähmter Mensch kann dem Tod aufrecht begegnen, und dieser wird seinem „Ich-Geist“ grünes Licht zur Heimkehr in seine wahre göttliche Heimat geben. Der Kampf des „Ich-Geistes“ gegen seine Begierden kann ohne Weiteres mit Fanatismus betrieben werden, ein Kampf gegen sich selbst, denn dieser wird niemandem erspart bleiben, ob hier oder „drüben“.

Vielleicht erlebe ich mich auch selbst in einer Art Fanatismus, um Ihnen helfen zu wollen, Ihre eigene Wahrheit im Unbewussten Ihrer Seele erfühlen zu lernen.

Drei Geister vom selben Stamm in ihrer differenzierten Aufgabe (150)

Der Übergang vom geistlosen zum geistigen Denken ist schwierig und mit viel Leid als Gegenleistung verbunden. Das menschliche Gehirn, lediglich als Hülle, dem Grunde nach ähnlich einem Katalysator konstruiert. Das Gehirn dient der geistigen Energie des Ich-Geistes, eben als Gleichrichter das Gewollte in den körperlichen Sinnen zur Umsetzung zu bringen, eben der Materie des Menschen das für den göttlichen Auftrag gemäß Richtige anzuweisen. Körper-Geist-Seele, ein der Menschheit vertrauter Satz, wenn er auch allgemein nur teilweise bis gar nicht verstanden wird, typisiert den Geist des Menschen. Dass sich der Körper dem Geist voranstellt, ist auch eine typische nachparadiesische Formulierung und symbolisiert bereits die für sich angenommene Wichtigkeit seiner eigenen stinkenden Materie des tierischen Körpers. Das Gehirn des Menschen ist reine Materie und kann daher nicht von sich aus Denkprozesse abwickeln. Denken ist geistig und bedarf einer entsprechenden Geistenergie, das ist dieselbe Energie, die der gesamte Körper Mensch benötigt, um überhaupt lebensfähig zu sein. Materie von sich aus beherbergt Bewegung, allerdings nur eine gegensätzliche, und die läuft ohne Zähmung in Richtung Zerstörung. Die größte Errungenschaft der Menschheit im Sinne einer geistigen Negation ist die Atombombe im Umgang mit dieser Gegensätzlichkeit. Jedwede Materie ist tot, bis auf ihre in sich eingeborene

„Zeitbombe", die ihr Ablaufdatum bereits in sich trägt. Dieses Ablaufdatum, dem Geistigen vorbehalten, hat der Mensch durch seine Intelligenz frühzeitig zu zünden gelernt.

Allein der *Lebensgeist* hält diese tote Materie am Leben. Dieser Lebensgeist ist im Menschen unterschiedlich ausgeprägt evident, er steuert die gesamte Materie, auch die der Natur, den Beginn und das Ende der Endlichkeit. Diese Energie ist lediglich dem Leben der Materie dienlich, allerdings auch den jeweiligen geringen Denkvorgängen der Lebewesen, im Besonderen denen des Menschen.

Der nächste Geist, der *Ich-Geist* mit seiner starken Energie, bildet bei den Menschen die Erweiterung ihrer Denkkraft. Dieser Ich-Geist ist der, welcher in den früheren paradiesischen Zeiten richtigerweise vor dem Körper platziert war. Wir wollen nicht gerade eingebildet sein und geben eben dem menschlichen Körper den Vorrang, und dann erscheint erst der Geist. Wir kennen heute nur diese Reihung: Körper, Geist, und diese passt exakt zum heutigen geistlosen, aber dafür enorm körperlastigen Menschenbild.

Der Mensch nach der Idee Gottes benötigte aber mehr, den Dritten im Bunde, den *Seelengeist.* Über die wahre Aufgabe von diesem Geist innerhalb der Trinität, in welcher auch der Körper sein Dasein fristet, sind wir uns sicher nicht einig, da der Mensch sich lediglich um seinen Körper mit seiner gedrosselten Geistigkeit, eben nur mit dem etwas höher dotierten Ich-Geist, befasst. Der wahre Geist und die göttliche Seele konnten nur im „Paradiesischen" ihre Einheit wahren, um ihrer kosmischen Aufgabe gerecht zu werden.

Sollte ein heutiger Mensch sich der Wahrheit seines Daseins unterziehen wollen, müsste dieser die fehlende geistige Energie zwischen seinem Lebensgeist und dem wahren Geist nachbringen. Ein zu schwieriges Unterfangen, zumal dieser Mensch nicht einmal zu seinem Lebensgeist eine bewusste Beziehung aufweist, auch nicht zu seinem Ich-Geist, schon gar nicht aber zum göttlichen Geist seiner Seele.

Das Werden der Idee Gottes (151)

Materie muss sich in der kosmischen Unendlichkeit ausbilden, da Materie eine Eigenschaft in sich trägt, Bewegung ständig aus sich hervorzubringen, sozusagen ein Perpetuum mobile unterschiedlichster Intensität auf „Lebenszeit". Der Kosmos in seinem gewaltigen Bestand von enorm geistigen Energiefeldern, die sich in verschiedensten Bewegungsabläufen ergehen, fördert Materie aus dem Nichts. Ein Prozess, der sich im Mystischen der reinen Geistenergie bewegt, wo der materialgebundene menschliche Gedanke keinen Zugang findet. Das Ergebnis dieser für uns unvorstellbar kosmisch geistigen Vorgänge ist eine gewaltige Masse von Materie mehr oder weniger aus allen Arten von Stoffen bestehender irregulärer Offenheit, schwebend als Winzigkeiten in der ungeheuren kosmischen Weite. Es handelt sich dabei um mausetote Materien-Trümmer in verschiedenen Varianten. Nicht einmal der Gegensatz hat noch Einzug in ihnen gehalten. Zeit und Raum ist nicht gegeben, es zählt nur das Produkt, und das steht bereits in seinem zerstörerischen Werden.

Materie besitzt eine Einmaligkeit, wenn sie Beistand erhält und ein geistiger Einfluss diese bedenkt, denn dann beginnt sich im Kleinsten wie im Größten etwas zu bewegen und erhält damit Zeit und Raum. Das Bewegen erlebt sich im Gegensätzlichen. Die Zeit in ihrer Geschwindigkeitssteuerung, der Raum in seiner Spaltung der Materie. Man könnte an diesem geistig materiellen Vorgang sogar den Urknall hineinmystifizieren. Ohne die geistige Komponente wäre dieser aber nie geschehen, hätte dieser nie geschehen können. Tote Materie hat eben kein Leben und daher auch keine Sprengkraft.

Der Lebensgeist war der Gestalter und somit der wichtigste Partner der Materie. Das Werden der Idee Gottes benötigte diesen Gegensatz bis zum Endprodukt Mensch, bis hinein in dessen Körper-Leben und hinaus in das Universum als Polarisation. Das Thema ist extrem gewalt- und spaltbereite Materie. Der Geist der Bewegung von Zeit und Raum, die Energie des Lebensgeistes innerhalb des Universums, evoltierte Materie bis zum

Lebensraum von sieben tragfähigen Elementen für die Materie tierisch-menschlicher Körper. Die hohe kosmisch geistige Energie der Harmonie wählte dieses Produkt Mensch als Verhandlungspartner zu Gesprächen für die Harmonisierung der ungebärdigen Materien-Gegensätze. Das Fazit: Der Mensch erlebt sich in einem von der Energie seines Ich-Geistes gezähmten Gegensatzes als Produkt nach der Idee Gottes.

All das geschah vor dem Fall des Ich-Geist-Engels im paradiesischen Zeitalter, von welchem keinerlei Beweise für die Geisteswissenschaft dem Menschen vorliegen, um die Glaubwürdigkeit dieses Geschehens bestätigen zu können. Trotzdem ist das die Wahrheit, allerdings eines von der höchsten Energie des Geistes gesteuerten Vorganges, eben nach der göttlichen Idee. Das ist ein Thema für die „Beweissucher" des wahren Geistes, nicht die des Körper-Geistes.

Der ungeistige Tiermensch (152)

Der intelligente Homo sapiens, geistig ausgestattet mit einem denkenden Ich-Geist-Bewusstsein und der geistig göttlichen Beseelung, erlebte sich als Mensch nach der Idee Gottes als Geist und Körper, seiner Aufgabe getreu im Paradies. Seit Adam und Eva, heute noch als die Repräsentation der Verweisung aus dem Paradies bekannt, änderte sich die menschliche Zusammenstellung vollkommen. Die geistig göttlichen Komponenten verloren sich immer mehr zugunsten der beginnenden menschlich sinnlich körperlichen Begierden. Was blieb vom ehemaligen Menschen nach der göttlichen Idee übrig? Der höhere Affentier-Körper mit seinem abgewrackten Ich-Geist und nur endlicher Denkenergie, das Ich-Bewusstsein, allerdings abgeschnitten von der Geistenergie des Kosmos, und die göttliche Seele, abgeschoben von diesem ungeistig gewordenen Ich in das menschliche Unbewusste, das zusammen bildete sich zum Unmenschen.

Da erst beginnt die Geschichte der Menschheit. Diese Geschichte vernachlässigt eine sehr wesentliche Tatsache, denn sie sagt nichts über die Ära des paradiesischen Menschen aus. Sie behandelt nirgends das monumentale Menschheitsgeschehen vor dem Sündenfall, bevor sich der Mensch nach der Idee Gottes mit Begierden bewaffnete und durch sein Selbst-Gott-sein-Wollen dieses Paradieses verlustig wurde. Er verlor die Energie des geistigen Denkens. Dieser nicht mehr „Mensch-Seiende" im ursprünglichen Sinne Gottes hatte sich selbst zum geistlos gewordenen Tierkörper-Menschen hinabgestuft und hat bis heute keine Anstalten gezeigt, das ändern zu wollen. Die ihm noch zur Verfügung stehende ungeistige, nur endlich seiende Denkenergie konnte er steigern, aber nur im Sinne von materiellen körperlichen Interessen, nie aber im Sinne eines harmonischen gemeinsam geistvollen Daseins. Das „Ich" des Menschen, dieses alles bestimmende „Ich", ist nicht in der Materie des Körpers enthalten, sondern ein Rest von geistiger Selbstständigkeit. Es bedient sich nur der menschlich körperlichen Denkvoraussetzung des Gehirns. Wir haben es nun in Wahrheit mit einem ungeistig denken könnenden Säugetierkörper und seinen Sinnen zu tun. In dieses sogenannte Gehirndenken des Menschen hat sich ein mehr oder weniger großer Begierdenreichtum eingenistet, der die menschlichen Taten bestimmt. Tatsache ist, niemals hatte der Herr die Idee, diese Art von Menschen zu erschaffen. Niemand könnte den Sinn, den Zweck über das Dasein so einer Menschenart erkennen. Auf diese Sinnlosigkeit werden wir immer wieder stoßen, deshalb tat sich ja eigentlich die Frage nach dem Sinn des menschlichen Lebens erst auf, denn welchen Sinn hat dieses Leben wirklich? Im Endeffekt ist es immer wieder eine Ursache, aus welcher eine Wirkung, eigentlich eine Doppelwirkung, entsteht. Eine diesseitige und eine jenseitige. Diese Wirkung ist oft mit unendlichem Leid, Angst und Schmerz durchtränkt. Man könnte die Aussage treffen, der Sinn des menschlichen Lebens ist eine von ihm selbst gestaltete Leidenserfahrung, nur diese gibt ihr Geheimnis nur unter gewissen Voraussetzungen preis.

Welches Interesse verfolgt nun das ungeistige Denken aus dem Gehirn des heutigen Menschen? In erster Instanz wird das Denken auf das körperlich Sinnliche, also auf den unwesentlichen Part des menschlichen Konstrukts fokussiert. Betrachten wir die Evolution der Menschheit laut seiner Geschichte. Die Führung hatte natürlich das geistig seiende „Ich“, denn dieses erlebte sich ja einst als gefallener Engel und wurde aufgrund seiner Unsterblichkeit über die jeweiligen Körper-Gehirne seiner immer wieder folgenden neuen Verkörperungen als das Denkinstrumentarium des Menschen bestimmender Faktor. Man könnte annehmen, dass das geistige Denken den Fortschritt der Menschheit bestimmte, doch nicht ganz so, denn eher die Interessen zu körperlichen Befriedigungen forderten das Denken. Die Interessen waren und sind in all den Zeiten von den Begierden und von „Habenwollen“ besetzt. Dieses Habenwollen bezieht sich fast immer auf einzelne Personen. Da beginnt nun der Körper mit seinen Sinnen, auch wenn er nur tierischer Natur ist, mit dem Interesse über sein Wohlergehen dies als Forderung einzubringen. Das „Ich“, dem Grunde nach ungeistig, da ihm die Energie des Geistes entzogen wurde, trotzdem aber unsterblich dem Jenseits angehörend, wurde und ist stark Körper, also materienlastig geworden. Ein unendlich seiendes Geistiges kooperiert verbotenerweise mit seinem jeweiligen Körper auf intimste Weise. Die griechische Mythologie deutet großartig auf die Wechselbeziehung von Göttern und Halbgöttern mit deren irdenen Schönheiten als Geschehen darauf hin. Deutlich und klar ausgesprochen, ein Säugetier mit einem ausgeprägten ungeistigen Denkvermögen, ohne Geistenergie, das ist der heutige Mensch. Nicht die geringste Andeutung mehr von einem Menschen nach der Idee Gottes als das Maß aller Dinge.

Das Interesse des paradiesischen Menschen galt hauptsächlich, schon gemäß seiner göttlich kosmischen Aufgabe wegen, nur dem Geistigen. Dem Materiellen nur so weit, als es die notwendige harmonische Unterordnung erforderte. Das waren die stoffliche Erhaltung des Körpers und eben die harmonische Einordnung in seine Gesellschaft, zusammenhängend mit den durch Geist gezähmten Gegensätzen aus der Materie.

Das Interesse des nachparadiesischen bis zum heutigen Menschen liegt nur im Wesen des Materiellen. Die Geschichte der Menschheit kann man daher in das Körperlastige und in das Denklastige einteilen, aber nicht in ein Geistlastiges.

Die Denkenergie erfand ganze Industriezweige, die sich einzig und allein mit der Vertuschung des säugetierischen Körpers erfolgreich auseinandersetzten. Nicht das nackte Aussehen oder sein Charakter war und ist bestimmend für den Wert oder Unwert eines Menschen, nein, zuerst ist es die getragene Bekleidung, welche den Machtanspruch im Unterschied seiner Umgebung klar macht. Der Wert der Bekleidung, das Aussehen von Autos, Häusern, Jachten bis Vermögen, Antiquitäten und natürlich die Beziehung zu Seinesgleichen wird ausschließlich in die Wertesubstanz eingebracht. Die Denkenergie hat ihres dazu geleistet, sie überlegte, wie man all das und noch mehr zugunsten der Körperlichkeit erreichen kann. Den Ansporn gaben die Begierden, um die höchste Macht, auch unter Gewaltanwendung, zu erlangen. Man wusste zu allen Zeiten bereits aufgrund der Kleidung, welchen Wert man einem Menschen beimessen musste. Die Denkenergie weist nicht nur auf Lustmaximierung hin, sie bringt auch Gedanken von mörderischen Machtausübungen in Schwung, zugleich werden auch Ideen von menschenzerstörenden Mechaniken aller Art ausgeklügelt, die für das Vorgenannte zur Unterstützung dienen. Sieht man hier in dieser andachtsvollen Körperverschönerungs-Psychose einerseits und der Zerstörungswut der Menschheit andererseits irgendetwas, was mit Geist zu tun hätte? Natürlich schon, Einzelwesen, die sich einigeln, um dem beißenden Spott geistloser Massen nicht ausgesetzt zu sein.

Richtig unschön wird es, wenn so ein Lustmolch-Kadaver plötzlich daliegt und sich nicht mehr in seiner Nacktheit bewegt. In seiner Nacktheit leicht mit der Tierverwandtschaft zu verwechseln. Schnell wird der tote, seiner Verwesung entgegenziehende Körper gereinigt, schön gekleidet, früher mumifiziert, in einem ausgepolsterten „Ruhe-sanft-Sarg" verfrachtet, also vorbereitet für seinen Weg in das Jenseits. Vorher noch mit Prunk und eventuellen Ehren verabschiedet. Dieser gesamte Aufwand wird auf den Körper fokussiert, und gerade dieser zeichnet für seine Geringfügigkeit in der Aussage von Körper, Geist und Seele. Die nachparadiesische Menschheit besitzt nur mehr den Körper mit seiner ungeistigen Denkenergie, damit ist sie mehr oder weniger zufrieden und tingelt in ihrer Stumpfsinnigkeit samt ihrem geistlosen Körper einem Abgrund entgegen. In Zusammenhang mit einem Begräbnis wird versucht, der Seele des Toten zu gedenken. Man betet zu Gott, er möge die Seele des Verstorbenen gut aufnehmen. Komisch, plötzlich ist er wieder da, dieser Gott, samt der Seele im Leid des Abschiednehmens von denen, welche den Verstorbenen vielleicht liebten, oder auch nicht. Es ist aber im Endlichen nur eine Frage der Zeit, bis sich die Gedanken an Gott und Seele wieder als verloren empfinden. Kein Mensch dieser mehr oder weniger trauernden Hinterbliebenen denkt nach, außer an das, was sinnlich am Körper in Erinnerung steht und sich auswirkte, das ist vielleicht auch das, womit er fallweise auf den Tisch haute und brüllte: „Ich will." Das Problem dabei ist, dieses „Ich" ist selbst der Meinung, es sei mit dem Körper auch endlich verbunden, und diese Einstellung dokumentiert der Mensch in all seinen Handlungen von der Wiege bis zur Bahre. Nur das „Ich" ist geistig und unsterblich und nicht wie die Materie Mensch in seiner Sterblichkeit, auch wenn dieses „Ich" längst zum menschlichen Ungeist mutierte.

Der Mensch muss wieder seinen Ungeist in Geist umwandeln, und das funktioniert nur in Zusammenarbeit mit der göttlichen Seele, die noch immer von der Ich-Begierde im Unbewussten verbannt ist. Wenn die Seele wieder frei wird, ist auch der Mensch von Leid, Angst und Tod befreit. Zuerst das Wissen, dann das Handeln, aber es fehlt beides.

Der geistige Mensch (153)

Dieses Nichtsein und Allessein erlebt sich im Kranz der hohen, geistigen, flexiblen Harmonie, vereinigt in der Geistenergie Gottes. Diese Harmonie strahlt hinaus, getragen von der göttlichen Kraft, strahlt hinein in das gesamte Weltengeschehen, in den unendlichen Kosmos. Diese enormen göttlichen Energiefelder bewegen sich gewaltfrei in sich selbst, daher auch keine Möglichkeit eines Gegensatzes.

Es war der Geist der Gegensätzlichkeit, gewonnen aus der Materie für die kosmische Bewegungsförderung. Eine Forderung nach gezähmtem Gegensatz innerhalb der Harmonie. Für dieses Erfordernis die praktische Ausführung, eine Welt der endlich seienden Materie und der in diesem Sinne entstehenden handlungsfähigen Körperlichkeit, sozusagen eine denkende Materie. Dieser Materie beigegeben ein geistiger Befehlshaber. Also eine mit Denkenergie ausgestattete Gegensätzlichkeit innerhalb der harmonischen Denkenergie des Geistes. Ein tierisch denkender Körper wird in Harmonie zum geistigen Denken des „Ich bin" als Bewusstmachung des Seins erhoben. Der Mensch nach der Idee Gottes als das praktische Vorzeigen der gezähmten Gegensätze innerhalb der Harmonie im endlichen Leben. Für die Vergeistigung dieses neuen kosmischen Weltenprinzips von Yin und Yang zeichnet die göttliche Seele im Menschen. Die Funktion von Geist und Körper in der Perfektion nach der Idee des Schöpfers im gewünschten Einsatz zum Gedeih der höchsten Welt. Für die Unendlichkeit als Energie des Geistes, gestaltet vom Produkt Mensch, dem Maß aller Dinge auf Erden. Die Erschaffung dieses gewaltigen Konstrukts der Materie des Universums mit all seinen Gefolgen, bis an die Materie menschlicher Körper, erlebte sich aus der Welt des Geistigen, des Göttlichen, empfunden als Gedanke.

Für die Welt von Zeit und Raum, eben in der endlichen Welt von dieser aus gesehen, werden Jahrmillionen für einen geistigen Gedanken Gottes verschwendet. Es ist bemerkenswert, welchen gigantischen Aufwand die Erschaffung des Menschen innerhalb der Materie benötigte, damit ein kosmisches Erfordernis das Produkt Mensch hervorbrachte. Aus der Sicht des Unendlich-Geistigen ist das Warum der Menschwerdung geklärt. Nach dem Abschluss dieses gewaltigen Weltengeschehens wird Materie wieder vergeistigt (entmaterialisiert). Die tierische Materie mit Geist (Ich) und Seele, zusammen das Gebilde Mensch, ist seiner Verpflichtung enthoben.

Wie weiter? (154)

Sollte sich jemand mit diesen Schriften näher befasst haben, so sucht dieser jemand jedenfalls nach einem Rezept, wie er/sie das zukünftige Leben zu gestalten hätte, um den erwünschten Anforderungen gerecht zu werden. „Ich kann mich doch nicht in einen Urwaldmenschen zurückverwandeln, um ein Leben ähnlich dem des paradiesischen Menschen zu führen, das wäre doch krank“, höre ich förmlich aus den Argumenten heraus. Ich weiß, dem heutigen Körper wäre so ein Leben niemals zumutbar. Verständlich, nach diesem körperlich immer besser ausgestatteten Dasein. Wonach wird allgemein getrachtet? Wohlstand verbessern, eine typische Verdummungsparole von Politikern als Zielsetzung. Was ist genereller Wohlstand? Gutes Essen, genussvoller trinken, erfüllterer Sex, besseres Wohnen, weniger Arbeit, mehr herrliche bezahlte Urlaube.

Wer scheint hier als absoluter Nutznießer von all diesen Wohlheiten auf? Der menschliche Körper mit seinen Sinnen und deren Begierden, die sich alles immer weiter verbessert wissen wollen. Der sterbliche tierische Körper des Menschen stellt immer neue Anforderungen für sein Wohlergehen. Aber an wen stellt er eigentlich diese Anforderungen? An das Leben? Weiß dieser menschliche Körper mit seinem geistlosen Gehirndenken, welches sein „Ich" repräsentiert, überhaupt, was Leben heißt? Aber ja, natürlich weiß er das, es ist das, was gerade aufgezählt wurde, schlicht und einfach, das immer besser werdende Leben. Der Mensch unterscheidet in seinem Dasein lediglich Leben oder Tod. Den Tod will er nicht, der macht ihm höchstens

Angst. Also das Leben, und somit liebt er das Leben, das angenehme Leben, und das fordert der Mensch eben für sich. Es vom Leben zu fordern geht allerdings nicht, da sich das Leben nicht formieren lässt, schon gar nicht manipulieren. Also bleiben für die Anforderungen dazu leider meistens nur die Politiker, die sind die richtigen Adressaten für Formieren, Manipulieren, allerdings im Umkehrschluss.

Wenn Sie sehr ernstlich über Ihr Leben und wie es dazu kam nachdenken, welcher Vielfalt Ihrer gedanklichen Begierden Sie nachgegangen sind, um Ihr derzeitiges Wohlsein-Leben zu halten, und vor allem, aus welchen Gedanken die Begierden über Zukünftiges bestehen? Welche Energie dafür angewendet wurde, um diese Begierden zu stillen?

Bis Ihre Lebensenergie bereits Ihnen Ihr baldiges Ende signalisiert, dann vielleicht werden Sie umdenken, je nach Stärke dieses Signals, denn dann merken Sie plötzlich die vollkommene Sinnlosigkeit Ihres Tuns, das ja überhaupt keine Zukunft aufweist, aufweisen kann. Leben und Tod sind ident, nur der Tod regelt lediglich Ihr irdenes Begierdendasein, dann leben Sie ohnehin weiter, allerdings mit Sicherheit ohne Ihre materiellen Zielsetzungen, denn alles wird abgenommen, was mit irdenem, materiellem, endlichem Sein in Zusammenhang steht. Es zählt nur ein Wert des Harmonisch-Geistigen, und den können Sie nicht vorweisen, deshalb kommt Ihr „Ich“, von Untreue dem Geist Gottes im irdenen Leben gegenüber geprägt, im jenseitigen Leben in eine äußerst unangenehme Lage.

Ein Eventual-Szenario (155)

Noch bevor es der Wissenschaft gelingt, den Sinn des von ihr provozierten Urknalls in erkanntes Wissen umzusetzen, könnte es einen Knall der besonderen Art geben. Der Planet Erde zerspringt, die Ursache war, dass die Atomwissenschaftler den Urknall-Wissenschaftlern zuvorgekommen sind. Die Wirkung daraus, spöttisch bemerkt: Alle Wissenschaftler haben aufgehört zu wissenschafteln. Alle 7 Milliarden auf einen Streich, das tapfere Schneiderlein erblasst vor Neid. 7 Milliarden dieser tierisch menschlichen Materien-Körper verloren auf einen Schlag ihr ohnehin nur endlich gewesenes Leben. Keine Hinterbliebenen für geziemende Trauerfeierlichkeiten, ebenso keine mit Lügen durchzogenen Grabesreden, keine Ruhe-sanft-Wünsche und Leichenschmäuse. Niemand da, der für die verstorbenen Seelen beten könnte. Aus! Allesamt mausetot. Es kümmert im Reich des Universums niemanden, wenn so ein kleiner Planet sich im riesigen Raum mit einer Explosion verabschiedet. Ob da auf diesen Planeten vielleicht irgendwelche Lebewesen zwecklos umhergelaufen sind? Auch egal. Von keiner Himmelsrichtung wird Interesse gemeldet. Je größer die Entfernung der Betrachtung, umso größer die läppische Sinnlosigkeit unseres Daseins. Die Gelegenheit, aus Entfernungen uns zu betrachten, gäbe es millionenfach, aber wer sollte uns betrachtet haben? Vielleicht früher einmal? Vielleicht der, welcher uns einmal erschuf? Aber wie das? Wir haben uns doch selber erschaffen, der Beweis ist doch noch nicht gegeben. Abgeschafft haben wir uns ja jetzt auch selbst. Wozu und wie wir einst erschaffen wurden, ist und bleibt ein Mystikum, auch viel zu uninteressant, das herauszufinden. Jedenfalls nicht mehr für eine gewesene Materie, wenn diese von sich aus noch so überzeugt war. Nicht einmal, wenn es denken könnende Materie war, ideenreiche, wieder Materie schaffende Materie oder geistige Materie. Diese ist zwar vom Geistigen erschaffen und wird auch vom Geistigen ihrer Materialität wieder enthoben, gemeint ist der Körper des Menschen.

Dem Sinn der Metaphysik nach befindet sich hinter jedweder Materie ein Geistiges, sozusagen ein schaffender- und ein entschaffender Geist. Wenn sich also die nicht geistig seiende Materie selbst abschafft, bleibt das ihr übergeordnete Geistige über, denn Geist ist unsterblich. Das gesamte Universum ist endliche Materie, so kann auch dieses wieder eben von der ewig seienden kosmischen Geistigkeit entmaterialisiert werden.

7 Milliarden unsterblich seiende, gefallene Engel, einst als Iche der Menschen in der gewesenen materiellen Welt auf dem

Planeten Erde tätig. Diese Iche jedes einzelnen Menschen haben ihre kosmische Aufgabe zusammen eben mit ihren abtrünnig gewordenen Materie-Körpern nicht zu Ende gebracht. Achtzigtausend Jahre sinnlos vergeudet, der „Ich-Ungeist" sich mit seinen jeweiligen Körperlichkeiten und deren Befindlichkeiten verbunden, vergnügt, ziel- und planlos seinen Begierden folgend, in seinen Selbstherrlichkeiten gelebt, und die Macht Gottes gespielt. Die Dummheit der Materie Mensch-Körper drückte auf den selbst geschaffenen atomaren Knopf, oder hat Gott gedrückt? Egal wie immer, diese 7 Milliarden Iche, körperlos und verzweifelt, kein zu Hause wo sie sich zurück hinwenden hätten können, niemand, der ihren so geliebten Körpern nachweint, sie alle werden auch von der geistigen Heimat nicht mehr aufgenommen. Das Drama Mensch prägt die Sünde von der Selbstherrlichkeit Materie mit Geist. Der weitere Verlauf der Menschheitsgeschichte nach dieser Selbstzerstörung entzieht sich der Welt des Endlichen, der Welt des Sterblichen, der Welt der Geistlosigkeit.

Aber Sie wissen schon, dass unter den 7 Milliarden Ichen auch Ihres dabei sein wird, wenn Sie es nicht vorher schaffen, Ihre persönlich angesammelten Sündentaten zur Wahrheit zu führen, und es von Ihrer Seele abklären zu lassen. Ihr „Ich", dieses befehlende „Ich", und das sind immer wieder Sie selbst, hat die volle Verantwortung zu tragen, auch nach dem Ende der materiellen Welt, denn die geistige Welt besteht unendlich, und Ihr „Ich" ist ein ewig Geistiges. Je nach dem Urteil des göttlichen Strafgerichtes und nach Zeiten, in welchem die Materie Universum samt Zeit und Raum längst nicht mehr existent sein wird, könnte Ihr „Ich" immer noch im Leid Ihrer eigenen Taten aus den längst vergangenen Lebenszeiten unterwegs sein. Sehr leidvoll unterwegs, körperlos im Geistigen, einer Gesetzgebung folgend ausgeliefert zu sein, anders als bei uns angewandt. Eines müssen Sie wissen, Ihr „Ich" ist ident mit einem gefallenen Engel. Wenn Sie Ihr Denkgerät etwas mehr mit Ihrem Unbewussten der Seele in Einklang bringen könnten, und nicht der falschen Göttlichkeit der allwissenden Selbstherrlichkeit Ihren Himmel geben, dann könnten Sie Ihr „Ich“ (nicht Ihre Seele) retten. Die Seele hat nichts verbrochen, Ihr „Ich“, also Sie selbst, hat Ihre Seele verraten und verbannt. Im Bauchgefühl des Menschen kann sich die Seele noch möglich zeigen, heraus aus ihrer Verbannung, wenn Sie die Göttliche empfinden können.

Diese geplante Vorschau über ein mögliches Szenario die Zukunft der Menschheit betreffend, kann nicht schlüssig abgeschlossen werden. Gott hat seine Idee dazu noch nicht veröffentlicht, wir haben noch eine Schonfrist unser eigenes Geistiges, unser „Ich“ in Ordnung zu bringen.

Das sterbliche endliche Denken, das geistig unendliche Denken (156)

Das menschliche Denken im Bereich der Endlichkeit ist mehr oder weniger Begierden beladen. Der Rundumschlag eines Großteils der westlichen Menschheit bildet in Wahrheit eine Falschheit im Denken, um die verlangende Aufmerksamkeit auf sich zu lenken. Das Tun, das Leisten, das Machen, das Können, das Gelingen und vieles Weiteres, will an den „Mann“ gebracht werden, um erhöht vor den Anderen dazustehen. Alle wollen fast dasselbe nur ihre Leistung oder Können herauszustreichen, um anerkannt zu werden. Man will zur Kenntnis genommen werden, um größer zu wirken, einfach ein Streben nach falschen Mehrwerten. Sie alle sind in Wahrheit Dienende, denn sie dienen ihren Interessen, ihren Begierden und mag der Erfolg noch so gering sein, er will präsentiert werden. Das geistlose „Ich“ plustert sich mit ihrem Denkvermögen bzw. dessen Resultat auf, immer mehr zeigen zu wollen, als es in Wahrheit ist. In vielen Fällen ist es auch die Materie der menschlichen Körper, die dieses „Ich“ ins Rennen schickt, es werden unglaubliche Leistungen provoziert, damit das Rampenlicht Arbeit findet. Man kann zusammenfassen, die Menschheit befindet sich in einen Geltungsbedürfniswahn, als eine Art der Selbstbefriedigung, es fehlt ihr der Bezug zu einer Wahrheit, die weit höher angesiedelt ist und Geist benötigt. Durch die Fehlheit eines großen Vertrauens, eines Vertrautsein mit der Wahrheit, dreht sich der Mensch im Kreise seiner Begierden Selbstliebe und sucht damit ein nie vorhanden werdendes Ziel einer inneren Zufriedenheit zu erlangen. Die endliche Macht meidet das Interesse an dem, was eventuell hinter dem Tod stehen, geistig passieren könnte. Das Denkvermögen reicht nur bis zu einem Vorhang vor der nicht sichtbaren Hinterbühne des Lebens. Der Mensch, der es wagt dieses Geheimnis hinter diesem Vorhang anzustreben, benötigt geistiges Denken. Es gab zu allen Zeiten Menschen, die geistiges Denken erreichten. Schriften darüber wurden oft verfasst, auch verbrannt von den ängstlichen

Mächtigen, aber damit konnten sie dieses Thema nicht wirklich dauerhaft demontieren. Viele ernst zu nehmende Forscher konnten ihr endliches Denken nicht so stark gestalten, dass das Aufeinandertreffen „Endlich gegen Unendlich“ vom Ersteren nicht verkraftet und daher beschädigt wurde. Ein angeschlagener endlicher Gedanke hatte wohl den geistigen Kollegen wahrgenommen, war von seiner Existenz überzeugt, und wusste von dessen Wichtigkeit für den Menschen. Anstatt aber eine Hilfestellung zu geben, zog man solche Menschen aus maßloser Dummheit aus dem Verkehr, und glaubte diesen mit wieder nur endlich seienden Mitteln kurieren zu können. Diese oft notgedrungen vom Wahnsinn Befallenen, hatten den sogenannten Experten immer wieder gezeigt, zeigen wollen, es gibt das Geistige hinter dem Tod – doch die Finsternis erkannte nicht das Licht des Unsterblichen. Die Dummheit mit ihren Begierden blieb verdunkelt unter sich. Manchen Menschen gelang es auf dem Gebiet der Musik Maßstäbe des Geistes zu setzen, vor allen für die, die nicht nur die Noten hören. Genie und Wahnsinn, Denken in Dummheit, Begierde aus Feigheit. Gar nicht denken, dafür empfindende Gedanken erfühlen, das ist der Weg zur geistigen Wahrheit.

Das endliche Denken, sei dies noch so extrem trainiert, ist niemals Harmonie bewegend, sondern immer wieder nur leistungsorientiert, um hintergründig Begierden zu befriedigen.

Vor der letzten Chance (157)

Warum wird es dem Menschen seinem Ungeist ermöglicht, in die Wunderwelt des gewaltigen, unendlich seienden Kosmos an dessen Rande hineinzuschauen? Warum lässt man ihn Maschinen konstruieren, die ihm die Möglichkeit dazu bieten? Die Astronomie weiß, das größte Hindernis liegt in der menschlichen Sterblichkeit, um wirklich weiter in die universelle Welt, niemals in die

Kosmische, eindringen zu können. Was hier den Menschen gezeigt wird, lässt sich an Schönheit, Energiegewalten und unvorstellbaren Entfernungen durch nichts überbieten. Das nur endlich Denken könnende hat seine Grenze erreicht, das wissen auch die Forscher, soweit diese an ihre eigen empfindende Ehrlichkeit glauben. Es gibt kaum eine Wissenschaft, welche die Beweiskraft ihrer Forschung einem „Höheren" überlassen muss, kaum eine, die zwangsläufig Gott mit in ihr Boot holen wird müssen, oder um auf einem wunderbaren schönen Postkartenniveau zu stagnieren. Die hier durch die enorme Technik der Weitsicht herbeigezauberten Bilder sind als Großartigkeit wohl erfassbar, aber nicht in ihrer Gesamtbetrachtung umsetzbar, einfügbar in das irdene, endlich sterbliche Dasein. Will Gott uns auf diesem optischen Weg seine Herrlichkeit zeigen? Sollte diese Offenbarung vom Menschen unerkannt auch auf flöten gehen, oder ist sie in der Lage dem wahren geistigen, schöpferischen göttlichen Glauben endlich in sich nachzuvollziehen?

Die Technik wird wieder nur von den Begierden der Spekulanten gesteuert, die auf Suche gehen die näheren Entfernungen zu überwinden, noch einen Planeten als Rettung, wenn unser Planet Pleite geht, ausfindig zu machen, und vor allem, um alles wie gehabt der Wiederholung preiszugeben. Die Technik will es möglich machen, die Gier liefert das Motiv. Es wäre das Prolongieren vom Tun, der geistlosen, menschlichen Sinnlosigkeit.

Die allerletzte Chance der Menschheit die Großartigkeit der kosmischen Welt des Geistes erfahrbar zu machen, um ihren Begierden abzuschwören, dafür hat Gott als letzte Rettung die Technik in die Evolution für die Menschen genommen, um ihnen das alles zeigen zu können. Nur ein kleiner Teil dieses Wunders, das dem „Ich-Geist" des Menschen nach der Trennung von seiner Materie durch deren den Tod erwarten würde, genügt, um das wahre Wunder der göttlichen Welt zu begreifen. Nur ein freier, vom Unrat seiner Begierden dezimierter „Ich-Geist" darf in diese Wunderwelt der Harmonie, in welcher der vom Menschen gezähmt dargebrachte Gegensatz umgewandelt wird, und er die geistige kosmische Bewegung steuern darf. Auf diese Selbstbefreiung des Menschen wartet der Herr leidvoll seit achtzigtausend Jahren, seit damals, als die gesamte heutige Menschheit, jeder Einzelne von ihnen, sich von Gott seinem Schöpfer abwandte, um den Größenwahn seiner eingebildeten eigenen Begierden Macht Folge zu leisten.

Was macht der Mensch mit seiner ihm geoffenbarten, wunderbaren, universell-kosmischen Himmelswelt? Nach einem kurzen „Aha" bestimmt er Gewichte, misst Entfernungen, Geschwindigkeiten, er bestimmt Materie, wo keine ist, das Wichtigste, er sammelt Beweise zur Rechtfertigung seiner ungeistigen Forschung, entmystifiziert dabei die Wahrheit Gottes um seinen Meinungen dienlich zu sein. Ein Licht muss größer werden, sich vermehren, ein Licht, das mancher Forscher bereits in sich trägt. Die Strahlung, dass doch eine Schöpfung hinter all diesem Wunder steht, dass nur der Vorhang der Metaphysik Gott verbirgt. Dies könnte als letzte Hoffnung der Astronomie-Wissenschaft gelingen, wenn sie den allgemeinen Wahn aufgibt, alles sei Materie in der göttlichen Welt. Weiter und größer kann der Herr die wahre Welt, seine Welt, für den nur endlich seienden und denkenden Menschen nicht mehr öffnen. Nun liegt es an der kleinkrämerischen, sich nur am Beweis von Materie ängstlich festklammernden Spezies Mensch, mutig das Tor zu sich selbst, zu Geist und Seele zu öffnen.

Die „4" (158)

Die Astronomie	ist die Findende
Die Astrologie	ist die Deutende
Die Astrophysik	ist die Berechnende
Die Metaphysik	ist die Bestimmende

Die *Astronomie* ist seit Menschengedenken die Pförtnerin zum, für den Menschen seh- und empfindbaren Himmelstor. Heute im Besonderen, sie ermöglichte die gewaltige Hineinschau in die geistig kosmische Welt Gottes, mit dem Selbstempfinden seiner eigenen Schrumpfung gegen nur einen kleinsichtbaren Ausschnitt dieser Allgewalt. Hier manifestiert sich in Permanenz das gewaltige Schauspiel vom Werden der Idee Gottes. Die tobenden Gegensätze innerhalb der Materie in der Welt des Universums umschlossen im tiefsten Hintergrund von der unendlichen Ewigkeit des Kosmos in seiner umfassenden Harmonie.

Dieses gewaltige Szenario, von der Technik der Astronomie sichtbar gemacht, wurde in die milliardenfache Lebensgestaltung der Miniaturwesen menschlicher Körper, nach der Idee Gottes, herausgestaltet. Wenn diese Bilder staunend betrachtet werden, sollte man bedenken, diese zeigen Vergangenheit, Gegenwart und Zukunft in einem auf. Diese Großartigkeit, die sich da vor dem Menschen auftut, verleitet ihn leider schon wieder dazu, auch hier seinen nimmersatten Begierden folgen zu wollen.

Es gab einen Zeitraum in der Erdgeschichte, in welchem das Bild Richtung Kosmos sich anders darstellte, als das heute Beschriebene. Die gewaltige spaltbereite Materie samt ihren Träger, das Universum, war nicht sichtbar. Die unendliche Weite in ihrer tiefen Schwärzung, eingesät die engelhafte Sternenwelt, strahlend aus geistigen Energiefeldern, einverwoben in die noch ruhende kosmisch, geistig unendliche Energie der göttlichen Welt, im wunderbaren Gleichgewicht ihrer Energien. Der Urknall schaffte Gegensatz in das kosmische Geschehen, es gebar sich das Universum mit unkontrollierbarer Materie von Gegensätzen. Die Astronomie macht uns dieses Geschehen sichtbar, der Uranfang des Menschen.

Die *Astrologie* hat die Verbindung zu den erstandenen Himmelskörpern der Materie aufgenommen. Namhafte Astrologen zu allen Zeiten verbanden die göttliche Seele im Exil ihrer menschlichen Unbewusstheit mit dem himmlischen Wissen und konnten dadurch das Schicksal von Materie der Menschen deuten.

Die Astrophysik, die Berechnende, steht in Verdacht, den menschlichen Begierden dienlich zu sein.

Die Metaphysik ist die Bestimmende, welche jedwede Materie in ihrer Geistigkeit umschließt. So gesehen ist nicht der Mensch Gestalter der technischen Revolution und ihrer Begleiterscheinungen, sondern der Herr selbst hat die Wissenschaften angetrieben, damit nicht noch mehr Zeit vergeudet wird, bis der Mensch endlich seine Grenzen erkennt. Seine Erforschung des Universums zeigt ihm seine Hilflosigkeit das Leben, die wahre Energie, alles, was Materie betrifft, zu ergründen. Der Motor des Lebens befindet sich nicht im Diesseits, sondern auf der Ebene des Jenseits, dort wo Geist gefordert wird, um die wahren Zusammenhänge zwischen Himmel und Erde verstehen zu lernen.

Das späte Nachdenken (159)

Das Denken im fortgeschrittenen Leben nimmt an Geschwindigkeit und Umfang stark zu. Im Alter leben die meisten Menschen von ihren mehr oder weniger hochgehaltenen Erinnerungen. Ihr Denken in Richtung Zukunft ist den Wenigsten mit innerer Ruhe über das „Sein oder Nichtsein" anzudenken, gegönnt. Einer kleinen Minderheit wird es sogar ermöglicht, auch noch für sich eine Zukunft für „Nachher" wahrzunehmen. Das sind meist Menschen mit einem erfüllten Lebensinhalt, der nicht allein auf materielle Werte aufgebaut scheint, und deren Begierden gezähmt die Harmonie des Friedens nicht durchbrechen. Besonders die zu hörende Gläubigkeit, die einem aus den fühlenden Klängen eines mozartischen oder schubertianischen Leidensempfindenden, in glückliche Tiefen der Seele führt, um mit den eigenen Gedanken eins zu werden. Man kann viel Unnützes denken, aber trotzdem das „Gebären" des Alters fühlen lernen.

Der Mensch in seiner Sinnlosigkeit (160)

Unsere weltweit vorhandene Wohlstandsgesellschaft in ihrer Masse erlebt sich in einer gut verkleideten Hysterie des noch alles vor dem Sterben „Zusammenraffens“, was nach materieller Wertigkeit aussieht. Fast wie ihr letztes Aufgebot, bevor ihre Begierden keine lohnenden Ziele mehr ausnehmen können. Die Erde ausgeplündert, bebt und vernichtet den Rest von Plünderern. Die Träger dieser Gesellschaft ahnen, was kommt, was nach dem Gesetz der Logik und der kausalen Zusammenhänge kommen müsste. Sie wollen doch noch ihr Leben in gewohntem Macht-Luxus-Styling ausleben können, bis zum bitteren, vielleicht doch nicht so bitteren Ende. Dieses Ausleben unterliegt keinerlei Beschränkung. Die Lust nach Macht und deren Sinne geben sich grenzenlos in allen Variationen der erfindungsreichen Begierden folgend hin. Der Erfindergeist von menschlichen Grauenhaftigkeiten war noch nie ein Hindernis in der Geschichte der Menschheit, um besondere Begierden Ziele in ihrer Selbstvergötterung von Macht zu erreichen. Es gab niemals, und es wird auch niemals ein Mittel gegen den Wahn der göttlichen Anmaßung und deren furchtbaren Auswirkungen geben. Noch nie wurde der Grausamkeit des menschlichen Tuns seitens der Natur eine wirkliche Grenze gesetzt. Doch jetzt sieht das bald nach etwas anderen aus.

Ein Bauer, der seine letzte Kuh aus seiner Fleischfresser-Begierde schlachtet, kann nur mehr kurz überleben, er vergaß, dass es ab jetzt auch keine Milch mehr gibt. Die Gier hat die Eigenschaft, dem Menschen die Ursache, aber nicht deren Wirkung zu verschleiern. So gesehen wird sich die Wohlstandsgesellschaft auch scheibenweise selbst abschaffen, von sich aus selbst vernichten. Auch die letzten Kämpfer um Macht und Vermögen können nicht überleben, die Milch wird ihnen ausgehen. Somit ist niemand mehr da, der einen eventuellen Sieger beglückwünschen könnte. Einen Sieger gibt es schon, nur das will niemand vorher wahrnehmen, der Geist nach dem Tod des Menschen.

Die Natur hat in Wirklichkeit niemals einen wirklichen Verlust durch den Menschen erlebt. Alles, was jemals der Natur entnommen und geplündert wurde, es ist, allerdings umgewandelt, im Bereich der Erde oder Atmosphäre geblieben. Nur viele dieser geraubten Entnahmen waren und sind für den Menschen zerstörend. Eines schaffte die Summe der menschlichen Begierden-Gesellschaften aller Zeiten, der blaue Planet wird niemals mehr Leben tragen können, und gewollt wird es auch nicht mehr sein. Der Mensch erlebt sich permanent in seiner eigenen Selbstverleugnung, weil ihm seine Begierden keine Möglichkeit belassen, sich selbst, seine eigene Wahrheit zu erkennen. Der Planet Erde wird sich von der zerstörerischen Menschheit befreien, außer den Milliarden Skeletten wird nichts mehr übrig sein. Das alles betrifft aber immer wieder nur die tierischen Körperlichkeiten der Menschen. Körper, Geist und Seele, wo sind die beiden letzten im menschlichen Leben, ohnehin nicht erkannt, geblieben? Die beiden zeigen sich erst deutlich im Leben nach dem Tod, in der geistigen Welt. Da sind sie dann unter sich, der „Ich-Ungeist" als Täter vom damaligen körperlichen Leben, jetzt unbarmherzig gejagt von seiner Richterin, der göttlichen Seele.

Also erkennt man jetzt, nach dem Tod wird das Leben erst richtig spannend für viele in der unendlich seienden Leidenswelt. Jetzt erst werden die Geschehnisse im vergangenen Leben ohne der Verschleierungs- und Verdrängungskunst des Menschen, im Rampenlicht vor der Gerichtsbarkeit präsentiert.

Der ostische Mensch (161)

Das Erlernen der direkten Kommunikation zwischen dem geistigen „Ich" als das Bewusste, mit der göttlichen Seele als das Unbewusste, zeigt das wesentliche Anliegen ostischer Religionen. Das meditative Lernen unter der Führung eines Meisters bis hart an die Grenze des Geistigen, mit der anschließenden fast Todes-

Erfahrung, und das damit verbundene Erkennen der Wahrheit einer göttlichen Welt, erklärt das Weisheitswissen des Ostens.

Außer der Entsagung über das Notwendige hinaus sind hier keinerlei Leidens Attacken vorgesehen, zumal die Ausbildung schon in sehr jungen Jahren beginnt. Ein sehr guter Weg, denn da können die Begierden kaum Fuß fassen. Ein Problem bietet sich an, es gibt kaum mehr glaubenswürdige Meister, denn auch sie wurden bereits von den aus dem Westen einströmenden Begierden angeknabbert. Die Folge war und ist die Schaffung von materiellen Pseudo-Gottheiten, denen man bereitwillig Huldigungen entgegenbringen darf. Im heutigen Stadium sind die Begierden in allen Glaubensformen als Bei- oder Hauptwerk tätig, gut aufgestellt. Symbole aller Art aus Materie nehmen die Sehnsüchte und Wünsche, getragen von einer im Bewusstsein gesteuerten Ahnungslosigkeit, entgegen. Nur, Materie gibt keine Antwort, der wahre Gott vielleicht schon. Soweit hinunter will man sich doch nicht versteigen, denn wer weiß ob er überhaupt Lust hätte einem zu empfangen.

Der ostische Mensch erkannte im Ursprung seines Seins die göttliche Tätigkeit in seinem Inneren, im Unbewussten, am Sitz der Seele. Seine meditativen Fähigkeiten brachten das Denken aus dem Gehirn in Kontakt mit dem geistigen Empfinden aus der in ihm ruhenden göttlichen Seele. Er suchte Gott in sich, dagegen der „Westliche" sich außerhalb. Das Ziel wäre dasselbe, nur der Weg ist für beide zu schwierig geworden, denn es haben sich die elenden Wegelagerer in beiden Glaubensreligionen breit gemacht, sodass weder das meditative Ostische, noch das suchende Westliche zu Gott gelangen können. Ihre jeweiligen Begierden sind die Wegelagerer und Verhinderer. Ein großartiger Spruch des Ostens heißt da: lerne zu sterben, erst dann wirst du leben.

Der Mensch muss die Wahrheit, den Geist dieser Wahrheit erkennen lernen, welche hinter dem Tod steht. Wenn er seine Feigheit seinen Begierden überlässt, gerät er in eine Schuldenfalle gegenüber dem Herrn. Den Mut zur Erforschung der Wahrheit muss er auf sich nehmen, dann wird dieser Mensch wahrhaft ein Anderer, ein Glücklicher, werden. Erst wer sich selbst wirklich kennt, kann auf alle Zwischenrufe verzichten, nur muss sein Erkennen einen Zusammenhang mit seiner eigenen göttlichen Seele und seinem Realdenken aufweisen.

Der westliche Mensch (162)

Für die Kommunikation „Ich-Geist" zum Unbewussten (Seele) haben die Begierden schon sehr früh begonnen, materielle Gegenstände zur Anbetung dazwischen zu schieben. Der westliche Mensch beurteilt sein Heil zu Gott von außen. Er ahnt, Gott ist weit und sehr mächtig über ihn. Die Gestirne als göttliche Symbole und deren Einstrahlung auf die Erde und den Menschen versuchten diese zu deuten. Zur Hilfestellung wurden gewaltige Bauwerke erschaffen und ausgerichtet, um verschlüsselte Botschaften von oben an dafür geistig geeignete, offene Menschen zur Dechiffrierung und Weiterverbreitung zu erhalten. Dies ergab meist den wahren Sinn dieser Bauwerke. Ab der Zeitwende erhielt der westlich orientierte Mensch erstmalig eine anbetungswürdige Gegenständlichkeit und Gebrauchsanweisung für seine Glaubensausrichtung. Das Kreuz. Das uralte Symbol, welches links von rechts und oben von unten trennt. In der Mystik gleichzusetzen mit Yin und Yang aus dem Osten.

Die Machthaber der neuen Religion nagelten den Holzkörper von Jesus Christus an das Kreuz. Ein äußerst zwiespältiges Verfahren. Einen von der damaligen Menschheit begangenem Gottesmord in der Materie zu symbolisieren, ist dem Grunde nach eine Verhöhnung des Ermordeten oder ein gewaltiges Angstsymbol für die Menschheit. In Wahrheit müsste Gott der Herr die Menschheit an das Kreuz schlagen lassen, denn diese gesamte Abtrünnigkeit fast jedes Einzelnen ist oder könnte ein Gottesmörder gewesen sein. Das materielle Kruzifix gleicht in Wahrheit einer Blasphemie und wurde zum Symbol der Knechtschaft von der Obrigkeit für die Massen stigmatisiert. Das Symbol der Mörder steht als Freibrief für das uneingeschränkte weitere Morden im Namen Gottes, eine Generallüge, die bis heute in Verwendung ist. Der Mord hat in vielen seiner Arten eine gesellschaftliche Deckung erhalten. Die menschlichen Begierden machten es sich zu Nutze, dass der westliche Mensch von außen, eben von oben die göttliche Wahrheit über den Sinn seines Erdenlebens erfährt. Die Art der Hereinnahme dieser wichtigen geistig göttlichen Wahrheiten von oben wurde durch die „Obrigkeit der Macht" bestimmt. So erhielten die Massen, noch unkundig des Lesens, heilige Bilder, Figuren, Bauwerke, Kreuze, oft in überdimensionalen Ausmaßen, Kirchen mit immensen Vergoldungen und Glimmer, samt ihren glitzernden Obrigkeiten zum Anbeten bestimmt. Die Masse wurde wie schon oft in der Menschheitsgeschichte wieder von den wahren Mördern des Glaubens getäuscht und manipuliert, meist mit hohem Ansehen, zu allen Zeiten bis heute die unter uns weilenden. Durch das Elend und die Not der Massen, die bis heute jede Demütigung zwangsweise auf sich nahmen und nehmen, wurde dabei etwas geboren, eine gewaltige Sehnsucht, eine sich freisetzende Energie, die neben den jeweiligen Mächtigen vorbei einen Weg zu Gott suchten und vielfach auch fanden. Der Weg durch die Energie des Leides. Die Geschichte der Märtyrer, der Mystiker liefert den Beweis, Gott ist Wahrheit.

Der westliche Mensch hat sein geistig extrovertiertes Dasein verspielt, da er nicht in der Lage war seine Schuldhaftigkeit Gott gegenüber wirklich zu begreifen, und niemals Sühne für sich selbst einleitete. Das strahlende Licht göttlicher Hilfe von oben konnte den Sumpf der finsteren Mächte der menschlichen Begierden nicht wirklich erreichen, das wahre Licht des Geistes wurde somit nicht erkannt und angenommen. Die Tragik des Menschen aus dem Westen.

Die Eintagsfliege Mensch (163)

Die stark ansteigenden „Angebote“ von Gewalttaten, Sexpraktiken, Bombenbauer und Verdammungen von Wahrheiten, die überbordenden täglichen kriminellen Taten auf Eigentum und Leben Anderer, die aus Vergangenheit, Gegenwart und auch hinein in die Zukunft sichtbaren brutalen Handlungen aus Politik und Wirtschaft, nicht zuletzt die mordlustigen Horden im Namen eines Gottes handelnd, haben alle eine Gemeinsamkeit. Eine mehr oder weniger in Lügen verpackte gewaltige Triebkraft, geleitet von der enormen Energie der menschlichen Begierden. Den Grund dafür muss man in einer genauso gewaltigen Traurigkeit suchen, die einer menschlichen Verdummung, auch eine Maßnahme der Begierden ihrer Milliarden von Schützlingen gegenüber. Die Dummheit ist in der fixen Annahme des Menschen begründet, dass nur ein einziges Leben auf Erden erleben lässt. Vielleicht ein intuitiver Denk-Rest aus der Zeit der paradiesischen Ära, denn damals hatte das Einmal-Leben seine Wahrheit, nur aber unter anderen Voraussetzungen. Die intuitive Sehnsucht des Menschen zeigt ja noch immer in Richtung paradiesischer Harmonie, die auch einmal von Wahrheit erfüllt war. Nur der Mensch verdrängt eine andere Wahrheit. Die Wahrheit, dass er aus diesem Paradies vor achtzigtausend Jahren durch Eigenschuld hinausgeworfen wurde, es war der Grund seiner Abtrünnigkeit gegenüber seinem Gott Vater. Der Sündenfall, der gestürzte Engel, der Mythos von Adam und Eva, sind eine Tatsache und zog eine von Gott geänderte Gesetzeslage für die Menschheit auf Erden nach sich. Das hat nichts mit dem menschlichen Körper zu tun. Das alles sind gewaltige geistige Prozesse und betreffen einzig und allein das geistige „Ich“ des Menschen. Dieser für alles bis heute verantwortliche „Ich-Geist“ im Menschen, der in seiner stark dezimierten Wirkung als Ungeist sich mit seinem jeweiligen Körper in eine Einheit zur Maximierung beider Begierden, eben für den einen Lebenszeitraum auf Erden, zusammenschließt. Der Mensch muss sich aus seinem Eintagsfliegen Dasein befreien, dann erst würde er innenwerden, dass er immer in die hässliche Welt wieder selbst hineingeboren wird, in dieselbe, wie er sie geschändet verlassen hat. Diese Wahrheit könnte die Menschheit positiv evolieren.

Der Ungeist als Placebo anstatt des Geistes (164)

Alles worauf der Mensch in der Evolution an Errungenschaften seiner so gewaltigen Machwerke stolz sein will, ist dem Grunde nach ein Nichts. Die sogenannten super technischen Leistungen bis hin zur Landung auf anderen Planeten ist ein Placebo Effekt, da der Mensch meint, sein Geist sei der Initiator all dieser Werke. Der Antrieb zu diesen enormen Leistungen ist jedenfalls, wenn auch nicht gleich erkennbar, die Begierde als graue Eminenz zu orten. Allen Konstruktionen und deren Energieaufwand liegt jedenfalls eindeutig nur Materie zu Grunde. Die Ideen all dieser Werke entspringen dem Wesen nach komprimierten, nur endlich seienden Denkenergien. Von Geist im Sinne aus der jenseitigen Welt keine Spur. Die Frage wem dienten und dienen weiterhin diese Errungenschaften? Sicher denjenigen, bei welchen im Hintergrund ebenfalls ihre Begierden lauern. Es sammeln sich heute schon von ihren Begierden gesteuerte Mächte, die natürlich vor dem Exodus auf Erden diese gerne noch verlassen wollen, aber eigentlich wozu? Dem Sterben entkommt niemand, solange dieser sich im Bereich der materiellen Welt befindet, und das betrifft allemal den tierisch-menschlichen Körper samt dem Universum. Der wahre Geist hat nicht den geringsten Bezug zu Begierden und auch nicht zur Materie. Mensch mit Geist wäre das, was Gott nach seiner Idee erschaffen hatte, ein Wesen aus Geist, Seele und Körper, den Menschen als Maß aller Dinge auf Erden. Dieser hatte eine wichtige Aufgabe zu bewirken, denn er musste ein gewaltiges kosmisches Regelwerk geistig umsetzen. Dies war seine Aufgabe, aber sicher nicht für die unsinnige Gestaltung materieller Dinge, die nur seinen Begierden

Untertan sind, und nicht im Geringsten mit dem wahren Geist kompatibel erscheinen. Der Mensch, wie er sich heute darstellt, hat nicht die geringste Ähnlichkeit mit dem damaligen Menschen. Er ist ahnungslos gegenüber Gott, seiner Seele und dem Geist geworden. Er kennt nur eines, seinen sterblichen materiellen Körper, zusammen mit seiner restlichen, ebenfalls sterblichen Denkenergie, und er weiß auch nicht, wozu er überhaupt hier auf dieser Welt sich zeigt. Der Ungeist in seinem „Ich" bildet sich ein, er sei Geist, daher erfreut er sich seines Placebo-Daseins.

Stolz ist er auf seine eigentlich wertlosen Errungenschaften, denn diese sind ebenso wie er selbst der Endlichkeit preisgegeben. Erst nach dem Tod seiner Materie, vor welcher sich der Mensch mit Recht fürchtet, eröffnet sich ihm das, was an ihm hätte geistig sein und wirken sollen. Das Göttliche im wahren Geist aus der kosmischen Welt.

Metaphysik (165)

Die Existenz der Materie Körper Mensch ist nur im Endlichen innerhalb des auch endlichen Universums gegeben. Die metaphysische Ausstrahlung durchzieht den menschlichen Körper und zeigt dessen wahren geistigen Wert auf. Dieser Wert ist durch den Abfall von der Schöpfung zum Unwert geworden. Einem Unwert gebührt kein wahrer Geist. Der heutige Mensch steht ahnungslos vor den Begriffen Metphysik, Geist und Seele, nicht so vor seinem Körper. Diesen liebt, hegt und pflegt er lustvoll. Der Mensch liebt seinen materiellen Körper, er liebt nicht das Hohe, das Geistige, er liebt das Niedrige, die Materie, verleugnet dies aber vor sich selbst, und empfindet das sei so normal. Seit langer Zeit umhüllt der Mensch seinen tierisch, natürlich auch stinkenden Körper mit Materie, in Form von luxuriöser fantasievoller Bekleidung, nur das Gesicht bleibt bei dem meisten zu sehen, schaut in die Welt, ehrlich meist vor Falschheit. Er versteckt sein wahres Wesen nach dem Motto, jeder blendet jeden. Der wahre Geist wurde verdrängt, und dem geistlos gewordenen Menschen ist das nicht bewusst.

Zwei Drittel der Menschheit wären nicht allzu weit von ihrer eigenen Erlösung entfernt, nur das Bewusstsein zur jenseitigen Wahrheit fehlt. Metaphysik ist dem Grunde nach der Geist, der schon da war, und zwar vor seiner jeweiligen Materie, vor seinem Körper. Solange der Ungeist Mensch sich dieser Metaphysik nicht bewusst wird, bleibt er in seiner Unwissenheit Gefangener seiner Begierden. Der Schlüssel zur Metaphysik wäre ja vorhanden, nur wird er von den menschlichen Begierden streng bewacht, aber genau die Mystik der Metaphysik stellt den Wegweiser und das Ziel für die Menschwerdung dar.

Die Kultur des Leidens (166)

Das Leid der Menschen dieser Welt kennt eine Ursache, es ist das Leid Gottes in seiner Wirkung. Der geistige Umkehrschluss nahm diese göttliche Leidenswirkung als Ursache und warf diese als Wirkung dorthin, woher sie ursächlich kam, zurück zum Menschen. Nun leiden die Menschen durch den Herrn. Gott weiß, weshalb er leidet, der Mensch nicht, obwohl er sich als der Urheber seines eigenen Leides darstellt. Der Grund ist ein gewaltiger Verdrängungsprozess im Menschen, er verdrängt einfach seine schlechte Tat Gott gegenüber aus seinem Bewusstsein, hinab in sein Unbewusstes. Seine in ihm erwachenden Begierden nach Macht und selbst Gott darstellen zu wollen vernebeln seine wahre Tat, nämlich seine Abtrünnigkeit vom Herrn. Die Macht der Begierde stellt sich über das menschliche Gewissen, über die göttliche Seele im Menschen. Die Wahrheit wird von der Begierden Mächtigkeit verschleiert. Dieser Schleier kann nie so dicht verwebt sein, als dass nicht das Leid fallweise als Wahrheit an die Oberfläche in das Bewusstsein des Menschen eindringt.

Das Leidensmaß für seine Abtrünnigkeit ist für jeden Menschen gleich und betrifft Ale auf dieser Welt gleichermaßen. Gott fordert immer wieder, entweder im endlich Körperlichen, oder im unendlich Geistigen Leben dieses Leidensausmaß ein, und zwar so lange, bis der „Ich-Ungeist" des Menschen seine Ur-Lüge in sein Bewusstsein hebt. Nur eines ist zu bedenken, je länger diese Wandlung im Menschen dauert, umso höher setzt Gott seinen Leidensdruck an, und das „Schicksal" zeigt sich dem Menschen gegenüber immer erbarmungsloser.

Der Mensch bezeichnet alle aus seinen Denkideen entsprungenen Umsetzungen als Kultur, vergisst aber gerne, dass er durch seinen Ungehorsam sich zum Unmenschen mutierte, somit ist die von Unmenschen geprägte Kultur eine Unkultur und muss von der Wahrheit des Geistes erst entmaterialisiert werden. Diese Sicht von oben auf die Unmenschheit sowie deren Tun schlägt alle nur erdenklichen Schrecknisse und macht begreiflich, der Schöpfer des göttlichen Menschen kann sich von diesem Menschenbild nur mit Abscheu abwenden, denn so eine Minderwertigkeit zu erschaffen ist niemals Wahrheit. Da gibt es keinen Deut im Sinne des menschlichen Wunschdenkens, Gott liebt, nein, Gott hasst diese milliardenfache Abtrünnigkeit seiner ehemaligen Menschen. Erlebende Tatsachen geben für das Leben im Endlichen keinen Anlass zur Freude. Das Leid der Menschheit in seinen unendlich vielen Facetten ist schlicht und einfach das Werk seiner geliebten Begierden. Dem Grunde nach ist die Kultur des Leides im Menschen aus der geistigen Sicht sogar ein Segen, denn diese selbst gebastelte Leidenskultur könnte aus ihrer Wirkung im geistigen Umkehrschluss eine neue Ursache bilden, nämlich das Leid als Hoffnungsträger für einen besseren Menschen, nämlich einen mit gezähmten Begierden. Den Unmenschen könnte sein Leid im wahrsten Sinne aus seiner Erkenntnis heraus wieder zum Menschen erheben, und als Wirkung aus dieser Ursache zu einer Menschwerdung mit Gott ohne Leid, Angst und Tod führen. Keine einzige Kultur, mit welcher sich die Menschheit so gerne brüstet, kann sich mit der Leidenskultur messen, und keine Kultur ist in der Lage, die Begierden zu vertreiben, das kann nur das menschliche Leid erwirken, denn Begierden hassen das Leid. Gott kannte die Leidenswirkung, nur der Mensch hatte immer noch nicht das ihn heilende Leid erkannt. Wird ihm das Leid genommen, schwupp, ist er wieder hinter seinen Begierden her.

Leider erkennt der heutige Unmensch nicht die ihm gegebenen Chancen zur Menschwerdung durch die wahre Kultur des Leides, er nennt es Schicksal und fügt sich immer wieder sinnlos seinem Leid, Angst und Tod.

Die Kultur des Leidens auf der Welt wird angetrieben von den immer stärker und brutaler werdenden Begierden in ihren Ausführungen. Hinter jedem Schicksal eines „Unmenschen" stehen Begierden als Antrieb. Der „Ich-Ungeist des Menschen trägt die Schuld, er ist auch der Begründer der unmenschlichen Leidenskultur."

Der Ungeist als Förderer des Gegensatzes (167)

Der Gegensatz unter der Kontrolle des „Ich-Geistes" war bezähmbar, dadurch erlebte sich dieser als kontrollierter Beweger der kosmisch geistigen Harmonie. Mutierte der „Ich-Geist" zum energielosen „Ich-Ungeist", verlor dieser seine geistig erforderliche Energie-Zufuhr, und mit ihr auch die Kraft, den Gegensatz, aus der Materie menschlicher Körper kommend, zu zähmen. In diesem Fall, nur mehr aus der Lebensenergie das zur Verfügung stehende Denken des Menschen, vereinigte dieses sich mit dem unsteten Treiben der Energie aus diesen Gegensätzen, und genau diese Konstellation verführte zu gemeinsamen Unternehmungen der hieraus erwachsenden Begierden. Dem energielosen „Ich-Ungeist" fehlten die Kraft und auch die Lust, um dieses neue Gewächs zu zähmen. Das Zusammentun von endlicher Materie mit der Unendlichkeit und Unsterblichkeit des Ungeistes gebiert die untermenschlichen Begierden. Ein Sachverhalt ist hier klar erkennbar. Der „Ich-Geist" des Menschen, ursprünglich mit seiner kosmischen Aufgabe betraut, war verantwortlich für die reibungslose Funktion seiner Aufgabenstellung, aber auch verantwortlich für seine schändliche Handlung als Resultat eines gefallenen Engels, und somit auch für die Entstehung von Begierden, die er mit seinem Körper gemeinsam schamlos auslebt. Die „Ich-Ungeiste" in ihrer nicht läuterbaren Schuldigkeit sind dadurch immer wieder alternierend in dieser „Unwelt" gelandet, da ihre Glaubensenergie nicht zu Gott fokussiert wurde, sondern sich nur auf die Fähigkeit des sinnlosen Tuns projiziert. Die Tatsache spricht dafür, wie wir mit dem Tod umzugehen pflegen.

Gott hat dieser heutigen Menschheit in ihrem Technik-Wahn die Chance geboten, um eben mit diesen ihren Pseudo-Errungenschaften eine Sicht heraus aus der Materie des Universums ein wenig hinein in die kosmisch göttliche Welt tun zu können. Wenig zeigt er, der milliardenfach größere Kosmos, nur durch drohende schwarze Löcher, die als Beginn der entmaterialisierten Zone der reinen geistigen Energie eine Andeutung darstellen, lässt eine Erahnung zu. Damit zeigt der Herr der Nichtigkeit Menschheit diese gewaltigen Wunder von unvorstellbarer ewig seienden Energien des Geistes.

Das Einzige, was dabei von Interesse aus Sicht der menschlichen Begierden erscheint, ist eine Erreichung eines dieser eher näheren Planeten, um dort dasselbe geist- und sinnlose Leben weiter betreiben zu können. Das Erkennen der gewaltigen Allmacht Gottes bleibt da im Hintergrund. Die Gier des Menschen lässt keine Zeit für Überlegungen geistiger Art, sie gaukelt ewige Materie in sein ungeistiges Denken und schon vertreiben die Gegensätze eventuelle Harmoniegedanken beim Anblick dieser Herrlichkeiten. Der Untermensch mit seinem Ungeist, wie er leibt und lebt. Jetzt dürfte der Zeitpunkt bald gekommen sein, wo Gott der Schöpfer all dieser Schönheiten den Untier-Untermensch mit seinem Begierden-Leben vollkommen seiner Unfähigkeit überlässt. Seine Hoffnung wird er fallen lassen, dass noch geistiges Werden die Begierden des Menschen vertreiben könnten, denn diese können nur das menschliche Elend schaffen.

Der heiße Brei der Schöpfung (168)

Der Begriff Schöpfung umschreibt aus der Sicht des Menschen all das, was er mit seinen Sinnen erkennt. Was der Mensch nicht erkennt, ist das Warum seines Daseins auf dieser Welt. Zwar ein Dasein, welches die Geschichte der Menschheit bis in das fast kleinste Detail beschreibt, aber dem Grunde nach ein sinnloses. In ein scheinbar einmaliges Leben geworfen zu werden, das mit viel Leid, Angst und mit wenig Freude gewürzt ist und durch den Tod wieder beendet wird, daraus kann sich weder ein Warum noch ein Sinn erklären. Die großen Religionen waren beauftragt, mehr oder weniger erfolgreich, ordnend in das Chaos der Menschheit einzugreifen. Das geschah immer im Sinne der göttlichen Vorschriften und funktionierte so lange, bis die Begierden der Macht in das Rad des Glaubens eingriffen und andere Ziele vorgaben. Die Menschen, die sich ernsthaft mit dem Sinn des Lebens begonnen haben auseinanderzusetzen, mussten dem Grunde nach Anleihe am Gedankengut der Religionen und an dem der Philosophen, deren eigene Gedankengebäude über den Sinn des menschlichen Seins sich entwickelten, nehmen. Alle diese Gedanken in tausenden von Variationen kreisten um den heißen Brei, nämlich den der Schöpfung herum, aber dieser Brei blieb heiß bis heute. Der Begriff Gott bleibt unnahbar und heiß für geistigen Dilettantismus, der lediglich dem nur endlich seienden Denken der Materie Mensch entspringen kann.

Verschiedenartigkeiten (169)

Körper, Geist, Seele, sich verwandelnd in Körper, Ungeist und verbannte Seele. Bei dieser Abwandlung hat lediglich der Körper seine wahre Existenz behalten, allerdings gewaltig „aufgewertet“. Die Triebe seiner tierischen Gegensätze aus seiner Materie vermählten sich mit der Führungsrolle des ehemaligen „Ich-Geistes“, mit dem heutigen begierdenbesetzten Ungeist des Menschen. Der endlich seienden Gegensätze haben sich die Begierden unter der Obhut des energielosen, aber unendlich seienden Ungeistes bemächtigt. Deshalb ist in der Menschheit das ausgebrochen, was täglich sich in den Horror-Meldungen stapelt, nämlich die hemmungslose Gier nach Vermögen, Macht, Sex, Brutalität und das Töten von allem. Das Leben der Menschen fokussiert sich bei allem und jedem auf seine Materie, auf seinen Körper, und das unter Zuhilfenahme des realen gehirnmäßigen Ego-Denkens. Unter der Maxime, dem Menschen soll es immer besser gehen, wohler ergehen, lange in Gesundheit leben, sich hemmungslos seinen Trieben hingeben können, und das natürlich risikolos. Die Technik, die Wissenschaften setzen alles daran, diesem Wunsch Rechnung zu tragen, denn hier lassen sich Unsummen verdienen. Demgemäß sind die vorerwähnten Begierden-Ziele hauptsächlich durch Macht, Geld und Gewalt zu erreichen. Man findet nirgendwo einen positiven Machtansatz, der sich konsequent anstatt mit dem Besserergehen mit dem „Besserwerden“ der Menschen ernstlich beschäftigt.

Das Problem liegt am Innehalten der Gedanken des Menschen, die ununterbrochen wie ein Leuchtturmfeuer rundum kreisen, bis die lauernden Begierden auf für sie Interessantes stoßen. Die Gegensätze führen ihre hemmungslosen Spiele seit der Zeit, als der wahre „Ich-Geist“ im Menschen durch seinen Ungehorsam Gott gegenüber seine geistige Energie verlor und dadurch nicht mehr die Macht hatte, zähmend und ausgleichend dem harmonischen Weltenprinzip gegenüber einzuwirken.

Der Mensch setzt fast laufend Ursachen in seiner irdenen Welt, die auf andere Menschen eine negative Wirkung ausüben. Der Umkehrschluss in der geistigen Welt wirft via karmisches Gesetz diese Wirkung zurück auf den Verursacher. Sie wissen schon, das wird dann als Schicksal bezeichnet. Die Menschen gebärden sich in ihrer geistlosen Tätigkeit wie Würfelspieler nach dem Motto des alten Landknecht-Liedes: „Wir würfeln alle Tage, dem einen bringt das Schicksal viel, dem anderen nur Müh und Plage.“ Es gibt Menschen mit einem Langzeithoch in ihrem Leben, die Frage ist nur, ob das karmisch begründet sei, wenn ja, dann muss man gratulieren, wenn nein, wird „Das“ als Vorschuss erst bei der Endabrechnung schlagend, und zwar in der geistigen Welt im Jenseits.

Ein großer multigigantischer Wirtschaftsfaktor betrifft eine ganz wesentliche Kultur, die Körperkultur. Jede Generation bringt dies neu für sich ideenreich hervor. Textil- und salbenreiche Kultur in unvorstellbaren Variationen. Eigentlich eine Verdrängungskultur, perfekt verpackt, hinter welcher niemand den wahren Inhalt vermutet oder vermuten soll. Es ist aber nach wie vor immer derselbe Körper tierischen Ursprungs. Nicht zu vergessen der Totenkult, als Kultur zur Freude von Grabräubern und späteren Archäologen. Aus diesen Funden wird dann die Kultur einer Epoche fixiert. Vergessen darf man nicht, welche Ideen ein Mensch, jeder zu seiner Zeit, hatte, diese auch umsetzte, aber eines vermochte kein Einziger in der langen Menschheitsgeschichte, den Menschen einen besseren Charakter zu verpassen und den wahren Sinn des Sterbens zu vermitteln.

Der Begriff Geist (170)

Er ist eine gezähmt polarisierende Energie-Eigenschaft, die keinerlei zwanghaften Sinneseindrücken unterliegt und aus dem Nichts in Bruchteilen von endlichen Sekunden alle Materie samt ihrer Sinnlichkeiten produziert, reproduziert, vernichtet, das eben aus dem Nichts in das Nichts geschehen lässt. Der Geist stellt sich vor der endlichen, sterblich materiellen Welt als ein Nichts dar, aus der Unendlichkeit der geistig göttlichen Welt mit seinen Gesetzen, Kraft der immerwährenden unvorstellbaren Energieeinheiten, in der Erstrahlung einer von zahmen Gegensätzen bewegt werdenden Weltenharmonie. Das Satzgebilde über den Begriff Geist ist nicht besser zu unserem Verständnis herauszuarbeiten, da die Differenz zwischen Endlichem und Unendlichem vom menschlichen Denken nicht zu überbrücken ist. Der Tod wäre die Brücke, nur wer sie überschreiten könnte, dem würde sich die Mystik des Geistes zwar offenbaren, trotzdem wäre es aber nicht möglich, das Unendliche in das Endliche verständlicher zu formulieren.

All das, was hier schriftlich in meinen Büchern und sonstigen Schriften dargelegt wurde und wird, zeigt immer wieder die Anklage gegen die Menschheit. Der Kläger: Gott. Ich weiß, diese Aussage wird sich niemals dem menschlichen Verlangen einer Beweiskraft von sterblichen Argumentationen unterwerfen. Den vom Menschen verlangente Beweis stellt dieser selbst zur Verfügung, er muss ihn nur erkennen. Das Elend, das Leid, die Angst und der Tod unterliegen einer verderblichen Vermehrungskraft. Niemand wird Kapital und materielle Werte als Nahrungsaufnahme verdauen können. Die Begierden der Macht fliehen angesichts des Verderbens aller menschlichen Lebensgrundlagen. Übrig bleibt der verwirrte, materienlose Ich-Ungeist des Menschen.

Der Verantwortungsträger des Menschen in seinen Befehlen ist nicht sein Körper, sondern das ungeistige „Ich bin". Der nicht zu leugnende tierische Körper ist lediglich Ausführender und wird als Materie nicht zur Verantwortung gezogen. Es wäre legitim, aus dem, was uns Angst macht, nämlich unserem Nichtwissen geistiger Wahrheiten, gegenüber dem Leid, Elend und Tod die Wurzeln zu erahnen, dazu ist die geistige Auseinandersetzung mit dem Tod unerlässlich.

Die drei Energiewesen (171)

Die geistige Energie der Materie (Lebensgeist) empfindet sich je nach ihrer Schaffensabfolge im Kern ihres Produktes als rasend schnell im Kleinen bis schneckenlangsam in den großvolumigen Bereichen. Es gibt daher keine tote Materie, sondern lediglich den Zeitbegriff ihrer Entmaterialisierung zum gegebenen, vom Geistigen bestimmten Zeitpunkt. Nur der säugetierische Körper, die Materie Mensch, läuft auf einer eigenen Schiene in Bezug auf das, was der Mensch Bewusstsein nennt. Die Energie des Lebensgeistes hatte Vorschub geleistet in der Vergabe von Empfinden an Flora und Fauna, im Verein mit einfachen bis etwas komplizierteren Denk-Mechanismen. Nicht leicht zu klären, wann das ideale Zeitfenster um die neu geformtenMaterie Mensch, den Homo sapiens, war, den „Ich-Geist" als das Bewusstsein seines „Ich bin", als geistiges Denkvermögen im Sinne eines Verantwortungsbewusstsein eben gegenüber dieser Materie in diese einzuverweben. Zwei geistige Energiefelder bemühten sich, um der Körperlichkeit ihre zukünftigen Aufgaben anzuweisen. Die Materie Mensch lebt ja von der Energie des Lebensgeistes, und dieser untersteht der Befehlsgewalt des „Ich-Geistes". Diesen Geist repräsentieren Sie selbst, Ihr „Ich" mit Ihrem Denken.

Der menschliche, von der *Lebens-Geist-Energie* erhaltene Körper stellt lediglich ein Trennsystem zwischen den anderen geistigen Energiefeldern dar. Der aus der Materie, von deren Geist der Lebensenergie erzeugte Gegensatz muss vom *„Ich-Geist"* gezähmt und vom *Seelen-Geist* in die Kraft harmonischer Bewegungen in das kosmische Geschehen gebracht werden.

Die Mystik der vierten Dimension (172)

Aus der kosmisch geistigen Welt setzten Steuerungsmechanismen ein, die für eine Menschenwelt erforderlich waren. In dieser Welt erfolgte auch die göttliche Entscheidung, eine Kraft zu erschaffen, die imstande ist, den Bewegungsrhythmus der geistig harmonischen Weltensphäre zu ertüchtigen. Der in der Materie entstandene, vom „Ich-Geist" gezähmte und von der Seele vergeistigte Gegensatz trug in sich die Energie, dieser gewaltigen Aufgabe gerecht zu werden.

So war die vom kosmischen Geist erschaffene Materie, das Universum, aus dem das Endprodukt dieser Evolution, die Materie Mensch, hervorging, die Idee Gottes. Ein Körper aus Materie, einverwoben wie in aller Materie der Lebensgeist mit seinem aus dem Erschaffungsprozess verbliebenen Gegensatz. Demnach ist der Gegensatz im tierisch materiellen Körper des Menschen auch wirksam inkludiert. Der tierische Körper wurde erst im Zusammensein mit seiner geistigen Trinität ein menschliches Wesen. Das Konstrukt der Trinität konnte nach der Idee Gottes seine Produktion aufnehmen. Da stand er, der paradiesische Mensch, das Maß aller Dinge auf Erden, nicht nur auf Erden, sondern auch auf noch 6 anderen Planeten des Universums. Nur dem Planet Erde wurde die unehrenhafte Aufgabe übertragen, als Planet der von Gott abtrünnigen Menschen in die Weltengeschichte einzugehen. Die Energie des Entstehenden, des Vergänglichen und des Bleibenden, versammelt in der Kraft der Harmonie in dem ewig Einen.

Der Ungeist der nachparadiesischen Menschheit gewährt dieser Wahrheit des geistigen Weltenbaues keinen Zugang. Dieser Ungeist baut sich selbst eine ungeistige Welt mit ungeistigen Produkten, möglich eben nur in seiner dritten Dimension der Materie. Die Mystik der vierten Dimension erlebt sich einzig und allein im Jenseits. Diese einfache sinnbildliche Erklärung für das einfache Verstehen hatte vor zigtausend Jahren die Wahrheit in sich eingeschlossen, und keine dem Scheine nach noch so große Technik der Menschheit wird daran einen Funken ändern können.

Gott als Herr, Vater der Sterne und der Engel ist die einfache Wahrheit ohne Mystik des Weltengeschehens in ihrer vierten Dimension, eben das Jenseits.

Die geistige Hierarchie in der materiellen Welt (173)

Das geistige Konstrukt Mensch besteht aus einer Drei-Einigkeit: Lebens-Geist, Ich-Geist, Seelen-Geist.

Alle drei stammen aus demselben „Stall“, aus der göttlichen Energie, der der den Kosmos beherrschenden engelhaften Energie-Wesen. Mystik und spätere Logik über die gefallenen Engel als Zweierpack von Ungeist und Materie ist erklärbar. Befassen wir uns zunächst mit der gewaltigen *Energie des Lebensgeistes.* Er musste den Anfang, die Materie nach der Idee Gottes, auf Schiene bringen. Der Lebensgeist von Materie als Träger der Bewegung, damit auch Träger der Gegensätze innerhalb seiner Mobilität, galt ja als Erfordernis zur Entstehung von Materie. Das Universum in seiner materialisierten, sich ständig verändernden Ansicht durch die Gegensätzlichkeit erlebt sich laufend im astronomischen Weltengeschehen. Der Lebensgeist, die Mystik der Metaphysik steht hinter und über aller Materie und polarisiert diese.

Über den Lebensgeist beorderte der Herr den *Ich-Geist.* Diesem ward die schwierigste Aufgabe an der Menschwerdung zuteil. In der unvorstellbaren Vielfalt an Materie-Einheiten fand sich als Endprodukt einer langen Evolutionsreihe auch der Tiermensch in dieser nur endlich seienden Welt ein. Im Einzelnen sowie im Gesamten zeigt es sich in der Welt von Fauna und Flora, mit eingeschlossen ein Wesen, das einmal das Prädikat Mensch erhalten soll. Der Lebensgeist verwebt in alle diese Lebensarten etwas ein, das einer vorbestimmten Erweiterungsfähigkeit unterlag. Ein Empfinden für Gut und Böse und eine spätere höhere Denkkraft für bessere Handlungsfähigkeiten, den Menschen als Rohling mit seinem rein aus Materie bestehenden Körper, getragen vom Lebensgeist. Ohne Geist keine Materie, weder im Erschaffen noch im Lebensbetrieb. Nun bringt der Ich-Geist das Bewusstsein in den Menschen. Dieser weiß nun: „Das bin ich.“ Der Mensch, ein komplettes Gebilde aus Körper, Lebensgeist und Ich-Geist, wurde durch seine Aufgabe Verantwortungsträger gegenüber dem Herrn. In diesem Daseinsstadium hatte die Seele keine direkte Einflussnahme auf den Menschen, wohl aber eine wichtige kosmische Aufgabe. Der Ich-Geist im menschlichen Körper musste immer mehr den in diesem ungebärdet aufflammenden Gegensatz zähmen und ihm eine gewisse Grenze setzen, daher war es unerlässlich geworden, den *Seelen-Geist* zusätzlich einzubinden. Dieser vergeistigte den gezähmten Gegensatz und führte diesen als Bewegungsenergie innerhalb der Harmonie im Kosmos. So weit der hoch geistige Arbeitsablauf der Menschen als Energielieferant für das höchste kosmische Weltensystem.

Die beginnende Uneinigkeit in der Drei-Einigkeit (174)

Die geistige Drei-Einigkeit entwickelte sich zu einer Uneinigkeit. Die Sinne der Materie lockten den gefallenen Engel (Ich-Geist) zu sich an Bord und es huldigten sich beide als die neue Zwei-Einigkeit, allerdings nur aus Materie und Ungeist bestehend. Der Körper mit dem Ich-Geist geriet somit in einen Konflikt mit der göttlichen Seele. Die ehemalige geistige Drei-Einigkeit, aufgelöst, hört sich jetzt etwas anders an: Körper und der geistig energielose Ich-Ungeist. Die Regierung der Menschheit besteht jetzt aus dem unkontrollierten Gegensatz der Materie im Verein mit den Begierden des lüsternen Ich-Ungeistes. Also nur mehr eine Zwei-Einigkeit, denn die göttliche Seele ist in die Gegnerschaft zu dem gottlosen Treiben dieser neuen Marke „Unmensch" getreten und wurde in die Verbannung getrieben. Von dem wahren Menschen in seiner Drei-Einigkeit nach der Idee Gottes gibt es heute kaum eine Erinnerung, es lag alles zeitlich gesehen vor Adam und Eva. Dieser damalige paradiesische Mensch war in seiner logisch aufgebauten Bauart einfach gestrickt sodass sein Einmalleben mit seiner kosmischen Aufgabe zusammen nur mit dem Begriff Harmonie innerhalb der gezähmten Gegensätze zu bewerten ist. Die sich selbst gebastelte Eigenbauart des abtrünnigen Menschen ohne göttlichen Beistand hat sich aus der Harmonie ausgeschlossen, dafür aber Begriffe eingehandelt, die niemals im vorhergehenden Menschsein irgendeine Bedeutung aufwiesen. Es sind dies Leid, Angst und Tod als die neuen modernen Begriffe, die den Menschen seit dem Beginn seiner Geschichte in Geiselhaft nehmen. Der nachparadiesische Mensch in seiner von Gott sich abwendenden Verselbstständigung und in seiner neuen Zusammensetzung stellte daher seinen Körper als das Wesentlichste und für ihn Wertvollste in seinem Leben voran. Somit lebt sich dieses Produkt mit seinen oft stark ausufernden Polarisierungen und mit den Begierden voll schäumender Selbstherrlichkeit aus.

Selbstdisziplin, eine Möglichkeit zurück in Richtung Drei-Einigkeit. Doch wer verzichtet freiwillig auf seine Begierden? Sie, die größten Feinde von Harmonie.

Die Suche nach der Harmonie (175)

Die große Sehnsucht der Menschheit, dem ewigen „Kontra" ein Gleichmaß zu vermitteln, führt in die Nähe von Harmonie. Es ist das Empfinden eines liebenden, an das Göttliche angrenzenden Gefühls einer Anlehnung. Das möchte die Vielheit der Menschen und sucht diese Geborgenheit bei den Menschen, welche aber auch nur Suchende sind. Leider kann der nachparadiesische Mensch in seiner Zusammensetzung fast nur Gegensatz bieten, und genau das führt zu den großen Enttäuschungen. Der Mensch hat keine Waffe, um seine Ungezügeltheit des Gegensatzes unter Kontrolle einer Harmonie zu bekommen. Er wird es auch meist nicht schaffen, denn das würde ja den Verzicht auf viele seiner Begierden bedeuten. Der „Ich-Ungeist" des Menschen als eigener Bestimmer über sich selbst ist zu schwach, denn es fehlt die ihm ehemals zuteil gewordene Energiezufuhr des Geistigen.

Wenn man die äußerst seltenen Fälle ausblendet, läuft der Harmoniesucher immer in die Arme seiner eigenen Enttäuschung, denn auch er selbst kann keine Harmonie vermitteln. So gesehen müssen alle mit noch so viel Liebe und Hoffnung aufgebauten Fantasiegebäuden mit oder ohne Segen eines Tages einstürzen. Der in der Materie ungezähmte Gegensatz ist im Menschen besonders ausgeprägt. Er ist ohne eine Zähmung automatisch ein Zerstörer von Harmonie. Selbstdisziplin kann mildern, aber es gibt keine einzige Kraft innerhalb der endlichen menschlichen Ich-Energien, Harmonie dauernd zu erhalten. Der einzig Befähigte, das „Ich" des Menschen, sein „Ich-Geist" statt „Ich-Ungeist", müsste zu seiner ursprünglichen geistigen Höchstform wieder ansteigen, dann könnte er den Gegensatz in der Materie wieder zähmen, in bewegende Harmonie wandeln, und die kosmische Welt hätte wieder ihre Ordnung. Der Mensch wäre glücklich im Endlichen sowie in der geistigen Unendlichkeit. Das wahre Leben ist einzig und allein in der gewaltigen Energie des Geistes konzentriert und nicht in sterblicher Materie mit ihren Gegensätzen. Gegensatz schafft immer wieder sich selbst und verhindert das, was der Mensch sucht, Harmonie.

Die Seele in ihrer metaphysischen Bedeutung (176)

Die Seele im paradiesischen Menschen war mit einer hohen kosmischen Aufgabe betraut, dadurch war in dieser von Gott gewollten Situation keinerlei metaphysische Bedeutung für die Seele gegeben. Das erfuhr eine Änderung, als sich dieser Mensch von seiner göttlich-kosmischen Aufgabe lossagte und, ähnlich einem Zauberlehrling, dachte, dass seine Fähigkeiten die des Meisters, in diesem Fall Gott, ersetzen könnten. Der Meister ließ den schuldbewussten Lehrling wieder zu sich kommen, als dieser einsah, wie wenig er wirklich wusste und konnte. Ähnlich erging es vielen Ich-Geistern, die erkannten, wie unfähig sie in Wirklichkeit waren. Viele kamen gerne reumütig zurück zu ihrer hohen geistigen Aufgabe und zu ihrem Meister. Die, welche zu lange ihr Eigenleben ausprobierten, erkannten nicht die Gefahr, in die sie sich selbst hineinmanövrierten. Diesen Ich-Geistern wurde von ihren eigenen Begierden aufgelauert, und damit war ihr weiteres Schicksal besiegelt. Die Geschichte der Menschheit nahm ihren Lauf. Ab diesem Zeitpunkt wurde die metaphysische Bedeutung der Seele schlagend. Das Zerwürfnis mit ihrem früheren Partner, dem Ich-Geist, brachte die Seele in die Situation, die metaphysische Gegnerschaft des zum Ungeist mutierten Ich-Geistes des Menschen zu übernehmen. Sie verurteilte das abtrünnige Tun ihres Ich-Ungeistes und warnte. Die göttliche Seele in ihrer metaphysischen Bedeutung umfasst heute die Materie Mensch in der Art eines Geistkörpers. Im Lebenszeitraum dieses Begierden-Menschen hat die göttliche Seele die Möglichkeit, ihrem Hass Nachdruck zu verleihen und die Verteilung von Leid, Schmerz, Angst und auch das Wann und Wie des Todeseintrittes zu bestimmen. Weiters wird ein genaues Lebensprotokoll eines jeden Menschen von ihr geführt und auf Abruf gespeichert. Dem Grunde nach verbirgt sich in diesem Wirken der Seele die geistige Funktion ihrer metaphysischen Bedeutung im Auftrag Gottes. Hinter jeder Materie Mensch steht ein Geistiges, eine gefährliche, vom Menschen nicht bemerkbare unheimliche graue Eminenz, und wartet auf die Abrechnung mit dem ungeistig und doch geistig seienden „Ich-Geist“ eines jeden Menschen, im Jenseits nach dem Tod.

Die Anlehnung (177)

Wenn Menschen sich in Gefahr wähnen, ist das Zusammendrängen, wie das auch bei Tierherden der Fall ist, ein normaler Vorgang zur intuitiven gemeinsamen Abwehr einer Gefahr von außen. Der einzelne Mensch verbirgt sich, so gut er das eben kann, und drängt sich in sich zusammen zu seiner kleinstmöglichen Einheit. Eine Gefahr, die sich nicht von außen her darstellt, sondern von innen im Körper oder innerhalb der Gedankenwelt eines Menschen herausdringt, erlebt sich meist nur in der Verlassenheit im Menschen. Alle wirklichen Gefahren gegen den Menschen zielen dem Grunde nach auf die Zerstörung seines Körpers. Es reduziert sich dadurch der Lebensgeist auf seine kleinste Ebene, in der sich der Körper nach seinem Absterben als veränderte Materie eben dann noch befindet. Äußeren Gefahren begegnet man nach Möglichkeit mit körperlicher Verteidigung. Inneren Ängsten gegenüber ist der Mensch ziemlich machtlos ausgeliefert. Die Angst vor einer unsichtbaren Gefahr, in sich schleichend vorhanden, hat nichts mit Körperlichkeit zu tun, diese Angst erlebt sich geistig nicht fassbar. Menschen in ihren naturnahen Lebensgewohnheiten zu allen Zeiten webten sich kraft ihrer Fantasie, auch den Traditionen gemäß, lebende oder tote Objekte in ihre Gefühlswelt als Nothelfer ein. Im ostischen Menschen erlebte sich seine Empfindungswelt kraft seiner meditativen Fähigkeiten in seiner Tiefe. Der westliche Mensch gestaltete sein intuitives Glaubensempfinden über sich, um hinaufschauen zu können auf die imaginäre Hilfe, die eben nur von oben kommen musste, vom Himmel und seinen vielen Wesenheiten. Christus entschwebte nach seiner Ermordung in seiner Auferstehung auch nach oben. Schutzengel wachen von oben auf die Kinder, das Christkind schwebt leise und lautlos vom Himmel und verteilt die Gaben unsichtbar. Die Verstorbenen leben oben über den Wolken, dort wo auch Gott sein muss, all das hören die Kinder die Alten sagen. Die christlichen Kirchen sind wohl die begabtesten Meister in ihrer Fantasie, ihren Gläubigen ein Angebot über unzählige figurale, bildhafte Helfer in der Not zu bieten. Diese Helfer in der Not, die Heiligen, schrieben eine Geschichte in ihrem Leben. Sie wurden meist verfolgt und oft wegen ihres Glaubenswillens getötet. Gott der Herr und alles, was sich um ihn für die Menschen helfend aufbaute, musste nicht immer real nachweisbar sein, aber die, welche auf Hilfe verzichteten, strahlten nach ihrem Opfertod eine gewaltige geistige Aura aus, besonders auf Menschen, die ihnen ihre Not und Verzweiflung anvertrauten und um Hilfe baten. Auch heute werden noch manchmal verschiedene Heilige um Hilfe angefleht. Mit in diese Strahlenaura eingebettet erlebt sich die gewaltige Energie des erlittenen Leides und vereint sich mit der Energie des Leides der Bittenden. Daraus erlebt sich eine Kraft, die das Sein über das Irdene hinaus in das Göttliche trägt. Die Energie des Leides verbindet sich mit der Fantasie des Geistes und umgeht damit klug die messerscharfen realen geistlosen Denkgebäuden des Intellektes, gleichzeitig signalisiert sie den Hang zur Harmonie und nicht den zum Gegensatz. Nur eines mögen die Nothelfer nicht, nur bei Not sie hervorzuholen, auch wenn sie Nothelfer genannt werden.

Das Kreuz trägt die Minus-Energie des Gottesmordes in sich und die positive Energie für den, der die Wahrheit vor dem Kreuz sucht und seine eigene Wahrheit nicht versteckt und die Minusenergie erkennt. Wer vor dem Kreuz aus Materie steht, muss wissen, in jeder Materie ist Lebensgeist und hinter jeder Materie steht die Mystik der Metaphysik. Somit stehen sich zwei Materien gegenüber, der menschliche Körper mit einem großen Anteil von Lebensgeist gegenüber dem Kreuz mit der Ausstrahlung als Symbol des Gottesmordes, mit der Frage an den Beschauer, ob er nicht auch zu denen gehört, welche nicht auch heute noch demütigen, foltern und morden würden? Ich denke, man würde das Kreuz dann wohl meiden. Die Menschen sind immer wieder dieselben, ihre Körper sterben, aber ihr „Ich-Ungeist" überlebt immer und vermählt sich wieder mit einem neuen tierischen Körper. Daher ist der Körper nur ein Ausführender, der Ich-Ungeist ein Befehlender. Die Wahrheit ist, die Menschheit erneuert sich geistig nicht, sie wälzt sich körperlich nur im Sumpf ihrer sinnlichen Begierden um.

Die immer weniger werdenden Menschen, die dem wahren Geist zugetan wären, dürfen sich an dieses Kreuz mit ihrer Sehnsucht für inneren Frieden und Harmonie anlehnen. Wenn das „Ich" mit der göttlichen Seele eine geistig empfindende fühlende Partnerschaft eingeht, dann steht man aufrecht vor dem Kreuz und es wird ein großartiger neuer Freund werden, dem man alles erzählen kann. Daraus kann ein großes Glücksempfinden entstehen, wenn einen der Herr mit seiner Liebe berührt. Man könnte sagen, die Kirche lässt jeden Menschen sich seinen eigenen Verbindungshelfer zum Herrn erwählen, eben seinen Helfer in Freud und Leid. In bestimmten Gotteshäusern sind enorme Energie-Aufladungen zu empfinden, Energien des Leides und der Freude. Wenn man hier mit seinem Schmerz sich einklinkt, kann einen ein beruhigender Mix aus all diesen im Raum schwebenden Energien treffen. Es gibt viele Menschen, die ohne Gottesdienst dieses Wunders teilhaftig werden, denn dazu braucht es Stille. In dieser vom Geist durchwobenen Stille mit dem Licht vieler Kerzen kann man sich dem Schmerz hingeben, hineinlehnen, und es hilft, die Begierden fliehen zu lassen.

Ein leidender Mensch benötigt eine andere Anlehnung als der, welcher nicht mit einem Leid behaftet ist. Das ist dadurch begründbar, dass Leid intuitiv den Weg zum Sterben kürzer erscheinen lässt, deshalb ist die Anlehnung an etwas, was über den Tod hinausreicht, als Stütze sinnvoll, denn der Tod lebt in seinem eigenen Reglement. Jedermanns Sache sollte es sein, zu wissen, dass die Energiewelt vom Diesseits ein Kinderspielzeug gegenüber der Energiewelt des Geistigen im Jenseits auf der Ebene der vierten Dimension darstellt. Diese Tatsache sollte einem nicht fremd sein, denn das Anlehnungsbedürfnis an die Wärme des göttlichen Gesetzes gehört zur Überlebensstrategie im Diesseits für das Jenseits. Es nur dem reinen realen Denkprozess zu überlassen ist jedenfalls zu wenig. Lernen Sie rechtzeitig über die Materie Kreuz mit Ihrer göttlichen Seele in Ihnen zu reden.

Das Wirken der Gegensätze im abtrünnig gewordenen Menschen (178)

Körper, Geist und Seele ist der vom Mensch umkonstruierte Nachfahre von der ehemaligen wahren Trinität von Lebensgeist, Ich-Geist und Seelengeist.

Über die Entstehung des Ersteren, des Körpers, wurde und wird enorme Energie für dessen „Wichtigus" verwendet. Über die beiden Nachfolgenden reichen nebulose Spekulationen ungeistig menschlichen Denkens. Hat auch seine Logik, denn wie sollte Materie sonst über das Geistige in seiner Nachbarschaft denken können. Die Erweiterung des menschlichen Gehirns im Laufe der frühen Evolution hatte sicher nicht den Sinn, die gegenseitigen Befruchtungen von Erfahrungswerten dieser damaligen Menschenwesen speichern zu können, sondern einer speziellen Aufgabe gerecht zu werden. Es war Voraussetzung, die Einwirkung geistiger Einflüsse im Menschen zu sichern. Man könnte das Geschehen in die Zeit vor ca. hunderttausend Jahren ansiedeln. Es war jedenfalls lange vor dem Sündenfall in Verbindung mit dem Hinauswurf des Menschen aus dem Paradies. Danach beherrschte nicht mehr der Geist, sondern die Materie deren eingeborenen Gegensatz. Dieses neue Denken hat alle geistige Harmonie durchbrochen. Prüfen Sie doch selbst Ihre Gedanken, wie rasch sie von einer Begierde zur anderen springen, wie schnell sich Ihr Denken mit Gewalt vereinigen kann, um das Gewollte zu bekommen. Sollte sich Ihr persönlicher Wille nicht dem Ihrer Gegensätze und Begierden angleichen, gibt es einfach Zoff, denn mit Ihrem persönlichen Willen wollen Sie vielleicht Harmonie in Taschenformat gründen, aber Ihr Denken wird rasch durch den Umkehrschluss manipuliert.

Die neue Bestimmerin im erweiterten Gehirn des Menschen ist die Gegensätzlichkeit in ihrer ungebremsten Gewalt der Materie geworden. Die Materie bündelte im Denkgehäuse des Menschen sämtliche geistige Restenergie und ließ Technik vom Feinsten im Laufe der letzten 200 Jahre entstehen. Diese Technik hatte nicht den Grund, dem Menschen hilfreich beizustehen, das war nur ein fallweises Nebenprodukt. Der wahre Grund der allgemeinen Technisierung hatte nur ein Ziel, den Menschen die Möglichkeit zu bieten, so weit in den Raum des Universums hineinsehen zu können, um die unvorstellbaren Kräfte und Energien, welche hier die Gegensätze betreiben, staunend zu schauen, nicht dann nach Belieben für sich zu nutzen. Das Werk des Gegensatzes findet hier allerdings sein Ende, er trifft auf rein geistig kosmisches Terrain. Der Mensch in der Gegensätzlichkeit von Materie wird auf seine Sterblichkeit zurückgeworfen.

Es gibt nur eine einzige Waffe, den Gegensatz zu zähmen, und zwar seine Mutter, die Materie des Körpers, verelenden zu lassen, genau das ist die göttliche Waffe, den Menschen von seinen Begierden in seiner Gegensätzlichkeit zu befreien. Sollte es eines Tages das weitere Geschehen der Menschheitsgeschichte zulassen, wird der Mensch auch von der Materie des Universums befreit sein, dann finden sich der ehemalige und nun geläuterte Ich-Ungeist und die göttliche Seele in ihrer Ureigenschaft als hoch geistige Energiefelder in der kosmisch göttlichen Welt als Engel wieder. Hier auf Erden allerdings eine Frage der Zeit, nicht aber im Jenseits.

Die Mystik des Glaubens (179)

Je weiter ein Mensch sich seit seiner Abwendung von Gott entfernte, desto größer wird das Geheimnis dessen, was von ihm verlangt werden muss. Der Mensch steht in einer Bringschuld dem Herrn gegenüber, d. h. er muss seinen selbst erzeugten Größenwahn und all das, was mit diesem im Zusammenhang sich gebärdet, reduzieren. Sicher sehr oft heftig reduzieren, denn er muss den Weg seines Abdriftens zurückgehen. Deshalb die erforderliche Reduktion, denn mit schwerem Gebäck ist der anstrengende Weg keinesfalls zu schaffen. Vorher muss der Mensch allerdings etwas längst Verlorenes, das kein Gewicht hat, suchen und wiederfinden, denn es hängt mit Geist zusammen. Für den jetzt dem Menschen anhaftenden Ungeist ist das schwer vorstellbar, da Geist das Umgekehrte von seinem Ungeist darstellt. Das Verlorene ist im Begriff Glaube auffindbar, nicht aber am Glauben der menschlichen Errungenschaften, denn dieser führt exakt am Geistigen vorbei zur nur endlich seienden Materie. Hätte der Mensch seine ehrfürchtige und ehrliche Fantasie seiner Kindheit nicht eintauschen müssen mit dem Realismus seiner Begierden, dann hätte der Glaube viel früher wieder Fuß fassen können. Die Beziehung eines Kindes in der Anlehnung zu seinen Eltern ist mit einer vertrauensvollen Liebe im harmonischen Werden verwoben. Die jungen Gegensätze kommen langsam in Bewegung, die Elternschaft müsste vorderhand den noch nicht ausgereiften „Ich-Geist" des Kindes übernehmen und dessen Gegensätze harmonisch zähmen, und zwar so zähmen, dass der „Ich-Geist" eines Kindes diese wichtige Notwendigkeit geistig erfühlen lernt, um sein Leben dem Gegensatz innerhalb der Harmonie und den aus diesem erwachsenen Tätigkeiten nachkommen zu können.

Der paradiesische Mensch hatte diese Fähigkeit von seiner Schöpfung mit erhalten, und diese wurde über die Eltern ihm weitergegeben. In dieser Ära durfte das junge Wesen Mensch ein Kind sein, welches nicht von einer vertrauensvollen Liebe und Achtung vor dem Höheren enttäuscht wurde. Der heutige junge Mensch erhält das mit, was seine Eltern von ihren Eltern mitbekamen. Meist einen erzieherischen Terror-Weg, der einzig und allein dem Begriff Begierden folgt. Die sogenannte gute Erziehung ist meist dem Grunde nach einer militärischen Diktatur gleichzusetzen, aus Bequemlichkeit für die Erzieher. Es wird ein sogenanntes Reifeprogramm vorgegaukelt, um in das Leben eintauchen zu müssen, das von der Vorgabe der Begierden nur so strotzt. So sucht heute jeder für sich alleine verzweifelt und sinnlos eben „sein Paradies", bei dem die Gegensätze jubeln, denn sie haben doch längst das wahrlich Verbindende, die gewachsene vertrauensvolle Liebe, ummantelt und dadurch die Harmonie des Geistes zerstört.

Der Glaube stellt heute für die chaotische, erfolgsgläubige Menschheit nur eine Mystik dar. Wenn aber den Menschen Angst beschleicht, fürchten sich seine Begierden und fliehen. Somit könnte sein Denken und Handeln in eine Welt mit von seinem „Ich-Geist" gezähmten Gegensatz führen. Die Erforschung der Mystik des Glaubens ist die höchste Wissenschaft, die der Mensch für sich allein zu studieren hätte. Glaube lässt sich nicht studieren, nur empfinden.

Gegensatz-Glaube-Harmonie (180)

Glaubensfindungen unterliegen einer Kraft, die aus der Energie im menschlichen Unbewussten wurzelt. In diesem Unbewussten befindet sich die Glaubenszentrale, die göttliche Seele. Sie ist die Glaubensbewahrerin, die Behüterin des Glaubens. Glaube ist die Wahrheit über das göttliche Sein und dessen Schöpferkraft. Der nachparadiesische und damit vor allem der heutige Ungeist im Menschen, sein „Ich" darstellend, hat sich durch seine durchgeführte Glaubensabkehr im Wesentlichen dem in der Materie im Körper herrschenden Gegensatz angeschlossen. Das, was dieser „Ich-Geist" als Ungeist an Gedanken produziert, ist dem freien Gegensatz und dessen Begierden gleichgestellt. Der Körper hat nur eine ausführende Funktion, was sein „Ich-Ungeist" von ihm fordert. Eines funktioniert naturgemäß nicht, Harmonie zu gestalten und zu erhalten, denn das ist die Aufgabe der göttlichen Seele geworden, nachdem sie ihrer ursprünglichen Tätigkeit nicht mehr nachkommen konnte, da vom „Ich-Ungeist" des Menschen sie in das menschliche Unbewusste verbannte wurde. Der wohl geistig seiende, aber eben ohne

Energie aus der geistigen Welt verbundene „Ich-Ungeist“ bezieht und verstärkt den in der Materie vorhandenen Gegensatz schon in seinem Denken in alle Richtungen und lässt von seiner Körperlichkeit Taten setzen. Jeder menschliche „Ich-Ungeist“ lässt aus seinem Mittelpunkt-Denken seine Gegensätze in alle Richtungen, von den Begierden getragen, agieren. Der Glaube so eines „Ich-Ungeistes“ ist an seine begierdenhaften Gegensätze gebunden und glaubt nur an die Erfüllung dieser. Er lebt im Chaos und hat fallweise, wenn seine Forderungen sich nicht so wunschgemäß erfüllen, Sehnsüchte, und diese heißen Harmonie und Frieden. Der „Ich-Ungeist“ wird auch müde, kränklich, ängstlich. Doch seine ihm schon angeborenen, aus der Materie übernommenen Gegensätze laufen unbeirrt weiter, denn es ist niemand da, der sie zähmen könnte. So bleiben Harmonie und Friede im menschlichen Sein eben nur Sehnsucht. In der heutigen abartigen Konstellation vom ursprünglichen Bestand des Menschen aus seiner Trinität ist der ehemalige Garant, der „Ich-Geist“ des Menschen, der Zähmung der Gegensätze nicht mehr gewachsen, er schwimmt im ureigenem Prinzip der Materie als ehemaliger verantwortlicher Geist im chaotischen Begierden- und Gegensatzsumpf freudig mit. Man braucht nur die Geschichte der Menschheit kritisch zu studieren. Da verflucht ein Gegensatz den anderen, und das in milliardenfachen Ausmaßen. Hier eine Glaubensfindung ausmachen zu wollen, wäre ein sinnloses Unterfangen. Den Glauben kann man finden, wenn man an das Höhere empfindend interessiert ist.

Die meisten Menschen, soweit es für sie machbar erscheint, setzen den Körper in der Befriedigung ihrer Begierden ein. Das Betätigungsfeld aller Freuden und Lüste ist hier schier unbegrenzt, nur sie schreien nach mehr, da diese nur kurzfristig begehrend Wirksamkeit zeigen und noch dazu ihrer Sterblichkeit preisgegeben sind. Fallweise ist hier auch eine Momentaufnahme von Glück, Liebe, Geborgenheit, sogar Harmonie in Szene gesetzt, was aber nur dann funktioniert, wenn von der Seele aus ihrem Exil aus gegebenem Anlass heraus ein wenig nachgeholfen wurde. Die göttliche Seele übernimmt daher die Agenden des früheren „Ich-Geistes“, nachdem dieser nach seiner

Abtrünnigkeit von Gott zum Ungeist mutierte. Nun muss die Seele als Vertreterin Gottes aus dem Unbewussten des Menschen heraus agieren. In der Welt der ungeistigen Gedanken ist für Göttliches kein Platz, hier herrscht die Materie mit ihren Gegensätzen im Chaos der Begierden.

Wer Glaubensfindung betreiben will, muss seine Seele in sich suchen, wenn diese nicht gerade „baumelnd“ im Urlaub unterwegs ist. Wenn Sie Ihre Seele suchen wollen, werden Ihre Begierden das gar nicht goutieren.

Der Ich-Ungeist im Menschen wurde zum Gegenspieler des Seelengeistes. Der nur materienverbundene Ungeist hat sich selbst zum Gegensatz hingezogen, genau diesen, den er als wahrer „Ich-Geist“ ehemals zu zähmen hatte. Seit dieser Zeit ist der Ausspruch wahr: „Ach, zwei Seelen leben in meiner Brust“, richtigerweise ein Ungeist mit Standort im Kopf und die Seele im Exil des Unbewussten. Nun, eine Glaubensfindung könnte man jetzt ansetzen, wenn einem klar geworden ist, dass man selbst den Ungeist darstellt, der seinen Begierden zuliebe diese göttliche Seele eingesperrt hat. Man würde jetzt einen längst verlorenen Schlüssel benötigen, um wieder zu dieser Exilseele einen Zugang zu bekommen und damit erfahren, wo Friede, Liebe und Harmonie wirklich beheimatet sind. Man darf in keinem Glauben faul sein und einfach nur „mitlatschen“, man muss auch den Mut zum Hinterfragen aufbringen und vor allem die persönlichen Freiheiten, Fantasien und auch persönlichen Frieden mit Gott alleine suchen, empfinden und auch erkämpfen lernen. Religionen sind oft verwirrende Wegweiser im Laufe ihres Bestehens geworden, umso schwieriger ist es, den richtigen Weg zu finden. Eines ist wichtig und richtig, keine einzige Religion dieser Welt kann einem diesen letzten Weg ersparen, den muss man ganz alleine gehen und zuletzt sich auch in allem verantworten müssen. Die Reste von den gezähmten Gegensätzen haben einen gewaltigen Stellenwert, nur diese Kraft kann zusammen mit dem Glauben den Begierden-Gegensatz erfolgreich der Harmonie zuliebe bekämpfen.

Die wahre Trinität (181)

Der Mensch nach Adam und Eva in seiner eingebildeten gottgleich seienden sterblichen Macht, in Verbindung mit dem Größenwahn seiner Begierden, setzte die von Gott gegebene geistige Trinität seines Wesens einfach für sich außer Kraft. Er stellte seinen tierischen, sterblichen, verwesungsbereiten Kadaver vor die unsterbliche Energie des göttlichen Geistes und verbannte seinen eigenen Lebensgeist in das Unbewusste, zur ebenfalls der Verdrängung vom „Ich-Geist" anheimgefallenen göttlichen Seele. Dieser „Ich-Geist", alias gefallener Engel, in seiner stark dezimierten Energie seiner Denkkraft verwandelte sich zum Ungeist. Der abtrünnige Mensch konnte mit seiner wahren Trinität nach der Idee Gottes wie *Lebensgeist, Ich-Geist und Seelengeist* immer weniger anfangen und stellte sich selbst mit seinem Körper immer mehr in den Vordergrund. Dass der Körper auch geistig denken könne, sagte ihm seine falsche Einbildung, also darf der ungeistige „geistige Mensch" in seiner falschen Annahme bleiben. Die Seele, verbannt, ist im Unbewussten überall empfindbar. Der Lebensgeist hat keine merkbare Aufgabe, da der Körper ja sichtbar ist, also kann der Lebensgeist problemlos gegen den Körper namentlich ausgetauscht werden. Und schon sind wir bei *Körper, Geist und Seele* angelangt.

Doch nun stellt sich dieser so wichtige Lebensgeist in das Licht seiner Wahrheit.

Die Erschaffung der Materie im Universum, die Bewahrung ihrer bei diesem Prozess entstandenen Gegensätzlichkeit, die endliche Lebenserhaltung auf Abruf sowie die Entmaterialisierung nach erfüllter Aufgabe, das alles liegt im Verantwortungsbereich des Lebensgeistes. Der tierische Körper des Menschen ist lediglich der Lieferant, der den vorhandenen Gegensatz in der Materie ungeregelt dem Ich-Geist zur Verfügung stellt, der weitere Verlauf rein geistiger Art ist bekannt. Keine wahre geistig unendlich seiende Energie würde eine von ihr geschaffene Materie in ihrer nur endlich seienden Sterblichkeit einer geistigen Gleichstellung dulden. Der Ich-Geist, in seiner Abtrünnigkeit zum Ungeist degradiert, tat das und schuf damit das nachparadiesische Menschenbild in seinem heutigen Bestand. Materie mit Ungeist als Körpermensch verbannte den Lebensgeist zusammen mit dem göttlichen Geist der Seele in das allerdings vom Ungeist nicht kontrollierbare Unbewusste.

Der menschliche Körper ist eine vom Geist erschaffene, von diesem benützte und wieder abzuschaffende sterblich ungeistig seiende Materie. Drei Geistwesen beherrschten früher die Materie Mensch durch sein jeweiliges Erdenleben in seiner Zweckfunktion als Beschaffer und zugleich Zähmer des Gegensatzes innerhalb seines Erdendaseins. Der Lebensgeist, der Ich-Geist und der Geist der göttlichen Seele.

Der in deren Mitte als Geschäftsführer wirkende Verantwortungsträger dieser Trinität, der Ich-Geist des Menschen, begann als stärkstes Glied die in der Materie Mensch agierenden Gegensätze nicht nach göttlicher Vorschrift, sondern nach seiner eigenen überheblich gewordenen Ansicht als Ungeist zu steuern. Daraus entstand ein gewisser unkontrollierter Wildwuchs bei den Gegensätzen. In einem Geist-Materiegemisch-Interessensgebiet gebar sich die Begierde, ein Mischling aus Tier und Ungeist, und ward den körperlichen Sinnen stark zugetan. Demzufolge ist der gefallene Engel ident mit dem Ich-Ungeist des Menschen, und der Vollzug der Abtrünnigkeit ein rein geistiges Werk des Ungehorsams gegenüber der kosmischen Allmacht Gottes. Alles Weitere ist zur Genüge bekannt.

Der Ungeist mit seinem ungeistigen Denken will davon naturgemäß keine Glaubwürdigkeit aufbauen und bringt eine Unmenge von Placebo-Geschützen in Stellung. Von der Gottesverleugnung bis zur Einbildung, Gott würde auf Erden erscheinen und den Menschen ihre Sünden verzeihen. Dazwischen liegt natürlich auch ein Meer von Verdrängungsmechanismen. Nur eines ist kaum zu finden, sich der eigenen Verantwortung im Leben und vor allem nach dem Leben, dem Tod, zu stellen.

Liebe und Hass (182)

Die Liebe erlebt sich als die Krönung innerhalb der Harmonie.

Der Hass erlebt sich als Speerspitze außerhalb des Gegensatzes.

Die wahre Liebe ist in der von Gott abtrünnig gewordenen Menschheit kaum mehr als echt auffindbar, denn dafür fehlt die Grundlage, eben die Harmonie. Der Hass dagegen feiert in der von Gott abtrünnig gewordenen Menschheit seine Orgien, denn er hat sich mit den Begierden verbunden. Beide bedienen sich eines Geistigen, des schmeichelnden menschlichen Ich-Ungeistes. Die nachparadiesische Menschheit wird von einem seiner wahren Aufgabe unfähig gewordenen energielosen Ungeist befehligt, dem gefallenen Engel. Ihm wurde als Strafe Gottes die Fähigkeit entzogen, den Gegensatz, dadurch den Hass und die Begierden, zu zähmen und alles unter den göttlich geistigen Weltenschirm der Harmonie und Liebe zu stellen. Ohne Harmonie kann Liebe nicht entstehen. Das, was der Mensch als Liebe bezeichnet, sind meist kurzfristig karmisch zugelassene, im Gleichsein von Begierden erfolgende sinnliche Befriedigungen, die sich an bequeme Lust-Gewohnheitsprozesse anlehnen. Die Harmonie ging der Menschheit genauso wie das Paradies vor Adam und Eva verloren. Es ist der Hass Gottes auf ein Fehlprodukt Mensch, welches nicht er, sondern sein Engel, der Ich-Geist des Menschen, durch seine Abtrünnigkeit schuf. Dieser gefallene Engel fand sich als Ungeist in enger Verbindung mit seinem Körper der Materie samt der Gegensätzlichkeit und ohne Harmonie. Körper und Ungeist des heutigen Menschen gerieten als Einheit durch ihren den Begierden verfallenen Lebensstil in eine Hasstirade Gottes. Das Hauptproblem von „oben" stellen nicht die Körper dar, denn diese können sich vor Schmerzen ja krümmen und haben den Trost, zu sterben. Der wahre Hass richtet sich gegen sein Ureigenes, gegen seine ehemaligen Geist-Engel, die ja die wahren Täter waren und weiterhin sind. Es ist unser „Ich" dieser ehemalige Geist-Engel, der sich in uns als gefallener Engel manifestiert und daher auch den Zorn seines Vaters mehr oder weniger zu spüren bekommt. Deshalb haben wir intuitiv Angst vor dem Sterben, was da außer dem toten Körper noch übrig bleiben sollte. Diese Angst besteht zu Recht, denn der All-Geist des göttlichen Vaters lässt über die Abtrünnigkeit der Do-it-yourself-Mensch-Konstruktion richten. Bei einem Gericht in der geistigen jenseitigen Welt fällt die Strafe, die den Hass Gottes bewirkte, furchtbar aus. Damit sollte auch endgültig klargestellt sein, welche wahren Gefühle Gott der abtrünnig gewordenen Menschheit entgegenbringt, keinesfalls Liebe. Leider ist über die Liebe nur eine Zeile zu berichten, sie ist im Gemetzel der Begierden-Gegensätze mit der Harmonie in der Geschichte der Menschheit untergegangen.

Mein eigen Fleisch und Blut (183)

Diesen Ausspruch kann man nicht für sich allein beanspruchen, er gilt immer für beide Erzeuger. Den geerbten Genen liegt allemal die Materie der Körper mit seinen Sinnen zugrunde. Das Tier-Mensch-Wesen ist durch seinen Lebensgeist in punkto Denkvermögen erweitert ausgebildet und ist im Laufe der Menschheitsgeschichte entsprechenden Trainingseinheiten und deren Lernprozessen unterzogen und verbessert worden. Bildung, Kultur, Wissen, differenzierte Gesellschaftsformen und ihren Eliten auf allen Gebieten sind die Ergebnisse. All das ist vererbbar, oder eben auch nicht, wenn karmische bzw. geistige Einflüsse aus der höheren Ebene sagen: Wir aus der 4. Dimension wollen das anders gestaltet haben.

Das sind dann die Zeuger großer Verwunderungen, wenn sich so ein Nachwuchs-Menschwesen aus der erwarteten Art hinausschlägt. Das menschliche Denken wäre ja nicht so schlecht aus dem, was der Lebensgeist ihm bietet, die Katastrophe ist nur, dass dieses Denken im Verein mit dem Ungeist, der nur dem Größenwahn der Macht, der Begierden und somit den Gegensätzen aus der Materie gewidmet ist, das Sagen hat. Nur hat bisher kaum einer der 7 Milliarden etwas für sich dagegen unternommen, sonst wäre er ja nicht hier auf dieser sich selbst zerstörenden Welt, und er kommt wieder, da der Mensch weiterhin seinen Begierden und Lüsten, damit seinen Gegensätzen weiterhin dienend, frönen wird. Ob das eigene Fleisch und Blut Ihre Lebensarten annimmt oder von „oben" anders gesteuert wird oder wurde, auch bis hin zur karmisch bedingten körperlichen Deformierung, ist dem Grunde nach egal. Alles im menschlichen Bereich unterliegt einer marionettenhaften Steuerung, die dem hohen Geistigen untersteht und dieses dem Grunde nach den Vollzug des göttlichen Strafgerichtes gemäß ausrichtet. Das besteht aus dem Kausalgesetz, allerdings versehen mit dem geistigen Umkehrschluss, in Anwendung auf den Menschen je nach Maßgabe seines karmischen Befundes. Das eigen Fleisch und Blut gebiert sich in hunderten von Geburten immer wieder als Wiederholungstäter. Also vergessen Sie Ihre eventuelle Aufregung über Ihr eigen Fleisch und Blut, das nächste Mal sind Sie selbst der Grund für diese Aufregung, ganz sicher. Das Rad der Wiedergeburt dreht sich beständig und untersteht der wahren Geistigkeit, deren der Mensch ahnungslos gegenübersteht. Das ist genau diese Geistigkeit, die den Wissenschaftlern ständig Probleme bereitet, wenn sie das Leben erforschen wollen. Sie können das Leben niemals erreichen, denn es ist reine geistige Energie, die kosmische Energie aus der Idee Gottes. Der einfache Denker, der mit der Natur lebt, hat meist das Empfinden über das Höhere, über ein Göttliches, welches dem Menschen mehr Respekt abverlangt als dem Intellektuellen, dessen Denken lediglich auf die technischen Machbarkeiten menschlicher Materien-Genies fokussiert ist. Eines Tages werden so manchen Forschern, die versuchen, das Leben mit ihrem ungeistigen Materien-Denken zu ergründen, Gott begegnen. Es ist nur die Frage auf welche Art.

Vielleicht denken auch Sie etwas mehr über Ihr von Prinzip eigen Fleisch und Blut nach, sonst schaffen Sie nie den Ausstieg aus dem Gesetzes-Rad der Wiedergeburt. Denken allein wird nur vom Ungeist angeführt, und dieser lenkt Sie wieder zu Ihren Begierden. Sie müssen lernen, empfindend, fühlend und hinterfragend zu denken, es austauschen mit Ihrem gewohnten, meist nutzlosen Denken in materiellen Sinnen.

Das „Eigentums-Verhältnis" (184)

„Du gehörst mir ganz alleine", ein Lieblingszitat, jedenfalls bis zum Ende einer Liebschaft. Ja, wessen Eigentum ist der Mensch nun wirklich? Er unterliegt oft stark wechselnden Eigentumsverhältnissen, vor allem dann, wenn Macht im Spiel ist, von klein bis groß Mächtigen, von Eigentum aus Liebe bis hin zur Versklavung. Es gibt und gab zu allen Zeiten einen Menschenhandel, also wechselt die Ware Mensch oftmals den Eigentümer Mensch. So ein Eigentumsverhältnis endet bei einer gewissen Unbrauchbarkeit der „Ware" spätestens mit dem Tod der Materie Mensch, nur der Materie.

Woraus besteht nun so eine Eigentums-Annahme auf die Ware Mensch? Niemals das Gesamtprodukt Mensch in seiner geistigen Trinität aus der paradiesischen Ära, auch nicht das Gesamtprodukt des nachparadiesischen Menschen aus Körper und Ungeist des heutigen Menschen. Was man hier glaubt, als Eigentum zu besitzen, betrifft lediglich den tierischen Körper mit seinen Sinnen, zur Verwendung von Lustbarkeiten, Sex, was der Mensch oft Liebe nennt, Nachwuchszeugung bis hin zur Ausbeutung als Arbeitskraft und sonstigen Brutalitäten. Es handelt sich hier um ein Objekt einer sterblichen Materie mit Leben. Was ein Mensch von einem anderen niemals besitzen kann, ist dessen Geist mit Seele, denn diese beiden gehören nicht der endlich sterblichen Welt, sondern der unendlich unsterblichen Welt an. Dieses Prinzip ist auch schon aus der möglichen Gerichtsbarkeit erkennbar. Das endliche irdische, nur mit sterblichen, ungeistig seienden Richtern besetzte Gericht kann eben nur endlich seiende Materie (Körper) richten.

Das Unendlich mit unsterblich geistigen Richtern besetzte Gericht kann nicht nur den geistigen Part des Menschen richten, sondern auch dessen Körper bereits zu seiner Lebenszeit eine Strafe verpassen.

Im normalen Erdenleben ist dem Grunde nach ein Besitz demjenigen zugeschrieben, der ein Werk erschaffen oder gestaltet hat, eben als Urheber-Recht. Da der Mensch sich niemals im Ursprung selbst erschaffen konnte, muss er auch Eigentümer seines Erschaffers sein, und zwar in seiner unteilbaren Gesamtheit. Dass der heutige Mensch seit seiner Geschichtsschreibung (seit Adam und Ava), seit seinem Hinauswurf aus dem Paradies und seit seiner Abtrünnigkeit als gefallener Engel von Gott nur in seinem sterblichen materiellen, tierischen Körper sich selbst erkennen kann, ist seine wahre Tragik. Auch wenn der Mensch über die Begriffe von Geist und Seele sehnsüchtig fabuliert und sie fallweise auch mit Eigentum oder Besitz in Zusammenhang bringt, kann er mit diesen für ihn nicht fassbaren Begriffen auch nicht umgehen. Es ist nur der Ungeist der heutigen Menschen, der dem Körper willig geworden ist, aber er steht nur leihweise diesem zur Verfügung, und zwar bis zu dessen Tod. Auch der Ungeist ist ein Geist, der des gefallenen Engels, und als solcher unsterblich. So ist der sterbliche Mensch trotz vieler Gemeinsamkeiten nur während der Lebenszeit diesem dienlich. Am allerwenigsten kann man die Seele in irgendein Eigentumsverhältnis einbringen. Sie, die Göttliche, repräsentiert den Geist Gottes im Menschen. Genau dieser Geist Gottes ist alles andere als ein Freund des abtrünnig gewordenen Ungeistes des Menschen.

Also seien Sie vorsichtig mit Ihren Eigentums-Ansprüchen anderen Menschen gegenüber. Das Einzige, was Sie bis zu einem gewissen Grad erobern können, ist der sterbliche Körper, der eine Verbindung mit einem unsterblichen Ungeist einging. Da Sie selbst in der gleichen Zusammensetzung leben, können Sie mit Sicherheit darauf bauen, dass Ihre beider Gegensätze Ihre vielleicht aufkeimende Harmonie, die Sie als Liebe empfinden, bald wieder zerstören können oder auch werden.

Der Eigentümer des Menschen ist sein Schöpfer. Der von Gott abtrünnig gewordene heutige Mensch ist Eigentümer der aus der Materie stammenden ungezügelten Gegensätze und seiner daraus resultierenden Begierden. Richtig ausgedrückt, der Mensch ist ein Begierden-Tier in seiner Grauenhaftigkeit, ein noch niemals da gewesenes Wesen auf Erden. Es wird kaum in dieser Zusammensetzung der Mensch sich jemals als Eigentümer seines ehemaligen Schöpfers empfinden können. Ein Wesen, vom Ungeist seiner Begierden beherrscht, würde niemals kompatibel mit dem Beherrscher des Weltengeistes werden können. Der Hass Gottes ist zu groß auf seinen Geist, auf den gefallenen Engel, der sich zum Ungeist entwickelte.

Die Trauernden nach einem Todesfall stehen vor dem falschen Anteil Mensch, seinem zur Verwesung freigestellten Körper. Der Geistkörper des Ungeistes trifft sich im Jenseits mit Gott zur Abrechnung. Solange die Menschheit sich im Eigentum ihrer körperlichen und ungeistigen Begierden suhlt, ist Gott Atheist im Umkehrschluss, aber als Menschen-Verleugner.

Der Irrgarten des menschlichen Denkens (185)

„Der Mensch denkt, Gott lenkt." Die Einfachheit dieses weisen Spruches benötigte kein großes Denken, sondern nur einfaches Empfinden und Beobachten des menschlichen Handelns in seinem Leben und die daraus erwachsenden Wirkungen. Fast immer ist zwischen Handeln und dem daraus entstehenden Sollen in letzter Konsequenz eine oft starke Irritation feststellbar. Die Denkursache eine eindeutige Festlegung, die angepeilte Wirkung äußerst variabel.

Das menschliche Denken entstammt einer Energie, fallweise der komprimierten Lebens-Geistenergie, verbunden mit einem kleinen Rest der wahren Ich-Geist-Energie, noch aus den paradiesischen Zeiten herrührend. Der Anwender dieser sehr mageren geistigen Energie ist der menschliche Ungeist, das „Ich", das ungeistige „Ich" des heutigen nachparadiesischen Menschen. Die Materie des menschlichen Gehirns ist nicht wie fälschlich angenommen der geistige Denker, sondern lediglich der Umformer der ihm zur Verfügung gestellten geistigen Energie. Der von der Materie Gehirn angeforderte Treibstoff erwartet sich, von diesem in einen Denkprozess eingegliedert zu werden, daraus entwickelt sich die Denkenergie. Die Steuerung der vorgegebenen Interessen dieser Denkenergie hat der „Ich-Ungeist" des Menschen als Materie Körper, dessen Gegensätzen und diese wieder ihren Begierden anvertraut. Die im Wesen Mensch vorhandenen knappen Ressourcen an Treibstoff von geistiger Energie werden der sterblichen Materie Körper mit dessen Gegensätzen und deren Begierden zum Fraß vorgeworfen. Das gesamte Drama Menschheitsgeschichte ist diesem geistigen Denk-Energieprozess aus dem „Ich-Ungeist“ jedes einzelnen Menschen in seinen vielen Wiedergeburten seit Adam und Eva zuzuordnen. Das, was die besonderen Begierden-Denker jemals in der Geschichte der Menschheit in ihrem Größenwahn ihres eigenen Allmacht-Glaubens anstellten und -stellen, auch noch anstellen werden, stammt aus einem endlichen, nicht nachvollziehbaren ungeistigen Irrgartensystem, aus dem selten funktionierenden Kausalprinzip. Die Wirkung einer Ursache ist niemals exakt im materiellen Bereich voraussehbar, sondern nur dort, wo geistige Energie sich in das Spiel der Verursachung mischt. Der menschliche Körper mit seinem Lebensgeist und magerem Restgeist-Denkvermögen steht einer Tatsache ahnungslos gegenüber, nämlich der, dass die Energie dieses Restgeistes nicht sterblich ist, denn sie stammt aus der Unendlichkeit des kosmischen Geistes und bleibt diesem ewig verpflichtet, das heißt, er unterliegt nicht der irdenen, sondern der geistigen jenseitigen Rechtsprechung. Entscheidungen, die der körperlich menschliche Ungeist auf Erden trifft, deren Folgen werden eben auf der höheren geistigen Ebene geprüft, beurteilt und gegebenenfalls verurteilt. Das karmische Gleichheitsgesetz besorgt im Umkehrschluss den Rest am ahnungslosen menschlichen Körper und dessen Ungeist. In dieser Tatsache liegt der Irrgarten des menschlichen Denkens begründet.

Die ewige Frage nach dem Warum? (186)

Warum und von wem wurde der Mensch erschaffen? Eine Beantwortung dieser alles entscheidenden Frage werden Sie nirgendwo in der Geschichte der Menschheit, weder in der Religion, Philosophie, Psychologie, in etlichen Wissenschaften oder sonstwo erhalten. Fragmentarisch fallweise, aber niemals durchgehend schlüssig, wie dem Kausal-Prinzip folgend. Die ähnliche Frage stellt sich nochmals dann, wenn man gestorben ist. Warum wurde gelebt und was hat demjenigen der Tod gebracht? Auch diese Fragen stellen sich keiner Beantwortung. Genauso wenig das Leben an sich. Auch die Frage nach Gott bleibt unbeantwortet, so wie die Fragen nach dem Leid und der Angst. Die Metaphysik könnte alle Fragen beantworten, nur die ist geistig göttliche Energie, Energieträgerin des Geistkörpers vom Menschen. Der kleine Wichtigtuer Mensch ist nur endliche Materie und seiner Sterblichkeit verpflichtet, mehr nicht.

Doch, der Mensch hat seine Lebensgeschichte aufgeschrieben und die trieft von Blut aus unendlich viel geschlagenen Schlachten, der sich glorifizierenden Schlächter sowie vom gigantischen Fortschritt, sich selbst in der Summe seiner Gesamtheit auslöschen zu können. Dazu noch alle nötigen Gebrauchsanweisungen von der Allmacht des Größenwahns mit seiner Göttin, der Technik. Nirgends aber der Sinn des Lebens und des Sterbens erkennbar. So einer Gesellschaft wie der der Menschheit ist der Zugang zur geistigen Energie bis auf Weiteres verwehrt, solange sie sich nicht um die Lösung dieses „Warum" klärend kümmert.

Der Geistkörper (187)

Dieser immaterielle Körper erlebt sich als geistige Energie in einer Art Einheitsform, dem menschlichen Körper ähnlich. Dieser für irdene Verhältnisse unsichtbare Körper bleibt dem „Ich-Ungeist“ als Gefängnis nach dem Absterben seines tierischen Körperlebens als Art Placebo-Effekt nach dessen Tod erhalten. Dieser Körperumriss stellt die Aura des Menschen während seiner Lebenszeit dar. Der Geistkörper ist ein und dasselbe, nur jeweils auf verschiedenen Bühnen sichtbar wirkend, besser gesagt Geistkörper und Aura sind Ausstellungsstücke des Lebensgeistes, alternierend in zwei Welten beheimatet. Beginnen wir im irdenen sterblichen Dasein. Der Lebensgeist der Materie Körper Mensch durchdringt diesen, als wäre er gar nicht vorhanden, das heißt, der Geistkörper war schon da, als die Materie Mensch in diesen hineingeboren, gestaltet und projektiert wurde. Der Geistkörper bildet die Metaphysik der Materie Mensch und erlebt sich zugleich als sein Lebensgeist in einer etwas flexiblen erweiterten Gestaltung. Das Strahlende, über die Materie hinausreichende bildet die Aura des Menschen sowie die aller Materie, eben der geistigen Energie, versinnbildlicht Metaphysik als die, welche immer vorher als die Materie selbst vor Ort war.

Drei Engel-Energie-Geist-Wesen wurden vom Herrn für das Endprodukt Materie, eben für die Materie tierisch-menschlicher Körper, als Veredler der Energie aus dem Gegensatz der Materie eingesetzt.

Der Lebensgeist, zuständig für die Schaffung und den Erhalt der Materie.

Der Ich-Geist für die Zähmung des Gegensatzes innerhalb der Materie.

Der göttliche Seelengeist, verantwortlich für die Einbringung des vergeistigten Gegensatzes innerhalb der Harmonie in die kosmische Welt und deren Dynamik.

Jetzt steht da plötzlich eine ganz andere Trinität nach der Idee Gottes vor uns als bisher angenommen. Eine Trinität, in der plötzlich der Körper keine Erwähnung mehr findet. Bei drei illustren, mit Ewigkeitswert ausgestatteten Geistenergien, was sollte hier eine der Sterblichkeit ausgesetzte, endlichen Materie für eine eigenständige Aufgabe zu lösen haben? Der in der Materie enthaltene Gegensatz ist ja ein Konstrukt des Lebensgeistes bei der Erschaffung der Materie, wohl das Wichtigste, aber trotzdem nur ein Nebenprodukt aus der Materien-Werdung. Irgendwann, jedenfalls nach dem Sündenfall des gefallenen Engels, wollte dieser sich als Mächtiger im gottähnlich seienden Größenwahn selbst mit seinem geliebten Körper als Geistigkeit an die Spitze der Trinität stellen. Der Lebensgeist musste sich nach der materiellen Denkart trollen, und plötzlich befand sich der tierisch menschliche Körper als ausgetauschte Geistigkeit an vorderster Stelle, vor dem Ich-Geist und der göttlichen Seele. Diese erste Nennung hatte ich schon früher bemängelt, konnte aber jetzt erst fündig werden. Der Geistkörper war der logische Aufdecker über das Liebesverhältnis zwischen dem zum Ungeist gewordenen Ich-Geist mit den Sinnen seines tierischen Körpers. Der wahre Ich-Geist des Menschen verliert sich als „Gewissen“ zusammen mit dem Seelengeist als göttlicher Botschafter und Spion im Unbewussten des menschlichen Geistkörpers.

Der Mord (188)

Eine Eigenschaft, die nur dem Tier-Mensch-Wesen gegeben ist, niemals einem nur Tier seienden. Die Gegensätze sind beim Tier von Haus aus mäßiger, vom natürlichen Lebensgeist geregelt und vor allem mit nur gezähmten Begierden behaftet. Ein Tier tötet in der Regel ein anderes, um zu überleben, und wird auch nicht von einem Ungeist dirigiert. Die Gegensätze in der Materie Mensch sind durch seinen „Ich-Ungeist“ mit dessen Wünschen und Verlangen mit Begierden besetzt. Der abtrünnig gewordene Geist des menschlichen „Ich“ zähmt die Gegensätze in seinem Materien-Körper nicht mehr, sondern lässt diese Gegensätze durch seine Begierden verstärken, so weit verstärken, dass das Morden der einzelnen Körper von Tier und Mensch bis hin zu Massenmorden als Normalität in der Menschheitsgeschichte aufscheint. Der Mensch nennt das Kampf, Schlacht, Feldzug, Ausrottung, Säuberung, Vernichtung, Auseinandersetzung und Mord. Alles Motive, hinter denen sich mit absoluter Sicherheit Begierden an der Spitze von aufgeheizten Gegensätzen verbergen. Ein vom göttlichen Weg abgefallenes Geistiges wurde zum Ungeist und befehligt die Gegensätze der Materie der Körper, um die Begierden aller Art mit Gewalt befriedigen zu können, wie eben: Planen wir einen Mord oder geben diesen in Auftrag! Zuerst das Motiv, denn deren sind es in Unmengen. Von Vergeltung, Habsucht, verlassener Partnerschaft, Ehrenbeleidigung, Unterdrückung, Neid, Gewalt und Mordlust. Die Begierde entwickelt auch abgrundtiefen Hass, um an ihr Ziel zu gelangen. Also das Mord-Motiv wäre immer gegeben. Planungen geschehen im Kopf, die Ausführung stellt der Körper. Weder der Kopf noch das Gehirn des Menschen wären planungsfähig, denn es unterwirft sich jede Planung den Begierden des Ich-Ungeistes. Das Gehirn besteht aus reiner Materie, wer soll hier geistige Entscheidungen treffen? Genau das ist das Problem des heutigen Menschen. Er seziert die Materie auf allen Gebieten und findet nicht das Dazugehörige, das eben alles in Funktion bringt, hält und wieder verlässt. Der Mensch sagt dazu Leben. Leben ist Bewegung, aber wer oder was bewegt dieses Leben? Ein Mystikum, das die sterbliche Materie niemals ergründen kann. Der heutige Mensch besteht eben nur aus seinem geliebten Körper und dem, was ihn kleinkariert auch denken lässt. Eine dezimierte Energie seines Ungeistes. Die Energie des menschlichen „Ich-Ungeistes“ ist der Auftraggeber jedes Mordes. Nur diesem Ich-Ungeist haben seine Begierden die Wahrheit vernebelt, denn der Mensch besteht nicht nur aus Materie seines Körpers, denn diese ist der geringste Anteil am Menschen. Lebensgeist, der Ich-Geist (Ungeist) und der Seelengeist sind die weitaus bedeutendsten Faktoren am Produkt Mensch. Dass ein Mörder in seiner Dummheit glaubt, durch das Wegschaffen der ohnehin zeitlimitierten menschlichen Körperlichkeit seines Opfers wäre sein Problem gelöst, irrt gewaltig. Sein eigener Tod holt den Mörder ein. Das nachfolgende Szenario spielt sich dann nicht auf der Vorderbühne des irdenen Lebens, sondern auf der Hinterbühne der geistigen Ewigkeit ab, und da wird es dann eng, sehr eng für alle Mordgesellen und deren Auftraggeber. Keine Waffe kann gegen die geistige Rache wirken. Gegen eine Verdammnis in alle Ewigkeit hat nur eines das Sagen, das unendliche Leid.

Leider wird die Wahrheit dem, der im Leben nicht an sie glaubt, erst nach dem Tod geoffenbart. Mord ist der schlimmste Sklave der Begierde und wird zum Sklaven der ewigen Verdammnis.

Das „Ich" (189)

Wer ist „Ich" eigentlich?
Wer ist „Er"?

Wenn ich in einer Gesellschaft jemanden, frage wer ist Herr X? Der Gefragte deutet auf eine Person und sagt: Das ist Herr X. Auf Herrn X zugehend meine Frage „Sind Sie Herr X? „Ja, ich bin Herr X", und er deutet imaginär auf seinen Körper, deutet auf einen schön gekleideten, gepflegten Körper. Es gibt also nur einen, diesen bestimmten Herrn X in seinem Körper, innerhalb seiner stofflichen Verpackung fixiert. Es könnte optisch auch ein Double des Herrn X geben, ich meine nicht das „Ich", sondern nur das Aussehen, einen Teil des Körpers, das Gesicht etwa. Also ohne Körper kein Mensch, auch kein „Ich"??

Was wäre das vom Menschen meist im Gebrauch stehende Wort, das „Ich oder Ich bin, Ich will, Ich arbeite, Ich schlafe, Ich übe, Ich bin der/die Schönste, Beste usw." ohne dieses „Ich"? Was wäre dann bei einem Tier, es kann nicht sagen, das bin ich. Dass der Mensch dem Grunde nach auch nur einen Tierkörper besitzt, steht außer Frage. Aber weshalb weiß der Mensch, dass dieser sein „Ich" ist, und das Tier nicht? Der Mensch scheint privilegiert mit seinem „Ich" zu sein. Obwohl das richtig ist, scheint diese Tatsache nirgends in der Menschheitsgeschichte auf. Warum und wann hat der Mensch sein „Ich" erhalten? Der Körper ist ja reine Materie, aber was ist dieses „Ich", welches ja mit den menschlichen Sinnen eigentlich nicht bewusst festzumachen ist? Dieses „Ich" ist aber der größte Entscheidungsträger des Menschen, der Befehlshaber, der Anstifter alles menschlich körperlichen Tuns. Das „Ich will" ist doch eine klare Aussage des Menschen, dieses „Ich" wirkt zusammen mit seinem Körper, besteht aber trotzdem nicht aus Materie, da die aus dem Lebensgeist stammenden materiellen Sinne des Menschen dieses sein „Ich" nicht erkennen können, wohl aber die Auswirkung seiner Befehle, nicht aber das Prinzip an sich, nämlich den Lebensgeist.

Dem Grunde nach kann das „Ich" des Menschen nur mit dem Ich-Geist dieser ehemaligen geistigen Trinität Mensch in Zusammenhang gebracht werden. Im heutigen Menschen ist es allerdings der Ungeist, synonym mit dem gefallenen Engel, aber dieser ist eben trotzdem geistig und unsterblich. Das „Ich" des Menschen ist ident mit dem unsterblichen Ungeist des ehemaligen Geistes aus der Dreieinigkeit von Lebensgeist, Ich-Geist und Seelengeist.

Damals bei den paradiesischen Menschen:

Der Geist, der als denkender Befehlshaber über die Materie Körper befand, dessen Energie im Gehirn des Menschen alles willentlich erdachte und dessen Körper es in Taten umsetzte, erlebte sich dann in seiner Unsterblichkeit, d. h. der Ideen-Denker lebte nach dem Tod seines Körpers in seiner Originalität als Energiefeld-Engelswesen ganz normal mit seiner ihm von Gott zugewiesenen Tätigkeit kosmisch unendlich weiter.

Nicht so heute bei dem abtrünnig gefallenen Engel-Geist, der zum Ungeist mutierte. Er verlor als Strafe für seine angedachte Selbstherrlichkeit seine von Gott ausgestrahlte Geist-Energie und erlebt sich als permanenter Gast im Rad der Wiedergeburt.

Was war der Beweggrund zur Abtrünnigkeit? Nun, dieser ist bekannt. Der Ungeist in der symbolischen Verkörperung von Adam und Eva fand sich außerhalb des Paradieses wieder. Dieser Ungeist, noch in der Meinung, er sei geistig, entwickelte eine Sucht, ein willentliches Streben, Gott selbst sein zu wollen. Der von Gott abgefallene Geist des Menschen, zum Ungeist geworden, stellte sein neuestes und für ihn wichtigstes Produkt vor, es ist die nie erlahmende, immer mehr wollende Begierde. Der Herr ließ als Strafe dem gefallenen Engel den Glauben, er sei noch immer geistig, und genau so stellt sich der Mensch in seiner bisherigen Geschichte dar. Dieses ungeistige Nichtwissen im falschen Glauben des Wissens führte zu den Mythologien, in welchen die Menschheit in gewaltigen Irrwegen ihr Wissen dokumentieren wollten, nur es gelang nicht trotz schauriger Schönheit im Geiste der griechischen Mythologien, und später nicht in den Versuchen der Philosophien. Die Religionen unternahmen intuitiv das Richtige, sie ließen meditieren, beten und spenden, um das, was sie als göttlich hinstellten, milde zu stimmen, um Sündenvergebung und deren Erlass zu erlangen, um ja das Himmelreich nicht zu verpassen.

Sie haben das schon richtig erkannt, dieser Ungeist ist zugleich Ihr „Ich-Geist", Ihr befehlendes „Ich", Ihr „Ich", das Taten vollbringt, Gute und Böse im körperlich sterblichen Leben. Genau das ist ja die unerklärliche, unbewusste Angst des Menschen vor dem Sterben. Dort aber, wo sich Ihr „Ich" nach dem Allein-gelassen-Sein befinden wird, von dem, wo Sie im Leben sagen konnten, das bin „Ich", dort gehen die Uhren anders. Dort wird einem die wahre Bedeutung des „Ichs" klar gemacht. Wäre der Mensch noch seiner Geistigkeit fähig, so wüsste er das.

Der Mensch und seine Bestimmung (190)

Die wahre eindeutige Bestimmung über die Zukunft des heutigen Menschen ist seiner Schöpfung vorbehalten. Er, der Mensch in seiner Abkehr vor achtzigtausend Jahren, hat es in diesem Zeitraum nur so weit gebracht, dass er selbst in der Lage ist, seine körperliche Materie samt der ihn tragenden Konstruktion Erde, seinen materiellen Lebensraum, auf Knopfdruck abschaffen zu können. Ein bemerkenswerter Fortschritt seiner Dummheit. Die Menschheit lässt es geschehen, dass irgendein dem Größenwahn von Selbstgöttlichkeit Besessener diesen Knopf betätigen könnte. Es würde damit auch alles, was mit menschlich-tierischen Abstammungsgenen in Verbindung stand, mit dem Produkt selbst einfach verschwinden. Was ist hier in der Menschheitsgeschichte schiefgelaufen? So viel anders geartete Argumentationen könnten niemals erbracht werden, dass damit die Realität der Knopfdruck-Vernichtungsmöglichkeit nicht existent wäre. Die sich selbst ernannten oder ernannt wordenen Entscheidungsträger aller Art samt ihren Allmachtsgelüsten sind viel zu feige, um sich die Wahrheit dieser Tatsache in all ihrer Schrecklichkeit einzugestehen. Wenn ein noch so stolzes Weltreich in der Art eines stolzen Großbetriebes keine greifenden Kontrollmaßnahmen zur Verfügung stellt, dann geht dieses einfach pleite.

Die Menschheit steht vor ihrem selbst verschuldeten Konkurs aus Mangel an geistigem Kapital für ihr Sicherungssystem gegen ihre Begierden.

Die Bedeutung der Metaphysik (191)

Der erste Mensch, der nichts begehrte, was nicht zu seinem direkten Lebensunterhalt diente, beanspruchte keine Metaphysik, um ihn in der Funktion eines Geistkörpers zu begleiten. Erst die

Selbstsucht, die Begierden der abtrünnig gewordenen Menschheit, verhalfen der Metaphysik zu ihrer starken Bedeutung. Die Agenden der Geist-Art übernahm bei den Menschen der ersten Ära der „Ich-Geist" zusammen mit der göttlichen Seele und dem Lebensgeist, abgestimmt auf ihre kosmische Aufgabe.

In der Zeit ab Adam und Eva, ab dem Beginn der Menschheitsgeschichte im heutigen Sinne, musste eine Umgruppierung der geistigen Energie-Einheiten stattfinden. Die kosmische Aufgabe nach der Idee Gottes konnte von seinen Menschen auf Grund ihres von den Begierden diktierten Streiches nicht mehr wahrgenommen werden. Der menschlich gewordene Ungeist zerstörte damit das göttliche Werk. Der Herr hätte zwar als drakonische Gegenmaßnahme das Produkt Mensch einem totalen Exodus preisgeben können, das hätte allerdings nur die endliche Materie Körper treffen können, nicht aber den ewig seienden „Ich-Ungeist". Der mit der tierischen Körperlichkeit Mensch kooperierende „Ich-Geist", abgestürzt zum Ungeist des nachparadiesischen Menschen, erlebte sich in der wahren Schuldigkeit gegenüber Gott. Der Herr setzte mit seinen Maßnahmen auf Zeit, für den „Ich-Ungeist" eben auf unendliche Zeit. Nur mit der zeitlichen Endlichkeit des Körpers konnte das nicht funktionieren, denn dieser starb immer wieder weg, Materie ist eben nur bedingt haltbar. Dieses „Wegsterben" brachte dem „Ich-Ungeist" jedes Mal furchtbares Leid, er war allein in seinem wahren Dasein, nämlich in der jenseitigen Welt der Ewigkeit, ohne seinen geliebten Tier-Körper. Seine Unsterblichkeit und seine Verantwortung als hohe geistige Energie als „Ich-Geist" des Menschen waren ihm nicht mehr bewusst. Die Strafe Gottes trifft nicht die tierische Materie Mensch, sondern zielt punktgenau auf den geistigen Part, den „Ich-Ungeist", auf den Verantwortungsträger der Abwendung von Gott. Solange der „Ich-Geist" als Ungeist die körperliche Verbindung innehat, die Gegensätze sich im Schoße der Rest-Energie vom Ungeist austoben können, solange droht natürlich Gefahr für den sterblichen Körper des Menschen, die Gefahr als Angst, sterben zu müssen.

Um dieses chaotische Unglückspaar sterblicher Körper und unsterblicher Ich-Ungeist in Schranken zu halten, zu verhindern, dass die Gegensätze sich in das jenseitige hohe Geistige „hanteln" könnten, nahm ein Geistkörper den Menschen, für diesen unsichtbar, in Gefangenschaft. Ein Exponat des Lebensgeistes in Vereinigung mit dem Geist der göttlichen Seele gebar die Metaphysik in ihrer wahrhaft wichtigen geistigen Bedeutung. Diesem extrem „ungleichen Paar" musste eine Fußfessel angelegt werden, damit die Grenze zur Welt des göttlich kosmischen Geistes für „Betriebsfremde" gewahrt bleibt. Der gefallene Engel, also jeder Mensch, kann seine Heimat nicht mehr mit der sich den Sinnen hingebenden sterblichen Geliebten betreten. Erst wenn diese vom Lebensgeist abgezogen wird, eben die Materie des Menschen, steht der Ich-Ungeist an der Grenze seiner ewigen Heimat und darf nicht hinüber. Der Tod verwehrt diesem gefallenen Engel mit seinem ungeistigen, nicht geläuterten Zustand die Rückkehr. Die weiter folgenden Maßnahmen sind bekannt, welche das Nachtodverfahren jenseits der Grenze so in sich birgt.

Noch nicht bekannt ist die Tatsache, dass der Geistkörper, das Werk der Metaphysik, nicht stirbt, er lebt während des Prozesses und seiner Auswirkungen als Bewahrer des verurteilen „Ich" weiter. Noch jemand lebt in diesem Geistkörper. Der Geist der göttlichen Seele. Dem Grunde nach dieselben Geist-Energie-Einheiten wie im menschlichen Leben, so auch nach dem Tod, allerdings lediglich in ihrer Zwei-Einigkeit von Seele und Ich-Ungeist. Er, der geistenergielose Ungeist, das „Ich" des Menschen, wird weiter wandern im Rad der Wiedergeburt, bis in seinem Elend die Begierden von selbst abwandern. Bis dahin erlebt sich der Mensch als Gefangener der Metaphysik in seinem Geistkörper.

Der Zeitgeist (192)

Den Zeitgeist bestimmt das endliche Denken, das Denken aus dem Ungeist eines gefallenen Engels, aus dem Ungeist der Abkehr von Gott. Denken aus der Sicht der Materie, von Wollen der gottähnlichen Macht. Denken von seinen Begierden, all das bestimmt das Denken im Zeitgeist, nur dieses Denken untersteht dem sterblich Endlichen, der endlichen Materie des tiermenschlichen Körpers. Der Zeitgeist ist ein Gefangener in Zeit und Raum, also seiner selbst. Der unendlich seiende wahre Geist ist der ohne Zeit und Raumbegrenzung, ist in seiner Freiheit und seiner geistigen Fantasie das von Gott Gewollte.

Der Zeitgeist ist auch ein Fantast, aber nur ein erdgebundener, sterblicher Ich- Ungeist-Fantast, der immer fantasiert, er wäre ein wahrer Geist, und gründete daher eine Wissenschaft für den Geist, die sogenannte Geisteswissenschaft. Diese Wissenschaft benötigt aber nur der endliche Zeitgeist, nicht der andere, denn der weiß ja, dass er Geist ist, also wäre eine Wissenschaft über ihn sinnlos. Ist vielleicht die Geisteswissenschaft lediglich auf der Suche nach dem Geistigen, und nach dem, was die Materie leben lässt, was den menschlichen Körper am Leben hält, und das, was ihm sein Leben entzieht?

Es geistert vor lauter Geister, das aber ist der Fehler, der in der menschlichen Vielfalt liegt, denn der einzige eine Geist unterliegt ja nicht der Zeit und schon gar nicht der Materie. Dieser eine ist die unendliche Energie der kosmischen Welt, der Geist Gottes. Zu dieser Energie findet der Winzling Zeit-Ungeist in seinem „Ich“ nicht einmal die Ahnung eines Zuganges. Seine Begierden sind die Bewacher.

Der Geist als Mikrokosmos im Geistkörper (193)

Der Begriff Geist ist dem Grunde nach mit den den Menschen zur Verfügung stehenden Sinnen nicht erfahrbar. Die Fantasie innerhalb der Menschheitsgeschichte bildete sich fiktive Begriffe für das Unsichtbare, welches trotzdem einem wahren Empfinden zugrunde liegt. Dieses Empfinden erlebt sich im Glauben an etwas Mystisches, das im Leben des Menschen schicksalshaft oder orakelhaft scheinbar einzugreifen vermag. Das Leben des Menschen ist mit einem großen Unsicherheitsfaktor gegenüber dem Leid, der Krankheit und dem Tod belegt. Niemand ist in der Lage, dieses Gefühl der Hilflosigkeit in vielen Lebenssituationen zu entfernen. Die heutige Wohlstandsgesellschaft kleidet ihre Angst in hysterische Aktivitäten von billigen Beglückungsmechanismen, um dem wahren Empfinden des Glaubens ausweichen zu können. Das Spirituelle, nicht mit den Sinnen erfahrbare Gefühl ist trotzdem nicht kleinzukriegen, denn immer wieder schleicht es umher, leise, ganz leise, als Ängstlichkeit vor der unheimlichen Ahnungslosigkeit und dem gefürchteten „Allein"-gelassen-Sein.

Der Grund dieses Nichtwissens vom „Schicksalhaften" ist ja hinlänglich beschrieben und erklärt worden, oder doch nicht? Wir geben der Unsichtbarkeit des Geistes einen Körper. Einfach der wachsenden Größe des menschlichen Körpers angepasst, nicht ganz, etwas über den Umriss dieser Materie hinausreichend als Aura. Dieser Geistkörper ist immun der Materie Mensch gegenüber und durchdringt den Körper in einer engmaschigen, in alle Richtungen zeigenden Vernetzung innerhalb seiner eigenen, im irdenen unsichtbaren Geist-Struktur. Dieses feinmaschige geistige Netzwerk des Geistkörpers erlebt sich selbst innerhalb seiner Metaphysik im kosmisch göttlichen Weltengeist. Die direkte Vernetzung aller 7 Milliarden Menschenwesen mit deren Geistkörpern unter sich ergibt enorme Möglichkeiten der rein geistigen Kommunikation untereinander. Jeder einzelne Geistkörper als gewaltiges selbstständig für sich agieren könnendes Energiepotenzial wirkt in diesem Netzwerk einverwoben. Ich-Geist und Seele sowie die Begriffe Tod, ewiges Gericht, Himmel, Hölle, Fegefeuer, gefallener Engel, Adam und Eva, Kain und Abel und deren mehr sind in diesem Konstrukt Geistkörper und in der Mystik ihrer Wahrheit ebenfalls inkludiert. Ein gewaltiges Energiekraftwerk bildet diese Geistigkeit in sich und lässt dem menschlichen realen Gehirndenken keine Chance, hier eindringen zu dürfen. Der unsichtbare Körper in seiner Metaphysik stellt exakt den Mikrokosmos im Makrokosmos dar, nur der Mensch ist darüber ahnungslos. Ein ungeahntes Kraftwerk an geistiger Energie arbeitet in diesem Geistkörper des Menschen.

Die großen Weisen und die Religionen gaben viele Begriffe geistiger Richtung dem Menschen frei, nur dieser schaffte nie das Ausdiskutieren, um eine Schlüssigkeit für die Wahrheit zu erwirken. Die Begierden waren schneller und nahmen dem Menschen den Rest seines ohnehin schon stark geschrumpften geistigen Denkens weg, um es ihren Interessen unterzuordnen. Der Geistkörper des heutigen Menschen trägt alles in sich, im Endlichen genauso wie im Unendlichen seines Daseins. Er trägt das Göttliche als Seele, die Begierde, das Leid, den Tod, das Nachtoderleben und seine Wiedergeburt als Strafe in sich. Dies alles ist im Mikrokosmos Mensch vorhanden, auch die Aussage der karmischen Werte samt ihren Folgen im Sinne des kausalen Prinzips sowie der Strafvollzug im Diesseits und im Jenseits, verbunden mit der Sehnsucht nach Friede und Harmonie. Alles wird im geistigen Eigenverfahren wie ein eigenständiger Selbstversorger abgehandelt. Nichts benötigt irgendeine Auskunft oder Hilfestellung von außen. Ein total starkes selbstständiges, mit allen Vollmachten ausgestattetes geistiges Energie-Kraftwerk lebt hier im körperlichen Dasein des Menschen. Der Lebensgeist entzog sich dieser Körperlichkeit aus karmischen und Endlichkeitsgründen. Der Geistkörper lebt weiter im Jenseits, alle erforderlichen Abhandlungen laufen weiter im Kontext von der Trinität Lebensgeist, Ich-Ungeist, göttlicher Seelengeist.

Der Ungeist der längst abgestorbenen körperlichen Materie, also unser „Ich", erfährt, was Sache ist. Je nach Intensität des Läuterungsprozesses für den „Ich-Ungeist" erhält dieser wieder seinem Zustand entsprechend ein neues körperliches Leben zugeeignet. Das alles geschieht innerhalb dieser unvorstellbaren Energie geladener Geistkörper-Mystik in und um den Menschen. Die graue Eminenz, die Metaphysik, ist die offizielle Trägerin dieses Mystikums, eines von Gott abtrünnig gewordenen Menschen. Der Mensch, ein winziger Untertan des göttlichen Geistes, erlebt sich im Makrokosmos als Mikrokosmos in seiner leider vorhandenen Ahnungslosigkeit.

Die Leib-Seele-Frage (194)

Diese Frage wird ewig im Raum stehen bleiben, solange nicht das „Warum" des Vorhandenseins des Leibes geklärt sein wird. Wie so vieles wichtiges anderes im menschlichen Leben mit Unwissenheit beschlagen ist, so ist allein schon die Leibfrage eine nicht schlüssig zu beantwortende Frage. Wurde der Mensch erschaffen, nicht erschaffen, hat er sich selbst erschaffen? Von wem erschaffen und vor allem „Wozu" ist er eigentlich da, der Mensch, der sich laut dem Philosoph Paul Häberlin mit Recht fragt: „Wer bin ich, der ich mir eigentlich so erscheine?" All diesen Fragen fehlt eine schlüssige Antwort. Welche Macht hätte Interesse, so eine physisch dem Tier gleichstehende, mit einem selbstbewussten Denkgerät versehene Figur in Massen erzeugt auf den Markt zu werfen? Noch dazu auf einen Markt ohne Nachfrage? Vielleicht nur, um zuzusehen, wie Massen sich gegenseitig in fantasievollen Uniformen abschlachten und trotzdem wieder in Massen reproduziert auferstehen, um denselben Wahnsinn immer wieder von Neuem zu vollführen? In den Zwischen-Abschlachtzeiten wird geschaffen, um immer neue tödlicher wirkende Schlachtgeräte gegen immer mehr Schlachtvieh zu haben. In den Pausen üben Gesellschaften das Wohlsein und schaffen Werte mit Kultur und sonstigen Vergänglichkeiten, bereits in der Warteschleife für die nächste Schlachtung stehend. Wer produziert solche Wesen? Wer hat so perverse Gelüste, sich die ständig wiederholbaren Sinnlosigkeiten der Menschheit immer wieder anzusehen?

Habe ich jetzt die Materie Körper beleidigt? Er ist doch mit seinen Sinnen hauptsächlich nur Befehlsempfänger einer geistigen Partnerschaft. Eines repräsentiert diese sicher nicht, die göttliche Seele. Die Seele wird zwar immer wieder verwechselt mit dem menschlichen „Ich", aus der Evolution des gefallenen Engels. Man spricht von einer guten Seele eines guten Menschen. Man spricht auch „Herr, sei seiner Seele gnädig". Wenn die Seele gut war, wieso dann diese Bitte? Ein anderer Mensch war schlecht bis in seine Seele hinein, und wieder ein Anderer lässt seine Seele im Urlaub baumeln. Ob diese gut oder schlecht war, weiß auch das Reisebüro nicht. Die Seele, die Göttliche, sie weiß schon selbst, wer sie ist, kennt ihre Funktion und ihr geistiges Dasein sehr gut. Wahres Geistiges wird sich niemals in einer Materie wie dem menschlichen Körper verkriechen, Geistigkeit benützt ihr eigenes, für den Menschen unsichtbares Gehäuse.

Dies tat nur der gefallene Engel in seiner ungeistigen Funktion im menschlichen „Ich". Dieser ehemalige wahre Geist verriet seine Herkunft, vereinigte sich im Menschenkörper mit dessen Lüsten und Begierden und mutierte zum Ungeist, ohne seine wahre geistige Energiezufuhr. Die „Leib und Seele"-Frage ist demnach eine „Leib und Ich"-Frage. Dazu müsste der Mensch seine Abkehr von Gott anerkennen, danach handeln und die Frage wäre gelöst.

Die Seele hat eine ganz andere geistige Funktion, diese wird ausgespielt nach dem Tod gegen den Ich-Ungeist. Noch etwas in der Bedeutung der Seele, man kann mit ihr sprechen, wenn man mit Gott sprechen will. Sie ist einem sehr nahe, in einem selbst, und sie ist göttlich. Die Aufbewahrung des Geistigen im Menschen erlebt sich im Körper des Geistes. Das sind der Lebensgeist, der Ich-Ungeist und der Geist der göttlichen Seele. Die Anteile des Ungeistes twittern im Gehirn des Menschen als Steuermann seiner Begierden. Also, das Geistige in der Materie Mensch lebt nicht im Fleisch, sondern in seiner eigenen Energievernetzung, die alles wie auch die fleischliche Materie durchwebt und ihre eigenen Zentren dokumentiert. Eine große geistige Energiezentrale ist für das, was wir das Unbewusste nennen, vorhanden. Hier ist auch der Sitz des Bekämpfungsdezernats gegen die Begierden-Invasion des Ungeistes zusammen mit den Sinnen der menschlichen Körperlichkeit stationiert. Die Chefin ist Sie, die Göttliche, die mit ihren Warnungen an das menschliche Unbehagen des Gewissens bei jedermann und irgendwann aktiv seiend einem bekannt vorkommt. Die Leib-Seele-Frage kann nur insoweit in Erscheinung treten, als die Seele sicherlich keine Freundin des Doubles Körper-Ich-Ungeist sein kann. Diese Tatsache fällt dem Ungeist des Ichs dann auf den Kopf, wenn sein Partner Körper abstirbt und er nur zu einer Geringfügigkeit seines Daseins in der jenseitigen Welt des Geistes verwirrt umherirrt und sich vor dem geistigen Höchstgericht zu verantworten hat. Das Unbewusste im Menschen ist sich dieser Tatsache wohl bewusst, aber all das, was unangenehm ist, wird ja vom Real-Gehirndenken als Verdrängung permanent dorthin transferiert. Die schleichende Angst im Menschen benutzt die geistige Vernetzung in seinem eigenen Körper, sagt ihm aber nicht das Warum. Das Warum muss er selbst, was die Frage des menschlichen Lebens betrifft, ergründen. Der Leib ist kein Fragesteller zur Seele, der Leib kann nur ein Fragesteller zu seinem „Ich-Ungeist" sein, dieser ist aber viel zu feige, um eine wahre Antwort zu geben.

Der Ungeist muss wieder Geist werden (195)

Das Sich-Ablösen der Menschen von Gott zog eine sofortige Umstrukturierung aller beteiligten Kräfte nach sich. Der Ich-Geist, zum Ungeist mutiert, wurde zusammen mit seiner geliebten Körperlichkeit isoliert. Der Lebensgeist in seiner Metaphysik umhüllte und durchzog die gesamte körperliche Materie wie ein Kokon mit einem geistigen Netzwerk. Die göttliche Seele, zwangsläufig ins Exil geraten und ihrer ehemaligen Tätigkeit enthoben, wurde jetzt aber zur exakten Beurteilerin des kausalen Verhaltens vom abtrünnigen Duo Körper-Ungeist. Dieser Mensch, als Abart gegenüber dem paradiesischen Menschen, wurde in seiner vom Lebensgeist gebildeten Energie der kosmisch geistigen Welt, getrennt. Bis heute lebt nun dieser Mensch mit seiner verbliebenen Restenergie, stark missbraucht von seinen Begierden. Er ist Materien-Gefangener samt seinem Ungeist. Keine Möglichkeit, seine Lebenswahrheit selbst zu ergründen. Die Karre Menschheit ist so verfahren, dass von außen keine Hilfe zu erwarten ist. Wer sollte Interesse zeigen, sich in so einem gottlosen mörderischen Haufen ordnend einzubringen? Das könnte nur der Herr selbst, der allerdings hat längst die „Schnauze“ voll von der grässlich gewordenen Abart des Menschen, die nicht mehr so ist wie einst nach seiner Idee. Die „Selbstbefreiung“ im Sinne der ostischen auch der westlichen Ur-Mystik muss wahrscheinlich leider warten, bis ein großes Leid die Begierden vertrieben hat und dadurch der Ungeist wieder zum Geist werden kann.

Yin, Yang und das Kreuz (196)

Das Prinzip der Mystik vom ostischen Yin und Yang formt dem Grunde nach die Gegensätzlichkeit, sich der vom Geist gezähmten Bewegung in die kosmische Harmonie einzufügen. Dieser Vorgang erlebte sich im Menschen in seiner introvertierten Geisteshaltung mit der Zielsetzung, den Himmel als Ziel zu erreichen. Die Materie des Kreuzes in seiner Mystik erlebt sich in seiner extrovertierten Geisteshaltung. Dieses Symbol trennt sichtbar links von rechts und oben von unten. Trennt das Gute vom Bösen, trennt die Macht von der Ohnmacht. Jeder der Trennungsbalken zähmt die Gegenseiten in ihrer gegensätzlichen Wirkung und führt diese Bewegung in das Zentrum des Kreuzes, in die kosmische Harmonie Gottes. Der „Gekreuzigte“ symbolisiert die Schande der westlichen Menschheit durch ihren vollzogenen Gottesmord.

Die heutige Menschheit erlebt sich im Verlust der Mystik über den wahren Sinn der wahren Religionen, verschmelzend im Gleichmaß ihrer nicht mehr bezähmbaren Gegensätze. Der Himmel hat sich weit von der Gott mordeten Menschheit entfernt. Die unersättlichen Begierden der Menschheit sind die Nägel, mit denen immer wieder Gott durch die geistlose Dummheit und Feigheit der Täter an das Kreuz geschlagen wird.

Das Leid als Schluss-Stein des Lebens (197)

Das Leid entsteht im „Ich-Geist" des Menschen, wenn Angriffe äußerer Gegensätze nicht mehr mit endlichen Mitteln abgewehrt werden können. Je nach Dauer und Intensität dieses Leides bildet sich durch das ständige Auf und Ab daraus eine starke Bewegungsenergie als eine Art Wellen-Energie, in der durch das Leid gezähmte Gegensätze entwickelt werden. Das formte sich zur selben Bewegungsenergie, welche der Mensch nach der Idee Gottes durch den körperlichen Gegensatz, vom „Ich-Geist" gezähmt, von der Seele vergeistigt, in die kosmische Welt einbrachte. Letzteres geschah in der Zeit vor dem Beginn der Menschheitsgeschichte, vor Adam und Eva. Was früher der paradiesische Mensch durch sein geistiges Können bewirkte, muss nun der abtrünnig gewordene Mensch durch die Energie seines Leides erzeugen, und daran gab und gibt es im menschlichen Leben keinerlei Mangel. Die vom menschlichen Leid erzeugte Energie liefert dieselbe kosmische Bewegungsenergie, wie das vom Menschen nach der Idee Gottes damals geschehen konnte. Diese Energie des Leidens verstärkt sich weltweit täglich. Der Leidensträger ist allemal der „Ich-Ungeist", also Sie selbst, Ihr „Ich bin". Die Ursache von Leid entwickelt sich im realen Denken des menschlichen Ungeistes, der in milliardenfachen Varianten Leid an andere zu vergeben mag. Selbst ist man der Leidensverursacher, aber zugleich auch Empfänger. Nach der Abtrünnigkeit der Menschen gebar sich aus der Reaktion des Herrn das Leid für die Gewährleistung und Weiterführung derselben kosmischen Aufgabe. Es ist fast nicht begreifbar, weshalb der Herr dem Menschen nicht mehr Hilfe für die Rückkehr in die ursprüngliche Art seiner Aufgabe anbot, es musste doch ein riesiger „Produktionsausfall" an Energie gegenüber den komischen Erfordernissen entstanden sein. Nach vielem Erleben bei meinen Forschungen war diese Eröffnung für mich wie eine wahre geistige Atombombe. Meine Fehlersuche an göttlichen Entscheidungen ist dadurch gescheitert. Auch an dem, welche ich dem Herrn immer ankreidete, „Er" hätte es nicht übersehen dürfen, als durch die Begierden die „Ich-Geister" sich zu „Ich-Ungeistern" entwickelten. Gott mit seinen Ideen sitzt einfach auf seiner sicheren Seite. Das Angebot an das Leid des „Ich-Ungeistes", sich immer wieder in einem neuen körperlichen Leben einfinden zu dürfen, ist tatsächlich ein faires Angebot des Herrn. Die mögliche Rettung des Menschen aus seinem Leid muss jeder selbst wahrnehmen und in die entsprechenden Handlungen umsetzen. Der Begriff Hass ist Gott gegeben. Der Herr hilft dem Menschen, der den ehrlichen Weg zu ihm sucht, und hasst die Menschen, die weiterhin nur ihren Begierden huldigen. Die jeweilige Lebenszeit im irdischen Leben ist in der Regel nur ein Bruchteil von dem des jenseitigen geistigen Lebens. Man kann das Erdenleben eher als kleinen Traum gegenüber dem geistigen Leben in seiner Daseinslänge betrachten. Lassen Sie sich niemals von den Errungenschaften aller Art in der Menschheitsgeschichte täuschen, und seien diese noch so beeindruckend. Ihnen liegt nicht die Energie des unendlichen Geistes zugrunde, sondern nur der sterblichen ungeistigen Denkenergie der Materie Mensch. Und das nur zu seinem Eigenwohl.

Es fehlt noch eine Aussage. Die Idee Gottes, dem kosmischen Weltengeschehen den notwendigen gezähmten Gegensatz als Bewegungsenergie zu vermitteln, ist der eigentliche Grund der Menschwerdung. Wurde diese notwendige Energie anfangs von der Menschheit durch ihre geistige Dreieinigkeit und ihrer Materie, den Körper, produziert, übernahm dieselbe, seit die Menschheit Geschichte schreibt, die Energie des menschlichen Leides. Das Fatale für die Menschheit, der Herr hat keinen Bezug zu Zeit und Raum. Sollten diese ihren Planeten Erde selbst vernichten, geht es einfach weiter. Diese 7 Milliarden menschlicher Ungeister werden einfach auf einen anderen Planeten eingewiesen, unter irdenen Voraussetzungen, versteht sich, und das weitergehende Leid der Menschen liefert fortan wieder die Energie. Die einzige Hoffnung besteht darin, wenn jeder einzelne Mensch den letzten Schlussstein über das Erkennen seines Leides setzt, wäre sein Leben frei, der Ungeist wieder Geist.

Die Leidens-Erkenntnis (198)

Der Begriff Geistkörper zeigt die Grenze zwischen Endlichkeit und Unendlichkeit auf. Diese Grenze steht zum Schutz der geistigen Welt vor den Begierden der sterblichen menschlichen Welt. Für das Denken der Materie Mensch und dessen Sinne ist diese Grenze gar nicht vorhanden, da nicht greif-, sicht- oder beweisbar. Somit wäre für den Menschen auch der Beweis erbracht, dass die jenseitige geistige Welt nicht existent ist, und danach setzt er auch seine Handlungen als geistloser materiallastiger Mensch. Nicht ganz so der Mensch mit einem fühlenden gläubigen Denken. Dieser spürt, dass wohl diese Grenze besteht und dahinter sich eine ganz andere Welt auftut, in welcher der Schöpfer von allem das Sagen haben muss. Aber wie diese Welt erforschen, wenn der Tod als Wächter vor dieser Grenze steht? Viele Menschen tummeln sich an dieser Grenze zwischen Diesseits und Jenseits umher, suchen mit allen möglichen Mitteln hier eine noch so kleine Nachricht von drüben zu erhaschen. Dem Grunde nach geht es nicht darum, im Jenseitigen Surfen zu können, das wäre ohnehin unmöglich, sondern darum, die Wahrheit über den Unsinn des menschlichen Lebens und Leidens zu erforschen. Die Begründung darüber wird im Jenseits gesteuert und ist dort auch auffindbar.

Wenn Sie das Rad der Wiedergeburt einmal in das Geistige ausspucken wird, Ihr „Ich-Ungeist“ geläutert entlassen in seine Heimat wieder als Engel zurück darf, dann erleben Sie sich ohnehin lange genug im Himmel. Unser momentanes Interesse gilt eigentlich dem Warum des Leidens-Gewalt-Chaos in der Menschheitsgeschichte. Die vielen Fragen, die unser Leben täglich unbefriedigend dem Schicksal zuordnet, wollen wir beantwortet wissen. Weshalb ist ein Leben ohne Tod für die Reichen nicht käuflich? Die Aussagen der Ur-Religionen der alten Weisen und die alten Volkssprüche erzählen viel über die Hintergründe des menschlichen Leides und deren Ursachen, aber alles endet dem Menschen gegenüber im einzigen Begriff für das nicht Erklärbare, es ist eben Schicksal. Wenn man über irgendein Gebiet, das noch zu wenig erschlossen scheint, eine Forschung betreiben will, ist erst das Ziel zu orten und vor allem eine Kontaktmöglichkeit über oder zu diesem Ziel zu schaffen. Einer Kontaktnahme, zu dem Ziel der Forschung direkt zu gelangen, kann auf gewaltige Schwierigkeiten stoßen, Lebensgefahr inkludiert. Die Erforschung der jenseitigen Welt beginnt im Diesseits. Der Antrieb dieser Forschung ist das sinnlose leidvolle Leben des Menschen auf dieser Welt, das Warum daraus. Im gegenständlichen Fall benötigt man keine Exkursionen in ferne Länder, man bleibt stationär, bei sich selbst. Die Fragen zum Forschungsthema liegen in einer riesigen Auswahl bereit. Es fehlen die Antworten vom Großen bis in das Kleinste in unserem Dasein. Alle Antworten auf alle Lebensfragen der Menschheit, betreffend vom Paradies bis über den Hinauswurf daraus, den hintergründigen Aufzeichnungen über die Geschichte der Menschheit samt deren Triebkräften, ihrer fragwürdigen Errungenschaften, die Zusammenhänge von Macht, Ohnmacht, Leid, Angst und Tod, alles bezogen auf jeden einzelnen Menschen. In der geistigen weiten Speicherkapazität des materialfreien jenseitigen Daseins findet sich das alles. Nur, wer könnte Antwort geben? Engel, Aliens, Schutzpatrone, Heilige oder selig Gesprochene, der Teufel, Orakel, vielleicht sogar Gott? Den gibt es ja vielleicht gar nicht, meint der besonders schlaue Intellekt. Ohne effektiven Durchbruch durch die Schallmauer, durch die Grenze des Todes und zugleich mit der Auffindung eines jenseitigen Gesprächspartners tut sich in dieser Causa gar nichts. All das, was da in der Hoffnung von Menschen fabuliert wurde und noch immer wird, bedeutet ein Umhergeschiebe wie mit Tischerücken-Niveau. Kontakt mit den Ich-Geistern Verstorbener in verschiedensten Varianten zu halten stellt nicht das Problem dar. Das wahre Problem stellt der Begriff Tod als Grenzwächter dar. Wenn Sie Wirkliches über den Sinn des menschlichen Lebens erfahren wollen, dann eben nur über „Ihn". Dieser knallharte Grenzposten lässt Sie nur dann eine Verbindungsleitung nach dem Jenseits legen, wenn Sie sich in einer gewissen Begierdenarmut erleben. Das müssen Sie aber erst einmal schaffen. Das sicherste und beste Mittel für diese Art der Armut stellt schlicht und einfach das Leid des Menschen dar. Aber wer will schon leiden? Das Leben ist doch nur als Hit konstruiert, meinen die Dummen. Ihre Begierden hassen das Leid. Dem Leid aber kann einer Begierde nichts mehr vorgaukeln, schon gar nicht der Tod.

Das menschliche Leid, wie schon erwähnt, produziert Energie. Je nach Dauer und Intensität bildet das Leid eine starke Kraft, die Leidensenergie. Wenn diese Energie sich mit der Kraft Ihres Glaubens verbindet und dem ein längeres Training von Nachdenken über den Sinn des Lebens voranging, dann haben Sie gute Voraussetzungen, sinnbildlich wie in einem Frage-Beichtstuhl für niedere geistige Auskunft Platz nehmen zu dürfen. Es sind nicht die Fragen im Zusammenhang mit Ihren persönlichen Befindlichkeiten, die hier zum Tragen kommen sollen, sondern das Eindringen in die Wahrheiten, zur Klärung über das Warum dieser Menschheitsgeschichte, die ja genug unbeantwortete Fragwürdigkeit in sich trägt. Sie stehen als Fragesteller vor dem Auskunftsschalter des Jenseits. Wenn Sie alle Voraussetzungen zum Beginn erfüllen, müssen Sie eines bedenken. Die Auskunftei von „drüben“ kann Ihnen nur geistige Energie-Impulse auf Ihre Fragen übermitteln, und das nur sehr sparsam mit „Ja“, „Nein“ oder „J-ein“. Sie müssen demnach Ihre Fragen eindeutig und klar stellen, sonst sind für Sie schwerwiegende Falschauskünfte vorprogrammiert. Das Werkzeug, auf das die geistige Energie trifft, muss für einen Ihrer körperlichen Sinne, dessen Energie, erkennbar sein, das wäre der Empfindungs-Glauben-Sinn, den Sie aber erst ausprägen müssen, je stärker umso besser. Die normalen Sinne des Menschen sind dafür durch den Geist-Energie-Widerstand ungeeignet. Die geistige Antwort-Energie trifft z. B. auf das Pendel und setzt dieses in die entsprechenden Schwingungen. Eine geistige Kraft, die von dem jenseitigen Antwortgeber auf die Energie des mehr oder weniger geistig ausgebildeten diesseitigen Fragestellers trifft, diese geistige Strahlung setzt Materie in Bewegung. Eine geistige Kraft durch deren Strahlung erschuf ja einst auch Materie. Hier setze ich auch meine Warnung. Die Leidensfähigkeit, die Sie bei dieser weiterführenden Forschung bei jeder Auskunft unter Beweis stellen müssen, kann auch furchtbar sein. Die Erkenntnis: Das jenseitig Geistige verlangt Ihrem noch ungeistig seienden „Ich“ als Bezahlung für jede Freigabe bisher geheim gehaltener Wahrheiten viel, sehr viel an Leidens-Energie ab. Das ist der Preis für eine erfolgreiche Forschung.

Die vertane Chance zur Wende (199)

Der heutige Mensch in seiner Vergötterung seiner eigenen Körperlichkeit und dem aus diesem hervorgebrachten Denken bildet die geschaffene und zugleich angehimmelte Technik. Dem Körper und dessen Verschönerungsmechanismen werden höchste Prioritäten eingeräumt. Der tierische Körper samt seiner endlichen Denkweise erlebt sich in allem tierisch Unschönen, in der Verdrängung überdeckt von fantastischer Selbstherrlichkeit und seinen glorifizierten Errungenschaften. Der Mensch projiziert alles in eine Zukunft seiner eigenen Weltenbeherrschung. Wenn sie einen Haufen menschlicher Leichen im Verein mit Tierischen sich vorstellen und betrachten, gibt es außer der schöneren Haut kaum Unterschiede. Auch bei denen nicht, die sich derzeit mit schön gestylten edlen Kraftkörpern bewaffnen. Der Mensch kann tun, lassen, erfinden, konstruieren und erzeugen, was er will, er und alles herum um ihn ist und bleibt Materie. Ausnahmen bilden Schöpfungen, die von „Oben“ gesteuerte Harmonie an den Menschen bringen, die Mystik des Geistes empfinden lernen, die Wahrheit einer höchsten Glaubensmacht erfühlen, das ist nicht Materie und nur für den Menschen mit der Mystik des Numinosen erahnend gedacht. Das Drama Mensch schaffte es bis heute nicht, sich aus dem ihm auferlegten göttlichen Bann, durch das Leben im Rad der Wiedergeburt zwangsweise immer wieder Leid, Angst und Tod ertragen zu müssen, zu befreien. Er macht leider aus der Not sich selbst eine Tugend, aber in Wirklichkeit eine Untugend, die der Ungeist seiner Begierde als Steuermann lenkt. Dem geistigen Gefüge, das den Menschen seit seiner Erschaffung erst ausmacht, diesem steht eben der heutige Ungeist ahnungslos gegenüber. Es muss einfach ein anderes Denken einsetzen. Ein Gefühlsdenken darüber, dass alle großen Religionen, auch die Naturreligionen, der Menschheit ungeheuer Wichtiges mitzuteilen hätten. Bedenken muss man aber, dass diese Mitteilungen religiöser Natur speziell auf die jeweilige damalige Gesellschafts- und Wissensform fokussiert waren. Alle Religionen dieser Welt entstammen einer einzigen Ausstrahlung vom höchst geistig, gewaltig energiegeladenem Weltenschöpfer. Wir kennen diese ungeheure Kraft, die um uns schwebt, nicht, aber wir können diese heimlich empfinden, wenn auch ängstigend, weil sie unendlich weit über den Tod hinaus uns wirksam erscheint. Die Frage ist nur, warum gebar diese Kraft so viele, zu verschiedenen Zeiten, an verschiedenen Orten, und überhaupt Religionen? Wo liegt hier die Ursache dieser Handlung, und vor allem, welche Wirkung erwartet sich die Schöpfung auf ihre Erschaffungen? Vielleicht ein Köder von der Allgewalt für die Menschheit? Vielleicht auch eine Warnung, Milliarden gefallener Engel zur Rückkehr zu bewegen? Oder auch ein Garnichts? Wurden diese Fragen überhaupt von der abgekehrten Menschheit jemals gestellt? Egal wie immer, eine Ursache muss es geben, denn wir befinden uns auf der endlichen, materiellen, sterblichen Lebensebene, und da hat das kausale Gesetz eben seine Wirksamkeit. Es wird der Menschheit analog nichts anderes über bleiben, als ihren Größenwahn ohne geistige Zielsetzung im Erleben einer durchgestylten körperlich totalen Verelendung aufzugeben. Wir befinden uns bereits innerhalb der Wirkung einer Ursache, ausgehend von der Schöpfung. Die Verelendung der Menschheit, in ihrer Gesamtheit betrachtet, liegt heute bei ca. 40 %, Tendenz steigend. Die Kriege und Seuchen mehren sich, die Naturkatastrophen vorprogrammiert, die Erde erlebt sich als das Floß der Medusa. Hier sitzen nun der Kapitän mit seinen Offizieren und anderen Wohlstandsleuten darauf und erleben, dass der Mensch tatsächlich ein reines Tier ist. Ein wichtiger Energieträger des Menschen ist eben Fleisch, und unter Tieren macht das Menschenfleisch keinen Unterschied. Das Ende von diesem großartigen „Gemälde“ hätte zur Folge, dass sich die Menschheit nun selbst entmaterialisiert.

Der letzte Mensch hat am Floß den vorletzten Menschen aufgefressen, und der letzte Mensch stirbt trotzdem. Die Verelendung hat ganze Arbeit geleistet, die Erde jubelt, das grauenhafteste Unwesen aller Zeiten, der Mensch, der Zerstörer von allem, auch von sich selbst, ist Geschichte. Allerdings nur in der endlichen, materiellen, sterblichen Welt. Es ist nur die fehlgeleitete Materie Mensch Geschichte geworden. Der Körper ist weg, was machen dann Lebensgeist, Ich-Geist und Seele? Die geistige Trinität des Menschen? Diese kann man doch nicht einfach wegdividieren. Von der Erde schon, aber nicht vom Himmel. Da höre ich jetzt den praktizierenden Atheismus samt seinen Nebengemeinschaften aufheulen. Ich weiß nicht, wer diesen armen Menschen so schlechten Einfluss vermittelte. Meist ist es die sich nie selbst erleben wollende Angst, die Feigheit vor Wahrheiten und die Faulheit, richtig zu denken. Das uralte mystische Wort Himmel steht für eine hochgeistig energiegeladene, unendliche, vom Menschen eben nicht vorstellbare Welt der kosmischen Schöpfung. Man kann auch die vierte Dimension dazu sagen, klingt wissenschaftlicher. Diese vierte Dimension ist die unsterbliche, entmaterialisierte, im Gegensatz zur sterblichen materialisierten Ebene der Erde. Jetzt, wo sich der Rest der tierisch-menschlichen Körperlichkeit gegenseitig aufgefressen hat, muss die eins, zwei, drei Ebene eben ohne die Grauenhaftigkeit menschlicher Existenzen auskommen. Nicht das Produkt Mensch nach der Idee Gottes, sondern das Folgemodell nach der Idee der Begierden ist hier gemeint. Der Geistkörper befindet sich bereits im Stadium der göttlichen Gerichtsbarkeit. Nun wird es kritisch. Je nach dem Urteil wir Ihr unzerstörbarer Geistkörper in eine fürchterliche Situation geschleust. Das System ist seit achtzigtausend Jahren immer dasselbe, wie schon oft beschrieben. In der vierten Dimension geht es erst richtig zur Sache. Die gesamte Menschheit unterliegt der Polarität ihrer selbst gewählten Körper-Materien-Lastigkeit, denn sie tauschte diese Energie der Geistigkeit gegen die Energie ihrer Begierden ein. Der Preis dafür, die totale Abhängigkeit vom Gesetz der Kausalität und somit der Verlust des eigenen geistigen Entscheidungsvermögens, eben ausgeschlossen aus der geistigen Welt. Die Ergründung der Wahrheit darüber, weshalb Harmonie, Liebe und Friede der Mensch verlor, verlieren musste, ist das Einzige, um aus dem Leid und der Angst vor dem Tod wieder herauszufinden. Das Wissen dieser Mystik liegt in allen Religionen begraben. Nicht unbedingt das, was diese heute als Lehre verbreiten, sondern das, was in den Ursprüngen formuliert wurde, aber in der Menschheit meist keine Akzeptanz fand.

Der Krieg als Strafvollzug (200)

Der Strafvollzug im Sinne karmischer Belastung ganzer Völker erlebte sich auch in dem mörderischsten Kriegsgeschehen aller Zeiten. Die göttlich geistig kosmische Führung übernahm die Lieblingsbeschäftigung der menschlichen Gegensätze in ihr Repertoire als Völkerstraf-Vollzug auf, es Kriege führen zu lassen, gezielte Naturkatastrophen und Seuchen einzusetzen, um durch das Elend der Menschen ihre Begierden zu vernichten. Das hier Geschriebene ist eine logische Tatsache, wenn man in der Menschheitsgeschichte die ausbordenden Gräueltaten aller Völker betrachtet. Das sich damit persönliche karmische Belastungsmuster eben auf alle Volksmenschen rasend verbreiten können, ergibt daraus einfach die Logik. Eine Art Dreieinigkeit, Kriege, Seuchen, Naturkatastrophen. Diese drei haben eines gemeinsam, sie können durch ihre schnelle Ausbreitung gezielt Sanktionen zum Einsatz bringen.

Einige von Ihnen denken bereits in die richtige Richtung, denn demnach wären ja alle Kriegsherren Ausgewählte, natürlich von „oben“ als sogenannte Strafvollzugsvollstrecker gegen die beteiligten Völker, die karmisch ziemlich im hohen Minus bereits angesiedelt waren oder sind. Ein riesiges Spektrum, aber es ließe sich sicher verifizieren, wenn man oft nur jeweils wenige Generationen zurück deren Tätigkeiten verfolgen würde. Manche stehen ohnehin als deren Hauptfiguren in vielen Städten auf irgendwelchen siegreichen Beton-Podesten zur Bewunderung ihrer Taten. Sie alle haben noch eine wichtige Funktion, von ihnen weg laufen bereits Zündschnüre in verschiedene Richtungen, zu bestimmten Personen, zu verschiedenen Völkern, und warten nur auf die Zündung zur nächsten Explosion.

Da glauben so Friedens- und Toleranzfasler, es sei ein Leichtes, den Zorn Gottes mit gar nichts oder nur Phrasen zu besänftigen. Die einzige Überzeugung für den Herrn kann nur das Elend der Menschen, wenn deren Gegensatzkräfte erlahmen und in die richtige Richtung führen, bringen. Allerdings ohne die Metapher Gott geht gar nichts, ohne Leid, Angst und Mut auch nicht.

Nicht der sinnlose Todesmut, sondern nur der Mut, sich selbst bewusst dem Tod zu stellen, bringt die wahre Freiheit. Nicht die Dummheit des Krieges, sondern der Mut zur Wahrheit wird zur Mutter aller Dinge im Leben des Menschen.

Das Sterben (201)

Diejenigen, die Angst vor dem Sterben haben, liegen meist richtig in ihrer Vorahnung. Die, welche sagen, sie hätten keine Angst vor dem Sterben, liegen auch meist richtig in der Ahnungslosigkeit ihrer Selbstbelügerei. Nur diejenigen, welche die wahren Zusammenhänge von Leben und vom Sterben erkannten, ihr Leben danach lebten, bleiben angstfrei vor dem Sterben und vor dem, was die Angst erzeugt, dieses „Sein oder nicht Sein". Der Tod ist ein rein geistiger Prozess. Der Tod der Materie Körper ist lediglich dessen Entzug durch den Lebensgeist. Damit erlöschen auch die vorhandenen variablen Begierden-Welten, nicht die menschliche Empfindungswelt, sie untersteht dem „Ich-Geist" als Bewusstseinsgeist. Das ist das Geistige im Menschen, das ihm bewusst macht, dass er mit seinem Körper wohl Tier in der Materie geblieben ist, aber sich eben dessen

bewusst ist und weiß, dass mit meinem Körper bin eben „Ich". Er kann sein Denken so formulieren, dass dieses vom Körper ausführbar wird. Sein relativ einfaches, aber doch höher als das beim Tier angesiedeltes Denken wurde vom Lebensgeist mitgeliefert. Die hohe Denkenergie, welche das „Ich" darstellt, das von der Trinität entstammende, eben von diesem „Ich-Geist", befähigt die Überlegenheit gegenüber der Materie des Körpers, gegenüber Flora und Fauna. Diese Aussage betrifft das, was in der paradiesischen Welt so war, nicht aber in der heutigen Welt. Es ist zwar das Prinzip des Sterbens gleich geblieben, nur der Unterschied, der paradiesische Mensch in seiner geistigen Trinität zog sich wieder hinein in seine Welt der göttlichen Unendlichkeit, in seine Energie des Engelhaften. Der heutige „Ich-Ungeist" muss vor das geistige Gericht, be- oder verurteilt in die Leidens- und Läuterungsgrauzone, und wird wieder einer Körperlichkeit zugeteilt, um in ein neues Leben geworfen zu werden. Damit ist das Sterben eines Körpers für dessen „Ich-Ungeist" wahrlich keine Lustigkeit, und genau davor fürchtet sich intuitiv der Mensch und päppelt sein Unwissen gegen das Wissen seiner eigenen Wahrheit.

Gott und sein Kosmos (202)

Die kosmische, bewegungslose, geistige Energie benötigte den Gegensatz aus der Materie, um ihrer eigenen Bewegungsbahn ihrer Energie einen Impuls zu vermitteln. Wer gab den ersten Impuls zur Bewegung? Die erwachende göttliche Energie des geistigen Denkens, aus sich selbst geboren, unterzog sich einer Kompression und schaffte den Urknall, der Geburtshelfer für die Materie, und aus diesem entstammte der Gegensatz im Universum.

Im Bereich meiner bisher geschehenen Forschung angelangt, muss ich eine Entschuldigung loswerden, aber nur eine halbe, an die Urknallforscher. Der Urknall ist eine kosmische

Tatsache gegenüber meiner früheren, noch wenig wissenden Annahme. Das Nachahmenwollen dieses Urknalles erfordert ungeheure sinnlose Energie und Geldvernichtung, abgesehen vom enormen schädigenden Eingriff in die Natur, verbunden mit einem großen Sicherheitsrisiko. Da liegt die Frage von Nutzen dieser Aktion für den Menschen nahe. Es wurde lediglich die Begierde nach einer bestätigten Annahme befriedigt. In das Schema passt genau auch diese Befriedigung der Begierden für die Weltraumforscher. Kein einziger Mensch außer den Akteuren erlebt durch diese Aktionen in sich eine Verbesserung. Kein Mensch zähmt deswegen seine Begierden und wird besser. Dem Menschen soll es nicht immer besser ergehen, er muss besser werden, damit hätte er bereits den Weg des besseren Ergehens beschritten.

Zurück zum Urknall, er schaffte die Materie als Voraussetzung für die Menschwerdung nach der Idee Gottes. Der von der geistigen Dreieinigkeit im Menschen erschaffene gezähmte Gegensatz brachte und bringt die kosmische, bisher tote Energie in ihren erforderlichen geiststrahlenden Bewegungsablauf, im Sinne des ewigen Göttlichen, in die kosmische Energiewelt.

Während meiner oft schwierigen und leidvollen Forschungsarbeit mit dem Ziel, den Sinn, der hinter dem sinnlosen menschlichen Dasein voll Leid, Angst und Tod stehen mag, aufzuklären, stellte ich an Gott die große Bitte: „Herr, gib den Menschen das Erleben nach seinem körperlichen Absterben, sein geistiges Nachtoderleben, als bewusste Erinnerung mit in sein nächstes Leben. Die menschlichen Begierden werden dann niemals mehr auftauchen." Nur dieser Bitte wird leider nicht stattgegeben. Das neue junge Leben wächst immer wieder in das vorhandene Begierden-Leben der Alten hinein. Es sei denn, der Herr lässt das Leid von 7 Milliarden in ihr eigenes Elend versinken, dann wären auch alle Begierden weg, nur in was erlebt sich das neue Leben dann hinein? Der einzige begehbare Weg für jeden einzelnen Menschen, der eine Erlösung einläutet, ist, er zähmt selbst seine Begierden und opfert diese seiner wahren Freiheit in einem Leben ohne Leid, Angst und Tod. Nur diese Selbstzähmung darf niemals von außen dirigiert werden, sie muss intuitiv aus der Tiefe der Seele im Menschen in sein Bewusstsein sich als Selbstverständlichkeit einverweben.

Die Frage: Was geschieht dann mit unserem so großartigen, begierdengerecht aufgebauten, immer nach Mehrwert verlangenden Wahn und Wirtschaftssystem? Keine Sorge, dieses System richtet sich ohnehin selbst und versinkt im Chaos. Die begierdengezähmte Wirtschaft ergäbe auch Probleme, aber die eines geordneten Rückzuges. Hilf dir zuerst selbst, dann hilft dir Gott, wenn es das Karma zulässt.

Das Wunder (203)

Was macht die Welt mit einem Wunder? Sie wundert sich, dass so ein Wunder geschehen kann, auch darf. Das diesseitig ungeistig seiende Fachdenken für Materie kontra dem Geistigen jenseitigen Möglichen kommt hier zum Vergleich. Der Geist des Lebens kann sich einer endlichen Materie (Körper) dann entziehen, wann er den Auftrag dazu von der göttlichen Seele erhält. Dem Grunde nach geschieht für den irdenen Menschen ein Wunder dann, wenn er das Geschehene nicht nachvollziehen kann, da sich dieses auf der geistigen Ebene abspielt und dirigiert wird. Ein Geschehen von der Art eines Wunders bestimmt das Kommunikationsteam von Lebensgeist, Ich-Geist und göttlichem Seelengeist, vereint als Trinität im Geistkörper des Menschen. Der Ich-Geist hat sich ein positives Karma erarbeitet, die göttliche Seele will der ungeistigen Menschheit eben ein geistiges Wunder vermitteln, der Lebensgeist schafft die körperlichen Voraussetzungen dazu. Wie sieht das der Betroffene in einem bestimmten Fall? Er schreibt es im Wesentlichen seiner Liebe zum Leben zu. Dieses sein Wunder betrachtet er in der Regel als Erfüllung seiner Wunschvorstellung. Hat dieser Betroffene mehr empfunden? Gesagt hat er jedenfalls meist nichts darüber. Hat er darüber etwas mehr nachgedacht? Auch nicht. War dieses

Wunder-zeigen-Wollen für die Menschheit in diesem Fall eine Fehlleitung der Zusammenarbeit der geistigen Trinität? Ja.

Der „Wundernehmer“ hat seine Rettung als Höheres geistiges Eingreifen nicht erkannt und es dem irdenen meditativ Gedachten zugeschrieben. Egal, für die Umwelt war es ein Wunder oder Schicksal, einfach ohne weitere Hinterfragung. Für die geistige Seite eine Niederlage, wie tief sie die Voraussetzungen für ein Wunder herunterschrauben musste, da die Hilfe Gottes für den Wundernehmer nicht mehr vorhanden erscheint und mit wie „Wenig“ ein karmisches Guthaben sich bei den heutigen Menschen zufrieden geben muss.

Trotzdem, er war ein „Suchender“, und da besteht noch Hoffnung für den Herrn, dass er „Ihn“ sucht, vielleicht auch findet, wenn nicht die Begierden wieder die Oberhand erhalten.

Der Irrtum (204)

Wenn man einen Wechsel von einer Gesellschaftsform in eine andere unternimmt, unterliegt das einer Wert-Bestimmung bzw. einem Motiv.

Die Begierde war das Motiv des gefallenen Engels, das brachte ihm den Verlust der geistigen Energie, der Ich-Geist des Menschen wandelte sich zum geistreduzierten Ungeist. Die treibende Kraft, die Energie des Geistes, wechselte zur Triebkraft im Menschen, zur Energie seiner Begierden. Es gelangen der neuen Begierden-Herrschaft mehrere Schachzüge gegen den Ich-Geist des Menschen.

Der wahren Trinität des Menschen (Lebensgeist, Ich-Geist, Seelengeist) stellte die Macht der Begierde schlicht und einfach die Materie des sterblich menschlichen Körpers mit seinem Gegensatz der Unsterblichkeit des Geistes entgegen. Um das Wort Trinität zu erhalten, wurde der Lebensgeist in das Out gestellt und die neue Zusammensetzung benennt sich nun Körper,

Geist (Ich-Ungeist) und Seele. Den verlorenen Lebensgeist samt der göttlichen Seele sucht der heutige Mensch noch immer, aber vergebens. Tatsächlich regiert nur mehr sein „Ich" als Ungeist mit dem Körper. Diese Ungeist-Energie hält das Karma und das Rad der Wiedergeburt der Menschheit so lange in Schwung, bis der Mensch seinen Lebensgeist, seine Seele und seinen wahren Ich-Geist wiedergefunden hat.

Ein genialer Schachzug des Ablegers des menschlichen Ich-Ungeistes der Majestät Begierde, denn sie nimmt dem Ich-Ungeist die Angst vor seinen von ihm angeordneten Untaten und schiebt die Verantwortung auf die göttliche Seele, denn diese lebt im Exil wehrlos und ist dem Menschen weitgehend unbekannt. Diese Saat ist in der Geschichte der Menschheit voll aufgegangen mit dem Glauben, es werden nicht dem persönlichen „Ich" eines Menschen nach dessen Ableben seine Untaten direkt präsentiert, sondern einem imaginär anderen, eben der göttlichen Seele. Sie soll für die Taten des menschlichen „Ichs" leiden, nur diese Rechnung geht im Jenseits nicht auf. Der Mensch sollte diesen Irrtum möglichst für sich vor seinem Absterben aufklären.

Genie mit Wahnsinn (205)

Das heutige „Ich" im Menschen ist angereichert mit der Energie für mehr oder weniger große Untaten. Diese Tatsache bildet die Verhinderung des Ungeistes, sich mit seiner ehemaligen Wertung als wahrer Geist wieder zu verbinden. Sollte der Ungeist eines Menschen mit seiner althergebrachten Geist-Energie willentlich die Voraussetzungen für eine Annäherung eben an seine ehemalig geistig kosmische Energie schaffen wollen, so erzeugt das in seiner gesamt menschlichen Organisation gewaltige Umwälzungen. Der erste Gegner dieses Wollens des Menschen ist naturgemäß die Energie seiner Begierde, und die setzt sich mehr oder weniger stark dagegen zur Wehr. Die gewöhnliche

Denkenergie des Ich-Ungeistes nähert sich willentlich, aber trotzdem ängstlich seinem ehemaligen, aber nicht mehr erkennenden Energiestrom des wahren Geistes. Die Denkenergie kommt in eine für sie nicht mehr fassbare Situation und stellt sich damit selbst in Frage. Dieser rein geistige Vorgang produziert eine neue Energie, die Energie des Leides. Das geschieht dann, wenn der Ich-Ungeist sich selbst nicht mehr so ganz wahrnimmt, seine gewohnte Umgebung differenziert zu sehen beginnt und diese gewohnte Umgebung ihn ins Out drängt. Dieser Vorgang macht Angst und geht in bestimmten Zeitfolgen in extremes Leid über. Da sind wir bereits im Einflussbereich eines Wahnsinnes, einer Art Schizophrenie angelangt. Die Begierden haben längst das Weite gesucht. Der Ich-Geist des Menschen empfindet die Energie des hohen Geistes als zerstörend und zugleich als helfende Mystik in einem fernen Lichtstrahl.

Aus welchen Gründen immer ein Mensch in diesen Zustand gerät, ohne festen Glauben an das Numinose und dessen Geheimnis ergründen zu wollen und ohne sich seiner Leidensfähigkeit stellen zu wollen, erhält er damit ein Vakuum in der endlichen Energie des Ungeistes. Von dort noch nicht gelöst und da noch nicht angekommen zu sein, ist dem Grunde nach ein empfindender aussichtsloser Kampf gegen die Allmacht des wahren Geistes. Entweder die verzweifelte Flucht nach vorne zum wahren Ziel, um dieses auch zu erreichen, oder die verzweifelt Umkehr in die geistlose Materie der Psychopharmaka. Nur diese Materie wird niemals in der Lage sein, geistige Vorgänge beeinflussen oder gar ändern zu können, höchstens eine vernebelte Ruhigstellung anstreben. Das Genie erlebt sich in der Erkenntnis dessen, was das Geistige ihm im Laufe seines Leidensprozesses anbietet. Er muss nur das Leid für sein Erkennen verkraften, von dem, was die jenseitige Welt ihm über die Wahrheit der gottlosen Menschheit zeigt. Das wiederum schafft Leid, und dieses Leid prägt das Genie. Der heutige Mensch erkennt nicht an seinem Wahn die Muschel, in welcher eine wertvolle Perle sein könnte. Er schafft es nicht, die Muschel zu öffnen, es fehlt ihm der Mut, den Inhalt als Wahrheit erkennen zu müssen, genau über das Sein oder nicht Sein, über Genie oder Wahnsinn.

Der Gegensatz (206)

Der Gegensatz bildet die Energie aus der endlich seienden Materie, diese als gezähmten Beweger für die harmonisch kosmische Welt. Diese neue Energie erlebt sich in ihrer gleichmäßigen Bewegung als geistig und zugleich gegensätzliches Perpetuum mobile zur harmonischen Weltendynamik.

Der Mensch nach der Idee Gottes wurde somit der wesentlichste Mitgestalter dieser Weltendynamik, dies aber nur so lange, als dieser seiner von Gott ihm übertragenen Aufgabe nachkam. Nach der Abkehr des Menschen vom Herrn kam die Abart einer Bewegung in das menschliche Geschehen, nämlich die der Menschheitsgeschichte mit ihrer ungezähmten Gegensätzlichkeit.

Eingrenzung oder Ausgrenzung (207)

Die stattgefundene Willkommensveranstaltung für Flüchtlinge im Oktober 2015 am Heldenplatz in Wien erinnert stark an die Machtergreifungsveranstaltung des Dritten Reiches an derselben Örtlichkeit 1938. Es gibt einen einzigen Unterschied dazu. Die damaligen Veranstalter wussten genau, was sie wollten. Die begeisterte Masse allerdings blieb ahnungslos. Im jetzigen Fall sind Veranstalter samt ihrer Zuhörerschaft ahnungslos. Die Auswirkungen beider Erwartungen werden sich in einer starken Ähnlichkeit wiederfinden. Es gibt nur zwei Möglichkeiten, es bleibt bei der Willkommensbegrüßung, die zugleich eine Unterwerfung symbolisiert, oder man muss in mühsamen Nahkämpfen eine Ordnung mit unbekanntem Ausgang anpeilen, die wieder in zwei Möglichkeiten mündet. Entweder das Annehmen einer aufgezwungenen Kultur mit Diktatur, oder man steht zu seiner eigenen Kultur mit einer eigenen Diktatur gegen die Diktatur einer fremder Kultur. Einer vermischten

Kultur würde Mitteleuropa niemals eine Harmonie zubilligen. Die heutige Situation bestimmt sich aus Demokratien, die in ihren begierdenreichen Kompaktheiten, Bequemlichkeiten und falschen Werten eben diese Geschehen zu verantworten haben. Für die hemmungslose Gier der Multis wird es auch einen Umkehrschluss geben. Die durch die Gegensätzlichkeit der menschlichen Materie logische Fortsetzung von Ursache und Wirkung zeigt wieder ihre Früchte. Materie ohne Geist ist wertlos, der menschliche Körper bestimmt sich als diese, nur mit dem Ungeist seiner Begierde bewaffnet. Einer geistlosen Materie Hilfe von Geleichbedeutenden anzubieten ist unwertig, gesehen aus der Sicht der jenseitigen Welt.

Im Hintergrund lauert immer nur die nackte Gier zur Macht, aber nur so lange, wie der Tod der Materie den Gegensatz entzieht.

Die göttliche Seele – der geistige Energie-Chip im Menschen (208)

Die Seele erlebt sich göttlich als Beweis für die Wahrheit der Schöpfung. Als die Menschen sich von Gott zu lösen begannen, um ihre eigene Suppe nach der Art ihrer Begierden zu kochen, wurden sie durch den Verlust der geistigen Energie in Dummheit gebettet. Der Grauschleier dieser Dummheit lässt den Menschen bis heute eine fundamentale Wahrheit nicht erkennen. Man kann sich niemals von etwas lösen, das man als Schöpfung in sich trägt. Oder können Sie real eine Loslösung von ihrem Gehirn oder ihrem Herzen betreiben, ohne sich selbst aufzugeben? Der Verlust der geistigen Energie bedeutete für den neuen Begierden-Menschen auch den Verlust seines geistigen Denkens. Die geistig jenseitige Welt ist deswegen einfach verschwunden, da der Mensch diese nicht mehr wahrhaben kann und auch nicht will. Hier feiert das Nichtwissen im Verein mit Dummheit, Feigheit und Größenwahn zu Gunsten der menschlichen

Begierden Orgien. Als wahrer Künstler in der Verleugnung von göttlichen Wahrheiten bietet sich der Atheismus schon seit der griechischen Intelligenz an. Dass der Schöpfer-Gott in jedem Menschen sich selbst dokumentiert, ist Logik. Wenn der Mensch diese Tatsache nicht erkennt, nicht akzeptiert, bedeutet es das Gegenteil. Der geistige Chip, die Seele im Menschen, leider von dessen „Ich-Ungeist" nicht wahrgenommen, regiert in Wahrheit jeden von uns und bedeutet für ihn sein Schicksal. Würde der Unfug Geistiges mit ungeeigneten Mitteln der materiellen Beweiskraft zu verfolgen aufhören, dann wäre das Richtige zur Selbsterkenntnis des Menschen geschehen. Die Macht der Begierden beherrscht mit sehr wenigen Ausnahmen das Denken des Menschen. Woher noch die Energie für ohnehin „Nebuloses" verschwenden? Die Schöpfungsenergie, in jedem Menschen beheimatet, lässt sich verdrängen, aber niemals entfernen. Sie können mit Gott sprechen, ihn beschimpfen, ihn als unfähig erklären, ihm sogar hassen, lieben, eines aber dürfen Sie nie, Gott in Frage stellen, denn damit stellen Sie sich selbst in das nicht Seiende. Ihr sterbliches Denken, von Ihren Begierden vernebelt, lässt es nicht zu, daran zu glauben, dass Ihr Leben auf Erden eine Geringfügigkeit gegenüber dem Nachtodleben im Jenseits darstellt. Ihr Körper im Diesseits besteht aus Materie und ist sterblich, im Jenseits aus geistiger reiner Energie unsterblich. In beiden Leben ist und bleibt die göttliche Seele als Repräsentanz der Schöpfung auf ihre Zeit. Auch Sie erleben sich durch Ihr geistiges „Ich" als unsterblich. Nur so lange aber Ihr „Ich" vom Ungeist besetzt ist, geben Ihnen Ihre nur endlich seienden Gedanken nur ein Leben in Ihrer Materie zur Disposition. Gott lässt sich aus Ihrem Leben nicht vertreiben. Gott lebt auch in Ihren körperlichen Leiden mit Ihnen, im Leid ist er leichter zu erkennen. Unterschätzen Sie nicht Ihren Chip als Seele in Ihnen, und vor allem nicht ihre gewaltigen Energien und Entscheidungskraft über Leben und Tod. Alle getöteten Menschen sind nur in ihrer Materie der Endlichkeit zerstört, aber niemals in ihrer unsterblichen Geistigkeit. Dieses Faktum sollte einmal in die Gehirne und Empfindungen der Begierden-Gewalten eindringen. Jeder Mensch kommt in seiner Einheit samt seinen geistigen Überlieferungen einzeln auf diese Welt und stirbt in seiner Einheit mit seinem im materiellen zusätzlich Erworbenen aus dieser Welt. Nur es gebiert sich ausschließlich Materie und es stirbt auch nur diese. Die Energie des Geistes kennt keine Geburt und auch kein Sterben, dafür sorgt der geistige Energie-Chip, die göttliche Schöpferkraft in Ihrer Seele.

Geistige Wahrheiten kann man nur mit empfindender Intelligenz oder mit erfühlter Bescheidenheit erlernen. Beide Varianten erfordern eine entsprechende Zähmung Ihrer Begierden.

Das Wertgefühl (209)

Dem Grunde nach kann dieses Wertgefühl der Logik nach nur im Unbewussten des Menschen abgehandelt werden. Das reale Denken kann nur den Wert einer Materie bestimmen, aber niemals einem Gefühl, Empfinden oder Glauben gerecht werden. Diese können auch nie mit Materie aufgewogen werden. Allerdings als karmische Wertbestimmung stehen diese ganz oben auf. Diese Werte sind in der heutigen menschlichen Gesellschaft nur geringe Mitläufer. Hier sind nur greifbare, sichtbare, beweisbare Werte mit ihrer materiellen Abstammung handelbar, bewertbar, bezahlbar, stapelbar, tauschbar und zerstörbar.

Die Werte, die im Karma sichtbar ganz oben rangieren, sind die wahren Werte, die erst im Sterben eingelöst werden, eingetauscht für eine entsprechende Zukunft in der geistigen Welt.

Die Selbstverwirklichung (210)

Es wird bei vielen Menschen oft von deren Selbstverwirklichung gesprochen. Wissen Sie, was dieses Wort eigentlich bedeuten soll? Wie kann das „Ich" eines Menschen sich selbst verwirklichen? Ich denke, die sogenannten „Selbstverwirklicher" meinen damit, etwas zu tun, was sie schon immer wollten, da eben jetzt die Möglichkeit dazu besteht. Also Weltreisen, Kunstgeschichte studieren, Malen, Schreiben usw. Das mag ja sehr schön und angenehm für die Betreffenden sein. Was oder wer ist jetzt das „Selbst", da könnte wohl nur das „Ich" damit gemeint sein. Bei „Verwirklichung" ist es schwierig, vielleicht werden vergrabene Talente verwirklicht? Aber bei dem „Selbst" müsste schon mehr verwirklicht werden. Ich nehme nicht an, dass es mit etwas Verwirktem zu tun hat, so bleibt nur die Wirkung oder das Wirkliche. Das „Ich" will eine Wirkung zeigen oder das „Ich" will die Wirklichkeit, das wäre doch die Wahrheit. Glauben Sie, dass die Selbstverwirklichung die Wahrheit zum Ziel hat? Sicher nicht. Dieses Wort ist halt ein toller Ausdruck für wenig bis nichts, klingt aber gut. Die Selbstfindung wird auch gerne zusammen mit dem Ausdruck „Die Seele baumeln lassen" genannt. Wissen Sie, was da gemeint ist? Will man dabei sein eigenes „Ich" finden? Den Körper kann man wohl ausschließen, den kennt ja jeder. Oder sollte es etwa Seelenfindung heißen? Nachdem der Mensch ja aus Körper, Ich-Geist und Seele besteht, kann man nichts anderes suchen wollen als das „Ich" oder die Seele. Finden kann ich erst nach einem erfolgreichen Suchen. Was suche ich und was will ich finden? Das „Ich" kann ich kaum suchen und auch nicht finden, denn das bin doch „Ich" selbst, dieses „Ich", und ich selbst wird mich doch noch kennen können. Bleibt nur die Seele, na ja, die baumelt an einem Strick oder Faden, wenn man am Meer im Liegestuhl liegt, so wie manche Werbung das meint. Die baumelnde Seele kann dann leicht eingeholt werden und man hat sie dann wieder bei sich. Vielleicht suchen Sie intuitiv nach der Differenz zwischen Ihrem „Ich-Ungeist" und Ihrem wahren Geist aus Ihrer paradiesischen Ära?

Mein Leben mit Gott (211)

Seit mein „Ich“ zur Chefsache erklärt wurde, sind ca. 6 Jahre vergangen. Diese Jahre waren geprägt von Studium und Forschung geistiger jenseitiger Welten. Ein extrem leidvolles Studium, behandelte es doch den Ist-Zustand der Menschheit in Summe seiner Geschichte gegenüber dem Sollzustand vor dem Hinauswurf aus dem Paradies. Aus der Zeit, als der Mensch in seiner wahren Gemeinschaft zwischen Geist (Ich), Körper und Seele einheitlich seine kosmische Aufgabe nach der Idee Gottes im Sinne von Yin und Yang großartig löste. Es war die Zeit vor dem Sündenfall des Menschen. All das wurde meinem „Ich“ aus der geistigen Welt bewusst gemacht. Meine Aufgabe ist es, dies mir alles inne Gewordene zu dokumentieren. Dass der Weg vom Geistigen bis zu dessen Eindringen in mein nur endlich seiendes Denkvermögen einen gewaltigen Energieaufwand benötigte, ist verständlich. Dieses Innewerden der geistigen Wahrheiten über den Sinn des menschlichen Lebens, eigentlich dessen Unsinn, ergab in meinem realen Denken viele Kurzschlüsse, da ich das einfach nicht fassen konnte und auch teilweise nicht wollte. Über meine erfolgten Einbrüche in diesem Zusammenhang wurde berichtet. Hier vollzog sich allerdings ein gewisser Wandel, ähnlich einer gut funktionierenden Familie, in welcher nur ein Partner das Sagen hat. Ich empfinde mich hier allerdings mehr als Sohn, der mit Ehrfurcht auf das enorme Wissen und die Energie seines Vaters blickt, aber trotzdem auch öfter aufzumüpfen versucht. Ist tatsächlich so, dieses Vater-Sohn-Verhältnis ist so unglaublich, für mich fast normal geworden. Dem Grunde nach fehlt mir die Zeit, vielleicht auch der Wille, darüber nachzudenken, wie denn das alles so möglich war und ist. Es ließe sich auch gar nicht richtig in Worte fassen. Das Geistige hat eine enorm schnelle Fliehkraft, falls es von einem endlichen und sterblichen Denkvermögen angezweifelt wird. Das Sich-Herausfinden aus dem Hineingeborensein in ein dumpfes traditionsbewusstes Durcheinander, dem doch auch zum Sterben hinzeigenden Denken, scheint in ein unendlich seiendes Mühsal zu münden.

Ich versuche, mein Denken aus dem Erreichen einer Höhe zu formulieren, denn ich lebe nicht in zwei Welten, wie früher von mir angenommen, mein Dasein erfüllt sich hier auf Erden wie bei Ihnen, bei allen anderen Menschen. Mein Leben auf dieser Welt in diesem Dasein erhielt lediglich ein erweitertes Denkvermögen, ein Denken, welches mir den Einblick gewährt, wie das jenseitige geistige Denken gelagert erscheint. Bediene ich mich eines geistigen Denkens, hat es leider keine Parallelität zum gewohnten Denken eines Menschen. Dieses mein Denken befasst sich mit den Erfahrnissen und Erkenntnissen, die mir aus der geistigen Welt der Nachtoderfahrung, aus der Welt Gottes, aus der Welt des unendlich seienden geistigen Kosmos durch meine Forschung zuteilwird. Mein Verhältnis zum Herrn ist geprägt von einer wunderbaren Beziehung, aus welcher mir allerdings enorme Pflichten erwachsen sind. Gott ist kompromisslos in seiner Liebe und in seinem Hass, edel in der Wahrheit, verlangend im Glauben und in der Treue, dies ohne Wenn und Aber. Was er von der Untreue seiner ehemals erschaffenen Menschen hält, hat er mir zur Verpflichtung gemacht, mein erworbenes Wissen darüber aufzuschreiben. Was ich so ahnungslos erleben musste, als mir die Wahrheit über diesen 7 Milliarden zählenden Restposten Menschheit langsam in mein Bewusstsein eingehämmert wurde, will ich hier nicht näher beschreiben. Heute kann ich fast über alles Erlebte und für die Wahrheit Erlittene schon etwas emotionslos reden. Dieses Wissen über die Wahrheit, eine schrecklicheWahrheit, hat mein denkendes Leben verändert, und trotzdem erlebe ich mich als Mensch wie Sie, nur mein jenseitiges Wissen trennt uns. Das, was sich hier in mir auftat, waren ja keine geistigen Gedanken, sondern Tatsachen, die das menschliche Denken seit zigtausend Jahren abdrängt, in das kollektive Unbewusste versinken lässt und den Mantel ihrer Traditionen darüber breitet. Warum das so ist und war, ist ganz einfach. Am Anfang plagte die Menschheit mehr oder weniger ihr schlechtes Gewissen über das, was verbrochen wurde. Diese Menschen verbrannten nach und nach den Lebensvertrag mit ihrem Schöpfer, um ihr Leben nach ihren eigenen Ideen einzurichten. Dass sie mit diesen nur ihre eigenen Befindlichkeiten betreffenden Aktionen ein gewaltiges Unternehmen, ein riesiges geistig kosmisches Werk torpedierten, konnten ihre minderen Denkmöglichkeiten nicht erahnen, ihre sterbliche Dummheit nicht begreifen, und das nur, um der Gier und dem Wollen der sterblichen Macht dienlich zu sein.

Mir wurden diese Wahrheiten im Detail in mein auch nur endlich seiendes Denkvermögen vom Geist des Numinosen eingepresst. Verständliche Aussetzer in meiner inneren Betriebsanleitung konnte mein schwacher Umdenk-Transformator nicht immer verkraften. Das Tor einer möglichen „Klapse" stand oftmals offen, bis dieser jahrelange Erkenntnisprozess in das Leid eines Verstehens mündete. Ich wusste sehr genau, auch in meinen tiefsten Niederlagen, durch dieses Tor durfte ich niemals gehen, obwohl mich Verzweiflung manchmal in dessen Nähe trieb. Den damaligen Mut, meiner Ahnungslosigkeit nachgegeben zu haben, der wurde oft bereut. Man darf in diesen Prozess eines nicht außer Acht lassen, hier wurde bzw. wird eine riesige Kiste mit dem Fundus eines achtzigtausend Jahre alten Irrlaufes der gesamten Menschheit langsam geöffnet und geoffenbart. Mir wurden die furchtbaren Untaten des Nicht-mehr-Menschseins aus diesen Zeiträumen im Auftrag des Herrn eröffnet, nicht so heldenhaft geschönt, wie das die Geschichtsbücher aufzeigen. Gott legte als Gegenstrategie für die Abtrünnigkeit ein Netz von Fallstricken aus geistiger jenseitig gesteuerter Unsichtbarkeit aus. Das Erkennen dieser aufgestellten Fallen und wie die Menschen blindlings in ihrer Unwissenheit hineintappen, und welche Wirkungen aus dieser Ursache die Menschheit plagt, da bedanke ich mich für das wenn auch löchrige Sicherheitsnetz meiner geistigen Kraft. Oft frage ich mich und auch Gott, weshalb mir das alles angetan wird; es folgte eine lapidare Antwort. SCHREIBE!

Ganz schlicht und einfach, der Herr benützt mich. Er weiß sehr genau, derzeit gibt es hier bei uns in gewisser Hinsicht eine Meinungs- bzw. Schreibfreiheit, und das nützt der Herr, bevor dieses momentane Freisichtfenster von Gewalt-Beherrschung schnell wieder geschlossen werden könnte. Der Mensch hat selbst seine geistige Verbindung zu Gott abgebrochen, aus Gründen, die zur Genüge beschrieben wurden. Ebenso ist die Reaktion des Herrn auch bekannt. Mein Befinden stellt sich so dar, dass mein

Wissen den Status eines Menschen darstellt, der in ständiger Verbindung mit der jenseitigen Welt steht, aber nicht in dieser lebt.

Die heutige Menschheit befindet sich seit ihrer Abtrünnigkeit von ihrer kosmischen Aufgabe Gott gegenüber auf der Flucht, vor der auf sie lasteten Schuld, und brüllt debil vor sich hin, das Leben sei ein Hit. Ob der Mensch sich nun endlich seiner Verantwortung stellt, seine mehr oder weniger große Strafe annimmt, sollte nicht die Feigheit, sondern der Mut entscheiden. Das, was ich hier zu berichten hatte, sollte in das menschliche Denken einfließen und hoffentlich seine ihn beherrschenden Begierden verjagen helfen. Ihre Aufgabe ist es nun, Ihren Glauben, Ihr Interesse, Ihr Gefühl und Empfinden in eine Richtung frei zu geben, in die Richtung, die Ihnen Leid und Angst im Leben und vor dem Tod nimmt und Ihnen Frieden bringt. Die Richtung, welche die Wahrheit darstellt, und das ist der Glaube an Gott, den Schöpfer aller Geistigkeiten, der Materie und des Menschen.

Allerlei zur Wende im Spiegel (212)

Die geballte Ladung all meiner bisherigen Schriften wurde entzündet durch eine gewaltige Anklage gegen die gesamte Menschheit durch Gott den Herrn. Als selbst dieser angeklagten Spezies angehörend, behaftet ebenfalls mit all diesen menschlichen negativen Ungereimtheiten, bin ich auf der Suche nach einem Ausweg, nach mildernden Umständen, nein, nach einem Weg, der von allen Seiten bespiegelt erscheint und auf welchem ich mich permanent in all meinen Lebenslagen selbst beobachten kann. Dieser Weg darf anfangs nur langsam begangen werden, damit mit den sichtbar gewordenen Untugenden aller Art ein ernstes Gespräch mit einem selbst geführt werden kann. Diese Selbstgespräche müssen erfolgen, um klar Schiff zu machen, als Grundlage für die Weiterführung dieses Spiegelweges. Ich selbst wurde durch diese Gasse brutal getreten, und genau das will ich dem „Beschreiter“ ersparen, wenn er selbst die Zügel für diesen Weg aufnehmen will. Es ist nicht zu glauben, was da alles vom Spiegel so reflektiert wird. Beginnen wir bei den sogenannten Notlügen, die in Maßen, aber nicht in Massen getätigt werden. Diese werden ohnehin bei der Bestandsaufnahme in der Lebensbilanz unbewertet belassen. Die Lüge stellt schon ein anderes Kaliber dar. Es muss einmal festgestellt werden, wer ist Empfänger einer Lüge, ist das eine Person, eine Gruppe, ein sogenannter Gesetzeshüter oder ein Beichtvater. Größere Dimensionen sind hier nicht behandelbar, wie etwa das Belügen ganzer Völker durch Macht-Manipulationen.

Grundsätzlich ist eine Lüge dann in der Lebensendbewertung aufscheinend, wenn sie sich selbst einen klaren Vorteil auf Kosten eines unschuldig seienden anderen verschafft. Das, was als Unbewusstes im Mensch seiend bezeichnet wird, ist zugleich der Rest einer Warnstation gegen eigene und Lügen anderer. Es ist deswegen nur ein Warnposten geblieben, da die Strahlenenergie der Aura beim Menschen analog der geistigen Denkenergie in Verlust geriet. Auch dieses Warum wurde schon beschrieben. Alles, was lebt, Materie lebt, hat einen geistigen Hintergrund, und genau dieser ist der Beleber der Materie, die geistige Lebensenergie. Die Metaphysik hinter jedweder Materie stehend das geistige Ebenbild, eben die geistige Energie, welche jede Materie erschuf, sie vervielfältigt und auch wieder zurückführt, sozusagen entmaterialisiert. Alle Materie, angefangen vom gesamt erschaffenen Universum bis hin zum kleinsten Atom, ist absoluter Untertan dieser Energie des Lebensgeistes. Der geistige Part des Menschen stellt sein „Ich“ dar. Der heutige Mensch kann diese Tatsache einfach für sich nicht begreif- und fassbar machen, da seinem „Ich“ die geistige Energie dazu abhandenkam. Auch dieses Warum wurde schon beschrieben.

Der vorhandene Lebensgeist in aller Materie ist eine Sache. Der darüber hinaus dem Menschen zugeordnete Geist eine andere. Erst die Zuordnung einer geistigen Energie in sein Denken machte ihm bewusst, „Ich bin“, damit entstand das geistige „Ich“. Das Geistige steht hinter seiner Materie, hinter dem Körper des Menschen, und ist als Aura sichtbar. Sichtbar von allen Lebewesen, und bildet zugleich auch sein Warnsystem gegenüber feindlicher Gesinnung. Mit der Wegnahme der Energie geistigen Denkens verlor der Mensch auch die Sehenergie für das Geistige, eben für die jeden Menschen umgebende Aura. Die Lüge, die Aggression, die Mordlust eines Menschen anderen gegenüber ist nicht mehr an der Farbgestaltung der Aura sichtbar, obwohl diese nach wie vor vorhanden ist. Es gibt genug Menschen, die aus ihrem Unbewussten noch so viel geistige Energie erhalten, um die Aura von anderen Lebewesen ausmachen zu können, doch es fehlt ihnen an der Bewusstmachung und an der richtigen Deutung dieser Farben. So stellen sich der nachparadiesische und vor allem der heutige Mensch dar. Er hat seine Strahlung sichtbar eingebüßt, ähnlich einem Christbaum 4 Wochen nach Weihnachten. Der Mensch merkt nicht, welche hohe geistige Energie nach wie vor unsichtbar in ihm steht, die gewaltige kosmische Metaphysik steht hinter ihm in dunkler Zeichnung seiner Aura. Auf dem Spiegelweg wird sie allerdings für ihn sichtbar. Das ergibt dann die wahre Selbsterkenntnis des Menschen, und zugleich seine Befreiung. Sein restliches Empfinden für Gut und Böse und deren Anwendung findet sich nur mehr im Unbewussten, im Bauchgefühl des Menschen. Das Unbewusste stellt ein Seelenhaftes dar. Hier stapeln sich die Tagesreporte im Verlauf eines gesamten menschlichen Lebens, getrennt aufgelistet nach Gut und Böse. In Wahrheit trägt jeder Mensch in sich die Entscheidung, ob er bereit ist, sich mit Disziplin seinen Begierden entgegenzustellen. Würde der Mensch dieselbe Energie, die er egoistisch aufbringt, um der Materie seiner Begierden zu befrieden, sich dafür zur Harmonisierung in seinem Leben einsetzen, die Geschichte der Menschheit hätte ein schöneres Antlitz. Das wahre Wesen, der wahre Charakter eines Menschen ist erkennbar, und zwar ist dieser darin angezeigt, in welchem Verhältnis das menschliche „Ich“ zur göttlichen Seele steht. Der Idealfall wäre gegeben, wenn „Ich“ und Seele sich hundertprozentig in einer Einheit empfinden würden, so, wie das vor Zeiten gegeben war.

Wie immer man diese Zeilen bewerten möchte, es gibt nur eine einzige Möglichkeit, im menschlichen Leben für sich selbst eingreifen zu können, es ist das hinterfragende Gutsein, denn der Tod nimmt Ihnen alles weg, nur das Gutsein kann er nicht wegnehmen, dieses ehrliche Gutsein ist der VIP-Ausweis im Nachtodleben für Sie. Der Spiegel schönt nicht mehr, Sie sind schön geworden.

Variationen (213)

Sehr viel Papier wurde verschrieben, geistige Gedanken über den Sinn oder Unsinn des menschlichen Lebens ausgelebt. Betrachtungen aus den verschiedensten Perspektiven angestellt, daraus Differenzierungen ermittelt. Unglaubwürdiges versucht in Glauben zu verwandeln. Eine Vielfalt noch nie da gewesener Behauptungen aufgestellt, Gott und die himmlischen Mächte als Wahrheit dokumentiert. Nicht das Menschsein, sondern das Untermenschsein begründet. Die Möglichkeit der Selbstbefreiung von Leid, Angst und Tod aufgezeigt. Den extremen Einsatz von Gier in allen Lebenslagen beleuchtet. Das wahre Menschheitsübel, tief in seine Begierden verstrickt als Wahrheit, bestätigt. Die vom Größenwahn befallene mordlustige, sich gottähnlich glaubende, brutalisierende, geistlose Machthaberei, welche die Menschheit regieren will, samt den jeweiligen Endprodukten milliardenfacher Menschenleichen, Tieren gleich geschlachtet, nur noch nicht gefressen, angeklagt. Die furchtbare Nachtoderfahrung dieser Irren beschrieben. Die Wandlung göttlicher Weisungen und Lebensrichtlinien vom Geistigen in Macht-Materie der Religionen aufgezeigt. Den angebeteten Errungenschaften der Forschungen und Technik zur Demütigung alles, was Natur heißt, unterstellt. Die Beweisführung darüber, dass der Mensch ein guter Denker sein könnte, sein Denken aber sterblich und einzig und allein der Materie dienstbar ist. Der Geist, der nach der Wahrheit strebt, von den Begierden getötet wird. Der Name Gottes, der in die unbewussten Regionen abgedrängt wird. Den wahren Inhalt des menschlichen Unbewussten dokumentiert.

Die gewaltige Feigheit der von Lügen durchseuchten Menschheit aufgezeigt. Der Versuch, diese Menschheit in ihre eigene Wahrheit zurückzuführen, in den Sinn ihres Daseins zu bringen. Es wurde berichtet, wie und warum der Mensch in diese Weltgeschichte hinein erschaffen wurde, zu welchem Zweck er seine Aufgabe nach der Idee Gottes zu handeln hätte. Dem Beginn der Abtrünnigkeit von Gott dem Schöpfer vor ca. achtzigtausend Jahren bis heute wurde nachgegangen. Der Herr der Welt, Gott der Schöpfer von allem, in seiner Energie-Allmacht des Geistes, sieht für diese zur Untermenschheit mutierte Gesellschaft von geistlosen Tierkörperwesen wenig Chance mehr, dass noch ein Funke einer Rückbesinnung zündbereit wäre. Gott macht Schluss mit den grauenhaften Auswüchsen und Ausschweifungen seiner ehemaligen, von ihm erschaffenen Menschheit.

Zwei Optionen stehen zur Verfügung:

Die *eine* Option ist Eigenbau des Menschen und entstand als Produkt einer langen Forschung der hohen vergötterten Intelligenz-Wissenschaften, als festgestellt wurde, dass die in der Materie enthaltenen Gegensätze von einer Schutzschicht aus Harmonie des Geistigen umgeben sind, was somit ein Gleichgewicht garantiert, das hinein reicht bis in den Weltenkosmos. Der Gier der Forschenden war die Weisheit der Harmonie aber zu wenig, sie zündelten so lange, bis die Polarisierung der Materie diese seine Hülle durchbrach und das Licht der Atombombe in der Welt der Menschen erschien. Ein trauriges Licht. Es war nicht das grelle Licht des Geistigen, das da in die Dunkelheit des menschlichen Denkens hinein explodierte. Es war das grauenvollste Licht der Finsternis, in welcher sich die technischen Intelligenz-Begierden suhlten. Die Begierden, welche die Forschungen antrieben, können nur von Dummheiten bewundert werden, denn es wurde von denselben Machern ein roter Knopf erfunden, auf den ein dem Größenwahn verfallener Macht-Gott-Mensch jederzeit mit seinen machtgeilen Daumen drücken kann, wenn er glaubt, seinen Gegensatz noch weiter ausleben zu müssen. Damit hat sich die vor achtzigtausend Jahren abtrünnig gewordene Spezies Mensch als Höchstleistung das großartigste Produkt der Technik, sein eigenes Schafott, konstruiert. Die Dummheit mit ihrem Produkt im Chor mit den Begierden jubelt über den Siegeszug des gewaltigen Fortschrittes der Menschheit.

Die *andere* Option war schon nach der Idee Gottes vorbereitet, als er das Universum als Basis für die Materie im Kosmos erschaffen hatte. Die Miniaturwelt der Materie war nur auf Zeit geplant, so lange, wie die Aufgabe für den Kosmos vom Menschen nach seiner Idee vollzogen war. Mit dieser Panne der Abwendung und deren damit nicht mehr erfüllbaren Aufgabe der menschlichen „Ich-Ungeiste" rechnete nicht einmal der Herr. Achtzigtausend Jahre sind auf Erden verflossen und die Menschheit von 7 Milliarden denkt nicht an die Rückkehr dorthin, wo sie diesen Vertragsbruch beging. Sämtliche Materie, d. h. das gesamte Universum, ist ohne Bedeutung geworden und unterliegt dem Prozess der Entmaterialisierung durch die gewaltige Energie der Lebensgeistigkeit. Das übernimmt die enorme Saugkraft der schwarzen Löcher, welche die Materie wieder in geistige Energie zurückverwandelt.

Wer ist nun schneller am Werk der menschlichen Endlösung? Gott oder der von Dummheit geplagte Größenwahn der Menschen?

Die *erste* Option, der Mensch als sein eigener Selbstmörder, wäre die schlimmere, da ohne Vorwarnung 7 Milliarden „Ich-Ungeister" freigesetzt wären, ohne Chance, jemals auf diese Welt wieder verkörpert zu werden. Das Säugetier Mensch ist nicht mehr erzeugbar, nicht mehr reproduzierbar. Das Rad der Wiedergeburt hat seine Tätigkeit eingestellt. Den Menschen ist jedwede Möglichkeit genommen, sich noch im Leben ihrer Begierden zu entledigen. Ihr weiteres Leben besteht nur mehr in der geistigen Welt als karmisch belastetes „Ich", sich erlebend in der geistigen Strafanstalt, auf seinen Prozess wartend.

Die *zweite* Option mit dem Spiel der Angst und der diese begleitende Leidensform ist auf Zeit angelegt. Die Warnstufe steht zwar auf Rot, aber den Rettungsmöglichkeiten sind noch keine Grenzen gesetzt. Es ist nur eine Frage der Benützung, die Entscheidung wäre jetzt zu fällen!

NACHWORT

Meine drei Bücher geben Aufschluss darüber, den Sinn des heutigen menschlichen Lebens extrem zu hinterfragen. Nicht der durch den Geist gezähmte Gegensatz aus der Materie, sondern der durch den Ungeist ungezähmte blanke Gegensatz mit seinen Begierden beherrscht die heutige Menschheit seit Adam und Eva. Der göttliche Mensch in seiner Dreieinigkeit von Lebensgeist, Ich-Geist und Seelengeist, mit seinem extern erschaffenen Produkt der körperlichen Materie Mensch, mutierte zum Unmenschen in einer Dualität von Körper und Ich-Ungeist mit seinem selbst erschaffenen Produkt, den Begierden. Der Mensch nach der Idee Gottes mit seinem kosmisch geistigen Auftrag ist das Symbol als „Maß aller Dinge". Seine Abwendung von Gott machte ihn zum „Fresser" aller Dinge. Das menschliche Denken würde ohne die Machtübernahme seiner Begierden niemals das irdene Leben als „real" bezeichnen können. Diesem Leben fehlt einfach seine Ursache, denn es gibt keine reale Ursache für ein nicht wahrhaft sinngebendes Leben. Dem ewigen „Mehr-Wollenden" aus dem Begierden-Willen des Menschen kann man doch unmöglich einen wahren Sinn zuschreiben. Die wollenden ungezähmten Gegensätze der Begierden finden sich immer wieder auf den Schlachtfeldern der Menschheitsgeschichte, so lange, bis es niemand mehr gibt, der schlachten möchte, denn es ist keiner mehr zum Schlachten da. Täter und Opfer befinden sich gleichermaßen auf den Feldern des Leides, jedoch ohne Begierden. Die Energie des Leides besiegte die menschlichen Begierden. Jetzt wäre Gott, eben nur Gott, gefragt. Die wenigen Körper, welche die Leidensenergie nicht tötete, geben selbst ihrem „Ich-Ungeist" die Verpflichtung, nie wieder die der Materie entspringenden Gegensätze ungezähmt ihren Begierden zu überlassen. Nicht die getöteten Körper, sondern deren „Ich-Ungeister" liefern die Vorstellung im Jenseits. Das menschliche Leben in seinem Unsinn hat nur eine Aufgabe zu bewältigen, daraus einen Sinn zu gestalten. Dazu gibt es nur einen Ansprechpartner: Gott.

Damit kommen wir zum Wahrheitswert über die hier berichtete Aussagekraft. Der Begriff „Gehirnwäsche" soll hier erstmals in der Menschheitsgeschichte nur der wahren geistigen Freiheit dienen. Die Wahrheit über die Sinnlosigkeit des menschlichen Lebens wird langsam in die Bewusstheit jedes einzelnen Menschen sich eingravieren. Der sterbliche Widerstand löst sich langsam freiwillig auf, nicht der Argumente wegen, sondern der Wert des Glaubens wird als Geschenk Gottes an jeden einzelnen Menschen wahr werden. Das nackte, kalte Gehirndenken, so weit es noch Gegensatz bietet, wird vom Leid und der Angst vor sich selbst gezähmt. Das Unbewusste öffnet dem Menschen seine wahre Schuld gegenüber seiner Schöpfung. Der Respekt vor der Wahrheit über das wahre „große" geistige Leben nach dem Tod der Materie Mensch greift ein in die falsche Lebensart des sinnlos gewordenen Marionetten-Daseins auf Erden. Das Umdenken im Gleichheitssinn mit dem um Empfinden eröffnet dem Menschen von selbst das richtige Tun als Vorbereitung für das, was „todsicher" kommen wird, und löst das nur äußerlich wirkende „Du musst" ab.

„Schenke Deinem Leben den wahren Wert des Glaubens.

Dann bist Du wieder der Mensch nach der Idee Gottes, das Maß aller Dinge auf Erden."

Der Autor

Andrä Christ (Pseudonym) wurde 1929 im österreichischen Bundesland Salzburg geboren. Seine sehr vielschichtigen Interessengebiete führten ihn in die Forschung über das „Warum" des menschlichen Daseins und dadurch in die vierte Dimension, den Kontakt zwischen dem Diesseits und dem Jenseits, und weiter in die fünfte Dimension zur schöpferischen Macht Gottes. Nach „Gott-Engel-Mensch-Teufel-Wahrheit" und „Gott-Mensch-Wahrheit" ist „Wahrheiten für Nachdenker" bereits sein drittes Buch. Ihm ist es wichtig, seinen Lesern Wege aufzuzeigen und Erkenntnisse weiterzugeben.